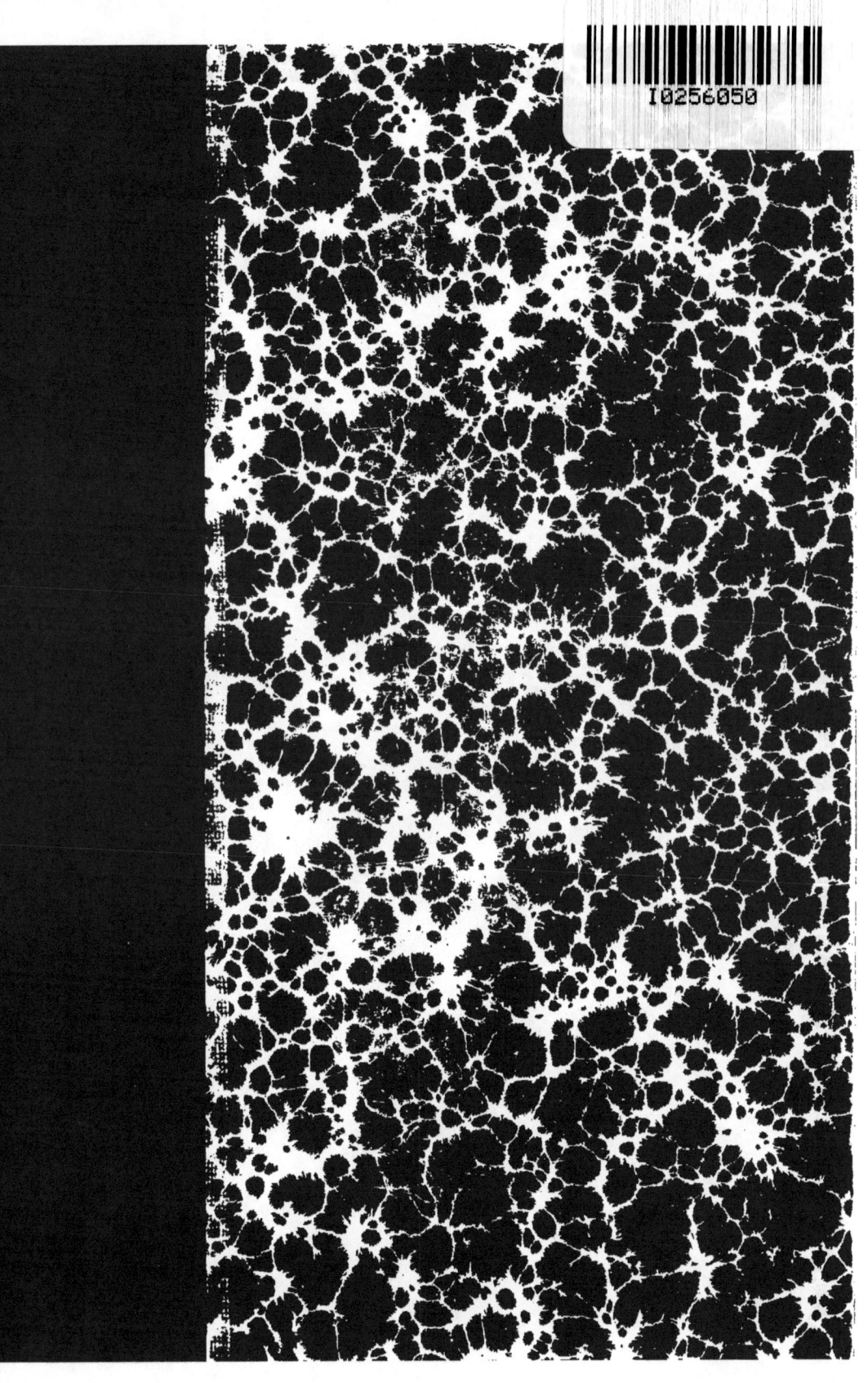

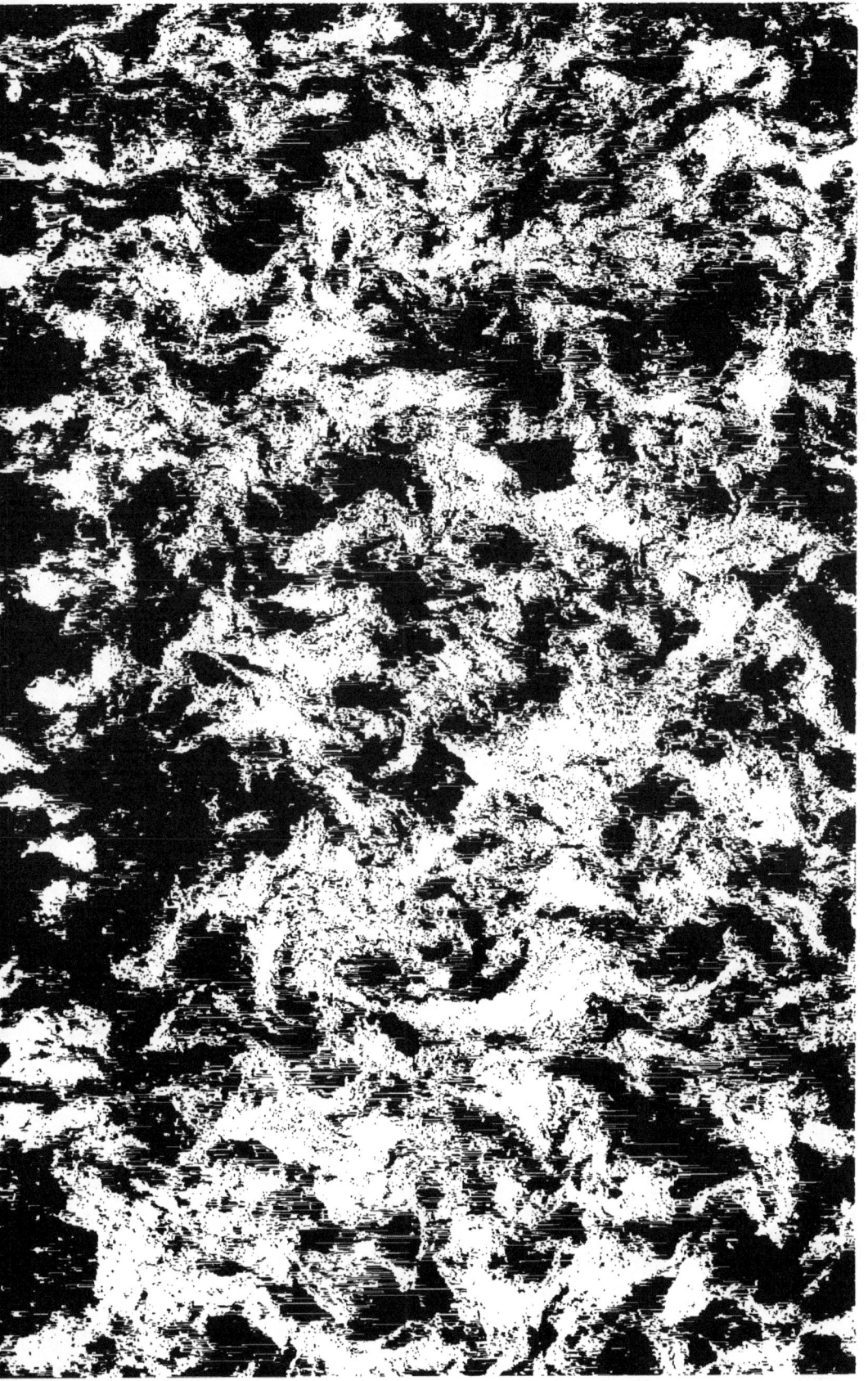

R.LAUB 1968

HISTOIRE

DES

ALMOHADES

D'ABD EL-WÂH'ID MERRÂKECHI

TRADUITE ET ANNOTÉE

PAR

E. FAGNAN

ALGER

ADOLPHE JOURDAN, LIBRAIRE-ÉDITEUR

IMPRIMEUR-LIBRAIRE DE L'ACADÉMIE

4, PLACE DU GOUVERNEMENT, 4

—

1893

HISTOIRE
DES
ALMOHADES

D'ABD EL-WÂH'ID MERRÂKECHI

PUBLICATIONS DU TRADUCTEUR

Observations sur les coudées du Mekyas (Paris, 1873, 8º).

Le Se'âdet-Nâmeh de Nàçir ed-Din Khosroû, texte et traduction (Leipzig, 1881, 8º).

OEuvres choisies de A.-J. Letronne (Paris, 1881-1885, 6 vol. 8º).

Concordances du Manuel de Droit de Sidi-Khalil Alger, FONTANA, 1889, 8º).

Catalogue des manuscrits Arabes, Turcs et Persans de la Bibliothèque-Musée d'Alger. — Forme le t. XVIII du *Catalogue général des manuscrits des bibliothèques publiques de France* (Paris, E. PLON, NOURRIT et Cⁱᵉ, 1893, 8º).

HISTOIRE

DES

ALMOHADES

D'ABD EL-WÂH'ID MERRÂKECHI

TRADUITE ET ANNOTÉE

PAR

E. FAGNAN

―――――

ALGER

ADOLPHE JOURDAN, LIBRAIRE-ÉDITEUR

IMPRIMEUR-LIBRAIRE DE L'ACADÉMIE

4, PLACE DU GOUVERNEMENT, 4

―

1893

L'HISTOIRE DES ALMOHADES

D'APRÈS

'Abd el-Wâh'id Merrâkechi

Aboû Moh'ammed 'Abd El-Wâh'id Temîmi naquit à Merrâkech (1) en 581 de l'hégire, et écrivit en 621 une chronique (2) consacrée aux Almohades et débutant par un rapide tableau de l'Espagne musulmane depuis la conquête. De sa vie et de sa personne, nous ne savons guère que ce qu'il dit lui-même au cours de son récit; ces indications ont été rapprochées les unes des autres dans l'introduction ajoutée par le savant éditeur du texte arabe, et il serait sans intérêt de les rappeler ici (3). Contemporain et familier des derniers Almohades, cet auteur est, pour cette période, l'un de ceux en qui l'on peut avoir le plus de confiance, et sa chronique a été plus d'une fois consultée avec fruit, ainsi qu'on peut le voir en se reportant soit à l'introduction précitée, soit à certains des ouvrages auxquels renvoient les notes de la présente traduction.

Le manuscrit unique qui nous a conservé cette relation est d'une correction très satisfaisante, mais est défectueux d'un cahier (dix feuillets) dans la première partie; quelques mots ont également disparu tout au commencement, et l'on ignore quel est le personnage à qui l'ouvrage est dédié. Tel qu'il est, celui-ci paraît devoir être mis à la portée des historiens.

De nombreux vers et quelques modèles de prose rimée interrompent maintes fois le récit et témoignent souvent du mauvais goût

---

(1) Les Orientaux eux-mêmes diffèrent sur les voyelles dont ce mot doit être affecté, les uns mettant un *fath'a* sur la première consonne et d'autres un *d'amma*. On prononce de nos jours Meurrâkech (V. *Merâçid*, S. V.; manuscrit 302 d'Alger, f. 76 v.).

(2) En arabe المعجب في تلخيص اخبار المغرب « *Récit agréable et résumé des événements du Maghreb.* »

(3) *The history of the Almohades...* by Abd ol-Wahid Al-Marrekoshi, edited by Dr R. P. A. Dozy. Leyden 1847, 8°. — Une deuxième édition a paru en 1881 dans la même ville.

de celui qui les a recueillis. Ne voulant rien tronquer, nous avons, malgré leur difficulté et leur manque d'intérêt, tâché de rendre en français des pièces où le versificateur lui-même, ainsi que nous le dit parfois l'éditeur du texte (1), ne devait pas trop se comprendre.

Louange à Dieu qui anéantit les nations et rend les ossements à la vie; inspirateur des prophéties, [il a toujours] existé et existera toujours, et les esprits les plus perspicaces, les intelligences les plus pénétrantes ne peuvent parvenir à le comprendre ; je le loue à raison de ce qu'il a enseigné et inspiré aussi bien qu'à cause de ses dons et de ses bienfaits. Que sa bénédiction descende sur Celui qui a dissipé les ténèbres, fait disparaître les doutes et montré la droite voie, celui dont le Koran est le trait caractéristique et qui a été envoyé à tous les Arabes et à tous les non-Arabes ; puisse-t-elle descendre aussi sur sa famille et sur ses compagnons, hommes de mérite et de générosité ! Que Dieu leur accorde son salut à Lui et à Eux, qu'il les anoblisse et les magnifie !

Seigneur, toi dont j'ai éprouvé les bienfaits répétés, grâce aux soins et à la générosité de qui j'ai pu sortir de la pauvreté et de l'obscurité, toi dont la bienfaisance et l'amitié m'ont imposé ce que j'ai pour toi de reconnaissance et de soumission, — tu m'as demandé — puisse Dieu te recevoir au rang le plus élevé (du paradis), de même qu'il s'est servi de toi pour faire prospérer les champs des belles lettres, puisse-t-il t'accorder le lot le plus copieux des félicités terrestre et céleste, de même qu'il a réuni en toi les talents administratif et littéraire ! — tu m'as demandé de mettre par écrit quelques faits touchant le Maghreb, son aspect et ses limites, ainsi que des notions biographiques concernant les princes

---

(1) P. ex. p. 154. — Comparez d'ailleurs les leçons et les interprétations différentes de la 1re et de la 2e édition, pp. 78, 126, 157, etc.

qui y ont régné, et notamment les Maçmoûdites [Almohades] descendants d' 'Abd El-Mou'min, depuis le commencement de cette dynastie jusqu'à la présente année 621 ; tu m'as demandé d'y joindre aussi un mot touchant ceux avec qui je me suis trouvé en rapports directs ou indirects ou dont j'ai entendu parler de quelque manière d'entre les poètes, les savants ou les gens de mérite. Je n'ai pu que me rendre à ta demande et me hâter de te satisfaire, puisque 'c'est là le but que je poursuis, le désir dont je ne cesse d'être obsédé', et que, d'ailleurs, cela m'était imposé par l'obéissance que je te dois pour des raisons trop longues à énumérer. J'ai donc consulté Dieu sur le travail auquel tu me conviais et j'ai imploré son aide ; c'est sur lui que je m'appuie en cette affaire ; il est [p. 3] notre refuge, notre retraite, et sa puissante protection nous met à l'abri de tout.

Je m'excuse auprès de notre Maître (dont Dieu prolonge la vie !) pour les défauts possibles de mon livre et provenant de trois causes : d'abord de la faiblesse du style de l'auteur et de son manque de talent naturel, auxquels il faut attribuer l'impropriété des expressions et les omissions ; ensuite de ce que je n'ai eu à ma disposition aucun livre du même genre sur lequel j'aurais pu m'appuyer et qui m'eût servi de source, comme font ordinairement les auteurs ; mais en ce qui concerne spécialement la dynastie maçmoûdite, je n'ai connaissance d'aucun travail qui y soit relatif, à l'exception toutefois d'un recueil contenant leur histoire et leurs biographies et rédigé par l'un des nôtres, mais que je ne connais que par ouï-dire. En troisième lieu enfin, mes souvenirs sont maintenant des plus décousus et des plus confus, par suite des soucis et des chagrins dont je suis accablé. Faible esclave que je suis, mon désir est de voir notre Maître accueillir cet ouvrage, selon sa belle habitude et son noble caractère, avec indulgence et complaisance ; 'puisse sa gloire élevée continuer d'exalter les cœurs et de s'attacher des clients, de répandre des bienfaits et de rendre florissants les séjours du mérite et de la générosité ! »

De la Péninsule hispanique (Andalous) (1) et de ses limites

Nous parlerons, pour commencer, de l'Espagne et de ses limites ; nous en ferons connaître les villes et nous donnerons un aperçu de son histoire et des princes qui y ont régné depuis la conquête jusqu'à l'époque contemporaine, année 621 (1224 J.-C.). C'était sur elle, en effet, que le Maghreb-Akça s'appuyait, elle qu'il tenait en honneur, vers elle qu'il avait les yeux tournés ; c'est là qu'était le siège du gouvernement et de l'administration, elle qui était la métropole de ces régions. Cette situation lui fut toujours reconnue jusqu'au moment où, conquise par Yoûsof ben Tâchefîn, le Lamtounide, elle devint une dépendance de Merrâkech dans l'Afrique septentrionale. Depuis que la dynastie maçmoûdite s'en est emparée, la situation n'a pas changé.

[P. 4]. La limite méridionale de la Péninsule est formée par le bout du canal Roûmi, lequel provient de la mer de Mânt'as (2), ou Mer Roûmi, vis-à-vis de Tanger, dans le lieu dit Ez-Zok'âk' (détroit) ; le bras de mer a en cet endroit une largeur de douze milles ; c'est le point de jonction des deux mers de Mânt'as et d'Ok'inâbous (3). Les limites

---

(1) Sur l'origine de ce nom, voir entre autres Géogr. d'Aboulféda, trad. Reinaud, II, 234.

(2) Ce nom est orthographié de la même manière, p. 257 du texte ; Reinaud (trad. d'Aboulféda, II, p. 38) écrit Matytesch le nom du Palus Méotide (et aussi Mânitasch, II, 2ᵉ p. p. 143), et Bontosch (πόντος), cf. *Merâçid El-Ittilâ'*, I, p. 128, ou Nytasch celui du Pont Euxin. — On peut supposer que Mántas représente Méotis en déplaçant simplement le point diacritique du *noûn* arabe et le transformant ainsi en *yâ*.

(3) Partout ce mot est orthographié de la même manière (pp. 235, 247, 248, 257, 261, 265, 266, 268, 273 du texte). Un simple déplacement des points diacritiques suffit à nous rapprocher de l'Okiyânoûs (اوقيانوس) du *Merâçid*, p. 129, l. av. d.

septentrionale et occidentale sont formées par la Grande Mer, qui n'est autre que l'Océan, connu chez nous sous le nom de Mer des ténèbres. Comme limite orientale, on rencontre la montagne où se trouve le Temple de Vénus (1) et qui va de l'une à l'autre mer, de la mer de Roûm ou de Mânt'as à la Grande Mer, soit une distance de près de trois étapes. C'est là la frontière la moins étendue ; les plus longues sont celles du Nord et du Sud, dont chacune compte environ trente journées de marche. La montagne que nous avons citée, où se trouve le temple de Vénus et qui forme la frontière orientale, sépare l'Espagne de la France, qui appartient à la Grande Terre (2) de Roûm, ou grand pays des Francs. L'Espagne est le dernier pays habité vers l'Occident, puisque nous avons dit qu'elle touche à l'Océan, par delà lequel il n'y a plus de pays habité. Entre Tolède, qui est à peu près au centre de la Péninsule, et une ville roûmi capitale de la Grande Terre, il y a environ quarante journées de marche. Cette ancienne ville de Tolède, au centre du pays, était la capitale des Goths, un peuple franc, et devint ensuite, lors de la conquête, une possession musulmane, ainsi que nous le raconterons. Sa latitude est de 39° 50', sa longitude de 28° environ, ce qui la place presque au centre du cinquième climat (3).

La ville d'Espagne qui a la moindre latitude est celle qui est connue sous le nom de *El-Djezirat el-Khad'ra* (Algéziras), qui est située au Sud, sur la mer, par 36° de latitude ; la latitude la plus élevée, de 43°, est atteinte par une ville du littoral septentrional.

[P. 5]. De ce que nous venons de dire, il résulte clairement que la plus grande partie de l'Espagne appartient au

---

(1) Port Vendres ou *Portus Veneris* (Géogr. d'Aboulféda, II, pp. 85 et 261).

(2) C'est-à-dire l'empire des Francs tel qu'il avait été développé par les conquêtes de Charlemagne (Géogr. d'Aboulféda, II, 85).

(3) Cf. Aboulféda, II, 239, 255 ; Edrisi, *Descript. de l'Afrique*, etc., pp. 207 et 227.

cinquième climat, et plutôt à la région nord de celui-ci : aussi le froid s'y fait-il vivement sentir et l'hiver y est long ; les habitants de cette région sont grands et ont le teint blanc ; leur intelligence est passablement obtuse et fort peu propre à apprendre. Une partie de cette contrée appartient au quatrième climat, par exemple Séville, Malaga, Cordoue, Grenade, Alméria, Murcie ; ces villes jouissent d'un climat plus tempéré, d'un sol meilleur, d'eaux plus agréables au goût que celles du cinquième climat ; les habitants y ont un teint plus beau, leurs corps sont mieux faits, leurs expressions sont plus choisies que chez ceux du Nord, car le climat et la latitude exercent sur le langage une influence qui paraît évidente à quiconque examine les faits et en saisit la cause.

Les villes d'Espagne qui sont métropoles, chefs-lieux ou capitales sont, en commençant par la frontière ouest: Silves, Séville, Cordoue, Jaën, Grenade, Alméria, Murcie, Valence, Malaga, cette dernière sur la mer de Roûm. Deux de ces villes sont situées sur la Grande Mer, Silves et Séville, séparées par tout près de cinq journées de marche (1). Sur la mer de Roûm, on trouve les villes d'Algéziras, laquelle dépend administrativement de Séville ; de Malaga, qui s'administre elle-même ; d'Alméria et de Denia. Les autres villes que nous avons citées ne sont pas sur le littoral.

Quand, au commencement du deuxième siècle de l'hégire, les Musulmans établirent leur domination dans la Péninsule, ils firent choix de Cordoue pour capitale et siège du gouvernement, et cela dura jusqu'à la fin de la domination omeyyade, où divers princes s'emparèrent du pouvoir chacun dans un endroit différent, comme nous le dirons. Les villes dont j'ai cité les noms sont actuellement encore dans les mains des Musulmans ; [p. 6] ils en avaient autrefois bien d'autres, dont les noms, que je

---

(1) Ni l'une ni l'autre de ces villes ne sont sur l'Océan même. Une note marginale du manuscrit fait remarquer que de Séville à la mer il y a une journée et demie.

ne citerai pas ici, se retrouveront dans mon exposé historique et seront ainsi connus (Dieu veuille nous les rendre !)

Telles sont les notions que nous voulions donner sur l'Espagne et ses limites, ainsi que sur les régions détenues par les Musulmans.

Conquête de l'Espagne ; principaux faits concernant son histoire, celle des rois qui y ont régné et des gens remarquables, indigènes et autres.

Les Musulmans s'emparèrent de l'Espagne en ramad'ân 92 de l'hégire ; ils avaient pour chef T'ârik', que les uns disent fils de Ziyâd et les autres fils d''Amr (1). Ce général était gouverneur de Tanger, ville dépendante du territoire de K'ayrawân, située à l'extrémité du Maghreb et séparée de l'Espagne par le canal dont nous avons parlé et qu'on appelle *Zok'âk'* ou *Medjâz*. Il tenait sa nomination de Moûsa ben Noçayr, émîr de K'ayrawân. D'après un autre récit, Merwân ben Moûsa ben Noçayr avait laissé à Tanger T'àrik', à la tête des troupes, rappelé qu'il était auprès de son père par quelque affaire ; alors T'ârik' s'embarqua pour franchir le détroit, en se dirigeant vers Algéziras. Il voulait profiter d'une occasion favorable qui s'était présentée : le Roumi qui gouvernait le littoral d'Algéziras et son territoire, avait demandé en mariage la fille du grand roi. Celui-ci, irrité de cette demande, répondit par des insultes et des menaces, à la suite desquelles le gouverneur d'Algéziras réunit des troupes nombreuses pour marcher contre le roi. L'absence de troupes dans cette région serait l'occasion dont T'ârik', prévenu, aurait profité.

---

(1) Il paraît bien probable, et c'est l'opinion générale, que T'ârik' avait Ziyâd pour père. Cependant, Edrisi *(Descr.*, p. 213) l'appelle T'. b. 'Abd Allâh b. Wanmoû des Zenâta. Cf. Ibn Adhari, II, p. 6 ; Dozy, *Recherches*, I, 48.

[P. 7.] D'après une autre version, T'arik' aurait été invité par les chrétiens à passer la mer, dans les circonstances suivantes. Rodrigue, roi de la Péninsule, avait l'habitude de se faire envoyer les filles de ses principaux officiers et... ; elles étaient élevées dans les châteaux royaux et apprenaient les règles de la cour, telles que les comprenaient... (1). Devenues nubiles et leur éducation terminée, ces jeunes filles étaient mariées par le roi aux personnages de la cour dont il jugeait le rang égal au leur. La fille du gouverneur d'Algéziras et du territoire qui en dépend avait, conformément à cet usage, été envoyée à la cour, où elle se trouvait quand elle devint nubile. Elle plut au roi, qui la vit un jour et voulut obtenir ses faveurs. Elle refusa toute autre chose qu'un mariage consenti par son père et contracté en présence des princes, des officiers et des principaux patrices. Emporté par la passion, le roi lui fit violence. La jeune fille écrivit alors à son père ce qui s'était passé, et c'est ainsi que celui-ci entra en correspondance avec T'ârik' et les Musulmans, et que la conquête par ceux-ci en résulta. Dieu seul sait laquelle de ces deux versions est exacte.

L'endroit de la Péninsule où T'ârik' débarqua est, dit-on, celui que l'on appelle aujourd'hui Algéziras ; il arriva un peu avant l'aube, y fit la première prière du jour et distribua les drapeaux à ses compagnons. On éleva ensuite en cet endroit une mosquée qu'on appela Mosquée des Drapeaux, et qui existe encore maintenant (Dieu veuille la garder jusqu'au jour du jugement dernier !) (2) T'ârik' entra ensuite dans l'intérieur, y pénétra fort avant et battit l'ennemi. Il informa son patron, Moûsa ben Noçayr, de ses victoires, des conquêtes qu'il venait de faire dans la Péninsule et du butin qui en avait été la suite. Jaloux des victoires qui étaient personnelles

---

(1) Les pointillés représentent deux mots qu'un relieur négligent a rognés dans le manuscrit original.

(2) Sur cette mosquée, voir Edrisi, p. 213.

à T'ârik', [P. 8.] Moûsa informa Walîd b. 'Abd el-Melik b. Merwân de cette conquête, mais en se l'attribuant ; il écrivit, en même temps, à T'ârik' une lettre où il le menaçait pour être entré en Espagne sans sa permission, lui enjoignant de ne pas bouger de l'endroit où lui parviendrait sa lettre, et d'y attendre son arrivée. Il se mit en marche, en effet, laissant, pour le remplacer à K'ayrawân, son fils 'Abd Allâh, en redjeb 93. Il emmena avec lui H'abîb b. Aboû 'Obeyda Fihri (1), des chefs arabes, des clients, des nobles berbères, constituant une nombreuse armée, et pénétra en Espagne par le détroit. Mais déjà T'ârik' s'était emparé de la capitale Cordoue et avait tué le roi Rodrigue. Il se porta au-devant de son chef, et fit tous ses efforts pour l'apaiser et dissiper sa jalousie : « Je ne suis, lui dit-il, autre chose que ton affranchi et ton subordonné ; ces victoires sont les tiennes, c'est à toi que je les dois ; » et en même temps, il lui faisait apporter tout le butin conquis sur l'ennemi. C'est ainsi que la conquête a été attribuée à Moûsa ben Noçayr, parce que T'ârik' dépendait de lui, et qu'il termina la conquête de ce dont celui-ci ne s'était pas rendu maître. Pendant le reste de l'année 93, en 94 et pendant quelques mois de 95, Moûsa resta en Andalousie à combattre, à piller et à organiser l'administration. Il emprisonna T'ârik', puis laissa comme son lieutenant en Espagne, son fils 'Abd el-Azîz b. Moûsa, avec des troupes et des chefs berbères en nombre suffisant pour la sécurité du pays, la garde des places frontières et la continuation de la guerre. Il regagna d'abord K'ayrawân, puis en repartit avec le butin qu'il avait ramené et les présents qu'il voulait offrir à Welîd b. 'Abd el-Melik. Parmi les objets trouvés à Tolède lors de la

---

(1) Le manuscrit porte 'Obeyda et a été corrigé par Dozy en 'Obda. La première lecture se retrouve dans Nowayri (ap. *Berbères*, trad. de Slane, t. I, 355, 360, 361, 364 ; I. Athîr, I. Koûtiyya, etc.) ; la seconde dans I. Adhari, p. 22. Dans l'*Hist. des Mus. d'Esp.*, I, 242, 243, 248, il est appelé seulement H'abib Fihri.

prise de cette ville, figurait la table de Salomon, fils de David, qui avait, dit-on, deux cercles, l'un d'or et l'autre d'argent, et qui était enrichie de perles et de rubis (1).

Dans son voyage, Moûsa était, à ce qu'on dit, accompagné de T'ârik'. Mais quand il arriva à Tibériade, en 96, Welîd était mort, et ce fut à Soleymân b. 'Abd el-Melik qu'il offrit les présents qu'il apportait. D'après une autre version, il arriva du vivant même de Welîd. Dieu sait la vérité.

[P. 9.] 'Abd el-'Azîz b. Moûsa b. Noçayr garda le gouvernement de l'Espagne jusqu'à la révolte de plusieurs officiers du *djond*, parmi lesquels H'abîb ben Aboû 'Obeyda Fihri, et Ziyâd b. en-Nâbigha (2) Temîmi. Il fut mis à mort par les révoltés, qui portèrent sa tête à Soleymân b. 'Abd el-Melik, au début de l'année 98 (3). Ils l'avaient remplacé en Espagne par Ayyoûb, fils de la sœur de Moûsa b. Noçayr (4). On dit (Dieu sait la vérité) qu'ils avaient écrit à Soleymân les raisons pour lesquelles ils blâmaient la conduite d' 'Abd el-'Azîz, et que ce fut d'après les ordres de ce khalife qu'ils massacrèrent le gouverneur. Il en résulta des désordres, et les Espagnols restèrent sans chef pendant quelque temps. Celui qui exerça ensuite le pouvoir, antérieurement à l'an 100, fut Es-Samh' b. Mâlek Khaulâni, qui fut reconnu par les populations (5). Il eut pour successeur

---

(1) Sur la table de Salomon, on peut voir Reinaud, *Monuments musulmans*, I, 165 ; Géogr. d'Aboulféda, II, 242 ; Dozy, *Recherches*, I, 58-59 ; Ibn el-Athîr, IV, 446 ; Edrîsi, *Description*, p. 228 ; *Berbères*, trad. de Slane, I, 349 ; Ibn Adharî, II, 14 ; Makkari, I, 286, etc.

(2) Le *Bayân*, II, 22, l. 15, et 23, l. 8, lit Nâbigha, sans l'article.

(3) Cf. *Berbères*, I, 354 ; I. Athîr, V, 14 ; Bayân, II, p. 22.

(4) Ayyoûb b. H'abîb Lakhmi était le fils de la sœur de Moûsa, d'après ce qu'on voit aussi par Ibn el-Athîr (V, 373 ; Ibn Koûtiyya, p. 228 ; cf. *Bayân*, II, 24). Il n'exerça l'autorité que six mois (*Bayân*, ib.) ; I. Athîr n'en parle pas.

(5) Samh' eut pour prédécesseur immédiat Hourr b. 'Abd er-Rah'mân T'akefi (*Berbères*, I, 356 ; *Bay.*, II, 24 ; Ibn Ath., V, 14), qui arriva en Espagne en 99 et y resta trois ans. Samh' périt à la guerre, en 102, après avoir gouverné 2 ans et 4 mois, — ou 2 ans et 8 mois, ou **3 ans** (*Bayân*).

El-Ghamr ben 'Abd er-Rah'mân b. 'Abd Allâh (1), puis 'Anbasa b. Soh'aym (2) Kelbi remplaça el-Ghamr. 'Abd er-Rah'mân ben 'Abd Allâh 'Akki, qui était un homme de bien, succéda à 'Anbasa vers 110. Vint ensuite 'Abd el-Melik ben K'at'an Fihri, puis 'Ok'ba b. el-H'addjâdj, lequel mourut dans la Péninsule, et alors son prédécesseur 'Abd el-Melik y fut nommé de nouveau. Vint ensuite Baldj ben Bichr, qui prétendit reconnaître la suzeraineté de Hichâm ben 'Abd el-Melik, et qui fut en cela appuyé par quelques-uns de ses compagnons. Cela occasionna des troubles, où les habitants se partagèrent entre quatre chefs, jusqu'au moment où on leur envoya comme gouverneur Aboû'l-Khat't'âr H'osâm ben

---

(1) Le nom de ce gouverneur ne figure, à notre connaissance, nulle part. Seul, le *Bayân*, p. 26, nomme à cette époque 'Abd er-Rah'mân b. 'Abd Allâh Ghâfiki, et donne ensuite la liste que voici : 'Anbasa b. Soh'eym (1) Kelbi (çafar 102 à cha'bân 107) ; 'Od'ra (2 mois) ; Yah'ya b. Selama Kelbi (2 ans 6 mois) ; H'odh'eyfa (2) b. el-Ah'waç (ou el-Abraç, I. Athir, V, 374 ; cf. 108, Ah'waç) Achdja'i (en 110, 6 mois) ; 'Oth'mân b. Aboû Nis'a (3) Khat'ami (cha'bân 110, 5 ou bien 6 mois) ; Hayth'em b. (4) 'Obeyd Kenâni (en 111, 10 mois ou 14 mois) ; Moh'ammed b. 'Abd Allâh (5) Achdja'i (2 mois) ; 'Abd er-Rah'mân b. 'Abd Allâh Ghâfiki, pour la seconde fois (çafar 112 à ramad'ân 114, 2 ans et 7 ou 8 mois) ; 'Abd el-Melik b. K'at'an b. Nofeyl Fihri (ramad'ân ou chawwâl 114, 2 ans) ; 'Okba (6) b. H'addjâdj Seloûli (chawwâl 116 à 121) ; 'Abd el-Melik b. K'at'an Fihri, pour la seconde fois (122-123, 12 mois) ; Baldj b. Bichr entre en Espagne en dou'l k'a'da 123 ; Ta'leba b. Selâma 'Amili (chawwâl 124, 10 mois) ; Aboû'l Khat't'âr H'osâm b. D'irâr Kelbi (125, 9 mois, 2 ans ou 3 ans) ; Yoûsof b. 'Abd er-Rah'mân Fihri (b. H'abib b. Aboû 'Obeyda, dit I. K'oûtiyya, p. 236) en 138. — Cette liste est un peu plus complète que celle d'I. K'oûtiyya, pp. 229 et s. ; voir aussi I. Athir, V, 373-375, qui s'accorde presque entièrement avec I. Adhari.

(2) Ce nom est écrit fautivement Choh'aym dans I. K'oûtiyya, pp. 229 et 265 ; voir l'index d'I. Athir, pp. 464 et xxxii ; I. Adhari, p. 26.

(1) I. K'out., Choheym, p. 229. (Je cite ce chroniqueur d'après l'édition partielle du *Recueil de textes et de traductions*, Paris, 1889, où ne figurent que les ff. 2 à 19, lig. 13 du manuscrit 706 Anc. F. Ar. de la Bibliothèque Nationale.)

(2) Transposé dans I. Kout.

(3) Tis'a (I. K'out., pp. 230 et 235). — I. Athir, V, 108, 117, 374 et 375, lit aussi Nis'a.

(4) B. Abd el-Kâfi (I. K'out.).

(5) Abd el-Melik (I. Ath., V, 129).

(6) Écrit عنبسة dans I. Ath. seul, V, 137.

D'irâr, Kelbite, qui apaisa les troubles et remplaça les divisions par l'union dans l'obéissance (1).

Il existe des divergences quant à l'ordre où ces chefs se sont succédé ; mais les noms que nous avons cités sont bien ceux des gouverneurs et des généraux en Espagne, sous la dynastie Omeyyade, avant sa chute en Orient.

Successeurs « t'âbi'oûn » (2) qui ont pénétré en Espagne

Les *successeurs* qui sont entrés en Espagne, soit pour faire la guerre sainte, [P. 10.] soit pour la défense de ce nouveau territoire, sont, entre autres, Moh'ammed ben Aws b. Thâbet Ançâri, qui tient ses traditions d'Aboù Horeyra ; H'anach b. 'Abd Allâh Çan'âni, qui tient ses traditions d' 'Ali b. Aboù T'àleb et de Fod'âla ben 'Obeyd ; 'Abd er-Rah'mân b. 'Abd Allâh Ghâfik'i, qui les tient d' 'Abd Allâh b. 'Omar b. el-Khat't'âb ; Yezîd b. K'âcit' ou ben K'oçayt Sekseki Miçri, qui les tient d' 'Abd Allâh b. 'Amr b. el-'Aci ; enfin Moûsa b. Noçayr, l'auteur de la conquête, qui les tient de Temîm Dâri.

Il existe maint hadîth concernant le mérite du Maghreb, et, entre autres, celui que je tiens du jurisconsulte et imâm, aux connaissances solides et variées, Aboû 'Abd Allâh Moh'ammed b. Aboû'l Fad'l es-Seybâni (3), aux leçons de qui je l'ai recueilli à la Mekke, en ramad'ân 620 ; lui-même le répétait d'après les leçons d'El-Moayyed b. 'Abd Allâh T'oùsi, qu'il avait suivies à Nîsâboûr. L'auteur de ce dernier était l'imâm Kemâl-ed-Dîn Moh'ammed b. Ah'med b. Çâ'id K'arâwi, dont il avait été l'élève, et à qui cette tradition était parvenue par Ibn 'Abd el-

---

(1) Sur ces événements, voir Dozy, *Musulmans d'Espagne*, I, 251.
(2) On donne ce nom aux disciples des Compagnons de Mahomet.
(3) Il faut probablement lire Cheybani. Je ne retrouve ce nom ni dans I. Athir ni dans I. Khallikân.

Ghâfir Fârisi, qui la tenait de Moh'ammed b. 'Isa b. 'Amroweyhi Djaloûdi, qui la tenait d'Aboû Ish'âk' Ibrâhîm b. Sofyân, qui la tenait d'Aboû'l-H'oseyn Moslim b. el-H'addjâdj K'ochayri Nîsâboûri, qui la tenait de Yah'ya b. Yah'ya b. Hichâm b. Bichr Wâsit'i, qui la tenait de Dâwoûd b. Aboû Hind b. Aboû 'Othmân Nahdi, qui la tenait de Sa'd b. Aboû Wak'k'âç. Ce dernier avait entendu dire au Prophète : « Les Maghrebins resteront toujours dans la connaissance de la vérité ; jusqu'au jour de la résurrection, ceux qui leur veulent du mal tenteront en vain de leur nuire. »

Il faut dire encore, à la louange de l'Espagne, que, dans ses *minbar* (chaires), on n'a jamais prononcé le nom des *anciens* (1) qu'en les accompagnant de paroles favorables ; que les gouverneurs qui l'ont administrée l'ont toujours fait au nom des Omeyyades ou de ceux qui exerçaient le pouvoir au nom de ceux-ci à K'ayrawân ou en Égypte. A la suite des désordres survenus en 126, comme conséquence de la mort violente de Welîd b. Yezîd b. 'Abd el-Melik, le gouvernement central cessa de veiller aux provinces éloignées : [P. 11.] des troubles surgirent en Ifrîk'iyya et la discorde sévit parmi les tribus (kabaïl) d'Espagne, qui finirent par s'accorder à reconnaître l'autorité d'un K'oreychite, en attendant l'établissement d'un gouvernement stable en Syrie. Ce fut Yoùsof b. 'Abd er-Rah'mân Fihri que l'on choisit, et le calme fut rétabli (2) ; son pouvoir dura jusqu'en 138, ou six ans après la chute de la dynastie Omeyyade.

'Abd er-Rah'mân b. Mo'âwiya pénètre en Espagne

Cette année-là, 'Abd er-Rah'mân b. Mo'âwiya b. Hi-

---

(1) Ceux qu'on appelle « les anciens » (es-salaf) sont : 'A'icha, Aboû Bekr, 'Omar, 'Othmân, T'alh'a, Zobeyr, Mo'âwiya et 'Amr b. el-'Aci (*Chrest.* de Sacy, I, 156 ; mais cf. aussi *Dict. of techn. terms*, p. 676).

(2) Calme tout relatif et traversé par maintes révoltes ; voir Dozy, *Mus. d'Espagne*, I, 284 ; *Bayân*, II, 36-39 ; I. Athîr, V, 286 et 353.

châm b. 'Abd el-Melik b. Merwân, surnommé ed-Dâkhil (1), pénétra en Espagne. Il y fut soutenu par les Yéménites dans la lutte qu'il entama contre Yoùsof b. 'Abd er-Rah'mân b. Aboù 'Obeyda b. 'Ok'ba b. Nâfi' Fihri, qui était, nous l'avons dit, gouverneur de l'Espagne. Il le battit et s'empara de la capitale Cordoue, où il pénétra le jour des Victimes (10 doû'l-hiddjah) de cette même année, et resta maître du pouvoir jusqu'à sa mort, arrivée en 172. Né en Syrie, en 113, d'une concubine appelée Râh' (2), il portait le prénom *(konya)* d'Aboù'l-Mot'arrif, pénétra en Espagne au mois de dhou'l-k'a'da et conquit Cordoue à la date ci-dessus. Il avait quitté la Syrie en fugitif, lors de l'établissement du pouvoir des 'Abbassides, et avait passé quelque temps dans le Maghreb, se cachant de côté et d'autre. Ce fut comme proscrit qu'il arriva dans la Péninsule, seul, sans troupes et sans argent ; mais grâce à son habileté et à son courage, favorisé en outre par le sort, il ne cessa de s'élever et finit par devenir roi du pays et d'une portion du littoral africain. Quand son nom était prononcé devant (l'Abbasside) Aboù Dja'far el-Mançoùr, celui-ci l'appelait « le sacre des K'oreych (3). » C'était un prince savant et pratiquant la justice ; [P.12.] Mo'awiyya b. Çâlih' H'ad'rami H'emci figura au nombre de ses k'âd'is. Il avait de la littérature et cultivait la poésie ; il a composé les vers suivants, où il exprime ses regrets pour les lieux qu'il avait habités en Syrie (mètre *khafif*) :

Voyageur qui t'en vas dans ma patrie, portes-y le salut d'une moitié de moi-même à mon autre moitié ! Mon corps, tu le sais, est dans un lieu, mais mon cœur et ses affections sont dans un autre. Marquée qu'elle était par le destin, la séparation a dû s'accomplir, mais elle a chassé le sommeil de mes paupières. La volonté divine, qui a décidé ce divorce, décrétera peut-être un jour notre réunion.

---

(1) C.-à-d. celui qui entre (en Espagne), le nouveau venu. — Voir l'observation d'I. Khall., trad. III, 134.
(2) Elle était berbère et originaire d'Ifrikiyya (I. Ath., VI, 76).
(3) Voir *Hist. des Mus. d'Esp.*, I, 381.

Il existe de lui bien d'autres poésies, meilleures encore, et qu'on trouve dans les chroniques. Il régna 32 ans, depuis la conquête de Cordoue, la capitale, jusqu'à sa mort.

Règne de l'émir Hichâm b. 'Abd er-Rah'mân

Il eut pour successeur son fils Hichâm, surnommé Aboû'l-Walîd, alors âgé de 30 ans (1), qui régna pendant 7 ans, jusqu'à sa mort, arrivée en çafar 180. Hichâm mena une vie exemplaire ; il recherchait la justice, visitait les malades, suivait les enterrements et répandait d'abondantes aumônes. Souvent, dans des nuits obscures et alors que la pluie tombait à verse, il sortait porteur de bourses pleines d'argent, qu'il allait distribuer aux pauvres, retirés du monde ou vivant en anachorètes. Il ne cessa de mener ce genre de vie, au su de tous, jusqu'à sa mort, arrivée en 180. Il était fils d'une concubine nommée H'awrâ.

Règne d'El-H'akam b. Hichâm er-Rabad'î

Il eut pour successeur son fils El-H'akam, âgé de 22 ans et surnommé Aboû'l-'Aci, dont la mère était une concubine nommée Zokhrouf. Ce prince était un homme impie et débauché, auteur de faits d'une méchanceté révoltante. C'est lui qui infligea aux habitants du faubourg le désastre, devenu célèbre, [P. 13.] où ils perdirent la vie, pendant que leurs demeures et leurs mosquées étaient détruites. Le palais était attenant au quartier formé par ce faubourg, dont les habitants, soupçonnés par le prince de nourrir de mauvaises intentions, furent traités de la

---

(1) I. Athîr, VI, 101, le fait mourir en çafar 180, à l'âge de 39 ans, 4 mois.

sorte (1). De là le nom de El-H'akam er-Rabad'i [faubourien], qui lui fut donné. Sous son règne, les fak'îhs firent réciter des poésies religieuses en recommandant de passer la nuit en prière dans les cloîtres des mosquées, et auxquelles étaient, par leur ordre, mêlées des allusions telles que celles-ci : « O débauché, qui persistes dans ton iniquité, qui t'obstines dans ton orgueil, qui méprises les commandements de ton Seigneur, reviens de l'ivresse où tu es plongé ! réveille-toi et sors de ton insouciance ! » et autres choses de ce genre (2). Ce fut là un des motifs qui excitèrent son vif ressentiment contre la population. Dans cette sédition, ce sont les fak'îhs qui furent le plus acharnés contre lui ; leurs excitations finirent par amener le peuple à un soulèvement, qui finit comme on sait. Aboû Merwân b. H'ayyân, auteur de l'*Histoire d'Espagne* (3), raconte ce qui suit : « Quand ce prince, assiégé dans son palais, se rendit compte du danger, il appela son page favori et lui dit : « Va trouver une telle (une de ses femmes favorites), et demande-lui le flacon de civette. » Comme le page hésitant ne se précipitait pas aussitôt, l'ordre lui fut réitéré, à quoi le jeune homme répondit : « Est-ce le moment, seigneur, de s'occuper de parfums ? — Misérable, fils de prostituée ! lui cria le prince, comment pourra-t-on distinguer ma tête, une fois coupée, de celle des autres, sinon par le parfum qu'elle exhalera ? » Sa toilette achevée, il se précipita contre les assaillants, dont l'attaque contre le palais était contenue par les serviteurs intimes et la garde particulière, et qui furent bientôt mis en fuite

---

(1) Cf. Dozy, *Mus. d'Esp.*, II, 68 et 353 ; en outre des raisons données par l'illustre savant pour fixer cet événement à 198, on peut encore ajouter aux témoignages des auteurs qu'il cite, celui d'I. Athir, VI, 209.

(2) Dozy, *l.l.* II, 59.

(3) Sur cet auteur, voir l'Introd. du *Bayân*, p. 72 ; *Aben Pascualis Assila*, éd. Codera (Madrid, 1883), 1, p. 151 ; Ibn Khall., trad. de Slane, I, 479. On voit, en se reportant à ces auteurs, que l'expression « Histoire d'Espagne » n'est qu'un à peu près, et non un titre exact.

par une attaque que fit la cavalerie sur leurs derrières. Un épouvantable massacre s'ensuivit ; les demeures et les mosquées des révoltés furent détruites et incendiées par ordre du prince. Ceux qui échappèrent furent exilés et se réfugièrent dans l'île de Crète, qui est située dans la Méditerranée, vis-à-vis le territoire de Bark'a, où commence le Maghreb. Après y avoir passé un certain nombre d'années [P. 14.], les uns revinrent en Espagne, d'autres préférèrent se fixer en Sicile, d'autres encore s'en allèrent à Alexandrie.

Voici l'un des faits les plus étranges qui se rapportent à cette catastrophe et que raconte le chroniqueur Aboù Merwân b. H'ayyân : « L'un de ceux qui poussaient le plus ardemment à la révolte contre H'akam, était un fak'îh du nom de T'âloût, très considéré parmi ses confrères. Il avait étudié à Médine, sous Mâlek b. Anas ; sa science l'emportait sur celle de ses compagnons, et il était très ferme croyant. Quand H'akam, après avoir réprimé l'insurrection du faubourg, comme nous avons dit, bannit les survivants, T'âloût le fak'îh, qui était de ces derniers, ne put se résoudre à s'éloigner et à quitter sa patrie. Il préféra attendre que quelque changement survînt, et se tint caché pendant toute une année chez un juif, qui ne cessa de le traiter avec le plus grand honneur et le plus grand respect. Au bout de l'année, le fak'îh, fatigué de sa réclusion, fit venir le juif, lui témoigna sa reconnaissance, et lui dit : « Mon intention est de sortir demain et d'aller trouver le secrétaire un tel, qui a été mon élève et sur qui j'ai les droits d'un ancien maître. J'ai appris qu'il a de l'influence auprès de cet homme ; peut-être interviendra-t-il en ma faveur auprès de lui, de façon à obtenir mon pardon et mon séjour dans ce pays. » Le juif voulut l'en dissuader, alléguant son manque de confiance dans leurs bonnes dispositions ; il lui prêta tous les serments par lesquels il pouvait s'engager pour assurer au fak'îh que, restât-il toute sa vie son hôte, cela ne l'ennuierait ni ne lui serait à charge. T'âloût tint bon, et le juif dut le laisser partir. Il alla trouver nuitamment le kâteb, auprès de qui il put être introduit. Celui-ci le reçut convenablement, le fit asseoir auprès de lui et lui demanda ce qu'il était devenu pendant tout ce temps. Après avoir raconté son histoire : « Intercède, lui dit T'âloût, en ma faveur auprès de cet homme ; demande-lui qu'il me fasse grâce de la vie et me laisse demeurer dans mon pays. » L'autre promit tout et se rendit aussitôt, à cheval, chez H'akam, à qui il dit... (1).

[P. 15.] (Wâfir)... Une nuit, puis une seconde se passèrent sans qu'il l'entendit : « Que ne puis-je, dit-il alors, entendre les vers auxquels je suis accoutumé ! O voisin, dont le chant nocturne m'égayait, est-ce un bonheur ou un malheur qu'il me faut conclure de cette interruption ? — Il est, lui dit-on, dans la prison de 'Isa, où on l'a mené de nuit et dans l'obscurité. » Alors il demanda son grand bonnet, dont il ne se couvrait la tête que pour les affaires importantes, et se rendit chez son voisin 'Isa b. Moûsa, qui lui rendit honneur par sa réception respectueuse, et lui dit : « Te faut-il quelque chose ? je m'empresserai de satisfaire à ton désir et t'en resterai reconnaissant. — Tu as, lui dit le visiteur, emprisonné 'Amr, un de mes voisins. — Qu'on rende à la liberté, dit 'Isa, tous ceux de mes prisonniers ainsi nommés, fussent-ils un juste objet de haine, puisque le voisin du fak'îh porte ce nom ! » 'Isa, pour lui faire honneur, délivra donc tous ces hommes, par considération pour le cheykh et à cause de son voisin qui s'enivrait toutes les nuits. Ou par amitié pour un voisin ou pour chercher une récompense, il n'importe : Aboû H'anîfa n'a pas cessé ses démarches qu'il n'ait obtenu sa liberté.

Voici l'anecdote qui a été mise en vers par Aboû 'Omar. Aboû Hanîfa avait pour voisin un mesureur, qui, toutes les nuits, après la dernière prière de l' 'achâ, prenait un

---

(1) Il y a ici une lacune d'un cahier, soit 20 pages de texte ; on peut se reporter, pour la suite du récit, à l'histoire de Dozy, II, 81. Ce qui vient ensuite a trait au poète Aboû' Omar Yoûsof b. Hâroûn Ramâdi, sur lequel on peut, entre autres, voir le *Mat'mah' el-Anfous*, éd. de Cstp. p. 69 ; Makkari, II, p. 440 ; le ms 1372, anc. f. de la Bibl. Nat. f. 50 ; Dozy, *Mus. d'Esp.*, III, 172.

poisson, une galette et une certaine quantité de vin de dattes ; il mangeait et buvait, puis, une fois ivre, élevait la voix et se mettait à réciter ce vers (wâfir) :

Ils ont causé ma perte, à moi, l'homme que l'on sait, en un jour de malheur et alors que je défendais la frontière,

qu'il ne cessait de répéter jusqu'à ce que le sommeil le prît. On sait qu'Aboù H'anîfa passait la nuit entière en prières. Une nuit, s'étant aperçu que cet homme se taisait, il demanda à quelqu'un de son entourage : « Que fait donc notre voisin qui a l'habitude de chanter toute la nuit ? Est-il malade ou absent ? » Comme on lui répondit qu'il était emprisonné, [P. 16.] il demanda par l'ordre de qui : « Il a eu, dit-on, besoin de sortir la nuit ; les gens d''Isa b. Moûsa, chef du guet, l'ont rencontré et l'ont mené à leur chef, qui l'a fait mettre en prison. » Le lendemain matin, Aboù H'anîfa s'habilla et demanda sa monture pour aller trouver 'Isa b. Moûsa, qui, sitôt qu'il apprit sa présence, s'empressa au-devant de lui et l'accabla de marques d'honneur et de respect, en lui demandant ce qu'il y avait à son service : « Tu as, lui dit le savant, fait emprisonner un de mes voisins, nommé 'Amr. — Eh bien ! s'écria 'Isa, que l'on rende à la liberté tous ceux de mes prisonniers qui s'appellent 'Amr, par considération pour le voisin du fak'îh ! » Cet homme, ainsi délivré en même temps que beaucoup d'autres, vint trouver Aboù H'anîfa pour lui témoigner sa reconnaissance : « Sommes-nous cause de ta perte ? » dit le savant en l'apercevant. — « Non, par Dieu ! dit l'homme, tu as au contraire été fidèle au droit de voisinage ; que Dieu te garde ! »

Le vers d'Aboù 'Omar que le voisin d'Aboù H'anîfa chantait toute la nuit, a pour auteur El-'Ardji, de la descendance d''Otmân b. 'Affân. El-'Ardji fut jeté en prison par El-Mogheyra, oncle maternel de Hichâm b. 'Abd el-Melik et gouverneur de la Mekke au nom de ce dernier, et il y mourut ; ce fut de la prison que partit le convoi funèbre (1).

Cet Aboû 'Omar est l'auteur de nombreuses et belles poésies ; il fait partie de la troisième catégorie des poètes espagnols. J'ai retenu de lui ce commencement d'une k'acîda, consacrée à la louange d'Aboû 'Ali el-K'âli (2) :

[Kâmil.] Qui décidera entre moi et mon censeur ? La tristesse, c'est moi qui en souffre ; les lamentations, c'est moi qui les pousse. Cesse (de me blâmer) : la religion de la passion ne constitue pas l'infidélité, et le blâme que tu me lances n'est pas, à mes yeux, un article de foi. Je m'étonne de voir des gens dont le cœur sans passion laisse au corps tout son embonpoint. Les secrets de l'amour résonnent à leurs oreilles sans qu'ils comprennent, puis ils l'expliquent de la plus sotte manière. Où ai-je un organe qui, ne méritant aucun châtiment, puisse protéger celui qui me fait punir ? Dirai-je que c'est mon œil ? mais là se trouve le siège des larmes ! Mon cœur ? mais c'est là que siège ma passion ! »

Tels sont les vers de cette k'acîda que je me rappelle. — [P. 17.] Aboû 'Omar, l'un des principaux poètes d'El-H'akam Mostancir, était lié avec Aboû'l-H'asan el-Moch'afi, auprès de qui il vivait et à l'instigation de qui il critiqua, dans ses vers, Moh'ammed b. Abou 'Amir. Quand celui-ci arriva au pouvoir, il mit la main sur El-Moch'afi et confisqua ses biens ; il le jeta en prison, où il le laissa mourir de faim et de besoin. Quant au poète Aboû 'Omar, il l'accabla de châtiments et de mauvais traitements, et rendit contre lui une sentence d'exil. Comme on intercéda pour obtenir qu'il ne quittât pas son pays, le vizir y consentit, mais en défendant que personne, même de ses amis, lui parlât, défense que le héraut proclama dans tous les quartiers de Cordoue. Le

---

(1) Voir le *Kitâb el-Aghâni*, I, 153 ; le vers dont il est question y figure à la p. 165, ainsi que notre anecdote. Mas'oûdi, VI, 33 et 34, cite de ce poète des vers que l'*Aghâni* ne nous a pas transmis.

(2) Aboû 'Ali Isma'il K'âli, † 356, est l'objet d'une notice d'Ibn Khall., I, 210.

poète vécut ainsi comme un mort, jusque vers la fin du vizirat d'(Ibn) Aboû 'Amir, où il mourut de mort naturelle.

El-H'akam Mostancir fut, pendant tout son règne, engagé dans des guerres contre les Roûm et ses autres ennemis ; il mourut en çafar 366, seize ans et quelques mois après son intronisation ; sa race s'éteignit après la mort de Hichâm Moayyed, son fils unique.

Règne de Hichâm el-Moayyed, fils d'El-H'akam Mostancir

Il eut pour successeur son fils Aboû'l-Walîd Hichâm b. el-H'akam, dont la mère était une concubine nommée Çobh' ; ce prince n'avait alors que dix ans et quelques mois. Il vécut toujours retiré, ne se montrant pas et ne s'occupant pas des affaires. Le premier qui le domina, qui, de son poste de premier ministre, dirigeait les affaires et administrait le royaume, fut Aboû 'Amir Moh'ammed b. 'Abd Allâh b. Aboû 'Amir Moh'ammed b. el-Welîd b. Yezîd b. 'Abd el-Melik b. [p. 18] 'Amir el-Mo'âferi el-K'ah't'âni. Cet Ibn Aboû 'Amir, originaire de Torrox, bourgade située sur le Guadiaro (Wâdi Aroû), dans le territoire d'Algéziras, descendait d'une famille noble et depuis longtemps connue. Étant jeune, il alla à Cordoue, où il se distingua dans l'étude des sciences et des belles-lettres, ainsi que des *traditions ;* alors déjà, il nourrissait le projet d'arriver à la direction des affaires, et il était si pénétré de cette pensée qu'il parlait à ses intimes de ce qu'il ferait alors. On raconte à ce propos des faits curieux, dont une partie a été recueillie par le cheykh, le jurisconsulte, le traditionniste, l'homme sage et aux connaissances solides, Aboû 'Abd Allâh Moh'ammed b. Aboû Naçr H'omaydi, dans son livre intitulé *El-Amâni eç-çâdik'a* (1). H'omaydi raconte, entre autres,

---
(1) Voir sur H'omaydi, né vers 420 H., l'intr. du *Bayân,* I, 69.

cette anecdote, qu'il tenait d'Aboû Moh'ammed 'Alî b. Ah'med b. H'azm (1), dont l'auteur était Aboû 'Abd Allâh Moh'ammed b. Ish'ak' Temîmi : « Moh'ammed b. Aboû 'Amir était descendu chez moi, où il occupait une petite chambre au-dessus de la mienne. Il m'arriva une fois d'entrer chez lui à la fin de la nuit, et de le trouver assis dans la même posture où je l'avais quitté la veille au soir : « Il me semble, lui dis-je, que tu ne t'es pas couché cette nuit. — En effet, répondit-il. — Qu'est-ce qui t'a tenu éveillé ? — J'avais une pensée étrange. — Et à quoi donc songeais-tu ? — Je me demandais par qui, lorsque j'exercerai le pouvoir, je remplacerai à sa mort le k'âd'i Moh'ammed b. Bechîr. J'ai parcouru en pensée toute l'Espagne, et je n'ai trouvé qu'un seul homme qui mérite ce poste. — C'est peut-être Moh'ammed b. es-Selîm ? — C'est lui, par Dieu ! c'est lui-même ; vois comme nous nous rencontrons ! »

H'omaydi rapporte encore le trait suivant, qu'il tenait du jurisconsulte Aboû Moh'ammed 'Ali b. Ah'med : « Un jour qu'Ibn Aboû 'Amir se trouvait avec trois étudiants de ses amis, il leur dit de choisir chacun la situation qu'il désirait obtenir, [P. 19.] lorsque lui-même serait au pouvoir : « Moi, dit l'un, je demande à devenir k'âd'i du district de Reyya — c'est-à-dire de Malaga — et de ses dépendances ; car j'aime les figues que voilà et qui en proviennent. — Je trouve ces beignets excellents, dit le second ; aussi voudrais-je devenir inspecteur du marché ! — Quant à moi, dit le troisième, le jour où tu seras arrivé au pouvoir, tu commanderas qu'on me fasse monter sur un âne, le visage tourné vers la queue et barbouillé de miel, pour que les mouches et les abeilles viennent me piquer, et tu me feras ainsi promener par tout Cordoue. » Là-dessus, les jeunes gens se séparèrent ; mais Ibn Aboû

---

(1) Sur le fameux Ibn H'azm, †456, voir ib., p. 65 ; Cat. des manusc. ar. de Leyde, I, 224 ; I. Khallik. II, 267 ; *Bayán*, Intr., p. 65 ; Proleg. d'Ibn Khald., III, 5 ; Dhabbi, p. 403 ; Goldziher, *Die Zahiriten*, Leipzig, 1884.

'Amir, quand il fut parvenu à la situation qu'il ambitionnait, n'oublia pas de réaliser les vœux de ses trois camarades (1). »

Dès le moment de son arrivée à Cordoue, il ne cessa de monter de poste en poste et finit par devenir intendant de Çobh', mère de Hichâm el-Moayyed b. El-H'akam, et administrateur de sa fortune et de ses propriétés. La faveur dont il jouissait auprès d'elle ne cessa de croître jusqu'au jour où El-H'akam el-Mostancir mourut, laissant, comme nous l'avons dit, son fils H'ichâm tout jeune. On redoutait des troubles ; mais, grâce à lui, Çobh' ne fut pas inquiétée, toute crainte disparut et la succession fut assurée au jeune prince. C'était un homme au caractère énergique, que le sort favorisa et que cette femme aida de ses biens (2) ; il sut se concilier l'armée, et, dans des circonstances diverses, s'élever jusqu'à devenir chef de l'administration et à avoir la haute main sur toutes les affaires, en qualité de premier ministre de H'ichâm el-Moayyed. Sous le surnom d'El-Mançoûr, il se fit respecter de tous ; il vit à ses pieds les diverses provinces de l'Espagne entière, que sa main protégeait, et où nul trouble n'éclata contre lui tant qu'il vécut, grâce à la crainte qu'il inspirait et à sa rigoureuse administration. Il eut, entre autres vizirs, Aboû'l-H'asan Dja'far b. 'Othmân, surnommé Moçh'afi (3) ; le secrétaire Aboû Merwân 'Abd el-Melik b. Idrîs Djeziri (4) ; Aboû Bekr Moh'ammed b. El-H'asan Zobeydi (5), auteur du résumé du *Kitâb el-'Ayn*, dont nous avons parlé déjà ; ce Zobeydi, qui avait d'abord été mis par lui à la tête de sa garde, était un des intimes d'El-H'akam Mostancir et l'un de ses principaux chefs. Parmi ses vizirs, il faut encore citer Aboû'l-'Alà Çâ'id b. H'asan Rab'i Loghawi

---

(1) Voir *Mus. d'Esp.*, III, 110-114. (2) Cf. J. Athîr, VIII, 499.

(3) Dhabbi lui a consacré un article : *Desiderium quærentis historiam*, etc., éd. Codera, Madrid, 1885, p. 240.

(4) Ib., p. 362.

(5) Mort vers 330 (ib., p. 56.)

— 24 —

Baghdâdi, avec qui [P. 20] il eut de plaisantes aventures, dont je dirai peut-être quelque chose dans la suite, s'il plaît à Dieu ! (1). El-Mançoûr aimait les sciences et protégeait les belles-lettres ; il comblait d'honneurs ceux qui y tenaient de quelque manière, allait les voir et demandait leur appui, d'après leur degré de science, le zèle qu'ils y mettaient, et leur profondeur de connaissance. C'est pendant qu'il était au pouvoir, en 380, que vint en Espagne Aboû'l-'Alâ Çâ'id b. H'asan Rab'i, que nous avons cité déjà ; ce personnage jouissait auprès de lui d'une grande considération et reçut de lui des sommes considérables. Il était, je crois, originaire de Mawcel (Mossoul) et alla faire ses études à Baghdâd ; versé dans la connaissance de la langue, des belles-lettres et de l'histoire, il avait la repartie prompte, était poète de talent, faisait un bon, joyeux et plaisant compagnon ; aussi fut-il comblé par El-Mançoûr d'honneurs et de bienfaits. Ajoutez à cela qu'il était habile dans l'art de demander, ingénieux pour obtenir des dons, adroit à exprimer finement sa reconnaissance. Un vieillard espagnol m'a raconté, en me citant ses autorités, le fait suivant : « Aboû'l-'Alâ s'était fait faire un vêtement de dessous avec les morceaux d'étoffe provenant des bourses qu'El-Mançoûr lui avait successivement données pleines d'argent ; il le mit un jour par-dessous ses autres vêtements et se rendit à une réunion privée où le premier ministre réunissait ses intimes. Quand le monde se fut retiré et que le poète eut trouvé l'occasion qu'il cherchait, il se déshabilla, ne gardant sur lui que le vêtement dont il s'agit : « Qu'est-ce que cela signifie ? s'écria El-Mançoûr. — Ce sont là, répondit l'autre, les bourses où étaient renfermés les cadeaux que m'a faits Notre Maître, et dont j'ai fait faire un vêtement de dessous ; » puis il exprima, tout en pleurant, sa reconnaissance dans une

---

(1) Mort en 417 (voir ib., pp. 306-311, où l'on trouve le texte qui suit à très peu près identique. Cf. *Aben Pascualis Assila*, éd. Codera, I, 235).

pièce qu'il avait préparée. — « Eh bien ! tu en auras encore d'autres, » dit Mançoûr, agréablement surpris, et il tint parole (1). »

Ce poète dédia plusieurs ouvrages à son bienfaiteur, entre autres le *Kitâb el-foçoûç*, qui est du même genre que le *Kitâb en-nawâdir* d'Aboù 'Ali el-K'âli, et auquel il arriva une bizarre aventure. Après l'avoir achevé, Aboû'l-'Alâ se fit accompagner d'un esclave pour aller le présenter à son protecteur; mais ce serviteur ayant glissé lorsqu'il passait par-dessus le fleuve de Cordoue, tomba dans l'eau avec le manuscrit qu'il portait. [P. 21.] Un poète, Aboù 'Abd Allâh Moh'ammed b. Yah'ya, connu sous le nom d'Ibn el-'Arîf, fit à ce propos, en présence d'El-Mançoûr, le joli vers que voici (redjez) :

Le *livre des chatons de bagues* (foçoûç) s'est enfoncé dans le fleuve (la mer), comme fait tout ce qui est lourd (2).

El-Mançoûr et les assistants se mirent à rire ; alors Çâ'id, sans se laisser nullement déconcerter, improvisa cet autre vers, en réponse à Ibn el-'Arîf (redjez) :

Il est retourné à la mine d'où il avait été extrait, car ce n'est qu'au fond des mers qu'on trouve des chatons de bagues (3). »

On cite encore de lui un ouvrage dans le genre de celui d'El-Khazradji Aboù's-Sora Sahl b. Aboû Ghâleb, et intitulé « Livre d'El-Hadjafdjaf b. Ghaydek'ân b. Yatrebi et d'El-Khinnawt, fille de Makhrama b. Oneyf, » ouvrage dont il exposa le sens (4) dans le « Livre d'El-Djawwâs b.

---

(1) Une version légèrement différente figure dans les *Mus. d'Esp.*, III, 250.
(2) Makkari, t. II, p. 54 ; voir une version différente de cette anecdote, *Mus. d'Esp.*, III, 249 ; I. Khall., I, 633 ; I. Bachkowâl, I, 235.
(3) Dans ces deux vers, le même mot est employé d'abord pour désigner le fleuve, puis, au pluriel, les mers.
(4) Ou peut-être « et un autre sur le même sujet. »

K'a't'al el-Madh'adji et de sa cousine 'Afrâ » (1). Ce dernier ouvrage est excellent, mais il a, pendant les troubles qui ont ravagé l'Espagne, subi des dommages, et il est maintenant défectueux de plusieurs feuillets; El-Mançoûr, qui en raffolait, s'en faisait lire tous les soirs par quelqu'un spécialement désigné à cet effet. On dit qu'après la mort d'El-Mançoûr, Aboû'l-'Alâ s'abstint de paraître à aucune réunion intime [P. 22.] tenue par ceux de ses enfants qui lui succédèrent à la direction des affaires; il se prétendait atteint d'une douleur à la jambe, qui ne lui permettait de marcher qu'avec l'aide d'une canne, et s'excusait ainsi de ne pas aller leur rendre ses devoirs. Il se tint dans cette réserve tant qu'ils restèrent au pouvoir. Il parle de cela dans sa célèbre k'acîda sur Mod'affer Aboû Merwân 'Abd el-Melik b. Mançoûr Aboû 'Amir Moh'ammed b. Aboû 'Amir, lequel remplaça son père; ce poème commence ainsi (mètre wâfir) :

Je t'amène de rapides chamelles, chargées de montagnes de vœux; la valeur d'une seule jointe à celle de leur maître au cœur pur, suffirait à acheter tous les princes d'Orient (2).

Il y dit aussi :

C'est à Dieu qu'il faut se plaindre du mal qui a frappé ma jambe et dont je suis affligé; de ce mal qui me tient éloigné du prince que je recherche et dont le voisinage améliorerait mon état.

En voici l'un des meilleurs traits :

J'ai fait le compte des bienfaiteurs des humains, et c'est son nom que j'ai trouvé dès le début. Si je l'ai fait passer le premier, c'est parce que, de même, je commence la lecture du Saint Livre par la première sourate.

---

(1) Les titres ci-dessus sont reproduits d'après le texte publié par Dozy et corrigé par lui, conformément au texte de H'omaydi, manusc. de la Bodl. Hunter, 464 (voir Cat. Uri, t. I, p. 172). On lit dans Dhabbi, p. 306 : ... b. 'Odk'ân b. Yathrebi... Khinnawt, fille de Mah'rama.

(2) Il faut, dans le premier de ces vers, conserver la leçon خلائط qui figure dans la 1ʳᵉ édition du texte arabe, dans le manuscrit de Leyde et dans Dhabbi.

Aboù 'Abd Allâh H'omaydi dit qu'Aboù Moh'ammed 'Ali, fils du vizir Aboù 'Omar Ah'med b. Sa'îd b. H'azm, lui a raconté avoir entendu Aboù'l-'Alâ réciter cette k'acîda devant El-Mod'affer, à la fête de la rupture du jeûne de 396 : « C'était, disait Aboù Moh'ammed, la première fois que je me trouvais chez El-Mod'affer. Aboù'l-'Alâ, me voyant approuver sa poésie et l'écouter attentivement, l'écrivit de sa propre main pour me la remettre. » Ce poète employait nombre de mots étranges, dont il donnait, si on la lui demandait, l'explication sur-le-champ, ainsi que faisait, dit-on, Aboù 'Omar ez-Zâhid el-Mot'arriz, page de Tha'leb (1). S'il n'avait pas eu l'habitude de tant plaisanter, on aurait ajouté foi à tout ce que racontait Aboù'l-'Alà ; cependant, plus d'une fois il a dit vrai.

Entre autres anecdotes relatives à ce point, on raconte qu'il arriva un jour auprès d'El-Mançoûr [P. 23.], qui avait à ce moment entre les mains une lettre que venait de lui envoyer un gouverneur de province, du nom de Meydamàn b. Yezîd (2), et qui traitait de culture et de fumure, deux expressions que l'on emploie pour désigner les soins donnés à la terre avant de l'ensemencer. « Aboù'l-'Alâ ! dit le prince. — Me voici, Seigneur ! — As-tu jamais rencontré, parmi les livres que tu as vus, le « Kitâb el-K'awâlib wad-dawâlib », par Meydamàn b. Yezîd ? — Certainement, Seigneur ; j'en ai vu à Baghdâd un exemplaire, écrit par Aboù Bekr b. Doreyd ; les caractères étaient de vraies pattes de mouches, et sur les marges se trouvaient les signes de tels et tels annotateurs (3). — Ne rougis-tu pas, Aboù'l-'Alâ, de parler ainsi ? Ce titre n'est autre chose qu'une lettre rédigée par le gouverneur un tel, de telle province, et où il est traité de tel sujet. J'ai, pour t'éprouver, forgé ce titre

---

(1) Voir la vie d'Aboù 'Omar Moh'ammed b. 'Abd el-Wâh'id Bâwerdi, célèbre philologue, † 345, dans I. Khall., III, 43.

(2) Ce nom est écrit Mabramàn b. Yezîd ap. *Mus. d'Esp.*, III, 248, et Mabramàn b. Bourîd ap. Dhahbi, p. 308.

(3) Je traduis le mot الوضاع par conjecture.

avec les mots employés dans la lettre et j'en ai cité le gouverneur comme en étant l'auteur. » Mais il n'en jura pas moins qu'il n'avait rien avancé que de vrai et que son assertion était bien exacte.

Une autre fois, Mançoûr, à qui l'on venait d'apporter des dattes *(tamr)* sur un plateau, lui dit : « Quel est, Aboû'l-'Alâ, le sens du mot *tamarkal*, en arabe ? — On emploie, répondit-il, le verbe *tamarkal*, au nom d'action *tamarkoul*, pour dire qu'un homme se drape dans son vêtement. » On raconte une foule d'anecdotes de ce genre ; mais, malgré tout, il était savant.

Aboû 'Abd-Allâh H'omaydi dit tenir ce qui suit d'Aboû Moh'ammed 'Ali b. Ah'med, lequel le tenait d'Aboû 'Abd Allâh 'Acimi Nah'wi, par l'intermédiaire du vizir Aboû 'Obda H'assân b. Mâlek b. Aboû 'Obda : « Lors de l'arrivée de Çâ'id b. H'asan Loghawi auprès d'El-Mançoûr Aboû 'Amir Moh'ammed b. Aboû 'Amir, le ministre nous mit en présence du nouveau venu, que nous interrogeâmes sur des points difficiles de la syntaxe. Il ne put les élucider, ce que voyant, Ibn Aboû 'Amir dit : « On le vante, mais il est (1) de ma force en syntaxe, je le vaux bien. » Mais Çâ'id se mit à interroger à son tour et demanda ce que signifiait ce vers d'Imrolk'ays :

[T'awîl] Le sang des animaux agiles qu'il a gagnés de vitesse, séché sur son encolure, ressemble à la teinture extraite du henné, qui déguise la blancheur d'une barbe soigneusement peignée (2).

« C'est clair, répondîmes-nous ; le poète a dépeint un cheval gris, grâce à qui ont été tuées des bêtes sauvages (3) dont le sang, en coulant sur son poitrail, l'a

---

(1) Je lis, d'après Dhabbi, فهو .

(2) Traduction de C. de Perceval, *Essai sur l'hist. des Arabes*, II, 331, du vers 60 de la Mo'allaka de ce poète. Plus bas, c'est le vers 52.

(3) Je conserve la leçon عقرت du manuscrit et de Dhabbi ; cf. d'ailleurs le commentaire de Zawzéni.

rendu tel. [p. 24] — Eh quoi ! dit Çâ'id, avez-vous oublié
ce qu'il a dit précédemment :

Sa couleur est baie ; la selle peut à peine se fixer sur son dos,
semblable à la pierre polie sur laquelle l'onde glisse avec rapidité.

Nous restâmes aussi surpris que si nous n'eussions
jamais lu ce vers, et dûmes lui demander ce que cela
voulait dire : « Le poète, dit-il, a fait allusion à l'une de
ces deux choses : ou bien le poitrail de l'animal est couvert de sueur, et l'on sait que cette sueur est blanche,
de sorte qu'elle forme avec le sang un mélange grisâtre ;
ou bien il fait allusion à la coutume arabe de marquer
le poitrail du cheval avec une brique chaude, et au fait
que la partie ainsi dégarnie se recouvre de poils blancs.
Qu'il soit fait allusion à l'une ou à l'autre de ces deux
choses, la description du poète est exacte. »

Aboû Abd Allâh (H'omaydi) raconte encore ce qui suit,
d'après Aboû Moh'ammed 'Ali b. Ah'med, lequel parlait
d'après le légiste Aboû'l-Khiyâr Mas'oûd b. Soleymân
b. Moflit : « Çâ'id interrogea un jour, chez Mançoûr,
plusieurs hommes de lettres au sujet de ces deux vers
de Chemmâkh b. D'irâr (1) :

[Basît'] C'est la maison de la jeune fille à qui nous disions : O
gazelle sans collier et au cou admirable ! Tandis qu'elle est à jouer,
la colombe met à sa portée les fruits de l'arak.

« C'est, fut-il répondu, la colombe qui, en se posant
sur un rameau d'arak ou de vigne, le fait ployer (2), de
sorte que la gazelle, l'ayant à sa portée, s'en repaît. — Ce
n'est pas cela, dit Çâ'id : dans ce vers, « colombe »
(h'amâma) n'est pas autre chose qu'un des noms du

---

(1) Sur ce poète, voir I. Khall., II, 453 ; l'Aghâni lui consacre une
longue notice, t. VIII, p. 101, où ne figurent pas nos deux vers.

(2) Je lis avec Dhabbi, نَخْفِضُها .

miroir, et le poète, qui compare cette jeune fille à une gazelle, a voulu dire que, quand elle se sert d'un miroir, celui-ci rapproche d'elle et lui fait voir ses cheveux, qui ressemblent à des grappes mûres de raisin ou de fruits de l'arak. »

Voici un fait étrange et dont on trouverait difficilement le pendant. Le Çâ'id en question amena un jour à Mançoûr Aboû 'Amir *(sic)* un cerf, en même temps qu'il lui présenta ces vers :

[Kâmil]. — O sauvegarde des gens effrayés, sécurité des fuyards, redresseur des abaissés ! [p. 25] Tes dons vont à ceux qui en sont dignes, ta bienfaisance s'adresse à quiconque en espère quelque chose ; semblable à une pluie abondante, elle s'étend partout, les régions malheureuses voient réaliser par elle une part égale de leurs vœux. C'est Dieu qui est ton aide, et puisse-t-il toujours te maintenir dans sa voie, fortifier tes succès contre l'erreur incendiaire ! Mon œil, et tu m'en es témoin, ne voit, parmi les mieux apparentés, personne d'une noblesse comparable à la tienne, personne dont la libéralité soit aussi prompte que la course du loup avide, aussi abondante que la poussière qu'elle soulève. Seigneur, toi qui réjouis mon exil, qui m'as retiré des griffes de l'adversité et sauvé de la prison ! l'esclave que tu as arraché à la misère et comblé de bienfaits, t'amène ce cerf. Je l'ai nommé Garcia et je l'amène, la corde au cou, dans l'espoir que mon pronostic se vérifiera. Si tu daignes l'accepter, ce sera pour moi le plus beau cadeau que je puisse recevoir de mon bienfaiteur. Puisse la pluie matinale de l'allégresse tomber sur ta tête, puisse ta maison entière recevoir l'eau fécondante ! (1).

Or, par un effet de la prescience divine, il arriva que Garcia, fils de Sancho, l'un des princes de Roûm, qui paraissait aussi inexpugnable que les astres, fut pris le jour même où Çâ'id amena le cerf qu'il avait nommé Garcia, avec l'intention de pronostiquer la prise du prince. Puissent le poète et son protecteur jouir du bonheur ! Ce Garcia fut fait prisonnier en rebi' II 385 (2).

---

(1) Voir Makkari, II, 57 ; Dhabbi, p. 310 ; *Mus. d'Esp.*, III, pp. 214 et 250 ; I. Athir, IX, 80.

(2) Il s'agit de Garcia Fernandez, comte de Castille, qui mourut de ses blessures le cinquième jour de sa captivité, 30 mai 995.

Çâ'id quitta l'Espagne pendant la période de troubles et se retira en Sicile, où il mourut, d'après ce que j'ai appris, à un âge avancé, vers 410 (1).

Tout le temps qu'il fut au pouvoir, el-Mançoûr ne cessa pas de diriger de perpétuelles incursions contre les chrétiens ; rien ne pouvait le distraire de ce soin. Quand il résidait à Cordoue, il y avait chez lui des séances hebdomadaires où les savants discutaient en sa présence. Il avait un tel penchant à combattre les chrétiens qu'il lui arriva plus d'une fois de se rendre au lieu de prière « moçalla » le jour de la fête, puis l'idée d'une incursion lui venant à l'esprit, il ne rentrait même pas dans son palais et partait sur le champ [p. 26], dans l'état où il était, pour aller faire la guerre sainte ; ses troupes le suivaient, le rejoignant peu à peu, et avant qu'il fût arrivé sur le territoire chrétien, tous les soldats qu'il avait demandés s'étaient groupés autour de lui.

Il fit plus de cinquante expéditions de ce genre ; on trouve la relation de ses exploits dans le *Meâthir 'Amiriyya* d'Aboû Merwân b. H'ayyân, qui a raconté en détail et fixé les dates de toutes ces campagnes. Ce prince remporta de nombreuses victoires et se rendit maître de forts restés jusque là imprenables. Il remplit l'Espagne de butin et de prisonniers chrétiens, filles, femmes et enfants. Les pères faisaient alors assaut de luxe en fait de vêtements, de parures et d'immeubles quand il s'agissait de doter leurs filles que, sans cela, ils n'auraient pas trouvé à marier, tant les filles chrétiennes coûtaient peu ; personne, à défaut d'une grosse dot, n'aurait voulu épouser une femme libre.

Je sais que l'on vendit un jour à la criée, à Cordoue, la fille d'un grand personnage chrétien ; bien qu'elle fût très belle, son prix ne dépassa pas vingt dinars 'Amiri (2).

---

(1) Lisez 417, date qui figure dans Dhabbi, etc. (plus haut, n. p. 24).
(2) C'est-à-dire frappés au nom d'El-Mançoûr ou Almanzor.

El-Mançoùr, pendant presque tout le temps qu'il exerça le pouvoir, ne manqua pas de faire deux incursions par an. Chaque fois que, revenu d'une expédition de ce genre, il se retirait dans sa tente, on secouait, par son ordre, la poussière dont ses vêtements s'étaient couverts au fort de la bataille, et on la gardait soigneusement ; puis, quand il fut près de mourir, il donna ordre de la secouer sur le linceul qui devait le couvrir dans son tombeau (1). Il mourut de la colique après avoir combattu le bon combat à Medînat Sâlem (Medinaceli), l'un des points extrêmes de la frontière musulmane, en 393 (2) ; il avait dirigé les affaires pendant 27 ans environ. Il était d'origine Ma'âfirite ; Boreyha, sa mère, était Temîmite et fille de Yah'ya b. Zakariyyâ Temîmi, connu sous le nom d'Ibn Bart'al. Aussi le poète Aboù 'Omar Ah'med b. Moh'ammed b. Derrâdj, dit El-K'ast'alli (3), a-t-il dit de lui dans une k'açîda :

[P. 27 ; t'awîl]. « En lui se sont réunis, venant de Temîm et de Ya'rob, des soleils et des lunes brillant dans le ciel et provenant des H'imyar, dont les mains ressemblent à des nuées qui déversent une eau (fécondante), ou plutôt à de véritables mers. »

Cet Aboù 'Omar était l'un des principaux et des meilleurs poètes de l'Espagne ; son nom figure dans la *Yetîma* d'Aboù Mançoùr Tha'âlebi (4), où il est dit ceci ou à peu près : « El-K'ast'alli est en Espagne aussi considéré qu'Aboù't-T'ayyeb (Motenebbi) dans la région syrienne. » Moi-même, dans ma jeunesse, j'étais passionné pour les œuvres de ce poète, que je relisais sans cesse. A l'heure qu'il est, je n'ai plus dans la mémoire

---

(1) Le *Bayân* (p. 310) raconte le même détail.
(2) Lisez 392 (1001-2 de J.-C.).
(3) Sur ce poète, † 421, voir I. Khallikân, I, 120 ; Dhabbi, 107 et 147 ; I. Bachkowal, 42 ; *Bayân*, 294 ; n° 1372 de l'anc. F. ar. Bibl. nationale, f. 23.
(4) On peut, entre autres, voir sur cet auteur, † 429, dont l'anthologie est si souvent mise à contribution, I. Khallik. II, 129.

que ces deux vers, improvisés par lui dans une audience du prince :

[Kâmil]. — « Soigne bien les paroles que tu prononces, car c'est par ce qu'il dit que se manifeste l'intelligence du jeune homme : c'est ainsi que d'après le son que rend un vase, on juge s'il est fêlé ou non. »

A Ibn Aboû 'Amir succéda, en qualité de premier ministre et de h'âdjib, son fils Aboû Merwân 'Abd el-Melik b. Aboû 'Amir, surnommé El-Moz'affer. Comme son père, il dirigea les affaires militaires et civiles au nom de Hichâm Moayyed. Les sept années qu'il passa au pouvoir furent autant de jours de fête, grâce à l'abondance et à la sécurité qui régnaient alors. Mais, après sa mort, des troubles surgirent.

Après El-Moz'affer, son frère 'Abd er-Rah'mân, surnommé Nâçir, exerça le pouvoir dans les mêmes conditions ; mais bientôt il fut une cause de désordre, parce qu'il se fit nommer héritier présomptif du trône. Au bout de quatre mois de confusion, Moh'ammed b. Hichâm b. 'Abd el-Djebbâr b. 'Abd er-Rah'mân Nâçir (1) se révolta contre lui le 18 djomâda II 399 ; il déposa Hichâm Moayyed, et 'Abd er-Rah'mân l''Amiride, livré par ses propres troupes, fut mis à mort, puis crucifié. Moh'ammed b. Hichâm b. 'Abd el-Djebbâr prit, après sa révolte, le surnom de Mahdi, et la situation resta telle jusqu'à ce qu'il fut tué, moment où Hichâm Moayyed fut réinstallé sur le trône [p. 28], le lundi 7 (2) dhoû'l-h'iddja 400. Mais les Berbères, commandés par Soleymân b. H'akam b. Soleymân, ne cessèrent pas de le serrer de près jusqu'au 5 (3) chawwâl 403, date à laquelle ils pénétrèrent avec leur chef dans Cordoue ; les habitants furent chas-

---

(1) Cet Omeyyade est l'arrière-petit-fils d''Abd er-Rah'mân III (Dozy, *Mus. d'Esp.*, III, 271 et 259 ; *Recherches*, I, 207 ; Dhabbi, p. 343). Sa révolte eut lieu à la fin de djomâda II de 399 (I. Athir, VIII, 500).

(2) I. Athir (IX, 152 ; VIII, 502) dit « le 9 ».

(3) Le 15, selon le même chroniqueur (IX, 154).

sés, sauf ceux de la cité (1) et d'une partie du faubourg oriental, et Hichâm Moayyed b. H'akam Mostançir fut mis à mort (2). Comme nous l'avons dit, il resta toute sa vie dans la sujétion et ne décida d'aucune affaire. Pendant que les Berbères le pressaient, il passa successivement sous la dépendance de l'un ou l'autre des Slaves (3), succédant à Moh'ammed b. Aboû 'Amir el-Mançoùr et aux deux fils de ce dernier, 'Abd el-Melik Z'âfer (4) et 'Abd er-Rah'mân Nâçir.

Règne de Moh'ammed b. Hichâm b. 'Abd el-Djebbâr el-Mahdi.

Nous avons dit que Moh'ammed b. Hichâm b. 'Abd el-Djebbâr b. 'Abd er-Rah'mân Nâçir se révolta contre Hichâm b. H'akam en djomâda II, le déposa et prit le titre d'El-Mahdi. Son prénom était Aboû'l-Walîd; sa mère était une concubine du nom de Mouzna, et il eut un fils nommé 'Obeyd Allâh (5). Né en 366, Mahdi fut tué à l'âge de 37 ans (6). Il exerçait le pouvoir quand, le jeudi 5 chawwâl 399, Hichâm b. Soleymân b. 'Abd er-Rah'mân Nâçir (7) marcha contre lui à la tête des Berbères, et lui livra un combat qui dura ce jour-là, la nuit sui-

---

(1) C'est ainsi, semble-t-il, qu'il faut entendre le mot *el-medina* du texte (cf. p. 44, l. 8; Edrîsi, p. 208 du texte arabe; *Mus. d'Esp.*, III, 311; *Revue des questions historiques*, 1892, p. 68).

(2) Cf. *Mus. d'Esp*. III, 310; I. Athîr, IX, 154.

(3) Le texte porte « les esclaves », de même qu'à la p. 35, l. 30, p. 43, l. 1, et ailleurs.

(4) Lisez El-Moz'affer.

(5) Ce personnage se révolta à Tolède et y fit reconnaître son autorité. Mais des troupes envoyées par Hichâm Moayyed étouffèrent cette révolte, dont l'instigateur fut pris et mis à mort en cha'bân 401 (I. Athîr, IX, 153).

(6) Il fut (selon I. Athîr, VIII, 502) tué à l'âge de 33 ans, vers le 9 dhoû'l-hiddja 400. C'est un lapsus de notre auteur de faire vivre ce prince jusqu'à 37 ans.

(7) C.-à-d. En-Nâcir li-din illâh, surnommé Rechîd (I. Athîr, VIII, 500; *Mus. d'Esp.*, III, 286).

vante et la matinée du lendemain. La masse de la population de Cordoue se mit alors du côté de Moh'ammed Mahdi, et les Berbères furent mis en fuite. Hichâm b. Soleymân, fait prisonnier, fut amené à Mahdi, qui lui fit trancher la tête.

Alors les Berbères se rallièrent et mirent à leur tête [p. 29] Soleymân b. H'akam b. Soleymân b. 'Abd er-Rah'mân Nâçir, fils du frère de Hichâm, dont nous avons dit la révolte (1). Soleymân les mena du côté de la frontière, où il recruta des chrétiens, puis vint camper devant les portes de Cordoue. Les Cordouans sortirent en foule contre lui, mais en un moment plus de vingt mille d'entre eux furent tués dans la montagne qui se trouve de ce côté, et qui est connue sous le nom de K'ant'ich (2). Dans cette bataille, devenue célèbre, une foule de gens de bien, de légistes, d'imâms et de moueddhins perdirent la vie. Moh'ammed b. Hichâm Mahdi se tint caché pendant quelques jours, puis gagna Tolède. Toutes les places frontières, de Tortose à Lisbonne, lui obéissaient encore. Après avoir recruté des Francs, il arriva à leur tête devant Cordoue, d'où sortit pour le combattre Soleymân b. H'akam, à la tête des Berbères. Il s'avança jusqu'à une vingtaine de milles de Cordoue, au lieu dit Dâr el-Bak'ar (3), où il fut battu. Mahdi s'empara alors de Cordoue, d'où il sortit, au bout de quelques jours, pour combattre (de nouveau) les Berbères, qui avaient gagné Algéziras. La bataille, qui eut lieu à Guadiaro, se termina par la défaite de Moh'ammed b. Hichâm Mahdi, qui se retira à Cordoue, où il fut tué par les Slaves, de connivence avec Wâd'ih' le Slave. Ses meurtriers réinstallèrent alors sur le trône Hichâm Moayyed, ainsi que nous l'avons raconté. Mahdi détint le pouvoir

---

(1) Soleymân est surnommé Mosta'in billâh, et aussi Z'âhir billâh (I. Athîr, VIII, 501), et Z'âfir bi-h'awl Allâh (plus bas, p. 36).
(2) I. Athîr, *l.l.*, écrit K'antidj.
(3) Ou Ak'abat el-bak'ar (aujourd'hui Castillo del Bacar), à 17 milles de Cordoue, selon Edrîsi, p. 213; cf. *Mus. d'Esp.*, III, 295.

depuis sa révolte jusqu'à sa mort, pendant dix mois (1), y compris les six mois où Soleymân était à Cordoue, pendant que lui-même était à la frontière. Il ne laissa pas de postérité et resta sans successeur (2).

Règne de Soleymân
b. el-H'akam b. Soleymân b. 'Abd er-Rah'mân en-Nâçir, surnommé El-Mosta'în Billâh

Soleymân b. el-H'akam se révolta le 6 chawwâl 399 et prit le surnom d'El-Mosta'în Billâh. Il entra dans Cordoue, nous l'avons dit, en rebî' II [p. 30] de l'an 400, et fit dès lors ajouter à son surnom de Mosta'în celui de Zâfir bi-h'awl Allâh (3). En chawwâl de cette même année, il sortit de la ville à la tête des Berbères et se mit, sans interruption, à voyager, à piller et à mettre à sac les villes et les villages d'Espagne. Les soldats tuaient et pillaient sans respect ni pour l'âge ni pour le sexe, et rentrèrent à Cordoue au commencement de chawwâl 403. Il avait dans son armée deux descendants de H'asan b. 'Ali b. Aboû Tâleb ; ils étaient fils de H'ammoûd b. Meymoûn b. Ah'med b. 'Ali b. 'Obeyd Allâh b. 'Omar b. Idrîs [b. Idrîs] b. 'Abd Allâh b. H'asan b. Hasan b. Ali b. Aboû Tâleb, et s'appelaient, l'un K'âsim, l'autre 'Ali. Il leur donna le commandement des Maghrebins, puis nomma le cadet, 'Ali, gouverneur de Ceuta et de Tanger, et K'âsim, gouverneur d'Algéziras. Le passage qu'on appelle le Détroit séparait seul ces deux gouvernements, et la mer, nous l'avons dit, n'a là qu'une largeur de douze milles.

---

(1) Le manuscrit porte « seize mois », ce que l'éditeur a corrigé en « dix mois », alors que dans son *Hist. des Mus. d'Esp.* (III, 271 et 300), il dit « dix-sept ». Du 18 djomâda II 399 au 7 (ou au 9) dhoû'l-hiddja 400, on compte environ 16 1/2 mois lunaires.

(2) Il eut un fils, 'Obeyd Allâh, que notre auteur a mentionné plus haut (p 34, n. 5).

(3) Voir p. 35, n. 1.

Lorsque Soleymân et les Berbères pénétrèrent dans Cordoue, les Slaves firent scission, et s'emparèrent de villes considérables, où ils se fortifièrent. 'Ali b. H'ammoûd, dont nous venons de parler, avait conçu le désir de devenir le chef de l'Espagne ; il entra en pourparlers avec eux et leur rappela que Hichâm b. H'akam, alors qu'il était assiégé dans Cordoue, lui avait envoyé la promesse écrite de faire de lui son héritier. Les rebelles ayant accepté ses offres et lui ayant prêté serment de fidélité, 'Ali se précipita de Ceuta sur Malaga, où se trouvait 'Amir b. Fotoûh' Fâ'ik'i, client de Fâ'ik', client de H'akam Mostançir. 'Amir se soumit sans résistance et livra Malaga à 'Ali b. Hammoûd, qui l'en déposséda et l'en expulsa. Ensuite, 'Ali avec ses Berbères et tous les Slaves marcha sur Cordoue ; il dut livrer bataille à Moh'ammed b. Soleymân qui commandait des troupes berbères, mais il le battit et entra à Cordoue, où il trancha de sa propre main et de sang froid la tête à Soleymân b. Hakam, le dimanche 21 moharrem 407 ; le même jour, il fit mettre à mort le père de ce dernier, H'akam b. Soleymân b. Nâçir, [p. 31] vieillard de 72 ans.

Le règne de Soleymân, depuis son entrée à Cordoue, avait duré trois ans trois mois et quelques jours ; mais il avait antérieurement, nous l'avons dit, régné six mois. Entre sa révolte, soutenue par les Berbères, et sa mort, il s'était écoulé sept ans trois mois et quelques jours. Alors finit la dynastie Omeyyade, dont le nom ne fut plus prononcé dans aucune chaire des diverses provinces d'Espagne jusqu'au jour où elle reprit le dessus, ainsi que nous le raconterons.

Soleymân était fils d'une concubine nommée Z'abia, qui lui avait donné le jour en 354. Entre autres enfants, il eut Moh'ammed, désigné comme son héritier, mais qui ne régna pas ; Walîd et Maslama. Soleymân avait de la littérature et faisait des vers. On lit dans H'omaydi : « Je tiens la pièce qui suit d'Aboû Moh'ammed 'Ali b. Ah'med, à qui l'avait dite un jeune fils d'Isma'îl b. Ish'âk', crieur et poète, qui était secrétaire d'Aboû Dja'far Ah'med b. Sa'îd b. ed-Doubb, et à qui Aboû Dja'far avait dit la tenir de l'auteur lui-même, le Prince des croyants Soleymân Z'âfir. Aboû Moh'ammed l'avait entendu réciter par K'âsim b. Moh'ammed Merwâni, qui la tenait de Walîd b. Moh'ammed, secrétaire de Soleymân Z'âfir, Prince des croyants :

[Kâmil]. « Chose étrange ! le lion redoute la pointe de ma lance, et moi je redoute le regard lancé par des paupières langoureuses ! J'affronte de cœur ferme les périls les plus grands, mais non l'aversion ou l'abandon. Je suis devenu la propriété de trois personnes au visage d'un rose éclatant, aux formes séduisantes, semblables aux astres dont l'éclat frappe les regards dans l'obscurité, en passant par-dessus les rameaux dont sont couvertes des collines sablonneuses. La première a la beauté du croissant, la seconde est comme la fille de la planète Jupiter, et la dernière ressemble à un rameau de *bân* (saule d'Égypte). J'ai, pour me tranquilliser, voulu prendre l'amour pour juge, et son arrêt a décidé qu'elles doivent commander à l'autorité même. Elles se sont frayé une voie jusqu'aux replis les plus inaccessibles de mon cœur et m'ont, tout comme un simple captif, enroulé dans ma puissance royale. Gardez-vous d'adresser des reproches à un roi qui s'abaisse par passion ; c'est une gloire, c'est une seconde royauté que de s'humilier de la sorte ! Où est le mal si l'amour me rend leur esclave, puisque je suis le maître et des contemporains et d'elles-mêmes ? [p. 32] Si l'amour qu'elles m'inspirent ne me fait pas reconnaître l'autorité de la passion, c'est qu'alors je ne descends pas de Merwân ! L'homme généreux qui aime partage avec son ami ses motifs de haine et de réjouissance, et quand des gens passionnés sont unis dans un même sentiment, leur passion suit son cours aisé et tranquille. »

Soleymân Mosta'în n'avait, dans ces vers, d'autre but que de les mettre en regard de ceux d'Abbâs b. el-Ah'naf (1), d'abord attribués à Hâroûn er-Rachîd, mais ensuite restitués à leur véritable auteur :

[Kâmil]. « Ces trois filles me mènent par la bride et se sont ins-

---

(1) On trouve dans Ibn Khallikân (II, 7) la vie de ce poète, † 192, à qui l'*Aghâni* (VIII, 15) a aussi consacré un chapitre où ne figurent pas les vers ci-dessus ; voir aussi les *Prairies d'or* de Mas'oudi (VI, 202 ; VII, 245).

tallées dans toutes les fibres de mon cœur. Que m'importe que toute créature m'obéisse, puisque moi je dois obéir à ces rebelles ? N'est-ce pas là la preuve que le pouvoir de l'amour, qui fait leur force, est plus grand que le mien ? »

Le personnage d'après qui parle H'omaydi est Aboû Moh'ammed 'Ali b. Ah'med b. Sa'îd b. H'azm b. Ghâleb b. Çolh' b. Khalaf b. Ma'dân b. Sofyân b. Yezîd Fârisi, client de Yezîd b. Aboû Sofyân b. H'arb b. Omeyya b. 'Abd Chems b. 'Abd Menâf le K'oraychite (1). Cette généalogie, qui m'a été exposée par un de mes maîtres, était ainsi écrite de sa main sur le feuillet de garde d'un de ses ouvrages. Ses ancêtres immédiats tiraient leur origine d'une bourgade du territoire de Niébla, dans l'Espagne occidentale. Il habitait Cordoue, de même que son père, qui avait été vizir de Moh'ammed b. Aboû 'Amir el-Mançoûr et du fils et successeur de ce dernier, El-Moz'affer ; il avait été à la tête de l'administration sous l'un et l'autre de ces princes. Son fils, le légiste Aboû Moh'ammed, fut d'abord vizir d''Abd er-Rah'mân b. Hichâm b. 'Abd el-Djebbâr b. en-Nâçir, surnommé El-Mostaz'hir billâh, frère de Mahdi dont nous avons parlé ; puis il renonça de son plein gré au ministère et se lança dans l'étude des sciences, des antiquités et des traditions, connaissances où il devint plus fort que nul autre Espagnol avant lui. Il appartint d'abord, pendant quelque temps, à l'école de l'Imâm Aboû 'Abdallâh Châfe'i, puis il embrassa les doctrines Z'âhirites, qu'il exagéra au point de dépasser Aboû Soleymân Dâwoûd Z'âhiri lui-même et les autres représentants de cette école. Il est l'auteur d'un grand nombre d'ouvrages de valeur et aux intentions élevées. Il y traite de la théorie et de la pratique du droit (fik'h) dans le sens de la doctrine [p. 33] qu'il avait embrassée, c'est-à-dire celle de Dâwoûd b. 'Ali b. Khalef Içbahâni Z'âhiri et des docteurs qui, fidèles à ce système, nient

---

(1) Voir plus haut p. 22, n. 1. On trouve des indications sur le caractère général des opinions Z'âhirites dans I. Khallikân, I, p. xxvi et 534 ; II, 272.

l'analogie et la causalité (ta'lîl). Je tiens de plusieurs savants espagnols qu'il a écrit sur le droit, les traditions, les principes fondamentaux, les religions et les sectes, sans parler d'histoire, de généalogies, de littérature, de polémiques contre ses adversaires, environ quatre cents volumes, comprenant près de 80,000 feuillets. Je ne sache pas d'autre musulman qui en ait autant fait avant lui, sauf Aboû Dja'far Moh'ammed b. Djerîr T'abari (1), celui de tous les musulmans qui a le plus écrit. D'après Aboû Moh'ammed 'Abd Allâh b. Moh'ammed b. Dja'far Ferghâni dans son livre *Eç-Çila* (2), où il a continué la grande chronique de T'abari, des disciples de ce dernier ont compté que, dans chacun des jours écoulés depuis sa puberté jusqu'en 310, où il mourut à l'âge de 86 ans, il a écrit quatorze feuillets. Pareille chose n'est possible qu'à une créature jouissant de la faveur et de l'aide divines.

Ibn H'azm avait en outre de vastes connaissances en syntaxe et en lexicographie, de même qu'il savait bien la poésie et la rhétorique. Voici des vers de lui :

[T'awil]. — « Le temps est-il autre que nous le connaissons et comprenons ? Les maux en sont durables et les plaisirs fugitifs ; quand on peut trouver une heure de joie, elle passe en un clin d'œil, ne laissant derrière elle que du chagrin. Cela dure ainsi jusqu'au jugement dernier, où les conséquences de nos actes nous feront regretter d'avoir vécu. Nous avons gagné des soucis, commis des péchés, subi des malheurs, et les causes de nos joies se sont évanouies ; on pleure ce qu'on n'a plus, on se soucie de ce qu'on a, on se chagrine à cause de ce qu'on espère, et jamais l'on ne vit tranquille. Le fait dont la réalisation semble devoir faire notre joie n'est, une fois arrivé, qu'un mot dépourvu de valeur (3). »

Voici un extrait d'une longue k'açîda de lui :

---

(1) Il s'agit de l'auteur que sa chronique a principalement rendu célèbre et qui mourut en 310.

(2) Sur cet ouvrage (IVe s. Hég. ?) voir le *Bayân*, intr. p. 34.

(3) Ces vers figurent, avec quelques variantes, dans Dhabbi, p. 404 ; *Cila* d'Ibn Bachkowâl, 409 ; *Mat'mah'*, 56.

[T'awîl]. « Je suis le soleil éclairant le firmament des sciences, mais mon tort est d'apparaître dans (les pays) du couchant ; [p. 33] si c'était en Orient, quel ne serait pas l'empressement à piller ce que je laisse échapper ! Une passion m'attire vers les régions de l'Irak ; rien d'étonnant que l'amoureux épris recherche la solitude (1) ! Et puis, si le Miséricordieux m'installe là-bas, c'est alors que commenceront les chagrins et les peines. Nombreux sont ceux de l'enseignement oral de qui je n'ai pas tenu compte, alors que je recherche ce que les livres m'en peuvent apporter. Ici, c'est bien connu, on parle des choses éloignées ; la proximité de la science nuit à celle-ci et la fait délaisser. »

Dans la même pièce, il s'excuse en ces termes de se louer lui-même :

« C'est en Joseph que je trouve le meilleur modèle ; peut-on donc faire un crime à quelqu'un d'imiter ce prophète ? Il dit, et sa réponse n'était que vraie et sincère : « Je serai un gardien intelligent. » [Koran, XII, 55.] On n'a rien à reprocher à l'homme sincère (2). »

D'entre ses meilleurs vers (3) on cite ceux-ci :

[Basît']. « Que l'envieux ne se réjouisse pas s'il m'arrive quelque malheur, car la fortune est changeante ! L'homme de mérite est comme l'or : tantôt battu par le marteau, tantôt faisant partie du diadème qui orne la tête des rois (4). »

Et ceux-ci encore :

---

(1) Il y a probablement là une allusion au mot *'irâk'*, qui peut aussi signifier montagne.

(2) Ce fragment, dit Dhabbi (p. 404), appartient à une pièce où l'auteur vante ses propres connaissances, et qui est adressée à 'Abd er-Rah'mân b. Ah'med b. Bichr, *k'âd'i el-djemâ'a* à Cordoue. Ce titre est synonyme de celui de *k'âd'i el-k'od'ât*, que porta le premier le célèbre légiste Aboû Yoûsof, et qui n'est pas seulement employé en Orient, comme le dit M. de Slane (I. Khallikân, IV, 350), mais aussi au Maghreb (voir p. ex. le n° 2877, Supp. de la Bibl. nationale, f. 38 v°, 39, 42 v°, etc.).

(3) On pourrait prendre « el-moukhtâr » du texte pour le titre d'un recueil de poésies de cet auteur ; mais il ne figure pas dans la liste de ses ouvrages.

(4) On retrouve ces deux vers avec des variantes dans le *Mat'mah'*, p. 56, et dans Makkari (ap. Cat. de Leyde, I, 234).

[Wâfir]. — Si je m'éloigne, mon corps seul s'en va, et mon âme reste toujours auprès de vous. Certes un ami demande à voir de ses yeux celui dont la vue lui est agréable (1). »

Voici deux de ses meilleurs vers que je me rappelle et qui ont trait à un délateur :

[T'awil]. « Mieux qu'un miroir, il dénonce tout ce qu'il sait ; mieux que les épées de l'Inde, il sème le ravage chez les hommes. Il semble que la mort et le destin aient été à son école pour s'assimiler l'habileté qu'il déploie à séparer les gens qui s'aiment. »

On a retrouvé, écrite de sa main, l'indication qu'il naquit après la prière de l'aurore et avant le lever du soleil, le mercredi 30 ramad'ân 384 ; il mourut dans la journée du 29 cha'bân 456 (2).

Si j'ai donné quelques détails sur lui, bien que cela interrompît le récit et nous écartât un peu du sujet, c'est qu'il est resté jusqu'à présent [p. 35] le plus célèbre des savants espagnols, celui dont on parle le plus dans les réunions de gens considérables ou entre savants. Cette célébrité tient à l'opposition qu'il a faite dans le Maghreb à la doctrine malékite et à ce qu'il avait embrassé l'opinion z'âhirite. Il n'y a eu chez nous, à ma connaissance, personne avant lui qui se soit distingué dans cette voie. Les adeptes de cette école sont, encore maintenant, nombreux en Espagne.

Règne d'Ali b. H'ammoûd Nâçir

Nous avons dit qu'Ali b. H'ammoûd monta ensuite sur le trône ; il prit le titre de khalife et le surnom de

---

(1) Voir le *Mat'mah'*, p. 56 ; Dhabbi, p. 405 ; I. Khallik, II, 269. J'ai cru pouvoir traduire le second de ces vers autrement que mon illustre maître, M. de Slane ; je vois dans le mot « el-kelim » une allusion à Moïse.

(2) Le 27, selon I. Khallikân, I. Bachkowal et Makkari.

Nâçir. Mais alors les Slaves qui avaient prêté serment de fidélité se révoltèrent contre lui et mirent à leur tête 'Abd er-Rah'mân b. Moh'ammed b. 'Abd el-Melik b. 'Abd er-Rah'mân Nâçir, qu'ils surnommèrent El-Mortad'a. Conduits par lui, ils se jetèrent sur Grenade, l'une des villes conquises par les Berbères. Puis sa sévérité et sa dureté leur firent regretter le choix qu'ils avaient fait, et pour se soustraire aux abus de son autorité, ils l'abandonnèrent et le firent tuer par trahison, ce qui acheva tout. 'Ali b. H'ammoûd continua à Cordoue d'exercer le pouvoir pendant deux ans moins deux mois ; il fut tué au bain en 408 (1) par quelques-uns de ses Slaves et laissa deux fils, Yah'ya et Idrîs.

Règne de K'âsem Mamoûn, fils de H'ammoûd

Il eut pour successeur son frère, de dix ans plus âgé que lui, K'âsem b. H'ammoûd, homme d'un caractère doux, sous qui la population vécut tranquille. On le disait chi'ite, mais il n'en fit rien paraître et ne changea rien aux habitudes ni aux croyances du peuple. Il en fut d'ailleurs de même de tous ceux de ces princes qui régnèrent en Espagne. Le règne de K'âsem se poursuivit ainsi jusqu'en rebî' I de 412, où eut lieu, à Malaga, la révolte du fils de son frère, Yah'ya b. 'Ali b. H'ammoûd ; il s'enfuit de Cordoue à Séville sans combattre, tandis que [p. 36] Yah'ya marchait avec ses troupes de Malaga sur Cordoue, où il pénétra sans coup férir. Il prit le titre de khalife et le surnom d'El-Mo'tali. Cette situation dura jusqu'au moment où K'âsem, ayant pu se concilier les Berbères, marcha avec eux contre Cordoue, où il rentra en 413, tandis que Yah'ya b. 'Ali se réfugiait à Malaga. K'âsem n'était réinstallé que de quelques mois quand

---

(1) I. Athir, *sub anno* 407 (t. IX, 190), place la mort de ce prince au mois de dhoû'l-k'a'da 408, et, à la page suivante, à l'année 407.

ses affaires se gâtèrent de nouveau : son neveu Yah'ya s'empara d'Algéziras, dont K'âsem avait fait sa place de refuge et où étaient sa femme et ses trésors, pendant qu'Idrîs b. 'Ali, son autre neveu, qui était gouverneur de Ceuta, se rendait maître de Tanger, que K'âsem avait approvisionné pour s'y retirer au cas où se réaliseraient ses craintes touchant l'Espagne. D'autre part, les Cordouans se soulevèrent dans la ville même et lui en fermèrent les portes. Il les assiégea plus de cinquante jours, période pendant laquelle il prononça la prière du vendredi dans une mosquée appelée *mesdjid* d'Ibn Aboû 'Othmân, située en dehors de Cordoue et dont les traces sont encore visibles maintenant. Mais à la suite d'une sortie des Cordouans, les Berbères abandonnèrent K'âsem, et évacuèrent tous les faubourgs au mois de cha'bân 414. Les divers corps de Berbères se retirèrent chacun dans les localités par eux conquises, et K'âsem se dirigea sur Séville, où se trouvaient ses deux fils, Moh'ammed et H'asan.

Mais les Sévillans, apprenant qu'il était chassé de Cordoue et qu'il voulait se réfugier chez eux, expulsèrent ses deux fils et leurs troupes berbères. Restés ainsi maîtres d'eux-mêmes, ils choisirent comme chefs trois des principaux d'entre eux, le k'âd'i Aboû 'l-K'âsem Moh'ammed b. Ismâ'îl b. 'Abbâd Lakhmi, Moh'ammed b. Yerîm Elhâni et Moh'ammed b. H'asan Zobeydi, qui, pendant plusieurs jours, exercèrent de concert les droits d'administration et de police ; puis le k'âd'i Moh'ammed b. 'Abbâd garda pour lui seul l'autorité et l'administration, et les autres redevinrent de simples citoyens.

Les Berbères étant tombés d'accord pour reconnaître le pouvoir de Yah'ya, neveu de K'âsem, allèrent assiéger K'âsem à Xérès, où il s'était fixé ; ce prince tomba entre les mains de Yah'ya, qui resta ainsi [p. 37] seul chef des Berbères. K'âsem fut retenu en prison par lui d'abord, puis par le frère de Yah'ya, Idrîs, à la mort duquel il fut étranglé en 431 ; son corps fut envoyé à son fils Moh'ammed b. K'âsem à Algéziras, où il fut enterré. Six ans s'étaient écoulés entre le moment où K'âsem avait pris à Cordoue le titre de khalife et celui où il tomba entre les mains de son neveu ; il resta seize ans prisonnier de ses neveux Yah'ya et Idrîs, puis fut tué en 431, à l'âge de 80 ans (1). La mère de deux fils qu'il laissa, Moh'ammed et H'asan, était Emîra, fille de H'asan b. K'annoûn b. Ibrâhîm b. Moh'ammed b. K'âsem b. Idrîs b. Idrîs b. 'Abd Allâh b. H'asan b. Hasan b. 'Ali b. Aboû T'âleb.

Règne de Yah'ya b. 'Ali el-Mo'tali

On n'est pas d'accord sur son prénom *(konya)*, que les uns disent être Aboû'l-K'âsem et les autres, Aboû Moh'ammed. Sa mère était Lobboûna, fille de Moh'ammed b. H'asan b. K'âsem (connu sous le nom de K'annoûn) b. Ibrâhîm b. Moh'ammed b. K'âsem b. Idrîs b. Idrîs b. 'Abd Allâh b. H'asan b. H'asan b. 'Ali b. Aboû T'âleb. H'asan b. K'annoûn est l'un des plus remarquables d'entre les princes descendus de H'asan ; il figure parmi les plus braves, les plus insoumis, les plus ardents à la révolte (2). Nous avons dit que Yah'ya prit le titre de khalife à Cordoue en 413, et qu'en 414, il s'enfuit de cette ville et se retira à Malaga. Ensuite, en 416, une troupe de perturbateurs tenta de lui rendre le pouvoir à Cordoue, et y réussit. Mais Yah'ya hésita à entrer lui-même dans la ville et y envoya son lieutenant 'Abd er-Rah'mân b. 'At'l'âf Ifreni. Cette situation dura toute une année, jusqu'en (moh'arrem) 417, où son autorité cessa d'être reconnue dans la ville ; il se borna alors à diriger maintes attaques contre elle, jusqu'au moment où les Berbères le reconnurent pour chef et lui livrèrent

---

(1) Voir une version un peu différente dans les *Mus. d'Esp.*, III, 333 ; cf. I. Athîr, IX, 193.
(2) Cf. *Hist. des Berbères*, II, 149 ; III, 215 et 237.

les forts, les châteaux et les villes (qu'ils détenaient); [p. 38] à Carmona (entre autres) il avait un grand pouvoir. Il alla assiéger Séville, dont il convoitait la possession. Or un jour qu'il était ivre il se dirigea contre un corps de cavalerie qui était sorti de Séville et se trouvait dans le voisinage de Carmona ; mais c'était un piège qu'on lui tendait, et il ne put fuir assez rapidement pour éviter la mort, le lundi 7 moh'arrem 427. Il laissait, entre autres enfants, H'asan et Idrîs, nés de concubines l'un et l'autre (1).

Règne d''Abd er-Rah'mân b. Hichâm el-Mostaz'hir

Après que les Berbères durent, ainsi que K'âsem, abandonner Cordoue, comme nous l'avons dit, les Cordouans s'accordèrent sur la nécessité de replacer les Omeyyades à la tête du gouvernement. Ils en choisirent donc trois : 'Abd er-Rah'mân b. Hichâm b. 'Abd el-Djebbâr b. 'Abd er-Rah'mân Nâçir, frère du Mahdi cité plus haut, Soleymân b. el-Mortad'a, déjà cité, et Moh'ammed b. 'Abd er-Rah'mân b. Hichâm b. Soleymân, c'est-à-dire du Soleymân qui s'était révolté contre Mahdi b. Nâçir. Mais ensuite le pouvoir fut (définitivement) attribué à 'Abd er-Rah'mân b. Hichâm b. 'Abd el-Djebbâr, qui fut reconnu comme khalife le 13 ramad'ân 414. Né en dhoû'l-k'a'da 392 d'une concubine nommée Ghâya, il n'avait que 22 ans ; son prénom *(konya)* était Aboû'l-Mot'arref et il prit comme surnom *(lak'ab)* el-Mostaz'hir. Mais bientôt éclata une révolte dont le chef, Aboû 'Abd er-Rah'mân Moh'ammed b. 'Abd er-Rah'mân b. 'Obeyd Allâh b. 'Abd er-Rah'mân Nâçir, avait pour partisans des gens de la plus basse populace, et 'Abd er-Rah'mân b. Hichâm fut tué le 27 [lire, le 3] dhoû'l-k'a'da de cette année 414.

---

(1) Voir sur ces événements I. Athir, IX, 195 ; *Mus. d'Esp.*, III, 258 ; IV, 22 ; plus bas, p. 49.

Ce prince, qui ne laissa pas de descendants, était très intelligent et très doux, très versé dans la connaissance de la littérature et de la rhétorique, au témoignage d'Aboû Moh'ammed 'Ali b. Ah'med (1), qui avait été son vizir et partant le connaissait bien. D'après le vizir Aboû 'Amir Ah'med b. 'Abd el-Melik b. Choheyd (2), Mostaz'hir cultivait avec succès la poésie et a dit en parlant de sa cousine [p. 39] :

[T'awîl]. « De même qu'un sacre fond sur une colombe qui déploie ses ailes, ainsi je m'élance vers cette colombe issue des 'Abd Chems dès que les siens ont le dos tourné. Les Pléiades ne sont pas plus blanches que sa main, l'Aurore est jalouse de l'éclat de sa gorge. (Pourquoi ne réussirais-je pas) moi qui manie si hardiment la lance quand les flancs noirs des chevaux se rougissent (du sang de la bataille), moi qui traite avec honneur l'hôte qui s'abrite sous mon toit, moi qui comble de bienfaits le malheureux qui fait appel à ma générosité ! » (3).

Il composa cette poésie, qui est longue, pendant qu'il recherchait sa cousine Oumm el-Hakam (4), fille de Soleymân Mosta'în. Le dit Aboû 'Amir parle en ces termes : « On douta qu'il fût réellement l'auteur de ses poésies et de ses missives, jusqu'au jour où il improvisa des vers adressés à Ya'la b. Aboû Zeyd (5), lorsque celui-ci vint lui présenter ses hommages. Tous les gens de goût en restèrent surpris ; quant à moi, j'avais déjà eu l'occasion de le mettre à l'épreuve. Ya'la, qui était survenu à l'improviste, n'avait pas quitté la salle d'audience que le

---

(1) C'est à dire Ibn H'azm.
(2) On trouve des articles consacrés à ce personnage dans I. Khallik. (I, 98), qui le fait mourir en 426 ; le *Mat'mah'*, p. 16 ; le ms 1372 de Paris, déjà cité, f. 26 v° ; et Makkarî.
(3) Ces quatre vers font partie d'une pièce traduite ap. *Mus. d'Esp.* (III, 339), où un sens légèrement différent leur est attribué.
(4) Elle s'appelait aussi H'abîba, d'après Dozy, *l. l.*
(5) Toutes mes recherches au sujet de ce personnage sont restées vaines.

prince lui accordait son pardon dans des vers improvisés. Je craignais en vérité qu'il ne vint à broncher, mais il se tira admirablement d'affaire. »

Règne de Moh'ammed b. 'Abd er-Rah'mân el-Mostakfi Billâh

Né en 366, Moh'ammed b. 'Abd er-Rah'mân était, lors de son avénement, âgé de quarante-huit ans et quelques mois ; il portait le prénom *(konya)* d'Aboû 'Abd er-Rah'mân. Sa mère était une concubine nommée H'awra ; son père avait été, au commencement du règne de Hichâm el-Moayyed, mis à mort par ordre d'Ibn Aboû 'Amir, parce qu'il avait tenté de se révolter et de s'emparer du pouvoir. Moh'ammed b. 'Abd er-Rah'mân prit le surnom d'El-Mostakfi Billâh et ne régna que six mois et quelques jours ; mauvais administrateur, il était en outre des plus grossiers et des plus inintelligents. Son vizir était un tisserand nommé Ah'med b. Khâlid, qui donnait tous les ordres et gouvernait l'état ; que dire d'un état dirigé par un tisserand ? Cela dura jusqu'à la déposition de ce prince ; le vizir, assailli en plein jour dans son hôtel par la populace de Cordoue, fut égorgé, et l'on ne cessa de frapper son cadavre que quand il fut refroidi. Mostakfi fut déposé et chassé de Cordoue, après être resté emprisonné, sans boire ni manger, [p. 40] pendant trois jours ; il se réfugia vers la frontière, tandis que Yah'ya b. 'Ali le Fâtimide reprenait le pouvoir. De la frontière, Mostakfi gagna le village de Choumount, près de Medina Celi ; il était accompagné par un de ses officiers, 'Abd er-Rah'mân b. Moh'ammed b. Selim, de la descendance de Sa'îd b. Mondhir, ce dernier chef bien connu du temps d''Abd er-Rah'mân Nâçir. Comme cet officier était ennuyé de rester avec lui, il servit un jour à Mostakfi, qui lui demandait à manger, un poulet qu'il avait frotté avec du suc d'aconit, plante qu'on trouve fréquemment en Espagne et surtout dans cette région. Mostakfi mourut aussitôt après l'avoir mangé, et cet officier procéda au lavage du corps, à l'ensevelissement, aux dernières prières et à l'inhumation ; celle-ci eut lieu dans l'endroit où mourut ce prince, qui ne laissa pas de postérité.

Yah'ya b. 'Ali le Fâtimide resta alors seul maître du pouvoir, mais cependant sans pénétrer dans Cordoue et en continuant de résider à Carmona, ainsi qu'il a été dit plus haut, jusqu'à ce qu'il fut tué en l'année 427.

Règne de Hichâm el-Mo'tadd billâh (1)

Quand, à cette date, le pouvoir de Yah'ya b. 'Ali le Fâtimide prit fin à Cordoue, les habitants de cette ville tombèrent d'accord pour rappeler les Omeyyades sur le trône. Le chef de ce mouvement, celui qui l'organisa et déploya tous ses efforts pour le faire réussir, fut le vizir Aboû'l-H'azm Djahwar b. Moh'ammed b. Djahwar b. 'Obeyd Allâh b. Moh'ammed b. el-Ghamr b. Yah'ya b. 'Abd el-Ghâfir b. Aboû 'Obda. A ce moment, d'ailleurs, tous ceux qui, à Cordoue, se disputaient le premier rang et recherchaient les troubles, s'étaient éloignés. Djahwar envoya des messagers aux habitants des places frontières et à ceux qui y commandaient et qui partageaient son avis. Après qu'il les eut consultés et qu'un long délai se fut écoulé, on s'accorda à reconnaître pour chef Aboû Bekr Hichâm b. Moh'ammed b. 'Abd el-Melik b. 'Abd er-Rah'mân Nâçir, frère de Mortad'a, déjà cité. [P. 41] Hichâm résidait alors dans un fort de la frontière, nommé Albounta (Alpuente), auprès d'Aboû 'Abd Allâh Moh'ammed b. 'Abd Allâh b. K'âsim, officier qui s'était rendu maître de cette localité. On lui prêta serment de fidélité en rebî' I 418, et il prit le surnom (lak'ab)

---

(1) Ou, selon d'autres, Mo'tamid ; voir sur ces événements *Mus. d'Esp.*, III, 358.

de El-Mo'tadd billâh. Né en 364, il était l'aîné de quatre ans de son frère Mortad'a, et avait 54 ans lorsqu'on le reconnut pour khalife; sa mère était une concubine nommée 'Atib. Pendant trois ans il erra aux frontières, de place en place, sans pouvoir se fixer nulle part. Des luttes sérieuses et des troubles graves surgirent entre les principaux chefs, qui finirent cependant par s'accorder pour le laisser pénétrer dans la capitale Cordoue, où il fit son entrée, le 8 dhoû'l-h'iddja 420. Il n'y séjourna guère, car bientôt un corps de troupes se souleva, et il fut déposé. Alors, entre autres événements trop longs à raconter, on le chassa de son palais avec les siens, ses femmes étant dévoilées et nu-pieds; on les retint captifs dans la grande mosquée, où ils restèrent plusieurs jours, ne recevant à boire et à manger que de la charité publique. Chassés ensuite de Cordoue après avoir été ainsi emprisonnés, Hichâm et ses compagnons gagnèrent la frontière. Après avoir erré quelque temps, l'ex-khalife s'établit auprès d'Ibn Hoûd, qui était devenu maître de Lérida, Saragosse, Fraga, Tortose et les environs, et y resta jusqu'à sa mort, survenue en 427. Hichâm, qui ne laissa pas de postérité, est le dernier Omeyyade qui ait régné en Espagne. Voici sa généalogie: Hichâm b. Moh'ammed b. 'Abd el-Melik b. 'Abd er-Rah'mân Nâçir b. Moh'ammed b. 'Abd Allâh b. Moh'ammed b. 'Abd er-Rah'mân b. H'akam b. Hichâm b. 'Abd er-Rah'mân ed-Dâkhil b. Mo'awiyya b. Hichâm b. 'Abd-el-Melik b. Merwân b. H'akam. Sa chute du trône marqua la fin du pouvoir des Omeyyades, dont le nom cessa désormais d'être prononcé dans les chaires d'aucune des provinces d'Espagne ou de l'Afrique septentrionale, et ne l'a plus été jusqu'à aujourd'hui.

Ici finit le résumé de ce que nous avons pu apprendre de l'histoire des Omeyyades d'Espagne.

[P. 42] Histoire de l'Espagne et de ses rois depuis la fin du pouvoir Omeyyade jusqu'à la présente année 621

La dynastie Omeyyade ayant pris fin en Espagne sans qu'il restât aucun membre de cette famille en état d'exercer le pouvoir ou digne de commander, le royaume de Cordoue fut administré par Djahwar b. Moh'ammed b. Djahwar, dont le prénom était Aboû'l-H'azm et dont la généalogie a été exposée dans l'article consacré à Hichâm el-Mo'tadd. Aboû'l-H'azm provenait d'une famille noble et était habitué à l'exercice du pouvoir : ses ascendants avaient été ministres sous les dynasties H'akamite (Omeyyade) et 'Amirite ; lui-même avait de l'astuce, une vaste et ferme intelligence, et de sérieuses connaissances administratives ; il était en même temps assez fin pour avoir su jusqu'alors se tenir à l'écart des discordes civiles, tout en affichant de la dévotion, du zèle pour les exercices religieux et de bonnes mœurs. Mais quand il se vit le champ libre et débarrassé de prétendants, il saisit l'occasion qui lui parut favorable, et, s'emparant du pouvoir, il se chargea de la défense des intérêts du pays. Fidèle pourtant aux habitudes de réserve qu'il avait affichées jusqu'alors, il se contenta de la réalité du pouvoir sans en avoir l'apparence et en se le réservant tout entier ; il se donnait néanmoins comme gardant le pouvoir pour le remettre à celui qu'agréerait le peuple. Il laissa dans les divers palais la même installation de concierges et d'employés que sous la précédente dynastie, mais il ne quitta pas sa demeure pour s'y installer. Les revenus des propriétés royales furent par lui confiés à des officiers spéciaux qui étaient sous sa surveillance. Il se fit une garde spéciale, composée des marchands, et dont la solde était représentée par l'intérêt de sommes qu'ils avaient entre les mains, mais dont le capital restait dû par eux; à des époques indéterminées il leur en était demandé compte. Il leur fit distribuer des armes avec ordre de les porter [p. 43] dans leurs boutiques et dans leurs habitations, de façon que, quelque affaire survenant à l'improviste, soit de nuit soit de jour, chacun eût ses armes sous la main, n'importe qu'il fût dans sa boutique ou dans son logement (1). Aboû 'l-H'azm, fidèle à l'habitude des gens de bien, assistait aux funérailles et allait visiter les malades, mais n'en dirigeait pas moins les affaires de l'État aussi bien que des princes guerriers. C'était un homme intègre et doux, sous le règne de qui Cordoue fut comme un lieu sacré où les timides n'avaient rien à craindre. Cela dura jusqu'à sa mort, survenue le 1er çafar 435, après une administration de quatorze ans et quelques mois.

L'autorité qu'il avait exercée à Cordoue passa ensuite aux mains de son fils Aboû'l-Walîd Moh'ammed b. Djahwar, qui continua sans interruption les traditions de politique et de bonne administration dont son père lui avait donné l'exemple, et qui mourut le 29 chawwâl 443 (2).

A la suite de divers événements, l'autorité de Cordoue échut à l'émir surnommé Mamoûn b. Dhoû'n-Noûn, chef de Tolède, qui mourut peu après. Il eut pour successeur à Cordoue un Berbère nommé Ibn 'Okâcha, dont le nom [proprement dit] était, je crois, Moûsa, qui y resta jusqu'à sa défaite et son expulsion par Ez-Z'âfer bi-h'awl Allâh Aboû'l-K'âsim Moh'ammed b. 'Abbâd, ainsi que nous le raconterons.

Ici s'arrête l'histoire de Cordoue en tant que capitale;

---

(1) Ces détails, à quelques nuances près, figurent aussi dans I. Athîr, IX, p. 200, d'après qui je corrige le texte de Merrâkechi (p. 42, l. 3 ad f.) en ارزافهم ربع اموال

(2) Sur cette date, cf. *Mus. d'Esp.*, IV, 156 n.

à partir de la conquête de Mo'tamid, elle ne fut plus qu'une dépendance de Séville.

Parlons maintenant des H'asanides. Après la mort violente de Yah'ya b. 'Ali H'ammoûdi survenue, nous l'avons dit, le 7 moharrem 427, Aboû Dja'far Ah'med b. Aboû (1) Moûsa, dit Ibn Bak'anna, et Nadjâ, le ministre slave, tous les deux vizirs des H'asanides, retournèrent à Malaga, capitale de ces princes, et s'adressèrent au frère de Yah'ya, Idrîs b. 'Ali. Ce dernier prince était alors à Ceuta, où il régnait aussi bien qu'à Tanger; se rendant à leur appel [p. 44], il arriva à Malaga, où les deux ministres le reconnurent pour khalife, mais en lui imposant de se faire remplacer à Ceuta par H'asan, fils de feu Yah'ya ; ils ne voulaient, à cause de leur jeune âge, d'aucun des deux fils de Yah'ya, c'est-à-dire H'asan et Idrîs. Idrîs b. 'Ali souscrivit à cette condition, et Nadjâ accompagna, à Ceuta et à Tanger, ce H'asan, qui était le cadet des deux fils de Yah'ya, mais le plus avisé.

Idrîs, qui prit le surnom de Mota'ayyid, régna ainsi jusqu'en 430 ou 431, où éclatèrent des troubles occasionnés par l'envie qu'avait le prince de Séville, le k'âd'i Aboû'l-K'âsim Moh'ammed b. Isma'il b. 'Abbâd, de s'emparer des territoires obéissant à son voisin. Mota'ayyid envoya son fils Ismâ'il assiéger Carmona à la tête d'une armée, à laquelle se joignirent des volontaires berbères ; Ismâ'il se dirigea ensuite vers les forts appelés Ochoûna (Ossuna) et Ecija, qu'il enleva l'un et l'autre à Moh'ammed b. 'Abd Allâh, officier berbère, originaire des Benoû Berzâl. Moh'ammed b. 'Abd Allâh implora le secours d'Idrîs b. 'Ali le H'asanide et des tribus de Çanhâdja (2).

---

(1) Ce mot, qui est omis dans le texte, doit être rétabli *(Mus. d'Esp.*, IV, 36 n.). Le nom de ce chef est toujours orthographié Ibn Bak'iyya par I. Athir (IX, 196 et 197).

(2) Çanhâdja est encore la prononciation actuelle, mais on orthographie aussi Cinhâdja et Çonhâdja *(Lobb el-lobâb*, S. V. ; Cat. des Mss ar. de Leyde, IV, 249 n.).

Le chef de ces dernières se rendit en personne à son appel, et Idrîs lui envoya une armée sous les ordres d'Ibn Bak'anna Ah'med b. [Aboû] Moûsa, son ministre. Ces auxiliaires opérèrent leur jonction avec Moh'ammed b. 'Abd Allâh, mais ensuite, intimidés par Isma'îl b. Moh'ammed b. Ismâ'îl b. 'Abbâd, qui commandait l'armée de son père, le k'âd'i Aboû'l-K'âsim, ils se dispersèrent, chacun de son côté. Au reçu de cette nouvelle, Ismâ'îl b. Moh'ammed sentit croître ses espérances, et se porta sur la route que suivait le prince des Çanhâdja. Celui-ci, jugeant que son adversaire l'atteindrait, fit prier Ibn Bak'anna, qu'il n'avait quitté que depuis peu, de revenir sur ses pas. Ibn Bak'anna y ayant consenti, une bataille eut lieu entre les deux armées ; elle dura peu, car à peine étaient-elles en face l'une de l'autre, que les troupes d'Ibn 'Abbâd s'enfuirent en livrant Ismâ'îl, qui fut le premier tué et dont la tête fut portée à Idrîs b. 'Ali. Ce prince, qui [p. 45] était gravement malade, avait quitté Malaga pour se rendre dans la montagne de Boubachtar (1), où était Ibn H'afçoûn déjà nommé, et s'y tenait renfermé ; mais il mourut deux jours après, laissant comme descendance Yah'ya, qui fut tué après lui, Moh'ammed, surnommé Mahdi, et H'asan, surnommé Sâmi. Son fils aîné 'Ali était mort avant lui, laissant un fils nommé 'Abd Allâh, que son oncle, en montant sur le trône, exila.

Yah'ya b. 'Ali (H'ammoûdi) avait emprisonné à Algéziras ses deux cousins Moh'ammed et H'asan, fils de K'âsim b. H'ammoûd ; ils y étaient sous la garde d'un Maghrebin nommé Aboû'l-H'addjâdj, qui, en apprenant le meurtre de Yah'ya, réunit les Maghrebins et les nègres d'Algéziras et fit sortir de prison Moh'ammed et H'asan, en les désignant aux soldats comme devant être leurs chefs. La majeure partie des troupes les reconnut aussitôt, tant était resté vif le souvenir des bons traitements

---

(1) Bobastro (Dozy, *Recherches*, I, 323 ; Edrîsi, pp. 174 et 204).

de leur père pour les nègres. Moh'ammed exerça seul le pouvoir à Algéziras, à l'exclusion de H'asan, mais cependant sans prendre le titre de khalife. Son frère H'asan, après être resté quelque temps avec lui, fut pris de ferveur religieuse; il revêtit le froc et se retira du monde; il se rendit ensuite en pèlerinage à la Mekke en compagnie de sa sœur Fât'ima, fille de K'âsim, et femme de Yah'ya b. 'Ali el-Mo'tali.

Idrîs donc étant mort, Ibn Bak'anna chercha à le faire remplacer par son fils Yah'ya b. Idrîs, connu sous le nom de H'ayyoûn, mais il n'apporta pas à la réalisation de son plan toute la hardiesse nécessaire et se montra indécis et hésitant. Or quand Nadjà, le ministre slave, apprit le meurtre d'Ismâ'îl b. 'Abbâd et la mort d'Idrîs b. 'Ali, il laissa à Ceuta, où il se trouvait alors, des Slaves qui jouissaient de sa confiance, et il s'embarqua avec H'asan b. Yah'ya pour Malaga, où il voulait installer ce prince. A leur arrivée dans le port de Malaga, les troupes ne firent aucune résistance, et leur chef s'enfuit dans le fort de Comarès, à dix-huit milles de Malaga, de sorte que H'asan et Nadjà entrèrent dans cette dernière ville. Les Berbères qui s'y trouvaient se joignirent à eux et élevèrent H'asan b. Yah'ya au khalifat [p. 46] sous le nom d'El-Mosta'li (1). Le nouveau prince adressa à Ibn Bak'anna une proclamation où il lui promettait l'amnistie; mais ce ministre, s'étant rendu auprès de lui, fut saisi et mis à mort. Yah'ya b. Idrîs, cousin de Mosta'li, fut également exécuté. Nadjà retourna à Ceuta et Tanger, laissant auprès de H'asan un marchand nommé Es-Set'îfi (2) en qui il (Nadjà) avait une grande confiance, et cette situation resta sans changement pendant près de deux ans. H'asan b. Yah'ya, qui avait épousé sa cousine, fille d'Idrîs, fut, dit-on, empoisonné par cette femme, qui regrettait la mort de son frère.

---

(1) Ou, selon d'autres, el-Mostancir (voir I. Athîr, IX, 197).
(2) I. Athîr *(ib.)* orthographie Chet'îfi.

Après sa mort, Set'îfi exerça le pouvoir et emprisonna Idrîs b. Yah'ya, faits dont il informa Nadjâ. Celui-ci, qui avait auprès de lui un jeune fils de H'asan, se défit aussi de lui par trahison, à ce qu'on raconte : Dieu seul sait la vérité ! H'asan b. Yah'ya ne laissant pas de postérité, Nadjâ, au reçu de cette nouvelle, confia Ceuta et Tanger à des Slaves en qui il avait confiance et s'embarqua pour Malaga. A son arrivée en cette ville, il fit surveiller plus étroitement encore Idrîs b. Yah'ya et rendit la captivité plus sévère, car le but qu'il poursuivait était de détruire l'autorité des H'asanides et d'y substituer la sienne propre. Il convoqua les Berbères qui constituaient l'armée *(djond)* de ce pays et leur déclara ouvertement son projet, en leur promettant toute sa faveur (s'ils l'appuyaient). Ces troupes ne purent refuser leur concours, et en apparence elles se soumirent à lui, mais au fond la chose leur était très pénible.

Nadjâ se mit alors à la tête de son armée pour aller détruire à Algéziras le pouvoir de Moh'ammed b. K'âsim. Mais au bout de quelques jours de combat, il s'aperçut de la tiédeur des dispositions de ses compagnons et jugea à propos de retourner à Malaga. Il voulait, à son arrivée, bannir de cette ville ceux dont il redoutait les embûches, rechercher la paix avec les autres, et, de partout où cela lui serait possible, appeler des Slaves pour s'appuyer sur eux contre ses adversaires. Aussi les Berbères, qui s'en aperçurent, le tuèrent par trahison pendant que, en route pour Malaga, il passait sur sa monture dans un défilé où l'avait précédé celui qui devait lui donner la mort. Quant aux Slaves qui l'accompagnaient, ils s'enfuirent, et deux des conjurés se précipitèrent à bride abattue [P. 47] jusqu'à Malaga, où ils pénétrèrent en criant : « Bonne nouvelle ! bonne nouvelle ! » Ils arrivèrent ainsi jusqu'à Set'îfi, qu'ils tuèrent à coups d'épée.

De concert avec les troupes, on tira de prison Idrîs b. Yah'ya, qui fut élevé au khalifat et à qui fut prêté le serment d'obéissance. Ce prince, qui prit le surnom d''Ali, avait un caractère qui présentait de singuliers contrastes : il était d'une miséricorde sans pareille, et si charitable qu'il distribuait chaque jour cinq cents pièces d'argent en aumônes ; il rappela tous les exilés et leur rendit leurs terres et leurs propriétés ; on ne cita, de son temps, le nom d'aucun révolté ; homme accueillant et de compagnie agréable, il savait répéter les vers qui en valaient la peine. Mais malgré cela il ne fréquentait et ne recherchait que des gens du vulgaire, qu'il laissait même en contact avec ses femmes. Nul des Çanhâdjites ni des Ifrénites qui l'entouraient ne se voyait refuser la place forte dont il pouvait avoir envie. L'émîr des Çanhâdja lui fit un jour demander de lui livrer Moûsa b. 'Affân Sibti, qui le servait en qualité de vizir, qui dirigeait l'administration et avait été le serviteur de son père et de son aïeul. Moûsa b. 'Affân, quand il fut informé de cette demande du Çanhâdjite et qu'il reconnut qu'il ne pouvait échapper, dit au khalife : « Obéis à ce qu'on te demande ; je me soumets à la volonté divine. » Ce ministre fut alors livré au Çanhâdjite, qui le fit égorger.

Il avait fait emprisonner et détenait dans le château d'Ayros (1) ses deux cousins Moh'ammed et H'asan, fils d'Idrîs b. 'Ali. Mais l'incohérence de ses vues poussa à la révolte celui de ses affidés qui était gouverneur du château, et qui choisit alors pour chef Moh'ammed b. Idrîs, cousin d'Idrîs b. Yah'ya. Alors les nègres qui formaient la garnison de la citadelle de Malaga proclamèrent aussi le même personnage et l'invitèrent à se rendre au milieu d'eux. Ils s'étaient retranchés dans la citadelle, mais le peuple accourut auprès d'Idrîs b. Yah'ya et lui demanda la permission d'attaquer le fort et d'en chasser la garnison, ce qui se serait fait en un clin d'œil (2). Mais il refusa

---

(1) Il paraît que cet endroit n'existe plus *(Mus. d'Esp.*, IV, 63).
(2) Litt. « ce qui n'aurait pas été plus long que de traire une chamelle deux fois. »

ces offres des habitants, et leur conseilla de rentrer chez eux et de le laisser. On lui obéit, et alors arriva son cousin, qui fut reçu par des compliments de bienvenue et reconnu comme khalife sous le nom [p. 48] de Mahdi. Celui-ci désigna son frère comme héritier présomptif et lui fit prendre le nom de Sâmi ; il emprisonna son cousin Idrîs b. Yah'ya dans le château où il avait été détenu lui-même. Ce prince, enfin, déploya une telle sévérité et une si grande audace que tous les Berbères, en étant venus à trop le redouter, s'entendirent avec le gouverneur chargé de la garde d'Idrîs b. Yah'ya, et obtinrent de lui qu'il (remît ce prince en liberté et) embrassât son parti.

Au commencement de son règne et après la mort de Nadjà, Idrîs, nous l'avons dit, avait nommé à Ceuta et à Tanger deux des serviteurs de son frère, qui appartenaient à la tribu berbère des Baraghwât'a (1) et qui s'appelaient l'un Rizk'Allâh, l'autre Sakât. Tous les deux gardèrent leur situation après la chute de celui qui les avait nommés. Moh'ammed [Mahdi], sans s'affecter du fait que le gouverneur du château d'Ayros s'était déclaré en faveur d'Idrîs, tint vigoureusement tête aux révoltés, réconforté et soutenu qu'il était par sa mère, qui présidait elle-même aux (préparatifs de) guerre et récompensait ceux qui étaient victimes des événements. Découragés par son énergie et sa vigoureuse résistance, les Berbères abandonnèrent Idrîs b. Yah'ya, mais jugèrent à propos de l'envoyer aux deux Baraghwât'is (2) qui gouvernaient Ceuta et Tanger. Idrîs leur avait d'ailleurs déjà confié la garde de son fils. Ces deux gouverneurs le reçurent avec de grandes marques de respect et le saluèrent du titre de khalife, mais le soumirent à une étroite surveillance, sans permettre à personne du peuple de l'approcher. Cependant, quelques seigneurs berbères parvinrent à force d'adresse jusqu'à

(1, 2) Orthographe du ms.

lui, et lui dirent : « Ces deux esclaves te dominent et t'empêchent d'exercer le pouvoir ; mais si tu nous le permets, nous pourrons te débarrasser d'eux (1). » Loin d'accepter ces propositions, il en fit part aux deux gouverneurs, qui exilèrent les seigneurs en question. Ils rendirent ensuite la liberté à Idrîs b. Yah'ya et l'envoyèrent en Espagne, mais gardèrent son fils avec eux, à cause de son jeune âge. D'ailleurs, au cours de tous ces événements, ils continuèrent toujours de traiter Idrîs de khalife.

Moh'ammed ben Idrîs, mécontent d'un acte de son frère Sâmi, l'exila sur le littoral africain, dans les montagnes des Ghomâra (2). Dans cette région, qui obéissait aux H'asanides, il fut reçu avec les marques d'une considération extrême. Les Berbères s'adressèrent ensuite à Moh'ammed b. K'âsim [p. 49], d'Algéziras, auprès de qui ils se groupèrent en lui promettant leur concours. Mordu par l'ambition, il accepta leurs offres et fut par eux reconnu khalife sous le titre de Mahdi. Les choses en vinrent ainsi au comble du mensonge et de la honte, car on comptait quatre Princes des croyants (emîr elmouminîn) dans un coin de terre qui mesurait trente parasanges de côté ! Ses adhérents ne restèrent que peu de temps auprès de lui, et regagnèrent bientôt leurs foyers ; Moh'ammed tout déconfit dut rentrer à Algéziras, où il mourut quelques jours après, de chagrin dit-on. Il laissa une huitaine d'enfants mâles et eut pour successeur à Algéziras K'âsim b. Moh'ammed b. K'âsim, qui ne prit pourtant pas le titre de khalife. Moh'ammed b. Idrîs continua de résider à Malaga jusqu'à sa mort, arrivée en 445.

Après la mort de Moh'ammed b. Idrîs b. Yah'ya, le peuple rappela à Malaga Idrîs b. Yah'ya surnommé 'Ali,

---

(1) Lisez dans le texte نكفيكما

(2) Au Maroc, vers Anzilân (Edrisi, pp. 81 et 170).

qui était chez les Benoù Ifren à Tâkoroûna (1), et qui fut le dernier prince H'asanide de cette ville. Après sa mort, les Berbères s'accordèrent à expulser d'Espagne cette dynastie et à la renvoyer sur le littoral Africain, à l'effet de rester les seuls maîtres des territoires sur lesquels s'étendait son pouvoir.

Leur projet réussit pleinement, et ils s'emparèrent de la région qui va d'Algéziras et des localités environnantes jusqu'à Tâkoroûna, Malaga et lieux voisins, et jusqu'au fort de Mouakkeb (2), Grenade et ses dépendances; il y faut ajouter quelques cantons de Séville, tels que le fort d'Ossuna, Carmona et Chellabera (3). Cet état de choses dura jusqu'à leur expulsion de la portion qu'ils possédaient du territoire de Séville, par Mo'tad'id billâh Aboù 'Amr 'Abbâd b. Moh'ammed b. Ismâ'îl b. Abbâd Lakhmi, dont le fils Aboù 'l-K'âsim Mo'tamid 'Ala'llâh compléta l'œuvre commencée.

Telle est, d'après Aboù 'Abd Allâh Moh'ammed b. Aboù Naçr H'omaydi, l'histoire des H'asanides et de ce qui les concerne ; c'est cet auteur que j'ai presque toujours suivi, me bornant à faire des extraits de son livre, sauf dans les passages où il se trompait manifestement [P. 50] et que j'ai corrigés de mon mieux. C'est par Dieu qu'on trouve la voie, c'est lui qu'il faut implorer pour obtenir la vraie direction en paroles et en actes.

Exposé sommaire de l'état de l'Espagne après la chute des Omeyyades

Après l'extinction de la dynastie Omeyyade en Espagne, les habitants constituèrent divers groupes et cha-

---

(1) Sur Tâkorona ou Tâkoroûna, voir *Mus. d'Esp.*, I, 343.
(2) Almuñecar (Edrisi, p. 199).
(3) Le ms orthographie ainsi ce nom, dont j'ignore l'équivalent actuel.

que région obéit à celui qui s'en rendit maître. Ces chefs se partagèrent les diverses dénominations propres aux Khalifes : l'un s'appela Moʻtad'id, un second Ma'moûn, d'autres encore Mostaʻin, Mok'tadir, Moʻtaçim, Moʻtamid, Mowaffak', Motewakkil et autres épithètes khalifales. C'est à ce sujet que dit Aboû 'Ali Ha'san b. Rechîk' (1) :

[Basît'] « Il me plaît peu d'entendre en Espagne ces noms de Mok'tadir et de Moʻtad'id ; ces appellations royales sont déplacées et font songer au chat qui se gonfle pour atteindre la force du lion. »

Je vais dire ici leurs noms et les régions dont ils s'étaient rendus maîtres, en observant la brièveté à laquelle je me suis engagé, car si je m'étendais sur l'histoire et la vie de chacun d'eux et sur les événements qui les concernent, cet ouvrage cesserait d'être un sommaire pour devenir un traité développé. Ce qui d'ailleurs m'a empêché d'écrire toute leur histoire ou celle de la plupart d'entre eux, c'est le petit nombre des livres que j'ai eus à ma disposition et la confusion de presque tous mes souvenirs.

Dans la région septentrionale (2), nous citerons tout d'abord Soleymân b. Hoûd ; il prit le surnom de Mou'tamin, son fils celui de Mok'tadir, et son petit-fils celui de Mostaʻîn. De ce côté, les Benoû Hoûd possédaient Tortose et ses dépendances, Saragosse et ses dépendances, Fraga (Efragha), Lérida et Calatayud (K'al'at ayyoub). Toutes ces villes sont maintenant au pouvoir des Francs et appartiennent au prince de Barcelone, que Dieu confonde ! Elles constituent ce qu'on appelle l'Aragon, qui

---

(1) H'asan b. Rechîk' K'ayrawâni, † 463, est l'objet d'une notice d'I. Khall. I, 384 ; voir aussi le ms 1372 de Paris déjà cité, f. 37 v., et le n° 1376 anc. F. de la même collection, f. 38.

(2) Le texte porte جنوبى « méridional » ; il faut évidemment lire شمالى « septentrional ». La même erreur se répète dans le texte arabe, deux lignes plus bas.

finit à la limite extrême du royaume de Barcelone, du côté de la France.

A côté des Benoû Hoûd [p. 51] se trouvait 'Abd el-Melik b. 'Abd el-'Azîz, * dont le prénom était Aboû Merwân. Il avait depuis longtemps l'habitude du commandement, et par la noblesse de sa maison, il avait le plus de titres à la préséance sur les princes de l'Espagne * (1). Je ne lui connais pas de surnom (lak'ab). Il régnait sur Valence et ses dépendances.

Sur la frontière et jusqu'au point où commençaient les dépendances de Tolède, régnait un personnage du nom de Aboû Merwân b. Rezîn.

Tolède et son territoire étaient gouvernés par l'émir Aboû'l-H'asan Yah'ya b. Ismâ'îl b. 'Abd er-Rah'mân b. Ismâ'îl b. 'Amir b. Mot'arref b. Moûsa b. Dhoû'n-Noûn. Parmi les princes espagnols, c'était lui dont le pouvoir remontait le plus haut, dont la famille était le plus noble, dont les droits à la préséance étaient le plus fondés ; il portait le surnom de Ma'moûn. Son père Ismâ'îl s'était antérieurement emparé de Tolède et en était resté seul maître, dès le début des troubles. Aboû'l-H'asan régna sur Tolède et sur son territoire jusqu'à son expulsion par Alphonse (Alphonse VI), que Dieu maudisse ! en 476. Depuis lors et jusqu'à présent, elle est restée la capitale des chrétiens.

Cordoue et son territoire, jusqu'au point où commence la frontière, étaient gouvernés par Djahwar b. Moh'ammed b. Djahwar, dont nous avons dit la généalogie. Ce prince fut dépossédé par celui de Tolède, Ismâ'îl b. Dhoû'n-Noûn, père de l'Aboû'l-H'asan prénommé.

A Séville et sur son territoire régnait le k'âd'i Aboû'l-K'âsim Moh'ammed b. Ismâ'îl b. 'Abbâd Lakhmi, qui en était resté maître après en avoir expulsé K'âsim b.

---

(1) Les mots entre astérisques ne figurent qu'à la marge du manuscrit et sont en contradiction avec ce qui vient peu de lignes plus bas.

H'ammoùd et ses deux fils, Moh'ammed et H'asan, faits que nous exposerons plus loin.

A Malaga, à Algéziras, à Grenade et dans ces régions, nous avons dit que c'étaient les Benoù Berzâl, Berbères Çanhâdjites, qui dominaient.

L'eunuque *(khâdim)* Zoheyr l'"Amirite se rendit maître d'Alméria et de son territoire ; il eut pour successeur Kheyrân, qui était également 'Amirite et eunuque, [P. 52] et à qui succéda Aboù Yah'ya Moh'ammed b. Ma'n b. Çomâdih', surnommé Mo'taçim. Ce dernier prince finit par être chassé par Yoùsof b. Tàchefin le Lamtoùnide en 484.

A Denia et sur son territoire régnait Modjâhid l'"Amirite, qui était Roùmi d'origine et affranchi d'Aboù 'Amir Moh'ammed b. Aboù 'Amir. Il eut pour successeur son fils 'Ali b. Modjâhid, surnommé el-Mowaffak'. Nul, à ma connaissance, parmi les princes entre lesquels se sont partagées les diverses régions de l'Espagne, n'a eu des mœurs plus pures, plus de retenue et de sagesse ; il ne buvait pas de vin et n'admettait dans son entourage que ceux qui faisaient comme lui ; il aimait les sciences qui traitent de la loi (cherî'a) et favorisait ceux qui s'adonnaient à cette étude. Sa mort, dont j'ignore la date précise, arriva peu avant la conquête Almoravide.

L'autorité d'Ibn el-Aft'as surnommé el-Moz'affer, mais dont le nom m'échappe, s'étendait sur la frontière septentrionale de l'Espagne et sur quelques villes voisines de l'Océan. Son fils Aboù Moh'ammed 'Omar, surnommé el-Motawkkil 'Ala'llâh, régna sur Badajoz et son territoire, Evora, Santarem et Lisbonne.

Ibn el-Aft'as el-Moz'affer était le plus passionné des hommes à réunir tout ce qui a trait aux belles lettres, notamment la grammaire, la lexicographie, la poésie, les récits curieux et les sources historiques. Il fit des extraits de tous les ouvrages de ce genre qu'il avait fait recueillir et en tira un gros livre analogue aux *Ikhtiyârât* d'er-Roùh'i et aux *'Oyoùn el-Akhbár* d'Aboù Moh'ammed

b. K'oteyba (1) Ce livre, que l'auteur appela, de son nom, *el-Moz'afferi*, est divisé en une dizaine de sections, chacune d'une étendue considérable; j'en ai lu la plus grande partie (2). El-Motawakkil, fils de ce prince, unissait à une connaissance solide de l'art des vers et de la prose, une bravoure hors ligne et un talent accompli de cavalier. Il était sans cesse en campagne, et rien ne pouvait le détourner de cette occupation. Il fut tué par les Almoravides (el-Morâbit'oûn) compagnons de Yoûsof b. Tâchefîn, qui mirent aussi à mort ses deux fils Fad'l et 'Abbâs en leur tranchant de sang froid la tête au début de l'année 485. [P. 53.] Le règne des Benoû Moz'affer fut, pour l'Espagne occidentale, une suite de fêtes et de solennités : à leur cour affluaient les littérateurs, dont les poèmes éternisaient et parfumaient le souvenir de ces princes, imprimaient sur le temps fugitif la louange de leurs hauts faits. C'est à leur propos que le vizir, le secrétaire éminent, *dhoû'l-wizârateyn* (premier ministre), Aboû Moh'ammed 'Abd el-Medjîd b. 'Abdoûn, originaire d'Evora, a composé (3) 'sa brillante *k'açîda*, ou, pour mieux dire, sa perle inviolée, devant laquelle la poésie toute honteuse se cache, et qui dépasse toute magie; elle agit sur les cœurs à la manière d'une haine secrète ; avec son vif éclat nulle autre ne peut lutter ; le premier rang lui est trop assuré pour qu'aucune puisse le lui

---

(1) Je n'ai pu trouver aucun renseignement au sujet de l'*Ikhtiyârât*, dont l'auteur, Aboû 'Abd Allâh 'Ali b. Moh'ammed b. 'Abd el-'Azîz Roûh'i, est cité dans I. Khallik. I, 612; III, 527. Il semble que de sa chronique intitulée *Toh'fat ezz'orafâ fî ta'rîkh el-kholafâ* on ait, en en tronquant le titre, fait deux ouvrages différents (cf. Cat. de la Bodleyenne, I, 186). H'adji Khalfa (IV, 287) donne quelques renseignements sur l'ouvrage d'Ibn K'oteyba, † 276.

(2) D'après la *Tekmila* d'Ibn el-Abbâr (p. 128), qui rapporte le dire d'Ibn Bessâm, le *Moz'afferi* est une espèce d'encyclopédie littéraire et historique en cinquante volumes. Le nom complet de l'auteur est Aboû Bekr Moh'ammed b. 'Abd Allâh b. Moh'ammed b. Maslama Todjibi el-Moz'affer, connu sous le nom d'Ibn el-Aft'as.

(3) Le passage qui suit est en prose rimée; la traduction tâche, ici et ailleurs, de rendre intelligibles les images d'un style où tout est sacrifié à la recherche de la rime.

disputer. Il en est peu qui lui ressemblent, mais beaucoup de gens en parlent ; devant sa précellence et sa supériorité, Bâk'il et Djerîr (1) sont égaux. Quel incomparable voile que celui dont s'enveloppe cette patricienne ! elle excite le désir tant elle paraît proche et d'un abord facile, et elle est (en réalité) si éloignée que sa haute position la rend inexpugnable. Je la rapporte ici, bien que sa longueur dépasse la limite que je me suis tracée et soit en dehors de la brièveté que je me suis imposée, à cause de sa bonne facture, de l'élégance des expressions, de la beauté des métaphores. L'auteur a, dans ce poème, suivi une voie où il n'a pas été devancé, il s'est engagé dans un chemin où la foule ne peut pénétrer. Aussi sont-ils rares, ou plutôt inexistants, les poèmes qui ressemblent à celui-là ! s'il y en avait un, il serait hautement estimé, mais c'est ce qu'on ne peut s'imaginer, et (d'ailleurs) l'on n'en connaît pas ' (2).

[Basît'.] La fortune nous accable d'abord par les malheurs mêmes, puis par la trace qu'ils laissent (3) ; pourquoi pleurer sur des fantômes et de vaines images ?

Fidèle au devoir que j'ai de t'avertir, je vais t'empêcher, oui, t'empêcher ! de goûter le sommeil entre les dents et les griffes du lion ;

---

(1) Bâk'il a vu passer son nom en proverbe à cause de la difficulté qu'il avait à exprimer sa pensée (Meydâni, éd. Freytag, II, 146 ; Harîri, p. 160). Djerîr b. Atiyya, † 111, doit sa célébrité au mordant de ses ripostes, et je suis porté à croire que c'est à cela que fait allusion le proverbe de Meydâni (II, 234 ; cf. le commentaire d'Ibn Badroûn, p. 36, n. 3). Le chapitre que lui consacre l'*Aghâni* (VII, 38) a été traduit par C. de Perceval *(Journ. Asiat.* 1834) ; voir aussi Ibn Khallik. II, 294.

(2) Ce poème ou, plus exactement, la partie de ce poème qui renferme des allusions historiques, a été commenté par Ibn Badroûn, dont le travail a été publié par R. Dozy (Leyde, 1848, 8°) et par 'Imâd ed-Din Ismâ'il b. el-Athîr (ms 3134 du Cat. de Paris). Ni le nombre ni l'ordre des vers ne concordent, dans le premier de ces commentaires, avec le texte transcrit par notre chroniqueur, non plus qu'avec celui que reproduit Kotobi, et où il n'y a que 50 vers, dans l'article qu'il consacre à Ibn 'Abdoûn *(Fawât el-wafayât,* II, p. 8) ; voir également l'*I'lâm* d'Ibn el-Khat'ib (ms 586 d'Alger, f. 144 v.).

(3) Sur les expressions du texte, voir Harîri, éd. de Sacy, p. 104 ; M'eydâni, I, p. 221, n. 44. On retrouve ce vers dans I. Khall. I, 308 et IV, 557.

Car les vicissitudes du temps, bien qu'elles enfantent la paix, sont comme une bataille : les hommes justes et les chefs qui figurent dans les premières sont comme les épées et les lances de la seconde ;

[P. 54.] Il n'y a pas de paix à espérer entre la pointe qui arme la main des combattants et l'acier tranchant.

Ne te laisse pas entraîner par le sommeil de la fortune à négliger la surveillance de tes intérêts, car elle emploie toutes les ruses, mais sans se montrer à découvert (m. à m. : éveillée).

Quelle chose — Dieu nous pardonne ! — quelle personne peut durer, alors que la main des vicissitudes déçoit toujours la durée ?

A tout instant, des blessures, encore qu'invisibles, frappent par son fait chacun de nos membres.

Elle agit en cachette pour donner le change sur ses actes ; telle la vipère s'élance du milieu des fleurs contre (l'imprudent) qui les cueille.

Que de dynasties on a vues à qui la faveur divine avait donné le pouvoir, et au sujet desquelles la mémoire interrogée ne fournit aucun souvenir !

La fortune a fait tomber Darius, puis fendu le glaive d'(Alexandre) qui l'avait mis à mort et qui avait marqué les rois de l'empreinte de son épée ;

Elle a repris aux Sassanides ce qu'elle leur avait donné, et n'a pas laissé subsister de traces des Benoû Yoûnân (Ptolémées).

Elle a réuni T'asm à sa (tribu) sœur (Djadîs dans une commune destruction), et son fiel diminué s'est retourné contre 'Ad et Djorhom (1).

Elle n'a pas pardonné aux princes du Yémen, et sa protection a fait défaut aux hommes remarquables (de la race) de Mod'ar.

Elle a dispersé Saba en tous lieux ; ni soir ni matin, les membres errants de cette tribu ne se rencontrent (2).

Elle a exécuté son arrêt contre Koleyb, et Mohalhil (3) est devenu dans un lieu solitaire (4) l'objet de ses coups.

---

(1) La destruction des 'Adites est bien connue ; le Koran même en parle (s. LXIX, 6) ; cf. C. de Perceval, *Essai sur l'hist. des Ar.*, t. I, p. 11. Sur les tribus sœurs de T'asm et de Djadîs, voir ib. p. 28 et 89 ; sur les Djorhom, ib. p. 33 et 218. — Je crois inutile de renouveler d'incessants renvois au commentaire d'Ibn Badroûn.

(2) Il s'agit de la rupture de la digue de Mareb, dans l'Yémen, et de l'émigration qui en fut la conséquence (C. de Perceval, I, 84 ; cf. 46).

(3) Koleyb Wâ'il et Mohalhil sont des chefs Taghlibites, connus pour la part qu'ils prirent à la funeste guerre de Basoûs et au cours de laquelle ils périrent (fin du V° siècle de J.-C.) ; voir C. de Perceval, II, 272 à 284.

(4) L'expression qui figure dans le texte est expliquée par Ibn Badroûn, p. 115.

— 67 —

Elle n'a pas rendu la santé au prince errant (Imrou'l-K'ays); elle n'a pas détourné les Benoû Asad du meurtre de leur roi H'odjr (1).

Elle a plongé dans l'avilissement les Dhobyân et leurs frères les 'Abs, et a fait tomber les Benoû Bedr auprès du réservoir (de Habâa) (2).

Dans l'Irâk', elle a employé la main du fils d''Adi pour réunir à celui-ci (dans une mort commune No'mân V), l'homme aux yeux et aux cheveux rouges (3).

Elle a fait mettre à mort Parwiz par son fils et chassé Yezdedjird à Merv, d'où il n'est pas revenu (4).

Elle a chassé Yezdedjird jusqu'en Chine, et ce prince, abandonné par les Turcs et les Khazars, est resté avec ses seuls soldats persans (5).

Ni les épées de Roustem, ni les lances du chambellan royal n'ont pu le protéger contre Sa'd dans une journée aux décevantes illusions (6).

Lors de la journée du puits, les gens de Bedr disparurent, et le puits porta à l'enfer ceux qu'il contenait (7).

---

(1) Allusion à la tunique empoisonnée que revêtit Imrou'l-K'ays, surnommé « l'Errant, » et au soulèvement des Benoû Asad contre H'odjr (C. de Perceval, II, 320 et 295 ; de Slane, *Divan d'Amrolkaïs*, p. 8).

(2) Il s'agit de la guerre de Dâh'is entre les 'Abs et les Dhobyân et d'un épisode de cette guerre où périrent des fils de Bedr (C. de Perceval, II, 424 et 456).

(3) No'mân V, devenu roi de Hira grâce à son précepteur 'Adi b. Zeyd, fit plus tard étouffer celui à qui il devait le trône. Zeyd b. 'Adi sut venger la mort de son père en excitant contre No'mân la colère du roi de Perse, Kesra Parwiz (C. de Perceval, II, 135, 150, 161).

(4) Ce vers ne figure pas dans Ibn Badroûn. Kesra Parwiz, célèbre par son luxe et ses richesses, déchira la lettre que lui envoya Mahomet pour l'engager à se convertir, et fut mis à mort par l'ordre de son fils Chiroûyeh. Yezdedjird III b. Chehryâr, dernier roi de Perse, s'enfuit après la défaite que lui infligèrent les musulmans à Nehâvend (14 hég.), et arriva jusqu'à Merv, où il fut livré aux vainqueurs par le meunier chez qui il s'était réfugié (Malcolm, *Hist. de la Perse,* I, 236 et 262).

(5) Ce vers est vraisemblablement une rédaction différente de celui qui précède. Ibn Badroûn (p. 141) explique dans quelles circonstances Yezdedjird, battu et poursuivi, fut abandonné par ses alliés.

(6) Les troupes de Yezdedjird étaient, à la bataille de K'âdisiyya, commandées par Roustem et par le chambellan Kherzâd(? voir Ibn Badroûn, p. 142). Sa'd ben Aboû Wak'k'âç était le général musulman. Sur l'expression ابنة الغبر, voir Hariri, p. 346; Freytag, *s. v.* سُقَر.

(7) Je crois que ce vers (qui manque dans Ibn Badroûn) fait allusion au combat livré à Bedr par le Prophète, et à la suite duquel

Elle s'est servie d'épées pour taillader Dja'far et a extrait de sa tanière H'amza, l'homme généreux par excellence (1).

Elle a hissé Khobeyb sur une hauteur; elle a fait mordre la poussière à T'alh'a le libéral (2).

Elle a teint de sang les cheveux blancs d'‘Othmân, s'est avancée vers Zobeyr et n'a pas eu honte de s'en prendre à ‘Omar (3).

[P. 56]. Elle n'a pas cultivé l'amitié d'Aboû l-Yak'z'ân et ne lui a donné à boire que du lait coupé dans une petite tasse (4).

Elle a livré Aboû H'asan (‘Ali) au poignard du plus réprouvé des hommes, et donné à la main de Chamir tout pouvoir sur H'oseyn (5).

Que n'a-t-elle, de même qu'elle a accepté Khâridja comme rançon d'‘Amr, accepté comme rançon d'‘Ali toute autre créature à son gré ! (6).

Sur (Mo'âwiya), fils de Hind, et sur H'asan, fils d'(‘Ali) l'élu, elle a fait tomber un malheur qui trouble les cœurs et les intelligences,

Car les uns disent de qui celui-ci a été la victime, et d'autres

---

vingt-quatre cadavres des infidèles furent précipités dans le puits auprès duquel on s'était battu (Aboulféda, *Vie de Mohammed*, éd. Desvergers, p. 41; C. de Perceval, III, 66).

(1) Dja'far b. Aboû T'âlib eut successivement les deux bras coupés au combat de Mouta et tomba frappé de cinquante blessures (C. de Perceval, III, 213). H'amza b. ‘Abd el-Mot't'aleb, oncle du Prophète et tué à Oh'od, était surnommé le *lion de Dieu*, qualificatif qui explique l'emploi du mot « tanière » (Aboulféda, *Vie de Mohammed*, p. 47).

(2) Khobeyb b. ‘Adi, envoyé en mission par Mahomet, fut pris à la journée de Redjî' (4 hég.), vendu aux Koreychites et crucifié par eux à Ten'im (C. de Perceval, III, 116; Ibn Badroûn, 135). T'alh'a b. ‘Obeyd Allâh Teymi, surnommé « T'alh'at el-Kheyr, T'alh'a el-Feyyâd' et T'alh'a des T'alh'a, » est un autre compagnon de Mahomet tué à la bataille du Chameau (Mas'oûdi, IV, 321).

(3) ‘Oth'mân b. ‘Affân, troisième khalife, périt assassiné à l'âge de 82 ans. Zobeyr b. el-‘Awwâm se convertit l'un des premiers à l'Islam et fut tué à l'âge de 75 ans à la bataille du Chameau. ‘Omar b. Khat't'âb, second successeur du Prophète, fut assassiné à 63 ans (23 hég.).

(4) Aboû' l-Yak'z'ân ‘Ammâr b. Yâsir ‘Ansi était le porte-étendard du khalife ‘Ali à la bataille de Ciffîn et y fut tué, après avoir pris du lait pour se désaltérer (36 hég.).

(5) ‘Ali b. Aboû T'âlib fut assassiné par ‘Abd er-Rah'mân b. Moldjem, surnommé depuis « le réprouvé » ou « le plus réprouvé des hommes. » Aboû ‘Abd Allâh H'oseyn b. ‘Ali fut tué à Kerbelâ, où Chamir b. Dhoû l-Djoûchen entraîna au combat ses soldats hésitants en tirant lui-même la première flèche.

(6) Lors de l'exécution du complot qui avait pour but de faire disparaître à la fois ‘Ali, Mo'âwiya et ‘Amr b. el-‘Açi, Zâdaweyh, qui avait pour mission de tuer ce dernier, ne frappa que le k'âd'i Khâridja, qu'il crut être ‘Amr. Ce vers est cité par Ibn Khallikân, IV, 557.

— 69 —

gardent le silence sur celui qui l'a réduit à la dernière extrémité (1).

Elle a, à cause de H'oseyn (b. 'Ali), livré ('Obeyd Allâh) b. Ziyâd au malheur. Mais ce chef ne valait ni une courroie de sandale, ni même un ongle de sa victime (2).

Elle a enroulé un turban, formé par tous les maux réunis, autour de la tête d'Aboû Anas, de qui les lances de Zofar ont été impuissantes à empêcher l'écrasement (3).

Elle a précipité Moç'ab du sommet de (Koûfa) l'élevée, dont le fort avait déjà vu répandre le sang de Moukhtâr (4).

Sans respect pour le rang d'Ibn Zobeyr, elle n'a pas tenu compte qu'il s'était réfugié dans la Maison sainte et auprès de la Pierre noire (5).

Elle a exercé sa ruse contre l'homme au rictus et a fait peser tout le poids de sa puissance contre le puant homme aux mouches (6).

---

(1) Aboû Moh'ammed H'asan b. 'Ali b. Aboû T'âlib fut empoisonné, paraît-il, dans des circonstances sur lesquelles il règne des doutes.

(2) 'Obeyd Allâh, dit Ibn Merdjâna, est le gouverneur Omeyyade de Koûfa par les ordres de qui 'Amr b. Sa'd combattit et tua H'oseyn, fils d''Ali, à Kerbelâ et qui trouva lui-même la mort à la bataille de Khâzer (c'est ainsi que ce nom doit se lire, voir le *Meraçid,* I, 334, et non Djâzir, comme il est imprimé dans Mas'oûdi, V, 222), où le sort des armes fut favorable aux Alides. — La comparaison avec la courroie de sandale est tirée de l'expression qu'employa Mohallil quand, au cours de la guerre de Bâsoûs, il tua Bodjeyr b. H'ârith (C. de Perceval, II, 281 ; Aboulfeda, *Hist. anteisl.* 138 et 230 ; Hamâsa, p. 251 ; Meydâni, I, 686, etc.).

(3) Aboû Anas Zah'h'âk' b. K'ays Fihri, partisan d''Abd Allâh b. Zobeyr, livra en 64, avec Zofar b. H'ârith, la bataille de Merdj Râhit, non loin de Damas, au khalife Omeyyade Merwân, et y trouva la mort (Mas'oûdi, V, 201).

(4) Moç'ab, frère et partisan d''Abd Allâh b. Zobeyr, fut tué par 'Obeyd Allâh b. Ziyâd dans la bataille que lui livra le khalife Omeyyade 'Abd el-Melik sur les bords du Tigre à Masken, près de Djâthlik' *(couvent du Catholicos)* en 71 ou 72 Hég. Il était gouverneur de Koûfa, et c'est dans le fort même de cette ville que, en 67, Moukhtâr était tombé sous ses coups. Ce dernier, qui avait d'abord marché d'accord avec 'Abd Allâh b. Zobeyr, s'était installé à Koûfa et avait, pour masquer son ambition personnelle, feint d'embrasser les intérêts des 'Alides et proclamé Moh'ammed b. el-H'anifiyya, descendant d'Ali (Desvergers, *Arabie,* 306 et 301 ; Mas'oûdi, V, 241 et 171 ; Weil, *Gesch. d. Khalif.* I, 407 ; Quatremère, *Mém. sur Abdallah b. Zobaïr).*

(5) 'Abd Allâh b. Zobeyr, réfugié à la Mekke et assiégé par le célèbre H'addjâdj, y tomba bravement, dans la Ka'ba même, le 10 ou le 14 djomada I 73 (cf. Weil, I, 482).

(6) Ce vers paraît être une autre rédaction du suivant et fait allusion

— 70 —

Elle n'a pas laissé à l'homme aux mouches son sabre tranchant, non plus qu'elle n'a prêté aide à 'Amr, l'homme au rictus (1).

[P. 57.] Elle a fait consumer par le feu le cadavre de Zeyd, après que celui-ci eut soulevé contre lui la colère des hommes et des murailles mêmes (2).

Ses griffes ont saisi Welîd (II) b. Yezîd, et elle a soustrait le khalifat au contact de la coupe et des cordes de la cithare (3).

H'abâba devait trouver la mort dans un grain de grenade, et les émanations de l'aloès provoquèrent la chute violente d'Ah'med (4).

Elle n'a arrêté le glaive tranchant d'Es-Saffâh' qu'après qu'il eut pénétré dans la tête de Merwân ou de ses partisans scélérats (5).

---

aux mêmes personnes ; il ne figure pas dans le commentaire d'Ibn Badroûn.

(1) 'Abd el-Melik b. Merwân, khalife omeyyade, exhalait une mauvaise odeur et ses gencives sanguinolentes attiraient les mouches, d'où son surnom. 'Amr b. Sa'îd Achdak' fut surnommé l'homme au rictus (ou souffleté de Satan) soit parce qu'il avait la bouche de travers, soit à cause de sa facilité de parole : il visait au trône et fut exécuté par ordre d''Abd el-Melik en 70 (Mas'. V, 233 ; I. Athîr, IV, 415, etc.).

(2) Ce vers ne figure pas dans le commentaire d'Ibn Badroûn. Il y est fait allusion à un descendant d''Ali, Zeyd b. 'Ali b. H'oseyn, qui, abandonné par les inconstants habitants de Koûfa, périt en 122 en combattant les troupes de l'Omeyyade Hichâm ; son cadavre fut d'abord crucifié, puis brûlé (Weil, I, 627 ; Mas'oûdi, V, 470 ; *Fragm. histor.* de Goeje, p. 99 ; Ibn Athîr, V, 184). Je ne suis pas sûr d'avoir rendu le sens exact de la seconde partie de ce vers ; dans aucun récit de ces événements je n'ai trouvé des détails auxquels le poète pourrait faire allusion. En lisant dans le premier hémistiche الخرقت on peut, ce qui est préférable, comprendre : « alors que déjà, dans une folle colère, le Saint Livre avait été mis en lambeaux » c'est-à-dire après que Welid II b. Yezîd s'était amusé à prendre le Koran comme cible (Mas. VI, 10 ; Ibn Badroûn, 206). En effet, le *Kitâb el-'oyoûn* et Mas'oûdi (V, 473) attribuent à Welid l'ordre de brûler les restes de Zeyd ; Mas'oûdi (V, 471) rapporte aussi une version d'après laquelle Hichâm aurait donné cet ordre.

(3) Welid II, bien connu pour son impiété et son amour du vin, du chant et des chanteurs, fut tué en 126 (Mas'oûdi, VI, 1).

(4) H'abâba (sur l'orthographe de ce nom, voir les *Fragm. hist.* p. 75 n.) ou El-'Aliya, esclave favorite de Yezid b. 'Abd el-Melik, périt étouffée : un grain de grenade (d'autres disent de raisin) que lui jeta son maître en jouant avec elle pénétra dans les voies respiratoires et l'étouffa. Peu de jours après, en 105, le chagrin qu'il ressentit de cette mort réunit dans la tombe Yezid à sa bien aimée *(Fragm. hist.* p. 75-80 ; Mas'oûdi V, 447 et 452). J'ignore à quoi fait allusion le second hémistiche. — Ce vers ne figure pas dans les textes d'Ibn Badroûn, de Kotobi ni d'Ibn el-Khat'ib, et est déplacé, à en juger par la date des événements dont il y est parlé.

(5) La chute des Omeyyades en la personne de Merwân II, dernier

Elle a fait couler les pleurs de Jésus sur le sang de la famille de l'Élu, répandu sans motif à Fakhkh (1).

Elle a fait goûter à Dja'far le tranchant de l'acier, mais Fad'l et le vieux Yah'ya restèrent à l'attendre (2).

Elle n'a pas respecté la désignation qui avait été faite en faveur d'Emîn, et a soulevé contre Dja'far l'hostilité de son fils et des esclaves perfides (3).

Elle n'a pas exécuté les engagements pris vis-à-vis de Mosta'în, ni assuré le succès des diverses tentatives faites par Mo'tazz pour consolider sa situation (4).

Elle a enserré dans ses lacs tous les Mo'tamid et aveuglé tous les Mok'tadir (5).

---

khalife de cette dynastie, fut hâtée par la liberté d'esprit et de mœurs de ces princes. Merwân II périt à Boucîr en 132, date où commença à régner la dynastie Abbasside en la personne de son fondateur Aboû' l-'Abbâs 'Abd Allâh, surnommé Saffâh'.

(1) Ce vers, dit Ibn Badroûn, aurait besoin d'être rectifié. En effet, Fakhkh, près la Mekke, vit périr, en 169, sous le khalife Hâdi, plusieurs Alides, notamment H'oseyn b. 'Ali, descendant à la sixième génération d'Ali b. Aboû T'âleb. Or, l'Alide dont Jésus *(er-roûh el-amîn)* pleura la mort est H'oseyn, le fils même d'Ali ben Aboû T'âleb; il faudrait donc lire T'aff (c'est-à-dire Kerbelâ) au lieu de Fakhkh (cf. Mas'oûdi, V, 266).

(2) Dja'far Barmeki fut exécuté par ordre du khalife Hâroûn, tandis que son père et son frère furent empoisonnés à Rak'k'a et y moururent (Ibn Khallikân, I, 301; II, 459; IV, 103; Mas'oûdi, VI, 361, etc.).

(3) En 186, Hâroûn avait désigné Emîn pour son successeur immédiat; Ma'moûn devait remplacer celui-ci, et les deux frères s'étaient engagés à respecter un arrangement dont le texte fut suspendu dans la Ka'ba et envoyé dans les diverses provinces. Mais Ma'moûn, qui avait en apanage la partie orientale de l'empire, prit rapidement et par la force la place de son faible frère. — Dja'far b. Mo'taçim, surnommé Motawakkel, dixième Abbasside, fut, en 247, la victime du ressentiment de son fils Montaçer, qu'il maltraitait, ainsi que de la désaffection des milices turques commandées par Waçif.

(4) Mosta'în l'Abbasside, forcé de céder à Mo'tazz, qui l'assiégeait à Baghdâd, se rendit à condition d'avoir la vie sauve, de recevoir une somme d'argent, de s'installer où il voudrait, etc.; mais il fut mis à mort presque aussitôt qu'il fut sorti de cette ville, en 252. Mo'tazz, qui le remplaça, avait commencé par renoncer malgré lui à ses droits de succession au trône; jeté dans une prison d'où il fut tiré par les milices turques, il se débarrassa d'abord de Mosta'în, puis de son autre frère Mo'ayyed, et exila enfin Mowaffek', le frère à qui il devait la prise de Baghdâd. Cela ne l'empêcha pas de mourir de faim dans la prison où il fut jeté par les Turcs, en 255.

(5) Il y a deux Mo'tamid: le premier, Ah'med b. Motewakkil, est Abbasside et mourut empoisonné en 279 par son neveu et successeur

Elle a inspiré la crainte à tous les Ma'moûn et à tous les Mou'tamin ; elle a trahi tous les Mançoùr et tous les Montaçir (1).

Elle a fait trébucher la famille d'‛Abbâd, puisse-t-elle se relever ! dans la traîne d'un grand et opiniâtre malheur (2).

[P. 58.] O Benoù Moz'affer, ô hommes ! toujours elle a favorisé les voyages ; c'est elle qui fait que les humains sont toujours en mouvement.

Arrière ce jour funeste où vous avez été frappés, car jamais la nuit n'en enfanta de semblable (3) ! Princes, sujets, hommes puissants, il est pour tous une cause de ruine. L'impuissance et la faiblesse ont émoussé les pointes des épées et des lances les plus renommées ; elles ont livré à la sombre mort les hommes les mieux famés ; tout cela, hélas ! n'est plus que souvenir.

(Car) qui (des humains) peut la moindre des choses, qui peut montrer du talent ou de la générosité, qui peut nuire ou être utile, qui peut écarter le chagrin, se soustraire au son de la trompette dernière, empêcher un événement pénible que veut le destin ?

Malheur à la générosité, malheur à la bravoure, existassent-elles encore intactes, car 'Omar est maintenant l'objet des regrets de la religion et du monde !

Sur les tombes de Fad'l et d'‛Abbâs s'épanche un nuage dont la bienfaisante vertu provient, non de l'eau, mais de la générosité de ces princes.

Mo'tad'id ; le second est Moh'ammed b. ‛Abbâd, de Séville, † 488. Il y a aussi deux Mok'tadir : Dja'far b. Mo'tad'id l'Abbasside, † 320, et Ah'med b. Soleymân b. Hoûd, de Saragosse, † 475.

(1) Ma'moûn l'Abbasside, désigné comme successeur d'Emin, fut dépouillé par ce dernier khalife de son titre d'héritier présomptif, qui fut conféré au propre fils d'Emin, le jeune Moûsa. Les autres princes désignés sous ce même nom sont : le fils de Mo'tamid b. ‛Abbâd et Yah'ya b. Dhoû n-Noûn, à Tolède. — Les princes qui ont porté le nom de Mançoûr sont : l'Omeyyade Hichâm b. ‛Abd el-Melik (selon quelques-uns) † 125 ; Aboû Dja'far ‛Abd Allâh b. Moh'ammed.... b. ‛Abbâs ; Aboû't-T'âhir Ismâ'il... b. ‛Obeyd Allâh l'Alide, du temps du khalife Abbasside Mehdi ; Moh'ammed b. Aboû ‛Amir en Espagne ; Ziri Çanhâdji, contemporain du précédent ; Sâboûr à Badajoz ; Mondhir b. Yah'ya à Saragosse ; Moh'ammed b. Maslama, connu sous le nom d'Ibn el-Aft'as à Badajoz ; Yah'ya b. Moh'ammed, petit-fils du précédent ; ‛Abd el-Aziz b. Aboû ‛Amir (qui fut d'abord appelé Mou'tamin). — Les princes qui ont porté le nom de Montaçir sont : le khalife Abbasside Aboû Dja'far Moh'ammed b. Motewakkil et Midrâr b. Elisa' b. Aboû l-K'âsim de Sedjelmesse.

(2) Ibn Badroûn lit « la famille d'‛Abbâs. » Sur les expressions لعا et زباي voir Hariri, 374 ; Commentaire de Beyd'âwi sur le Koran, II, 261, l. 18 ; Meydâni, II, 312.

(3) Je lis avec Kotobi سالف العمر.

Ces trois hommes, sache-le, les planètes fortunées de Jupiter et de Vénus, mit-on même à leur côté le Soleil et la Lune, n'ont pas vu leurs pareils ;

Ils se sont élevés plus haut que les constellations de l'Aigle et de la Lyre, plus haut que n'est jamais parvenu un aigle dans son vol.

Depuis que ne sont plus là ces hommes, qui étaient comme la durée même, il n'y a plus pour moi ni printemps ni chaleur.

Tout agrément quelconque a fui, jusqu'au plaisir que procurent les matinées et les soirées.

Qu'est devenue cette majesté dont la vénération saisissait nos cœurs et faisait baisser les yeux même des astres radieux ?

Qu'est devenue cette dédaigneuse fierté qui reposait sur les colonnes de la puissance et de la victoire ?

Qu'est devenue cette bonne foi dont ils ont épuré les règles, devenues d'une limpidité que jamais aucun d'eux n'a troublée ?

Ils étaient comme des centres autour desquels gravitait la terre, qui depuis leur départ est, ainsi que ses habitants, livrée à l'agitation et ne peut se fixer.

Ils en étaient les luminaires, et leur extinction fait que toutes ces créatures, comme prises de vertige, trébuchent.

Ils étaient un objet d'envie pour la fortune qui, par ses ruses mêlées de rêveries sans nom, sut s'introduire sans être appelée et les fasciner.

Maudite soit celle qui lui donna le jour ! Qui d'entre eux pourra, suivi de braves patients et habitués aux expéditions nocturnes, réclamer et obtenir vengeance ?

Qui me protégera — je ne parle pas d'eux — s'il se produit des calamités dans une nuit qui ne verra pas d'aurore ?

Qui me protégera — je ne parle pas d'eux — si toute règle est détruite et que la langue des récits et des chroniques soit réduite au silence ?

Qui me protégera — je ne parle pas d'eux — s'il n'y a qu'épreuves toujours survenant et se renouvelant sans fin ?

A ces mérites éminents, — lors de la disparition desquels on ne peut que s'armer de patience, — salut de la part d'un observateur qui attend la récompense éternelle !

Il espère peut-être, et même souhaite, car la fortune a des issues diverses et bien des vicissitudes.

J'ai garni les oreilles de ceux qui sont cités dans ce poème, d'un ornement qui ôte, aux yeux des belles, toute valeur aux rubis et aux perles ; poème qui, semblable à une planète, arrivera jusqu'aux extrémités de la terre, interrompant les vains discours qu'on tient sous la tente et dans les centres habités ; devant l'autorité de qui l'on s'inclinera et qui fera pénétrer dans les esprits des récits qu'il est indispensable de connaître.

Ibn 'Abdoûn était secrétaire de Motawakkil 'ala'llâh et son influence grandit en même temps que ce prince ; on le cite parmi les secrétaires maghrebins comme étant de ceux dont le talent s'est manifesté à la fois dans la rédaction en prose et dans la poésie. Il n'a cependant guère produit de vers et on ne lui en attribue positivement qu'un nombre restreint, eu égard à son talent de littérateur et à sa distinction. Nous prouverons dans la suite ce que nous venons de dire, par les citations choisies de ses épîtres, que nous ferons en leur lieu.

Il a lui-même raconté cette anecdote personnelle. Il avait treize ans quand un jour il arriva à son maître, auprès de qui il était, de dire : [P. 61]

[Modjtatth] La poésie est la pire des choses (1),.....

et de le répéter à plusieurs reprises. « Alors, raconte le vizir Aboù Moh'ammed, j'écrivis sur ma tablette ce second hémistiche, pour terminer le vers :

... pour quiconque recherche ce qui est bien.

» Puis un second vers me vint à l'esprit :

Pour le vieillard, c'est le défaut par excellence ; pour le jeune homme, c'est l'élégance suprême.

» Alors mon maître me regardant : « Qu'est-ce que tu écris, ô 'Abd el-Medjîd ? » Je lui fis lire ce que j'avais écrit sur ma tablette ; alors il me souffleta et me tira les oreilles, me disant de ne pas m'occuper de cela ; mais il prit note de ces deux vers. »

---

(1) Sur l'expression employée dans le texte, voyez Meydâni, II, 416 ; Hoogvliet, *Specimen... de regia Aphtasidarum familia*, 115 et 130.

Voici, touchant sa prodigieuse mémoire, ce que raconte le distingué vizir Aboû Bekr Moh'ammed (1), mort à un âge avancé, à plus de 80 ans, et qui était fils du vizir Aboû Merwân 'Abd el-Melik b. Aboû'l 'Alâ Zohr b. 'Abd el-Melik b. Zohr : « Un jour, dit-il, j'étais assis dans le vestibule de notre hôtel, ayant à côté de moi un copiste par qui je faisais transcrire le *Kitâb el-Aghâni*, et qui venait de me rapporter les cahiers qu'il avait terminés. Je lui demandai où était l'original, afin de pouvoir faire la collation, mais il me déclara ne pas l'avoir apporté. Pendant que j'étais en train de lui parler, un homme pénétra dans le vestibule et s'avança vers nous ; il avait l'apparence misérable, portait de grossiers vêtements presque tous en laine, et sa tête était recouverte d'un turban dont les plis n'étaient fixés qu'à peu près, si bien que, d'après son extérieur, je le pris pour un Bédouin. Après avoir salué, il s'assit et me dit : « Mon cher enfant, demande au vizir Aboû Merwân de m'accorder audience. — Il dort, » finis-je par dire, non sans avoir fait un grand effort sur moi-même pour lui répondre, poussé que j'étais par l'impertinence de mon âge et par le grossier aspect du personnage. Après être resté quelque temps sans plus rien me dire : « Qu'est-ce que cet ouvrage que vous avez entre les mains? demanda-t-il. — Pourquoi cette question? répondis-je. — Je voudrais en savoir le nom, [P. 62] parce que j'ai quelque connaissance en bibliographie. — Eh bien ! c'est le *Livre des Chansons*. — Et où le copiste en est-il arrivé? — A tel endroit », et je continuai de causer avec lui sur un ton de persiflage et en riant de ses allures. Il en vint à demander pourquoi mon copiste ne continuait pas son travail. — « Parce que je lui ai demandé l'original pour collationner ce qu'il a déjà copié, et qu'il m'a dit ne pas l'avoir apporté. — Eh bien! mon enfant, prends ta copie

---

(1) Celui que nous appelons Avenzoar et dont parle Ibn Khallikân, III, 134.

et collationne. — Et avec quoi ? Où est l'original ? — J'ai su ce livre par cœur dans ma jeunesse. » Puis, me voyant sourire : « Mon enfant, continua-t-il, suis le texte sur ta copie. » J'obéis et il commença à réciter, sans se tromper, je le jure, ni d'un *wâw*, ni d'un *fâ*, la valeur d'environ deux cahiers ; puis, je pris le milieu et la fin du volume et je me convainquis que sa mémoire était partout aussi sûre. Saisi d'admiration, je courus précipitamment auprès de mon père, à qui je racontai ce qui venait de se passer, lui dépeignant le héros de l'aventure. Il se leva aussitôt, et dans le costume où il se trouvait, c'est-à-dire enveloppé d'un manteau et sans chemise, il sortit nu-pieds et nu-tête, sans autrement se soucier de sa toilette, tandis que, le précédant, j'étais accablé de reproches. Il se précipita au-devant de l'étranger, et, l'embrassant, se mit à lui baiser la tête et les mains, lui disant en même temps : « Excuse-moi, maître, car ce méchant enfant, je te l'affirme, vient seulement de me prévenir, » et il recommença à me gronder. L'étranger cherchait à le calmer, en alléguant qu'il n'était pas connu de moi. « Et en admettant qu'il ne te connût pas, répondait mon père, quelle excuse a-t-il de ne pas respecter les lois de la politesse ? » Il le fit alors pénétrer dans l'hôtel, le reçut avec beaucoup de considération, et ils passèrent un long temps à causer en tête-à-tête. Le visiteur finit par sortir, précédé par mon père, qui s'avança nu-pieds jusqu'à la porte, où il fit seller son propre cheval en suppliant l'étranger de le monter et de toujours le garder. Après son départ, je demandai à mon père qui était cet homme, à qui il avait prodigué tant de marques de respect. « Tais-toi, misérable ! dit-il ; c'est le littérateur par excellence de l'Espagne, le guide et le maître de ce pays en fait de littérature, Aboû Moh'ammed 'Abd el-Medjîd b. 'Abdoûn ; le *Livre des Chansons* est la moindre des choses qu'il sait par cœur, et qu'est-ce que sa mémoire comparée à la finesse de son esprit et à la distinction de son talent naturel ? »

[P. 63] Je tiens cette anecdote de feu Aboû Bekr b. Zohr, qui me la raconta quand j'allai le voir lorsqu'il vint de Merrâkech pour renouveler son serment de fidélité au Prince des Croyants, Aboû 'Abd Allâh Moh'ammed b. Aboû Yoûsof, dans le cours de l'année 595. A cette date, le dit vizir Aboû Bekr commença par me demander mon nom et ma généalogie, à quoi je répondis; puis il me donna sur lui-même les mêmes renseignements sans que je lui demandasse rien, par esprit d'humilité, grandeur d'âme et douceur de caractère. Il me récita ensuite ces vers de sa composition :

[Basît'] Les cheveux blancs s'étant montrés sur ma tête, je lui ai dit : Cheveux blancs et vice ne vont, par Dieu ! pas ensemble ; garde-toi, échanson, de venir me présenter la coupe, car je fuis maintenant l'émotion que produit le vin aussi bien que la chaleur estivale.

Il me récita aussi ces vers, en me disant de les retenir :

[Basît'] J'ai regardé dans le miroir bien poli, et mes yeux se sont refusés à voir ce qui s'y réfléchissait, un vieux à la peau plissée et qui m'était inconnu, alors qu'auparavant j'y avais toujours vu un jeune homme (1).

Tels sont les vers que je recueillis de la bouche même de l'auteur. Il a composé de nombreuses poésies où il s'est presque toujours montré supérieur ; en ce qui concerne notamment les stances (2), il est incontestablement le premier, et sa manière est la supériorité même, que tous ceux qui sont venus après lui ont prise pour modèle ; il est le dernier de ceux qui se sont distingués dans ce genre. Je rapporterais quelques-unes de ces

---

(1) Cf. Ibn Khallikân, III, 136.
(2) Sur le poème qui porte ce nom, voir Freytag, *Darstellung d. ar. Verskunst*, p. 421 ; Ibn Khallikan, t. I, intr. p. xxxv.

stances que j'ai présentes à l'esprit s'il n'était contraire à l'usage d'en citer dans les ouvrages appelés à durer.

Revenons maintenant à l'histoire de l'Espagne. Nous avons cité les noms des chefs qui régnèrent en Espagne après la chute des Omeyyades ; chacun d'eux mit la main sur l'un ou l'autre territoire et gouverna à sa guise la région dont il était devenu le maître ; on cessa de reconnaître le khalife, dont le nom ne fut plus prononcé du haut de la chaire. Nulle part en Espagne on ne cita plus le nom d'aucun khalife Omeyyade ou Hachemite (Abbasside), sauf, pour un court espace de temps, [p. 64] celui de Hichâm el-Mo'ayyed b. el-H'akam el-Mostançir dans la ville et le territoire de Séville, mais ce n'était qu'une feinte commandée par la prudence, et cela ne dura pas, comme nous l'exposerons dans la suite. Après la chute des Omeyyades, la situation des princes d'Espagne fut la même que celle des *Moloûk et-t'awâ'if* (1) de Perse après la mort de Dârâ fils de Dârâ : les choses allaient à la dérive, les frontières restaient sans défense, les convoitises des peuples de Roûm voisins étaient allumées et surexcitées, et cette situation dura jusqu'à ce que Dieu rétablit les choses, répara les cassures, réunit ce qui était dispersé, mit un terme à la discorde, releva la religion et la foi musulmane, arrêta l'avidité des ennemis grâce au talent du Prince des musulmans, protecteur de la foi, Aboû Ya'k'oûb Yoûsof b. Tâchefîn le Lamtounide, et grâce aussi à son fils 'Ali, qui continua les succès de son prédécesseur. Ces deux princes rendirent à l'Espagne sa sécurité antérieure et son antique prospérité, et sous leur règne ce pays rede-

---

(1) On désigne ainsi les princes qui se partagèrent les diverses parties de la Perse après Alexandre le Grand ; on emploie par analogie la même expression quand il s'agit de la période de troubles et de morcellement par où passa l'Espagne après la chute des Omeyyades.

vint un lieu sûr et respecté. C'est à leur époque qu'on commença en Espagne à crier du haut des chaires le nom des princes Abbassides, que Dieu veuille conserver! et la prière ne cessa de se faire en leur nom tant en Espagne qu'au Maghreb jusqu'à la révolte d'Ibn Toûmert et des Maçmoûda dans le Soûs, comme nous le dirons.

Maintenant que nous avons brièvement parlé, selon la loi que nous nous sommes faite, des princes qui se sont rendus maîtres de l'Espagne après la chute des Omeyyades, nous allons traiter d'une manière plus spéciale du royaume de Séville et des princes qui y ont régné. Cette façon de procéder nous servira de fil conducteur dans le récit que nous voulons faire et aplanira la voie où notre narration doit s'engager, car c'est le roi de Séville qui a été la cause de l'entrée en Espagne de Yoûsof b. Tâchefîn et des Almoravides, on le verra par la suite.

Or donc, Séville obéissait aux Fatimides, c'est-à-dire à 'Ali b. H'ammoûd, à K'âsem b. H'ammoûd et à Yah'ya b. 'Ali b. H'ammoûd, pendant la période où le pouvoir fut successivement exercé [P. 65] par ces trois princes, ainsi que nous l'avons dit. Lorsque, à la suite de l'attaque dirigée contre Cordoue par Yah'ya b. 'Ali à la tête des Berbères, K'âsem b. H'ammoûd s'enfuit de cette ville pour gagner Séville, où résidaient ses deux fils Moh'ammed et H'asan, les Sévillans tombèrent d'accord pour expulser ces deux derniers princes avant l'arrivée de leur père K'âsem. Ce plan fut mis à exécution, et l'entrée de la ville fut également refusée à K'âsem quand il se présenta devant les murs. On convint alors de prendre pour chef quelqu'un de la ville qui pourrait, par l'autorité dont il jouissait, rétablir l'union. Tout bien discuté et examiné, on fit choix du k'âd'i Aboû'l-K'âsem Moh'ammed b. Ismâ'îl b. 'Abbâd Lakhmi, dont on connaissait la ferme intelligence, le cœur large, l'esprit élevé, l'habile manière de traiter les affaires. Quand il apprit le résultat de l'élection, il eut tout d'abord peur d'être le seul et unique dépositaire de l'autorité, et n'accepta que sous la condition qu'on lui adjoindrait des habitants qu'il désigna et qui lui serviraient d'aides, de ministres et de collaborateurs, de sorte qu'il ne ferait rien en dehors d'eux et ne déciderait aucune affaire qu'après en avoir délibéré avec eux. Les habitants ainsi choisis furent : le vizir Aboû Bekr Moh'ammed b. H'asan Zobeydi, Moh'ammed b. Yerîm Elhâni, Aboû 'l-Açbagh 'Isa b. H'addjâdj H'ad'remi, Aboû Moh'ammed 'Abd Allâh b. 'Ali Hawzeni, et d'autres encore dont les noms m'échappent, mais appartenant à des tribus et à des familles que je connais. On se rendit à son désir, et il continua toujours de gérer les affaires de Séville par le ministère des personnages que nous venons de citer. Il eut, entre autres enfants, Ismâ'îl, l'aîné, surnommé Aboû' l-Welîd, et 'Abbâd surnommé Aboû 'Amr. Comme le k'âd'i espérait qu'on pourrait s'emparer des châteaux voisins de Séville dont les Berbères s'étaient rendus maîtres, son fils Ismâ'îl, à la tête de troupes provenant du *djond* de Séville, tenta une expédition à cet effet contre le chef des Çanhâdja; mais il fut livré par ses propres soldats et fut tué le premier de tous; on lui coupa la tête, qu'on envoya à Malaga à Idrîs b. 'Ali le Fatimide, ainsi qu'il a été dit. [P. 66] Rien pourtant ne fut changé à l'ordre des choses existant, le k'âd'i Aboû l-K'âsem continuant son excellente administration, juste et réparatrice, jusqu'en 439, où il mourut.

Gouvernement de Mo'tad'id billâh l'Abbâdide

Après lui, les affaires de Séville et de son territoire furent administrées par son fils Aboû 'Amr 'Abbâd b. Moh'ammed b. Ismâ'îl b. 'Abbâd, mais le nouveau prince ne continua que peu de temps les traditions, que lui avait léguées son père, d'une administration réparatrice, bonne et juste, et bientôt il jugea bon de tout faire sans contrôle. C'était un homme énergique, actif, violent, au cœur ferme et dont la pénétrante intelligence préparait les choses de loin; ajoutez à tout cela qu'il fut favorisé par le sort (1). Il ne cessa de travailler à se débarrasser, les uns après les autres, des vizirs dont il a été question : il y en eut qu'il fit mettre à mort de sang froid, d'autres qu'il chassa du pays, d'autres encore qu'il fit mourir en les abreuvant de dégoût et en les plongeant dans la misère, si bien qu'il parvint à réaliser son plan, de rester maître absolu. Il prit alors le surnom de Mo'tad'id billâh. Il prétendit, à ce qu'on raconte, que Hichâm el-Mo'ayyed billâh b. H'akam Mostançir billâh était entre ses mains, ruse à laquelle il fut poussé par l'agitation dans laquelle il voyait l'esprit des Sévillans, et par la crainte que le peuple ne se soulevât contre lui. On avait, en effet, entendu parler de l'apparition à Cordoue de certains émirs Omeyyades, Mostaz'hir, Mostakfi, Mo'tadd, et l'absence de tout khalife était commentée défavorablement; on cherchait quelque Omeyyade qu'on pût introniser, et c'est parce qu'il fut informé de ces menées que Mo'tad'id affirma ce que nous avons dit, prétendant que Hichâm habitait auprès de lui dans son palais. Des intimes de son entourage témoignèrent qu'il disait vrai et qu'il n'était que le premier ministre (h'âdjib) et l'exécuteur des ordres du prince. Ce fut donc au nom de ce dernier que, pendant plusieurs années, la prière continua d'être faite dans les chaires des mosquées, jusqu'en 455 (2), où Mo'tad'id annonça au peuple que Hichâm venait de mourir. Il appuya ses prétentions d'un testament que lui avait remis le prince défunt, et qui, disait-il, lui attribuait sa succession comme roi de la presqu'île Ibérique tout entière. Alors Mo'tad'id s'occupa sans relâche de

---

(1) A cette appréciation du caractère de ce prince, comparez celle de Dozy, *Mus. d'Espagne*, IV, 68.

(2) Lisez 451, d'après Dozy, *Mus. d'Esp.*, IV, 102-103.

conquérir de nouvelles provinces, et de toutes les parties de l'Espagne [P. 67] les chefs reconnurent son pouvoir.

Il avait fait élever dans la cour de son palais des gibets qui étaient couverts de têtes de princes et de chefs, au lieu des arbustes qu'on trouve ordinairement dans les palais : « Quel lieu de plaisir, disait-il, qu'un pareil jardin! » En somme, nul à son époque ne réunit au même degré que cet homme l'énergie, l'activité, la dureté et la violence; on le comparait à l'Abbasside Aboû Dja'far Mançoûr. Il inspirait la crainte et le respect aussi bien aux petits qu'aux grands, surtout à partir du jour où il tua de sang froid l'aîné de ses enfants, son fils Ismâ'îl qui était désigné pour lui succéder. Voici ce qui se passa : Mo'tad'id savait, par des renseignements qui lui avaient été adressés, que, si son fils lui souhaitait longue vie, il ne demandait dans la réalité qu'à le voir mourir; mais il fermait les yeux et, par une négligence toute paternelle, ne s'occupait pas de cela. Le résultat de sa négligence fut qu'une nuit, Ismâ'îl étant ivre tenta, avec des esclaves et des vauriens, d'escalader les murs du palais où résidait son père, dans l'intention de se débarrasser de lui. Mais les portiers et les gardes s'étant réveillés, les assaillants s'enfuirent; pourtant, l'un d'eux fut pris et il avoua quel était leur projet. D'après une autre version, Ismâ'îl ne figurait pas parmi les assaillants, à qui il s'était borné à donner des ordres, promettant une forte récompense à celui qui tuerait son père. Dieu sait la vérité! Alors Mo'tad'id se saisit de la personne d'Ismâ'îl, confisqua ses biens et lui fit trancher la tête. Aussi depuis lors inspira-t-il la crainte la plus grande à tous ses familiers sans exception.

J'ai ouï-dire qu'il se débarrassa à la Mekke d'un aveugle, originaire de la campagne de Séville, qui exhalait dans cette ville des plaintes contre lui. Cet aveugle, qui avait été dépouillé par Mo'tad'id d'une partie des biens qui lui appartenaient, avait perdu le reste et s'était ainsi vu réduit à la misère. Il avait alors gagné la Mekke, où on l'entendait tous les jours maudire le prince. Celui-ci, l'ayant appris, fit appeler l'un de ceux qui s'apprêtaient à faire le pèlerinage, et lui remit une cassette contenant [P. 68] des dinars enduits de poison : « Garde-toi, ajouta-t-il, d'ouvrir cette cassette avant de la remettre à l'aveugle un tel, à la Mekke, en le saluant de ma part. » Arrivé à la Mekke avec le cadeau dont il était porteur, le pèlerin rencontra l'aveugle et lui remit la cassette, disant qu'elle lui était envoyée par Mo'tad'id ; mais l'autre refusait d'y croire : « Comment, disait-il, Mo'tad'id m'aurait-il dépouillé à Séville pour me faire des largesses dans le Hidjâz ? » Les bonnes paroles de son interlocuteur finirent cependant par le tranquilliser, et il prit la cassette. Il l'ouvrit aussitôt, y prit l'une des pièces d'or, qu'il mit dans sa bouche, tournant et retournant les autres avec ses mains, si bien que, le poison agissant, il était mort avant la nuit. C'est, certes, une chose remarquable que de voir quelqu'un s'occupant, de l'extrémité la plus reculée du Maghreb, à faire disparaître un homme dans le Hidjâz ! De la même manière, il se débarrassa d'un muezzin de Séville qui s'était enfui à Tolède, où tous les jours, au lever de l'aurore, il le maudissait, s'imaginant que sur ce territoire étranger il était à l'abri de sa haine ; mais Mo'tad'id n'eut de cesse qu'il n'eût réussi par la ruse, si bien qu'un de ses affidés finit par lui rapporter la tête du muezzin.

Parmi les princes qui avaient établi leur pouvoir dans son voisinage, les principaux et les plus redoutables qu'il eut à combattre furent les Berbères Çanhâdja et les Benoû Berzâl, établis à Carmona et dans les environs, sur le territoire de Séville. Mais en employant tantôt la ruse, tantôt la force, il finit par les abattre et semer chez eux le trouble et le désordre, de sorte qu'il les expulsa de toute cette région, dont il resta le maître incontesté.

Voici un exemple de la ruse que savait déployer ce prince. Il avait à Carmona un espion qui le tenait au courant des affaires des Berbères. Ayant un jour besoin de lui envoyer une lettre, il fit venir un paysan des environs de Séville, homme très simple et sans aucune malice, le fit déshabiller, puis lui fit revêtir une *djobba* dont un pli recousu renfermait une lettre : « Va-t'en, lui dit-il, à Carmona ; quand tu seras près de la ville, ramasse du bois et fais-en un fagot ; puis tu iras te placer dans la ville, à l'endroit où se tiennent les marchands de bois, mais tu ne vendras ton fagot qu'à celui qui te le paiera cinq dirhems. » Tout cela était convenu entre lui et son agent de Carmona. [P. 69] Le paysan, conformément aux instructions qu'il avait reçues, se dirigea vers Carmona, dans le voisinage de laquelle il réunit un tout mince fagot, car c'était la première fois qu'il fagotait. Il entra ensuite dans la ville et alla se mettre au marché des marchands de bois ; les passants marchandaient son fagot, mais s'éloignaient en éclatant de rire quand ils lui entendaient demander cinq dirhems de sa marchandise. Il arriva ainsi à la tombée de la nuit, poursuivi par les quolibets : « C'est de l'ébène, disait l'un. — Mais non, criait l'autre, c'est de l'aloès ; » et ainsi de suite. Enfin parut l'agent de Mo'tad'id, qui demanda le prix du fagot : « Cinq dirhems. — Eh bien ! je te l'achète ; apporte-le chez moi. » Il suivit son acheteur, chez qui il déposa sa charge et toucha ses cinq dirhems ; puis, comme il faisait mine de se retirer, l'autre lui dit : « Où vas-tu maintenant ? Tu sais que les routes ne sont pas sûres ; passe donc la nuit ici, et demain matin tu regagneras ta demeure. » Le paysan y consentit et fut introduit dans une chambre où le maître de la maison, tout en lui faisant servir à manger, lui demanda, comme s'il ne le connaissait pas : « D'où es-tu ? — Des environs de Séville. — Qu'est-ce, mon cher, qui t'a poussé à venir ici ? car tu sais la cruauté, la férocité des Berbères, la facilité avec laquelle ils versent le sang. — La nécessité de gagner ma vie », dit le paysan, sans déclarer que Mo'tad'id l'avait envoyé. La conversation se prolongea jusqu'au moment où le sommeil gagna le paysan ; alors son hôte lui dit : « Ote donc ton vêtement, tu dormiras mieux et tu seras plus à ton aise. » Il suivit ce conseil et s'endormit bientôt. L'agent de Mo'tad'id prit alors la *djobba*, dont il décousit la doublure, en tira la lettre, qu'il lut et remplaça par sa réponse, puis recousit le vêtement sans que rien y parût. Le lendemain matin, l'étranger se rhabilla et regagna Séville, où il se présenta au palais et fut reçu par Mo'tad'id. Le prince lui fit enlever sa *djobba* et revêtir de beaux vêtements, avec lesquels le paysan se retira tout content, sans se douter pourquoi il était parti ni soupçonner [P. 70] ce qu'il avait emporté et rapporté, tandis que Mo'tad'id prenait la lettre cachée dans la doublure et en tirait les renseignements qui lui étaient nécessaires.

Il employa d'ailleurs, tant dans son administration que pour la consolidation de son pouvoir, des stratagèmes et des plans étonnants dont la plupart ne furent pas déjoués ; il serait trop long d'en faire le compte, trop contraire à la brièveté de les exposer.

Après l'exécution de son fils Ismâ'îl, qu'il avait surnommé Mo'ayyed, il désigna pour son successeur son fils Aboû'l-K'âsim Moh'ammed b. 'Abbâd b. Moh'ammed b. Ismâ'îl b. 'Abbâd, à qui il donna le surnom de Mo'tamid 'ala'llâh, et qui se distingua par ses qualités tant du vivant qu'après la mort de son père.

Sous le règne de Mo'tad'id, les Lomtoùna et les Mossoufâ (1), deux puissantes tribus berbères, s'établirent dans la plaine de Merrâkech et en firent, à cause de sa situation centrale, le siège de leur pouvoir. Ce pays, qui n'était avant leur arrivée qu'un marais sans habitants, tirait son nom Merrâkoch *(sic)* de celui d'un esclave noir

---

(1) Les lectures Lomtoùna et Mossoùfa sont celles qu'indique le ms de Merrâkechi ; partout, dans l'*Histoire des Berbères*, on lit Lemtouna et Messoufa. Ces noms ne figurent pas dans le *Lobb el-Lobâb*.

qui s'y était fixé pour de là exercer le brigandage (1). Les Berbères, s'y étant installés, choisirent pour chef l'un des leurs nommé Tâchefîn b. Yoûsof. Or Mo'tad'id ne cessait de s'informer de ce qui se passait sur le littoral africain et de s'enquérir si les Berbères s'étaient fixés dans la plaine de Merrâkech, car, d'après un livre de prédictions qu'il avait entre les mains, ce peuple devait les dépouiller, lui ou ses enfants, et les chasser de leur royaume. Quand cette nouvelle lui parvint, il réunit ses enfants, puis les regarda en secouant la tête : « Que ne puis-je savoir, disait-il, lequel, de vous ou de moi, deviendra la victime de ces peuplades? » Alors Aboû' l-K'âsim, qui était parmi eux, s'écria : « Puissé-je te servir de rançon! puisse Dieu faire tomber sur moi tous les maux qu'il peut te destiner! » La destinée se chargea de réaliser sa prière.

Ces deux tribus Almoravides des Lomtoûna et des Mossoûfa s'établirent dans la plaine de Merrâkech au commencement de l'année 463, [P. 71] et elles en sortirent en masse au milieu de 540; elles en furent alors expulsées par les Maçmoûda, après un séjour d'environ soixante-seize ans.

Mo'tad'id mourut en redjeb 464, de mort naturelle selon les uns, empoisonné, disent les autres, par des vêtements que lui avait envoyés le roi de Roûm.

Règne d'Aboû' l-K'âsim b. 'Abbâd el-Mo'tamid 'ala 'llâh

Après lui, le pouvoir échut à son fils Aboû' l-K'âsim Moh'ammed b. 'Abbâd b. Moh'ammed b. Ismâ'îl b. 'Abbâd, qui ajouta à son surnom de Mo'tamid 'ala' llâh celui de Z'âfir bi-h'awl allâh. Ce prince ressemblait à Hâroûn el-Wâtek' billâh l'Abbasside par la finesse de son intelligence et par ses vastes connaissances littéraires;

---

(1) Comparez l'étymologie que rapporte Ibn Khallikân, IV, 462.

ses vers se déployaient semblables à de riches tentures, et les poètes et les littérateurs abondaient autour de lui, plus nombreux qu'on n'avait jamais vu dans aucune cour d'Espagne. Des diverses connaissances humaines, il ne cultivait d'ailleurs que la littérature et les arts accessoires ; ajoutez à cela qu'il avait toute espèce de qualités personnelles, la bravoure, la générosité, la pudeur, la retenue et autres vertus semblables ; bref, je ne sache pas de côtés louables chez un homme dont Dieu ne l'eût très abondamment pourvu, ne l'eût copieusement favorisé. De tous les bienfaits qu'a pu recevoir l'Espagne depuis sa conquête jusqu'à ce jour, Mo'tamid en est certes un ou plutôt le plus grand.

Il avait 37 ans (1), lorsqu'il succéda à son père, et ce fut en redjeb 484 que, victime d'un grand malheur, il fut dépouillé de son royaume et réduit en captivité après vingt ans de règne, qui furent assez fertiles en événements pour qu'on en trouve difficilement une telle réunion dans une période de cent ans et davantage. [P. 72] Il fit d'ailleurs tous ses efforts pour perpétuer sa gloire et rendre durable le souvenir de ses louanges.

Parmi les poètes qui l'entouraient s'en trouvait un de Murcie, nommé 'Abd el-Djelîl b. Wahboûn (2), qui était bon poète, avait une manière agréable d'écrire et était habile à trouver des pensées ingénieuses. Quelqu'un récita un jour devant Mo'tamid deux vers composés par 'Abd el-Djelîl avant son arrivée à la cour et que voici :

« [Basît'] La fidélité à tenir ses promesses est à présent une chose bien rare. Vous ne trouverez personne qui pratique cette vertu, personne même qui y songe. C'est quelque chose de fabuleux comme

---

(1) Ou 29, d'après les *Mus. d'Espagne*, IV, 145.
(2) Ce poète, mort vers 480, est l'objet d'une notice de Dhabbi, p. 374 ; de Kotobi, I, 245 (d'après Ibn Bessâm). Cf. Ibn Khallikân, I, 108, n. 19 ; III, 127 ; *Mus. d'Esp.* IV, 148 ; *Abbad.* II, 222.

le griffon ou comme ce conte qui dit qu'un poète reçut un jour un présent de mille ducats. »

Ces vers plurent à Mo'tamid, qui en demanda l'auteur : « C'est, lui dit-on, 'Abd el-Djelîl b. Wahboûn, l'un des serviteurs de Votre Majesté. — Voilà par Dieu ! un blâme peu déguisé : quelqu'un de mon palais, attaché à mon service, peut parler d'un don fabuleux de mille mithk'âl ! Est-il donc possible d'en dire plus pour ternir ma réputation ? » Et aussitôt il lui fit compter mille mithk'âl. Quand le poète vint lui présenter ses remercîments, Mo'tamid lui dit : « Eh bien ! Aboù Moh'ammed, as-tu vu la réalisation de ce conte ? — Certes, seigneur ! » dit le poète, qui lui exprima ses vœux de longue vie. Au moment où il se retirait, Mo'tamid, faisant allusion aux mille mithk'âl, lui dit : « Dorénavant, 'Abd el-Djelîl, parles-en de science personnelle, et non plus par ouï-dire ».

Lui-même est auteur de nombreuses poésies dont la plupart sont de premier ordre, et savait très bien exprimer ce qu'il voulait. Ce que nous rapporterons de lui prouvera son talent aux connaisseurs. Voici un passage choisi d'entre ses vers :

[Kâmil] Abreuve, abreuve encore ton cœur, — car maint malade s'est ainsi rétabli ; — jette-toi sur la vie comme sur une proie, car elle dure à peine, et durât-elle mille ans pleins qu'il ne serait pas exact de la dire longue. Te laisseras-tu ainsi mener par la tristesse jusqu'à la destruction finale, alors que la cithare et le vin sont là qui t'attendent ? Laisseras-tu le souci se rendre maître de toi de vive force, alors que la coupe que tu as à la main peut (te défendre et) devenir un glaive tranchant ? A se conduire sagement, les soucis assaillent tous nos organes : pour moi, être sage c'est ne l'être pas (1) ».

[P. 73] Voici, entre autres vers bien connus et présents à la mémoire de tous, ceux qu'il fit sur son petit esclave

---

(1) Cf. *Mus. d'Esp.* IV, 152.

Seyf [*sabre, épée*], qui marchait toujours devant lui et qui lui avait été donné par le prince de Tolède :

[Basît'] « Épée est son nom, et ses deux yeux renferment aussi des épées : l'une aussi bien que les autres sont dégaînées pour me transpercer. Mourir une fois par l'épée ne suffit-il pas sans que le sort me condamne à supporter deux fois la mort par le fait de ces deux yeux ? J'en ai fait mon esclave, mais la coquetterie de son regard a fait de moi son prisonnier, de sorte que l'un et l'autre nous sommes à la fois maître et esclave. O Épée ! retiens par tes bienfaits quelqu'un que domine la passion et qui ne regarde pas comme un bienfait l'obtention de sa liberté (1) ».

Voici encore d'élégants et jolis vers, à la tournure aisée, limpides comme l'eau, polis comme le roc, et ayant trait à ce favori alors que la barbe lui poussait :

[Monsarih'] « Les favoris complètent sa beauté, et l'on voit maintenant le jour et la nuit réunis en sa personne ; la blancheur commence à se moucheter de points noirs, dans ceux-ci je vois le myrthe, dans celle-là l'œil-de-bœuf. Rien ne manquera à mon salon si je vois la fleur de sa jeunesse y figurer dans le mobilier (2) ».

Un jour qu'il était dans un pavillon à lire ou à écrire, une de ses femmes qui lui tenait compagnie se leva pour intercepter les rayons du soleil qui pénétraient par l'une des fenêtres. Il improvisa alors ces vers :

[Basît'] « Elle s'est levée pour me faire de son corps un paravent qui protège mon œil contre l'éclat du soleil (puisse-t-elle aussi être protégée contre les regards de la mauvaise fortune !) ; elle savait, j'en jure par ta vie, qu'elle-même est Lune, car la lune seule peut éclipser le soleil (3). »

Une jeune fille de ses favorites était à côté de lui s'apprêtant à lui verser à boire et la tasse à la main, quand

---

(1) Voir *Abbadid*. 1, 390 et 407 ; III, 182.
(2) Ou peut-être « si de sa salive je fais mon vin ; » cf. *Abbad*. I, 299 et 330.
(3) *Mus. d'Esp.* IV, 153 ; *Abbad*. II, 388 et 405.

un éclair qui la fit tressaillir lui donna lieu d'improviser ces vers :

[Sarî'] « L'éclair lui a fait peur alors qu'elle a à la main du vin aussi brillant que le plus vif éclair. Quelle surprise pour moi que de voir un soleil effrayé par la lumière ! »

Il improvisait en outre de jolies petites pièces (mak't'a') dans les réunions littéraires du palais ou pour adresser des invitations à ses familiers les plus intimes. J'en ai trop peu de présentes à la mémoire [P. 74] pour que je les rapporte toutes, mais je citerai plus loin, d'entre les poésies qu'il a composées après l'effondrement de sa fortune, de quoi faire pleurer les pierres et ébranler les montagnes.

Il ne prenait comme vizirs que des hommes ayant de la littérature, poètes et versés dans toutes sortes de connaissances, de sorte qu'il avait autour de lui une réunion de ministres-poètes telle qu'on n'en vit jamais. Parmi eux figure l'homme distingué et deux fois chef (1), Aboû' l-Welîd Ah'med b. 'Abd Allâh b. Ah'med b. Zeydoûn, 'littérateur éminent, doué d'un grand talent poétique, l'un des poètes les plus distingués et des hommes les plus éminents de l'Espagne ; ses vers amoureux faisaient oublier Kotheyyir (2) ; ceux où il décernait la louange éclipsaient ceux de Zoheyr (3) ; quand il étalait son orgueil, il planait au-dessus d'Imrou' l-K'ays' (4).

---

(1) On ignore la valeur exacte de l'expression *dhoû' r-ri'âsateyn*, cf. Dictionnaire Dozy, s. v. Sur Ibn Zeydoûn, voir Ibn Khallikân, I, 123 ; Weijers, *Specimen criticum.... de Ibn Zeidouno*.

(2) Kotheyyir b. 'Abd er-Rah'mân Azdi, † 105, était aussi appelé « l'amant d''Azza, » femme qu'il chanta dans ses vers *(Anthol. gramm.* de Sacy, 133 ; I. Khallikân, II, 529 ; ms. 1371, anc. F. ar. de Paris, fol. 110 ; *Aghâni*, VIII, 27 ; Mas'oûdi, index s. v. Koteïr.

(3) Zoheyr b. 'Abou Solma, † vers 627 de J.-C., âgé de près de cent ans, est l'auteur d'un des poèmes connus sous le nom de Mo'allak'ât (C. de Perceval, II, 527 ; *Aghâni*, X, 146 ; *Anthol. gramm.*, 451 ; *Chrest.* de Sacy, II, 471).

(4) Imrou' l-K'ays est également l'auteur d'une des *Mo'allak'ât* ;

Comme preuve de la distinction de son talent naturel et de l'habileté de sa manière, voici un de ses *mak't'a* :

[Basît']. Entre toi et moi, si tu le voulais, existerait un sentiment secret qui jamais ne périrait, alors que les autres auront disparu. Toi qui m'as vendu ta part, que je ne revendrais pas au prix de ma vie, qu'il te suffise d'avoir chargé mon cœur d'un poids qui ne dépasse pas ses forces, et sous lequel succomberaient tous les cœurs ! Sois méprisant, je le supporterai: sois orgueilleux, j'attendrai; sois superbe, je me ferai petit; fuis, je te suivrai; parle, j'écouterai; commande, j'obéirai (1).

Avant d'être le vizir de Mo'tamid, il l'avait été des Benoû Djahwar, car il était originaire de Cordoue; ce ne fut qu'à la suite de sa disgrâce auprès de ceux-ci qu'il quitta Cordoue pour se rendre à Séville, où il jouit d'une grande faveur auprès de Mo'tamid. A la nouvelle que les Benoû Djahwar lui avaient causé, à Cordoue, un préjudice dans sa personne et dans ses proches, il les interpella dans ces vers :

[T'awîl]. « O Benoû Djahwar, vous avez enflammé mon cœur par votre injustice; quel genre de parfum pourront donc exhaler des louanges ? Vous êtes autant au-dessus de moi que l'ambre au-dessus de la rose, et de celle-ci les émanations ne peuvent vous parvenir que quand elle brûle. »

D'entre ses poésies amoureuses, aussi légères qu'un souffle, aussi fines que des bulles d'air, voici [P. 75] la k'açîda où il exprime son amour pour Wallâda, fille d'El-Mehdi, qui était à Cordoue pendant que lui-même se trouvait à Séville (2) :

---

sur le caractère de son talent et de celui de Zoheyr, voir la *Chrestom.* l. l.; cf. C. de Perceval, II, 302; de Slane, *Divan d'Amrolkaïs*, etc.
(1) Cf. Ibn Khallikân, I, 124 ; Dhabbi, p. 174.
(2) Sur ce poème, cf. Weijers, *Specimen de Ibn Zeidouno*, p. 45; *Abbadid*. II, 224; *Mus. d'Esp.*, IV, 216; Ibn Khallikân, I, 124; Dhabbi, 174.

[Basit']. « Depuis que tu es loin de moi, le désir de te voir consume mon cœur et me fait répandre des torrents de larmes. Quand mes vœux secrets s'adressent à toi, je serais bien près de mourir de tristesse, si je ne prenais mon mal en patience. Les jours sont noirs aujourd'hui, et naguère, grâce à toi, mes nuits étaient blanches, alors que la vie, grâce à notre intimité, se passait doucement, que notre amitié laissait nos jeux sans regrets, que nous abaissions sans difficulté les rameaux de l'intimité, et que nous y cueillions ce que nous voulions. Puisse la joie se répandre en ondées bienfaisantes sur ta vie, ô toi qui embaumes nos jours ! Qui dira à celle dont le départ nous afflige davantage à mesure que s'écoulent les jours — qui nous torturent sans rien éprouver eux-mêmes — qui lui dira que ma vie, si heureuse quand je jouissais de sa présence, se passe maintenant dans les pleurs ? Nos ennemis, irrités de nous voir puiser à la coupe de l'amour, nous ont souhaité du chagrin, et la fortune a exaucé leurs vœux malveillants : ainsi s'est dénoué le lien de nos âmes, ainsi s'est rompue l'union de nos mains. Nous qui n'avions nulle crainte d'être séparés, nous n'avons maintenant plus même l'espoir d'être réunis. O éclair nocturne, rends-toi demain matin au palais pour y porter mes souhaits à celle qui m'abreuvait du vin pur de la volupté et de l'amour ! Doux zéphyr, porte mes salutsà quelqu'un dont les vœux, s'ils m'arrivaient malgré la distance, me rappelleraient à la vie ! Ne crois pas que ton absence, même prolongée, puisse changer mes sentiments, car l'absence est impuissante à changer les amants. Mon amour, je le jure, ne t'a rien demandé en échange, et mes désirs n'ont pas cessé d'aller à toi. Depuis longtemps, ô (mon beau) jardin, mes yeux n'ont cueilli chez toi ni rose ni narcisse, que pourtant le zéphyr a cueillis d'un coup de dent ! [P. 76.] O Eden, dont l'éclat nous remplit de désirs de toute sorte, de voluptés de toute espèce, nous ne t'avons pas nommé pour mieux te glorifier et t'honorer, mais ta haute valeur nous dispense de ce soin, car tu es seul de ton espèce et nul n'a les mêmes qualités que toi ; aussi suffit-il de te décrire pour te bien faire connaître et distinguer. L'union (de nos âmes) était comme en tiers dans les nuits que nous passions ensemble, et notre heureuse étoile détournait les regards de nos délateurs ; cachés et enveloppés que nous étions dans les ombres de la nuit, seuls les feux de l'aurore manquaient nous trahir. O jardin d'éternelle félicité ! ton *Selsâl* et ton agréable *Kawther* se sont transformés pour moi en fruits du *Zakkoûm* et en sanie de damnés (1). Au jour de notre séparation, il

---

(1) Le Selsâl et le Kawther sont des fleuves du Paradis ; le zakkoûm est un arbre des enfers (Koran, CVIII, 1 ; XLIV, 43 ; LXIX, 36).

m'a fallu voir dans la tristesse les sourates qui m'étaient réservées, et j'ai dû me faire initier à la patience.

J'ai cité ces vers en les choisissant, et non dans leur ordre ; mais peut-être beaucoup de ceux que j'ai omis sont-ils supérieurs à ceux que j'ai rapportés. Si ma citation n'est pas complète, c'est parce que je veux rester fidèle à la brièveté que je me suis imposée.

Voici encore des vers qui remontent à sa jeunesse :

[Basît'] De ma faculté d'aimer tu m'as ravi un tiers ; un tiers m'est resté et l'autre se répartit entre mes divers amis. Les amants pourraient, je m'en porte garant, jurer sans risquer de se parjurer que, le jour de la séparation, ils meurent victimes de l'amour. Des gens d'abord unis meurent du chagrin de la séparation, mais le retour de l'objet aimé est le signal de leur résurrection. On voit les amoureux abattus gisant dans leur cour et n'ayant, pas plus que les gens de la caverne (1), conscience du temps écoulé.

Entre autres poésies où il exprime son amour pour Wallâda, fille d'El-Mehdi, lequel résidait à Cordoue, il fit cette k'açîda où se retrouve le vers du commencement de la k'açîda de Motenebbi (2) à l'honneur de Kâfoûr (3) :

[Basît'] Quel soulagement y a-t-il contre l'amour ? Ni famille, ni patrie, ni commensal, ni coupe, ni ami.

Cette k'açîda débute ainsi :

[Basît'] Vous souvient-il d'un étranger à qui votre souvenir amène le chagrin et fait fuir le sommeil de ses paupières ? En vain il veut cacher ses désirs amoureux, sa passion le trahit ; que lui importe d'ailleurs que cela soit connu ou non ! [P. 77] Malheur à

---

(1) Les Sept Dormants.
(2) Sur Aboù't-T'ayyib Ah'med b. H'oseyn Motenebbi, † 354, voir Ibn Khallikân, I, 102 ; *Chrest.* de Sacy, III, 1 ; *Anth. gramm.* 476 ; Dieterici, *Mutanabbii carmina*, Berlin, 1861.
(3) Kâfoûr Ikhchidi est le gouverneur d'Égypte dont Ibn Khallikân, II, 524, a donné la biographie.

moi ! Son cœur va-t-il rester dans sa poitrine, alors que toutes ses fibres sont retenues en gage ? Dans la nuit obscure, une colombe émaciée par la douleur, comme je le suis moi-même, a chassé le sommeil loin de moi, et je suis resté à gémir, ainsi qu'elle-même le faisait dans son bocage, et cependant les rameaux qui nous séparaient se balançaient joyeusement. Fréquenterai-je (toujours) des gens que j'aime, qui me sont unis par des promesses réciproques, qu'ils trahissent ensuite, ou bien respecterez-vous des liens que je ne songe pas moi-même à rompre ? La fidélité à la parole donnée prouve la noblesse de la race.

Il y dit encore :

Si le plaisir est venu à vous, la tristesse mainte fois a été apportée par votre souvenir à un jeune homme. Les nuits (le sort) l'ont séparé de ses amis, et il passe la nuit à leur dire en vers les cruels procédés de la fortune. Quel soulagement trouver contre l'amour ? Ni famille, ni patrie, ni commensal, ni coupe, ni ami.

Un autre homme célèbre est le vizir Aboû Bekr Moh'ammed b. 'Ammâr (1), sorti d'aussi bas que 'Içâm, aussi lettré qu'El-Ahtam (2). Il est un de ces glorieux poètes qui suivirent les traces d'Aboû'l-K'âsim Moh'ammed b. Hâni l'Andalous (3), et même souvent sa manière est plus agréable. Son dîvân est beaucoup lu par les Espagnols, et tous les littérateurs que j'ai pu connaître et dont j'ai suivi les leçons le vantent fort et prisent extrêmement sa poésie. Certains poussaient même

---

(1) Ibn Khallikân, III, 127.

(2) 'Içâm b. Chahber était le fils de ses œuvres et parvint, par son seul mérite, à être le ministre de No'mân, roi de Hira (*Chrestom.* de Sacy, II, 532 ; Defrémery, *Hist. des Samanides par Mirkhond*, p. 229 ; Meydâni, II, 745). Quant à Ahtam ou, plus exactement, 'Amr b. el-Ahtam, † 58, il passe pour avoir été un poète distingué (voir le ms 1371 Anc. F. ar. de Paris, fol. 63). Ahtam est un sobriquet de Somayy b. Sinân b. Kbâlid (I. Athîr, I, 457 ; cf. *Kâmoûs*, s. v. ; Ibn Khallikân, II, 4).

(3) Sur Ibn Hâni, dont Ibn el-Abbâr (I, 103) place la mort en 362, on peut voir Ibn Khallikân, III, 123, et le ms 1372 Anc. F. ar. de Paris, fol. 7-18.

l'exagération jusqu'à le comparer à Aboû't-T'ayyeb [Motenebbi], mais c'est bien à tort.

Au nombre de ses k'açîda bien connues et où il a si bien exprimé sa pensée, figure celle qu'il écrivit de Saragosse, où l'avait relégué Mo'tad'id billâh pour l'éloigner de Mo'tamid, que le poète distrayait trop. Cette poésie débute ainsi :

[T'awîl] Si ce n'est sur moi, sur qui donc les nuages épandent-ils leurs pleurs ? Si ce n'est pour moi, pour qui donc les colombes roucoulent-elles plaintivement (1) ? C'est en mon nom que la foudre fait autant de bruit que celui qui crie vengeance, que l'éclair fait luire le côté (tranchant) de (son) glaive ; les étoiles radieuses ne projettent leurs feux que pour moi et n'assistent pas à ses lamentations.

C'est dans cette k'açîda qu'il loue en ces termes Mo'tad'id billâh :

Il veut que Dieu ne le voie que ceint de l'épée ou caution d'un débiteur.

[P. 78] Parmi ses meilleures poésies amoureuses, figure ce qu'il dit dans une k'açîda consacrée à la louange de Mo'tad'id billâh :

Ce qui fait l'honneur de la passion — (les amoureux) le savent — c'est sa pudeur ; ses ardeurs, qui leur semblent douces, en constituent le charme. Ne cherchez pas la dignité dans l'amour, mais (sachez que) ses sujets se sont volontairement soumis à ses lois. « La passion te fait tort », m'a-t-on dit ; et j'ai répondu : Qu'elle est douce ! que ce tort qu'elle cause est bon ! C'est mon cœur qui a choisi pour le corps qu'il anime la maladie que trahit son aspect ; ce corps ne recherche pas l'abandon où on le laisse. Vous me reprochez ma maigreur ; mais n'est-ce pas à cause du peu d'épaisseur de sa lame que l'épée indienne est réputée ? Vous vous réjouissez méchamment de me voir séparé de celle dans l'intimité de qui je vivais ; mais le dernier jour du mois cache souvent le croissant. Croyez-vous donc qu'un souffle consolateur a passé ou que mon mauvais sommeil s'est amélioré ? Si la lassitude des luttes de la

---

(1) Ibn Khallikân, III, 128.

passion envahit le cœur, il sera privé du secours de mes larmes. Qui déchire mon cœur par les harmonieuses inflexions de sa taille et, par la présence de sa barbe naissante, me fournit une excuse ? Qui est-ce qui, de son voile, cache l'aurore lumineuse et enveloppe la nuit obscure ? C'est un rameau qui a les âmes pour parterres, un faon à qui les cœurs servent de pâture (m. à m. de camomilles sauvages); son éclat naissant se rit de la pleine lune, dont l'apogée n'est rien à côté de ses bourgeons. Pendant toute la nuit qui nous réunit, je fus l'objet de ses provocations enchanteresses et parfumées, tandis que mes larmes arrosaient le jardin de beauté que forment ses deux joues arrondies, et en humectaient le myrte et le narcisse. Cela dura jusqu'au moment où la fortune me fit boire la coupe de la séparation, et il m'en est resté une ivresse, un mal de tête persistant : je me suis fixé dans un lieu qui ressemble au cailloutis de Mina et dont les pierres servent à indiquer que des cœurs amoureux sont séparés (1); [P. 79] je reste là stupide, n'ayant plus l'usage de mes yeux, pour qui il était le ciel, tandis que mon cœur, qui était sa résidence, s'en va tout en eau. Mais s'il liquéfie ce cœur qu'il habitait, combien de fois son ardeur n'a-t-elle pas consumé le bois d'une perverse malignité ! Et s'il veut lui adresser des souhaits (à quoi bon), puisque ce cœur, je l'ai, lui et ses secrets, anéanti par amour pour lui ! Des souhaits à mon cœur ? que ce soit la vengeance que tirera le collier des plaintes portées contre lui par la ceinture ! Sa beauté m'est témoin que je me serais laissé aller à dire sa famille, s'il n'habitait Hemç (c.-à-d. Séville), cité dont les beautés m'ont lancé des traits mortels et dont les eaux ont déversé sur moi le malheur.

Des aventures curieuses arrivèrent à cet Ibn 'Ammâr, en compagnie de Mo'tamid ; les Espagnols se sont donné la peine de les recueillir, et je vais en rapporter quelques-unes ' sans enfreindre la condition (de brièveté) que je me suis imposée, ni dépasser les limites que j'ai exposées ', et en tant que ma mémoire s'y prête. Dans ma jeunesse, en effet, je m'étais appliqué à recueillir les récits concernant ces deux personnages, à cause des renseignements littéraires qu'ils fournissent ;

---

(1) Allusion au jet de cailloux qui se fait à Mina et qui constitue l'un des derniers rites du pèlerinage (Sidi Khalil, *Précis de jurisprudence musulmane*, p. 57 et 58 ; trad. Perron, II, p. 77).

mais en interrogeant ma mémoire, je n'y retrouve plus qu'un petit nombre de traits, que je vais raconter.

Moh'ammed b. 'Ammâr, dit Ibn 'Ammâr, portait le prénom d'Aboû Bekr et était originaire d'une bourgade nommée Chennaboûs (1), faisant partie du territoire de Silves et où ses ancêtres étaient aussi établis. Sa famille était obscure, et ni lui ni aucun de ses ascendants n'avait, à aucune époque, exercé de fonctions administratives, ou tout au moins cela n'est dit d'aucun membre de cette famille. Il alla tout jeune à Silves, où il fut élevé et où il étudia les belles-lettres, sous la direction de plusieurs maîtres, et entre autres d'Aboû'l-H'addjâdj Yoûsof b. 'Isa el-A'lem (2). De là il se rendit à Cordoue, où il continua les mêmes études et où il devint fort habile en poésie, si bien qu'il fit de ce talent son gagne-pain. Il se mit donc à parcourir l'Espagne, recherchant les largesses non pas des princes seulement, [P. 80] mais de quiconque acceptait ses louanges, se souciant peu que la récompense lui vînt de la main d'un roi ou d'un homme du commun.

On conte à ce propos une jolie histoire. Au cours de ses pérégrinations, il arriva un jour à Silves, ne possédant autre chose que sa monture et n'ayant pas de quoi la nourrir. Il adressa alors une pièce de vers à l'un des principaux marchands, et il obtint assez de succès pour que celui-ci lui envoyât une musette pleine d'orge, ce qui parut à Ibn Ammâr, dans la position où il se trouvait, le plus brillant cadeau, le don le plus précieux. Dans la suite, un heureux destin favorisa si bien le poète qu'il arriva à une haute situation, et fut nommé par El-Mo'tamid 'ala'llâh, à peine monté sur le trône, au gouvernement de la ville de Silves et du territoire en dépendant. Ibn Ammâr fit son entrée entouré d'un im-

---

(1) Cette localité, probablement peu importante, ne figure pas dans Edrisi.

(2) Ce grammairien et philologue, † 476, est l'objet d'une notice de la Çila, p. 620 ; cf. Ibn Bachcoûn, p. 4.

posant cortège et d'une foule d'esclaves et de courtisans, en déployant plus de faste que n'avait fait Mo'tamid lorsqu'il gouvernait cette ville du vivant de son père Mo'tad'id. La première chose que fit le nouvel administrateur fut de s'enquérir de ce qu'était devenu son ancien bienfaiteur, et s'il était encore en vie. Sur la réponse affirmative qu'il reçut, il lui renvoya pleine de dirhems la musette même que ce marchand lui avait autrefois adressée, et lui fit dire en même temps : « Si autrefois tu l'eusses remplie de blé, je l'eusse aujourd'hui remplie d'or. »

Les tournées que faisait en Espagne Ibn Ammâr, dans les conditions que nous avons dites, c'est-à-dire à la recherche de cadeaux en échange de ses poésies, ne prirent fin que quand, arrivé auprès d'Aboû 'Amr Mo'tad'id billâh, il chanta les louanges de ce prince dans la célèbre k'açîda qui commence ainsi :

[Kâmil] Fais circuler la coupe, car le zéphyr matinal commence à se faire sentir, et les Pléiades ont arrêté leur chevauchée nocturne; l'aurore nous a offert sa blancheur, la nuit a écarté de nous son obscurité (1).

Il y loue Mo'tad'id en ces termes :

Celui qui touche la main d''Abbâd devient tout verdoyant, tandis que l'atmosphère se recouvre de son manteau gris. Le silex du briquet de la gloire ne laisse éteindre le feu de la guerre que pour allumer celui de l'hospitalité. Fait-il don d'une vierge, il la choisit à la gorge rebondie ; d'un coursier, il est de noble race ; d'un glaive, il est enrichi de pierreries.

Il y décrit ainsi une défaite infligée par Mo'tad'id aux Berbères :

Ton épée a fait tomber le malheur sur un peuple que tu regardais comme juif, bien qu'il se nomme Berbère. [P. 81] Reconnaissant que la tige aime à produire, tu as donné pour fruits à ta lance les

---

(1) Cf. Ibn Khallikân, III, 128.

têtes de leurs braves ; sachant que la beauté aime se vêtir de rouge, tu as teint ton épée du sang de leurs cous.

On lit dans ce poème un vers dont je n'ai rencontré le pareil chez aucun poète, ancien ou moderne :

L'épée, quand ta main lui sert de chaire, dit le prône avec plus d'éloquence que Ziyâd (1).

Ce poème, qu'il récita à Mo'tad'id, plut beaucoup à ce prince, qui fit donner à l'auteur de l'argent, des vêtements et une monture, et qui le fit inscrire parmi les poètes enregistrés. Ibn 'Ammâr s'attacha ensuite à Mo'tamid, qui était alors un jeune homme : sa position auprès de ce prince ne cessa pas de croître, et ses relations avec lui de devenir plus étroites, si bien que Mo'tamid tenait à lui comme à la prunelle de ses yeux (2), et ne pouvait rester ni jour ni nuit séparé pendant une heure de son ami. Mo'tamid, ayant ensuite reçu de son père la mission d'administrer Silves, fit d'Ibn 'Ammâr son vizir et lui confia le soin de toutes ses affaires. Le vizir exerçait sur son maître l'autorité la plus absolue, et des bruits fâcheux ayant circulé sur le compte de l'un et de l'autre, Mo'tad'id crut devoir les séparer et prononça contre Ibn 'Ammâr une sentence d'exil, à laquelle nous avons déjà fait allusion. Le poète recommença alors ses pérégrinations jusque dans les parties les plus reculées de l'Espagne. Mo'tamid profita de la mort de Mo'tad'id pour le rappeler auprès de lui, et le reçut dans une intimité telle qu'il l'associa à des actes où nul homme n'associe ni son frère ni son père.

Voici un événement curieux qui leur arriva pendant leur séjour à Silves. Mo'tamid l'avait un soir invité,

---

(1) Le Ziyâd dont il peut être question ici est probablement Nâbigha Dhobyâni ; j'ai en vain cherché trace de cette expression proverbiale chez Meydâni et ailleurs.

(2) M. à m. : « lui était plus attaché qu'aux poils de sa poitrine, était plus proche de lui que sa veine jugulaire ».

comme d'habitude, à sa soirée littéraire ; mais ce jour-là il avait encore renchéri sur les honneurs et les gracieusetés qu'il avait coutume de lui faire, et au moment de se coucher, le prince avait par ses instances obtenu de son ami qu'il partageât son oreiller. « Or, raconte Ibn 'Ammâr lui-même, [P. 82] j'entendis dans mon sommeil une voix qui criait : « Garde à toi, malheureux ! il finira un jour par te tuer ! » Je m'éveillai tout effrayé, mais je me rendis compte de ce qui se passait, et je me rendormis ; une seconde fois, je fus réveillé par les mêmes paroles, et je me rendormis encore ; une troisième fois, ces paroles se répétèrent, et alors, enlevant mes vêtements, je m'enveloppai d'une natte et j'allai me cacher dans le portique du palais. J'étais bien résolu à sortir furtivement, dès l'aurore, pour gagner le littoral et m'y embarquer pour l'Afrique, dans l'intention d'y finir mes jours en paix, caché dans quelque montagne des Berbères. Mais Mo'tamid s'étant éveillé et m'ayant vainement cherché, fit organiser dans les diverses parties du palais des recherches auxquelles lui-même prit part, l'épée à la main et précédé d'un porteur de flambeau. Ce fut lui qui me découvrit, voici comment. Étant arrivé dans le portique du palais pour s'assurer si la porte était ouverte, il trouva devant lui la natte sous laquelle j'étais blotti, et remarqua un mouvement que je fis : « Qu'est-ce, s'écria-t-il, qui s'agite sous cette natte ? » On la fouilla et j'apparus tout nu, n'ayant que mon caleçon. A ma vue, ses yeux se remplirent de larmes : « Pourquoi, ô Aboû Bekr, me dit-il, agis-tu de la sorte ? » N'ayant aucun motif de lui cacher la vérité, je racontai toute mon histoire en détail, ce qui le fit rire : « Ces vaines imaginations, dit-il, ne sont que la suite de l'ivresse. Et comment donc pourrais-je te tuer, toi qui es ma vie même ? as-tu jamais vu quelqu'un tuer ce qui fait son existence ? » Ibn Ammâr lui répondit par des paroles de gratitude et des vœux de longue vie. Il s'efforça d'oublier cet événement et y parvint ; puis, un certain laps de temps s'étant écoulé, il arriva, comme nous le raconterons, que le rêve d'Ibn 'Ammâr se réalisa et que Mo'tamid tua, pour employer ses propres expressions, ce qui était sa vie.

A l'avénement de Mo'tamid, Ibn 'Ammâr lui demanda le gouvernement de Silves, d'où, nous l'avons dit, il était originaire et où il avait été élevé. Le prince le lui accorda avec les pleins pouvoirs les plus étendus, tant pour les affaires intérieures que pour les extérieures, et il l'exerça jusqu'au jour où Mo'tamid, dévoré par le désir de le revoir [P. 83] et incapable de supporter plus longtemps son absence, lui retira ce poste et le rappela auprès de lui en qualité de vizir. Ibn 'Ammâr se trouvait dans une situation analogue à celle de Dja'far b. Yah'ya [Barmeki] auprès de [Hâroûn] er-Rachîd ; Mo'tamid le croyait toujours à la hauteur des plus importantes affaires et le jugeait digne du rang le plus élevé. D'ailleurs, Ibn 'Ammâr se tirait avec honneur de toutes les affaires qui lui étaient confiées et que, pareil à un balancier rougi au feu, il marquait de son empreinte. Il était bien connu dans toute l'Espagne ; aussi le roi chrétien Alphonse [Alphonse VI] disait-il, quand on prononçait devant lui le nom d'Ibn 'Ammâr, que c'était là l'homme par excellence de la Péninsule. Le vizir parvint à empêcher la conquête par ce prince des deux villes de Séville et de Cordoue et de leurs territoires. En effet, Alphonse, désireux de s'emparer des États de Mo'tamid, s'avançait à la tête d'une armée considérable ; le cœur des musulmans était rempli de terreur, car ils se savaient trop faibles pour pouvoir résister. Alors Ibn 'Ammâr eut recours à la ruse et employa le plus ingénieux stratagème.

Par ses ordres, un échiquier fut fabriqué dans les conditions les plus remarquables d'art et de fini, et tel qu'aucun roi n'en possédait de pareil. Les pièces étaient en ébène, en bois d'aloès et en sandal, et étaient incrustées d'or ; le casier lui-même était une merveille de précision. Puis il se rendit, en qualité d'envoyé de

Mo'tamid, auprès d'Alphonse, qu'il rencontra à l'entrée du territoire musulman. Ce prince le reçut de la manière la plus honorable, et ordonna à ses courtisans de fréquenter la tente de l'étranger et de veiller à ce que rien ne lui manquât. Ibn 'Ammâr montra un jour cet échiquier à l'un des courtisans d'Alphonse, qui en parla à son maître, grand joueur d'échecs. Quand ce prince reçut la visite d'Ibn 'Ammâr, il lui demanda s'il était fort à ce jeu, à quoi son interlocuteur répondit affirmativement; et, en effet, il y était de première force. « On m'a dit, reprit le prince, que tu as un échiquier d'un très beau travail? — La chose est exacte. — Et comment pourrai-je le voir? — Je te l'apporterai, » lui fit répondre Ibn 'Ammâr par son interprète, « mais à la condition que nous y fassions une partie ensemble : si tu gagnes, il t'appartient; si tu perds, je gagne une *discrétion*. — Apporte-le que je le voie. » [P. 84.] Le vizir l'envoya chercher et le mit sous les yeux du Chrétien, qui s'écria en se signant : « Je n'aurais jamais cru qu'un échiquier pût être si admirablement travaillé! » Puis, se tournant vers Ibn 'Ammâr : « Et que disais-tu donc? » Le Musulman répéta les conditions qu'il avait indiquées : « Non, dit Alphonse, je ne veux pas jouer une discrétion; j'ignore ce que tu pourrais me demander, peut-être quelque chose que je serais hors d'état d'accorder. — Je ne jouerai pourtant pas dans d'autres conditions, » repartit Ibn 'Ammâr, qui fit renvelopper et emporter l'échiquier. Le vizir cependant révéla, sous le sceau du secret, à quelques courtisans chrétiens qui avaient sa confiance la demande qu'il se proposait d'adresser au prince, et obtint leur concours par la promesse de sommes importantes. Or l'idée de l'échiquier hantait l'imagination d'Alphonse, qui consulta ses favoris sur la condition que voulait lui imposer Ibn 'Ammâr : « C'est peu de chose, répondirent-ils; si tu gagnes, tu deviens possesseur d'un échiquier plus beau que celui de n'importe quel roi ; si tu perds, qu'est-ce que peut demander ton adversaire qu'un roi comme toi ne puisse accomplir ? Et s'il venait à exiger une chose impossible, ne sommes-nous pas prêts à nous mettre de ton côté pour lui faire entendre raison ? » Ils insistèrent si bien que le roi fit venir Ibn 'Ammâr avec son échiquier et lui déclara qu'il acceptait l'enjeu proposé. Le vizir demanda alors qu'on constituât comme témoins des nobles qu'il cita. Alphonse les fit venir, et la partie s'engagea. Or, nous l'avons dit, Ibn 'Ammâr était d'une force telle que personne en Espagne ne pouvait le gagner, de sorte que, cette fois encore, et sous les yeux de la galerie, il battit complètement son adversaire, qui ne put faire un seul coup. L'issue de la partie n'étant plus douteuse : « C'est bien, dit Ibn 'Ammâr, une discrétion que j'ai gagnée ? — Sans doute ; qu'est-ce que tu demandes ? — Que tu quittes ce territoire et que tu rentres dans tes états ! » Alphonse pâlit et devint la proie d'une vive agitation : « Voilà, dit-il entre autres choses à ses favoris, une demande comme je craignais que ne me fît cet homme ; et c'est vous qui me rassuriez ! » Un moment même, il se demanda s'il tiendrait parole et ne continuerait pas à se porter en avant ; mais son entourage lui remontra la honte d'une pareille trahison, émanant du plus grand roi chrétien du temps, et insista si bien qu'il finit par se calmer. Il exigea cependant que, cette année-là, le tribut ordinaire fût doublé ; Ibn 'Ammâr s'empressa d'acquiescer et fit verser la somme demandée, de manière à obtenir sa retraite. C'est ainsi que, grâce à la prudence et à l'habile conduite du vizir, [P. 85] Dieu sut mettre les musulmans à l'abri de la violence chrétienne. Ibn 'Ammâr rentra alors à Séville, auprès de son maître, qu'il trouva enchanté de cet heureux résultat.

Mo'tamid fut ensuite pris de l'envie de se rendre maître de Murcie, autrement nommée Todmîr, et de son territoire, qui avaient été conquis par Aboû 'Abd er-Rah'mân Moh'ammed b. T'âhir et étaient gouvernés par lui. Il équipa donc un corps de troupes considérable avec lequel

Ibn 'Ammâr se chargea d'opérer cette conquête et d'expulser Ibn T'âhir ; il deviendrait ensuite, lui promettait son maître, gouverneur des territoires qu'il pourrait conquérir. Le vizir s'empara en effet de Murcie et en chassa Ibn T'âhir, qui chercha un refuge à Valence auprès des Benoû 'Abd el-'Azîz et vécut dans cette ville jusqu'à sa mort.

Après s'être ainsi rendu maître de la capitale des Benoû T'âhir, Ibn 'Ammâr, obéissant à son orgueil et à des tentations diaboliques, songea à conquérir son indépendance et à rester maître absolu de ce pays. L'emploi persévérant de la ruse le fit réussir pour partie, et son autorité fut reconnue par Murcie et les cantons qui en dépendent. Il songeait à tenter quelque chose contre Valence quand éclata un soulèvement dirigé par le Murcien Ibn Rachîk', dont le père était officier dans le corps d'armée *(djond)*. Profitant d'une absence qu'avait dû faire Ibn 'Ammâr, Ibn Rachîk' revendiqua le pouvoir suprême avec l'appui du peuple et d'une partie du *djond*. Sitôt qu'Ibn 'Ammâr en fut informé, il se précipita vers la ville, dont il trouva les portes fermées ; il l'assiégea pendant quelque temps avec les troupes qui l'accompagnaient, mais sans pouvoir y pénétrer, de sorte qu'il resta tout désorienté ne sachant que faire ni où aller, car Mo'tamid savait sa rébellion contre lui. Il ne pouvait donc songer qu'à fuir, et il se réfugia à Saragosse chez les Beni Hoûd, à qui sa présence, au bout de quelque temps, devint à charge, car on redoutait son mauvais esprit, et sa conduite à l'égard de son maître, de l'auteur de sa fortune, le rendait odieux. On l'expulsa donc, et alors il se mit à errer chassé d'un territoire dans un autre et poursuivi par la haine des princes, jusqu'à ce qu'il arriva [P. 86] au château fort de Segura, qui est presque imprenable. Ibn Mobârek, qui en était alors le maître, le reçut d'abord très bien, mais au bout de quelques jours il changea de manière de faire et faisant main basse sur lui, il le jeta enchaîné dans une prison. Ibn

'Ammâr lui dit alors : « Tu n'as rien à perdre ; si tu fais savoir aux divers princes d'Espagne que tu m'as en ton pouvoir et que tu es prêt à me livrer, il n'y en a pas un qui ne souhaite me posséder, et tu pourras m'envoyer à celui d'entre eux dont le désir se traduira par l'offre de la plus forte somme ». Ibn Mobârek suivit ce conseil, et en effet, de tous les princes, y compris Mo'tamid, à qui il offrit son prisonnier, il n'y en eut pas un qui ne témoignât le désir de l'avoir. Ibn 'Ammâr dit à ce propos :

[Redjez] « On m'a un matin mis en vente sur le marché et l'on a très diversement estimé ma tête ; mais Dieu m'est témoin que celui qui m'a prisé le plus haut n'a pas gaspillé son argent ! »

Pendant qu'il était dans cette prison, Ibn 'Ammâr demanda un jour un dépilatoire pour procéder à sa toilette, mais on ne put lui en procurer. Il demanda alors un rasoir *(moûsa)*, qu'on lui apporta. Il dit à ce propos :

[Modjtatth] « Mon malheur à Ségura est plus grand que tout autre : Hâroûn m'y faisant défaut, je suis resté à demander Moûsa (un rasoir) (1).

Mo'tamid, après avoir envoyé de l'argent et des chevaux à Ibn Mobârek, prit de celui-ci livraison du prisonnier par les mains de gens de confiance qui avaient reçu l'ordre de l'enchaîner et de le surveiller avec le plus grand soin. La petite troupe arriva à Cordoue pendant que Mo'tamid se trouvait dans cette ville, où Ibn 'Ammâr fit l'entrée la plus humiliante et la plus incommode, juché sur un mulet entre deux sacs de paille et chargé de chaînes bien apparentes. D'ailleurs

---

(1) Il y a ici un jeu de mots portant sur les mots Hâroûn et Moûsa (ou Aron et Moïse) : d'une part, le mot Hâroûn, retourné lettre pour lettre, fait *noûrah*, épilatoire, et d'autre part Moûsa (Moïse) peut signifier aussi « rasoir ». On peut comparer les vers cités dans la نزهة الابصار والاسماء, p. 86, et dans G. de Tassy, *Rhétorique et prosodie...*, 2ᵉ éd., p. 137.

on avait par les ordres du prince fait sortir toute la population, grands et petits, à l'effet de la faire jouir de ce spectacle. Et autrefois son entrée faisait émoi à Cordoue, les chefs, les principaux et les notables allaient le recevoir, et celui-là était heureux [P. 87] qui pouvait lui baiser la main ou recevoir de lui une réponse à son salut ; d'autres ne pouvaient que baiser son étrier ou le pan de son vêtement, et le reste ne pouvait que le regarder de loin sans approcher de lui ! Gloire à Celui qui modifie les situations et fait se succéder les dominations ! C'est ainsi qu'Ibn 'Ammâr, après avoir joui d'un pouvoir solide et d'une haute autorité, entra à Cordoue méprisé, craintif et pauvre, ne possédant que le vêtement dont il était couvert. Gloire à Celui qui le dépouilla des dons qu'il lui avait faits, qui le priva de ce dont il lui avait donné la jouissance !

Le trait suivant, raconté par l'un de ceux qui étaient préposés à sa garde, prouve combien il avait l'intelligence déliée et la conception vive. « Quand, dit cet homme, nous fûmes assez près de Cordoue pour être vus de la population, un cavalier se porta rapidement vers nous, et Ibn 'Ammâr, sitôt qu'il l'aperçut, enleva la mousseline du turban qui couvrait sa tête. Le cavalier nous ayant rejoints regarda notre prisonnier, puis marcha dans le rang avec nous. Nous lui demandâmes alors la cause de sa venue : « C'était, répondit-il, pour exécuter ce qu'a fait cet homme avant que j'aie pu arriver jusqu'à lui. » Cette réponse nous apprit qu'il avait reçu l'ordre d'enlever son turban à Ibn 'Ammâr. »

L'ex-vizir fut amené, dans l'état que nous avons dit et chargé de chaînes, auprès de Mo'tamid, qui se mit à lui énumérer tous les bienfaits et les faveurs dont il l'avait comblé. Ibn 'Ammâr, les yeux baissés, garda le silence jusqu'à ce que le prince eût terminé ; puis il lui répondit entre autres choses ceci : « Je ne nie rien de tout ce que vient de dire Notre Seigneur, que Dieu garde ! Me fût-il possible de nier, les choses inanimées elles-mêmes joindraient leur témoignage à celui des êtres doués de la parole et déposeraient contre moi ; j'ai péché, pardonne-moi ; j'ai failli, fais-moi grâce ! — Non, non ! s'écria Mo'tamid ; de telles fautes ne se pardonnent pas. » Il lui fit descendre le fleuve jusqu'à Séville, où le prisonnier fit son entrée dans le même accoutrement qu'à Cordoue. On le renferma ensuite dans une chambre *(ghorfa)* au-dessus de la porte du *K'açr Mobârek*, palais de Mo'tamid qui existe encore de nos jours (1). C'est là que sa captivité se prolongeant, il écrivit des k'acîda qui, 'adressées au destin, eussent fait fléchir sa rigueur, adressées à la voûte céleste, eussent arrêté sa rotation, mais qui ne furent que des charmes sans efficacité, des invocations inexaucées, des amulettes sans utilité'. En voici un extrait : [P. 88]

[T'awîl] Que tu pardonnes, et ton caractère en paraîtra plus magnanime et plus doux ; que tu châties, et tu ne manqueras pas d'évidentes et sérieuses excuses ! Mais s'il y a plus de mérite à prendre l'une de ces deux résolutions, tu pencheras pour celle qui se rapproche le plus de Dieu. Exerce à mon égard toute la miséricorde qui est en toi, sans écouter mes ennemis ni te rendre à leurs instances réitérées ; car j'ai l'espoir qu'il y a en toi autre chose que ce qui peut faire la satisfaction et l'orgueil de mon ennemi. Et pourquoi non ? J'ai été un serviteur aimant, et je puis, après un jour d'erreur, le redevenir et le rester. Je l'avoue, j'ai commis de mauvaises actions ; mais ne peuvent-elles donc se réparer ? Au nom de nos (anciens) liens, exerce envers moi une indulgence qui te servira de porte pour pénétrer jusqu'à Dieu ; efface les traces que j'ai laissées dans une voie mauvaise en y soufflant une formule de pardon qui les anéantisse. N'écoute ni les récits ni les conseils des calomniateurs ; un vase ne peut exhaler que l'odeur de ce qu'il renferme. Après le récit mensonger que t'ont fait sur moi les fils d''Abd el-'Azîz, plus d'un autre encore parviendra jusqu'à toi. Il n'y a là rien que tu ne saches ; mais alors même que j'irai mieux, ma blessure, bien que soignée, subsistera toujours. Autant dire que je leur souhaite la malédiction divine, à ces gens qui m'ont en face donné à entendre et publiquement proclamé leur joie maligne. *On* rétribuera, disaient-ils, ses œuvres selon leur mérite. — Non, ai-je répondu, *on* oubliera et *on*

---

(1) Sur ce palais, voir plus loin, p. 109 ; *Abbad*. I, 141.

pardonnera. S'il est vrai que le protégé de Dieu peut employer la violence, il préfère cependant la douceur. De quels crimes mes délateurs peuvent-ils me charger encore en-dehors du seul vrai, que ma faute est patente et bien établie ? Mais cette faute glissera et coulera sur sa douceur, aussi lisse que la pierre au grain le plus fin. Que le salut soit sur lui ! La passion le poussera-t-elle vers moi pour opérer un rapprochement ou l'excitera-t-elle contre moi pour l'éloigner ? Si je meurs, puisse-t-il garder toute sa liberté d'esprit, mais je mourrai en conservant pour lui mon amour attristé ; l'amour que je lui porte me sera un talisman utile, si toutefois la mort se laisse vaincre.

[P. 89] Cette poésie fut adressée à Moʻtamid et lui fut lue en présence d'un homme de Baghdâd, qui blâma le dernier vers : « l'amour que je lui porte, etc., » et demanda ce que cela voulait dire : « Ah ! répondit Moʻtamid, Dieu lui a retiré tout sentiment de générosité et de fidélité, mais lui a laissé toute sa fine et pénétrante intelligence. Ce vers est une allusion indirecte à celui du H'odheylite :

[Kâmil] Contre les étreintes de la mort nul talisman n'a de pouvoir ».

Ibn ʻAmmâr ne sortit plus de prison, où Moʻtamid le tua de sa main en l'année 479, dans les circonstances que voici. Il était emprisonné depuis un temps déjà long quand il écrivit le poème que nous avons transcrit, et qui éveilla quelque pitié chez Moʻtamid. Celui-ci, au cours d'une soirée littéraire, se le fit amener enchaîné et commença l'énumération de toutes les faveurs, de tous les bienfaits dont il l'avait comblé. Sans tenter un mot de réponse ou d'excuse, Ibn ʻAmmâr se mit à pleurer ; il embrassa les genoux de son maître et tâcha de l'attendrir par des cajoleries et par les mots qu'il croyait les plus propres à exciter sa pitié. Il y réussit en partie, car Moʻtamid, impressionné par le souvenir de ses anciens services et de son respect d'autrefois, prononça des paroles qui impliquaient un pardon indirect, mais non exprès, puis il le fit réintégrer dans sa prison. Ibn 'Ammâr écrivit aussitôt ce qui venait de se passer au fils de Mo'tamid, Er-Râd'i billâh (1), qui reçut cette lettre dans un moment où il avait auprès de lui plusieurs vieux ennemis du vizir déchu. Râd'i, après avoir pris connaissance de la lettre, leur annonça la prochaine mise en liberté d'Ibn 'Ammâr. « Et comment, seigneur, peux-tu savoir cela ? — Voici la lettre où Ibn 'Ammâr m'annonce la promesse que lui en a faite notre seigneur Mo'tamid. » Les assistants témoignèrent alors une joie qui n'était nullement dans leurs cœurs, [P. 90] et quand ils furent sortis de chez Râd'i, ils divulguèrent méchamment le récit d'Ibn 'Ammâr en y ajoutant des infamies que je me garderai bien de rapporter ici. Ces bruits parvinrent à Mo'tamid, qui fit demander à son prisonnier s'il avait informé quelqu'un de leur entretien de la veille. La réponse fut une négation formelle. Le prince lui renvoya son messager : « Des deux feuilles de papier que tu avais demandées, l'une t'a servi à écrire la k'açîda que tu m'as adressée ; qu'est devenue l'autre ? » Elle lui avait, prétendit-il, servi pour la mise au net du poème. — « Eh bien ! fit répondre Mo'tamid, remets-moi le brouillon. » Ibn 'Ammâr, cette fois, ne sut plus que dire. Alors Mo'tamid furieux saisit une hache à deux tranchants et se précipita vers la chambre où était renfermé son ancien ami. Celui-ci comprit que sa dernière heure était venue ; il se traîna péniblement, tout chargé de chaînes, jusqu'aux pieds de Mo'tamid, qu'il embrassa. Mais celui-ci, sans se laisser fléchir, le frappa de la hache dont il était armé et ses coups ne s'arrêtèrent que quand la victime eut perdu toute chaleur. Alors seulement Mo'tamid se calma ; il fit ensuite laver et ensevelir le cadavre sur lequel il prononça les dernières prières et qu'il fit enterrer dans le Palais Béni *(K'açr mobárek).*

---

(1) Ce fut à Rachid, selon l'*Hist. des Mus. d'Esp.*, IV, 185.

Telle est la substance de ce qui nous est parvenu relativement à Ibn 'Ammâr, autant du moins que ma mémoire m'a servi.

Pendant tout son règne, Mo'tamid ne cessa d'être aidé par le sort, assisté et secouru dans tous ses désirs par la fortune; aussi parvint-il à réunir sous son autorité plus de provinces d'Espagne qu'aucun de ses prédécesseurs, je parle des conquérants (1); des villes dont la résistance avait lassé d'autres princes, qui n'avaient rien pu contre elles, se soumirent à lui; et son pouvoir s'étendit jusque sur Murcie, autrement nommée Todmîr. De là à Séville il y a environ douze journées de marche, et dans cette étendue de pays se trouvent de grandes villes et de grosses bourgades. Il s'empara de Cordoue, d'où il chassa Ibn 'Okâcha le mardi 22 çafar 471, puis il retourna à Séville; [P. 91] il avait autrefois laissé comme gouverneur de cette ville son fils aîné 'Abbâd, surnommé Ma'moùn (2). Ce prince avait reçu le nom d''Abbâd de son grand'père Mo'tad'id, du vivant de qui il était né, et qui lui disait en le tenant embrassé: « O 'Abbâd, que ne puis-je savoir qui, de toi ou de moi, sera tué à Cordoue? » Ce fût 'Abbâd qui y périt du vivant de son père Mo'tamid, l'année où cette ville échappa au pouvoir de la dynastie 'Abbâdide.

En 479, Mo'tamid traversa la mer et se rendit dans la ville de Merrâkech pour y aller solliciter le secours de Yoûsof b. Tâchefîn contre les Roumis (3). Il y fut parfaitement reçu et traité des plus honorablement; il exposa ensuite qu'ayant à combattre les chrétiens, il venait demander au Prince des Musulmans de lui accor-

---

(1) C'est-à-dire des Moloûk et-t'awâ'if.

(2) Ibn 'Okâcha s'était emparé de Cordoue par trahison et y avait massacré 'Abbâd (*Mus. d'Esp.*, IV, 157-162). J'ai, par suite, introduit dans la traduction un plus que parfait en remplacement du prétérit qui figure dans le texte.

(3) Il y a probablement ici confusion entre les deux expéditions de Yoùsof (*Mus. d'Esp.*, IV, 200).

der à cet effet des secours de cavalerie et d'infanterie. Yoûsof s'empressa d'acquiescer à cette requête, en ajoutant qu'il était appelé tout le premier à défendre la religion et que, sans confier ce soin à personne, il voulait s'en charger lui-même. Mo'tamid regagna alors l'Espagne, enchanté de l'accueil fait à sa demande par le souverain Africain, car il ne savait pas que cette démarche serait la cause de sa perte et que l'épée qu'il faisait dégaîner et dont il attendait du secours se tournerait contre lui. Les choses se passèrent comme le dit Aboû Ferâs (1) :

[T'awil]. L'homme qui cherche de l'aide ailleurs qu'auprès de Dieu ne retire que du dommage de choses qui semblaient devoir lui profiter. C'est ainsi que H'anfâ causa la mort de H'odhayfa, alors qu'il voyait dans cette jument un secours pour les cas difficiles (2).

Yoûsof b. Tâchefîn se prépara donc, au mois de djomâda I de cette année, à passer en Espagne; il appela à le suivre tous ceux qu'il put décider parmi les officiers et chefs militaires, ainsi que parmi les chefs des tribus berbères, si bien qu'il réunit environ sept mille cavaliers et un nombre considérable de fantassins. Ce fut avec ces troupes qu'il s'embarqua de Ceuta pour Algéziras. Mo'tamid entouré de ses principaux courtisans se porta au-devant de lui et lui rendit plus de témoignages d'honneur et de respect que ne s'y attendait Yoûsof; celui-ci ne croyait pas qu'on pût trouver chez aucun roi tous les présents, toutes les richesses, toutes les provisions que lui envoya son hôte. [P. 92] Ce fut là ce qui lui suggéra

---

(1) Aboû Ferâs H'ârith b. Aboû l-'Alâ Sa'id Hamdani, † 357, était contemporain de Motenebbi et est regardé comme lui étant supérieur (*Chrest* de Sacy, I, 37, 499; Freytag, *Selecta ex historia Halebi*, 134; Ibn Khallikân, I, 366).

(2) Allusion à un épisode de la guerre de Dâhis. H'odhayfa montait la jument H'anfâ, grâce aux traces de laquelle on parvint à retrouver et à tuer son cavalier (C. de Perceval, II, 430 et 455).

pour la première fois le désir de se rendre maître de l'Espagne. Il quitta ensuite Algéziras à la tête de ses troupes et se dirigea vers l'est de l'Espagne, sans vouloir accepter l'offre que lui faisait Mo'tamid de passer d'abord quelques jours à Séville pour s'y remettre des fatigues du voyage : « Je suis venu, répondit-il, pour combattre les ennemis de la foi, et c'est vers eux que je veux diriger mes pas ». Alphonse, qui était alors occupé à assiéger le château musulman d'Aledo (1), leva le siège quand il apprit le débarquement des Berbères et rentra dans ses États pour y réunir de nouvelles troupes. Yoûsof s'était dirigé vers l'Est pour porter secours aux assiégés et aussi pour rétablir la paix entre Mo'tamid et Ibn Rachîk', qui s'était emparé de Murcie et dont nous avons déjà parlé à propos d'Ibn 'Ammâr. Grâce à lui, un arrangement intervint aux termes duquel Ibn Rachîk' consentit à sortir de Murcie moyennant une somme d'argent que lui paya Mo'tamid et sa nomination comme gouverneur à un poste très important dans la région de Séville. Cette convention fut mise à exécution.

A mesure qu'il avançait, Yoûsof recevait la visite des princes par le territoire de qui il passait, le prince de Grenade, celui d'Alméria, Mo'taçim b. Çomâdih', celui de Valence, Aboû Bekr b. 'Abd el-'Azîz. Près du château fort de Lork'a, Yoûsof fit de ses troupes une revue qui le remplit de satisfaction : « Maintenant, dit-il à Mo'tamid, fais-moi voir les ennemis de notre foi, que je suis venu combattre ». Il se mit alors à manifester son ennui de rester en Espagne et son désir de regagner Merrâkech ; il dépréciait la valeur de ce pays, en disant à chaque

---

(1) Il doit y avoir ici une confusion, car Aledo était entre les mains d'Alphonse VI (cf. aussi Ibn Khâllikân, III, 190 ; *Mus. d'Esp.*, IV, 203). Ce château fort était sur la route qui va de Murcie à Lorca, à douze milles de cette dernière ville. Le nom en est diversement orthographié : on trouve لبيط — لبيط — البيط — اللبيط (Merrâk. p. 92 ; *Abbad.*, II, 121 ; *Recherches*, I, 274 n., cf. II, 137 ; Dhabbi, p. 375).

instant que si la péninsule lui avait paru importante avant qu'il l'eût vue, il trouvait maintenant sa réputation surfaite. [P. 93] Mais il n'agissait et ne parlait ainsi que pour mieux cacher son jeu (1). Moʻtamid, le précédant, se dirigea vers Tolède ; de nombreux soldats vinrent de toute l'Espagne le rejoindre ; il fit partout proclamer la guerre sainte, et les princes de la péninsule fournirent à Yoûsof et à Moʻtamid tous les secours qu'ils pouvaient donner en chevaux, en hommes et en armes, de sorte que le nombre des musulmans, volontaires ou enrégimentés, montait à vingt mille hommes. Ce fut sur la frontière du territoire chrétien qu'eut lieu le choc des deux armées. Or Alphonse avait rassemblé tous les siens, grands ou petits, et n'avait laissé dans les parties les plus reculées de ses états personne en état de porter les armes ; aussi s'avançait-il à la tête d'une armée formidable et avec le désir le plus vif de jeter l'épouvante dans le cœur des Berbères et de les dégoûter ainsi de l'Espagne. Quant aux princes arabes, qui étaient tous ses tributaires, il les méprisait trop pour en tenir compte.

Lorsque les deux armées se trouvèrent face à face, Yoûsof et les siens furent effrayés du nombre de leurs ennemis, de la qualité de leur armement et de leurs chevaux, de leur apparence de force. « Je ne croyais pas, dit Yoûsof à Moʻtamid, que ce porc maudit fût dans de si bonnes conditions. » Il fit adresser aux siens, par des gens qu'il chargea de ce soin, des exhortations et des encouragements, dont l'effet fut d'exciter leur bon vouloir, leur désir de la guerre sainte, leur mépris de la mort, à un point tel que Yoûsof et les musulmans en furent tout joyeux. On était ce jour-là un jeudi, 12 de ramadân. Les messagers des deux armées allaient et venaient pour convenir du jour où l'on devait se tenir

---

(1) Le texte porte « il absorbait le lait tout en feignant de ne boire que l'écume » (cf. Meydâni, II, 914.)

prêt pour le combat : « Le vendredi, dit-on alors au nom d'Alphonse, est votre jour consacré ; le samedi est celui des juifs, qui nous servent de ministres et de secrétaires et forment la majeure partie des goujats, dont le service nous est indispensable ; le dimanche est le nôtre. Convenons donc que la bataille aura lieu lundi. » Le maudit ne cherchait, par cette proposition, qu'à tromper les fidèles pour les surprendre ; mais sa ruse échoua. Le vendredi arriva sans qu'il eût été donné, du côté des musulmans, aucun ordre pour le combat, et les fidèles s'apprêtèrent à célébrer la prière solennelle. Yoùsof b. Tâchefîn, comptant sur le respect qu'ont les rois pour leur parole, [P. 94] sortit avec les siens en habits de fête pour célébrer la prière. Mais Mo'tamid fit sangler les chevaux et il se mit en selle avec ses soldats armés, en disant au Prince des musulmans : « Priez, vous autres ; mais moi je n'ai pas aujourd'hui l'esprit tranquille, et je vais me tenir derrière vous ; je crains que ce porc ne médite de nous surprendre. » Or Yoùsof et ses troupes venaient à peine de commencer la première *rek'a* quand ils virent se précipiter sur eux le tourbillon des cavaliers chrétiens commandés par Alphonse, qui avait cru l'occasion favorable. Mais Mo'tamid était posté en arrière avec ses troupes, et il put ainsi rendre ce jour-là un plus signalé service qu'on n'avait jamais vu.

Les Almoravides purent se jeter sur leurs armes et se mettre en selle pour prendre part à la mêlée. Ils montrèrent, aussi bien que leur chef Yoùsof, une ténacité, une bravoure, une solidité que Mo'tamid n'espérait pas d'eux. Les ennemis furent, grâce à Dieu, mis en fuite et poursuivis par les musulmans qui les massacraient de toutes parts ; mais le maudit Alphonse put s'échapper avec neuf de ses compagnons. Ce fut là une des grandes victoires remportées par l'Islâm en Espagne et qui y consolidèrent son pouvoir ; elle eut pour conséquence de forcer Alphonse à renoncer à ses prétentions sur toute la Péninsule, alors qu'il s'imaginait en être déjà le

— 115 —

maître et avoir pour serviteurs les chefs qui y régnaient. Cette bataille, due au pieux concours du Prince des musulmans, et connue sous le nom de Zellâk'a, eut lieu, nous l'avons dit, le vendredi 13 ramâd'ân 480 (1) ; la protection divine se manifesta à l'égard des Espagnols par la main de Yoûsof. Heureuses des résultats, les populations de la Péninsule en tirèrent bon augure et bénirent ce prince; les mosquées et les chaires retentirent du bruit des vœux qu'on faisait pour lui ; mais les louanges qui lui étaient adressées dans toutes les parties de l'Espagne ne firent qu'aviver son désir d'en devenir maître. Avant son arrivée, ce pays était à la veille de périr sous le joug des Chrétiens, qui avaient pour tributaires tous les princes musulmans; [P. 95] aussi la victoire dont Dieu favorisa Yoûsof fit-elle que les habitants manifestèrent leur considération pour lui et se prirent à l'aimer.

Il voulut ensuite parcourir la Péninsule sous prétexte de faire un voyage de plaisir, mais en réalité dans un tout autre but. Il mit son projet à exécution et en retira l'avantage qu'il se proposait. Mais cependant il ne cessait pas de témoigner le plus grand respect pour Mo'tamid et de dire hautement : « Nous ne sommes pas autre chose que les hôtes de ce prince, soumis à ses ordres et ne devant rester ici que le temps qu'il fixera ». Au nombre des princes espagnols qui s'étaient attachés au Prince des musulmans et qui avaient acquis le plus d'influence auprès de lui, figurait Aboû Yah'ya Moh'ammed b. Ma'n b. Çomàdih' el-Mo'taçim, d'Almérie, qui était depuis longtemps excessivement jaloux de Mo'tamid, le seul des chefs d'Espagne à qui il en voulait. A plusieurs reprises des lettres grossières avaient été

---

(1) La bataille qui porte le nom de Zellâk'a chez les musulmans, et de Sacralias chez les chrétiens, eut lieu non loin de Badajoz, le 23 octobre 1086, correspondant au 12 redjeb 479 (Ibn Khallikân, III, 190 ; *Mus. d'Esp.*, IV, 292).

échangées entre eux ; Mo'taçim, dans ses audiences, blâmait et diffamait son adversaire ; mais Mo'tamid n'agissait pas de même, retenu qu'il était par sa courtoisie, sa délicatesse, sa pureté de conscience et le sentiment de sa dignité royale. Ce dernier prince, peu avant le débarquement de Yoûsof, s'était dirigé vers l'est de la Péninsule à l'effet de parcourir son royaume et de se rendre compte de la situation des gouverneurs et des gouvernés. Quand il approcha de la frontière des États de Mo'taçim, celui-ci, entouré de ses principaux courtisans, vint lui rendre visite d'une manière très convenable et l'invita à pénétrer dans son royaume ; mais Mo'tamid déclina cette offre. Après de longues négociations, on convint d'une entrevue qui eut lieu tout juste à la limite des deux territoires, et dans laquelle se fit entre eux une réconciliation apparente. Mo'taçim s'efforça de rendre toute espèce d'honneurs à son rival et étala à profusion, dans les réunions littéraires qu'il organisa, des ameublements et des approvisionnements royaux, [P. 96] pensant par là chagriner et mortifier Mo'tamid ; mais, grâce à la protection divine, le noble caractère de celui-ci n'en fut nullement affecté, et ce prince rentra dans ses États après avoir reçu pendant trois semaines l'hospitalité de son rival.

Immédiatement après cela, il se rendit à Merrâkech, et ses rapports avec Mo'taçim restèrent bons jusqu'à l'arrivée de Yoûsof. Le prince d'Almérie apporta à ce dernier des cadeaux précieux, et sut si bien faire sa cour qu'il devint le principal favori du nouveau venu, qui disait à ses compagnons, en parlant de lui et de Mo'tamid : « Ce sont là les deux hommes de la Péninsule. »

La principale cause de la faveur dont il jouissait était l'éloge, vrai pour la plus grande partie, que Mo'tamid faisait de Mo'taçim auprès de Yoûsof et les qualités qu'il lui attribuait. Quand l'empire qu'il exerçait sur l'esprit de Yoûsof fut assuré, Mo'taçim jugea bon de tâcher de l'indisposer contre Mo'tamid et de gâter ainsi les bons rapports qu'ils entretenaient ensemble. Son mauvais caractère, sa conscience impure, son esprit à courte vue et imprévoyant des conséquences, le poussèrent à agir « pour que Dieu accomplît l'œuvre décrétée dans ses desseins (1) » et que le sort se réalisât à son heure. Quand Dieu veut qu'une chose arrive, il en fait naître les causes. Mo'taçim commença donc ses manœuvres sans savoir qu'il tomberait lui-même dans le puits qu'il creusait, qu'il deviendrait aussi la victime de l'épée qu'il faisait sortir du fourreau. Il fit entre autres choses ressortir aux yeux de Yoûsof la haute opinion que Mo'tamid avait de lui-même et son orgueil exagéré, qui ne lui laissait trouver d'égal nulle part. Mo'taçim prétendit avoir dit un jour à Mo'tamid que Yoûsof restait bien longtemps dans le pays et avoir reçu cette réponse : « Il me suffirait de bouger le doigt pour que ni lui ni ses soldats ne restent un jour de plus en Espagne. Tu sembles redouter qu'il me joue quelque mauvais tour ? Mais qu'est-ce que ce misérable, que sont ses soldats ? Ces gens étaient dans leur pays à gagner péniblement à peine de quoi vivre ; voulant faire une bonne œuvre nous les avons appelés ici pour leur donner à manger, mais quand ils seront rassasiés, nous les renverrons d'où ils sont venus (2). » En rapportant ces propos méprisants pour les Berbères et d'autres du même genre, Mo'taçim et les chefs espagnols qui agissaient de concert avec lui [P. 97] atteignirent leur but et changèrent les dispositions de Yoûsof à l'égard de Mo'tamid. Le chef africain s'était d'abord fixé un délai à lui-même et à ses troupes et avait décidé que leur séjour en Espagne ne dépasserait pas une certaine période ; c'étaient ces bonnes dispositions qui avaient tranquillisé Mo'tamid. (Et

---

(1) Lisez dans le texte ليقضى. Ces paroles sont tirées du Koran, VIII, 43 et 46.

(2) Cf. *Mus. d'Espagne*, IV, 222 et 223.

en effet) à l'expiration de ce délai ou à peu près, il repassa la mer, mais la tête en ébullition et dans des dispositions d'esprit toutes différentes :

[T'awil] Le cerveau ressemble à l'eau de l'étang qui reste pure tant qu'on ne la trouble pas.

A cela joignez de plus ce que nous avons dit de l'envie dont il avait été pris de se rendre maître de l'Espagne. D'ailleurs diverses circonstances avaient montré clairement à Mo'tamid, même avant le départ de Yoûsof, que ce prince n'était plus à son égard dans les mêmes dispositions. Le Prince des musulmans était donc retourné à Merrâkech dans un état de vive agitation relativement à l'Espagne. A ce qu'on m'a rapporté, il dit un jour à un affidé d'entre ses principaux compagnons : « Avant d'avoir vu ce pays, je me figurais que mon royaume valait quelque chose, mais je m'aperçois maintenant qu'il n'en est rien. Quel moyen emploierai-je donc pour rester maître de cette belle contrée ? » Il tomba d'accord avec les siens pour faire demander à Mo'tamid d'accorder à des hommes vertueux d'entre ses compagnons la permission, sollicitée par eux, de s'établir dans les *ribât'* (couvents-casernes) d'Espagne pour y combattre l'ennemi, et de demeurer jusqu'à leur dernier jour dans quelques places fortes proches du territoire chrétien. A la lettre contenant cette demande, Mo'tamid, sur l'avis favorable de Motawakkil b. el-Aftas, chef des pays frontières, répondit affirmativement. Or, le seul but poursuivi par Yoûsof et les siens était d'avoir par toute l'Espagne des hommes à leur dévotion et en qui ils trouveraient partout des aides le jour où il serait question de reconnaître l'autorité de ceux qui les avaient envoyés. D'ailleurs, nous l'avons dit, les Espagnols s'étaient tout à fait épris d'amour pour Yoûsof.

Ce prince fit donc partir des hommes d'élite et choisis spécialement, sous les ordres d'un de ses proches, nommé Bologguîn, à qui il fit confidence du but qu'il poursuivait. Bologguîn passa la mer et se rendit auprès de Moʻtamid, à qui il demanda [P. 98] où il devait se fixer. Le prince de Cordoue les fit installer, lui et les siens, dans quelques places fortes qu'il avait choisies pour cela, et ils y restèrent jusqu'à ce que la guerre fût déclarée à Moʻtamid.

Les troubles commencèrent en chawwâl 483 par la prise de la presqu'île de T'arîfa, située vis-à-vis Tanger d'Afrique. Rien n'avait fait prévoir cet événement, et ce prince ʻvit se disperser des troupes animées d'un même et unique désir, se diviser des territoires où les cœurs étaient unis dans l'amour de (son adversaire)'. A la nouvelle de la conquête de T'arîfa par les Almoravides et de la proclamation de leur autorité dans cette place, les guerriers que nous avons dit avoir été installés dans les châteaux forts, allèrent assiéger Cordoue, où se trouvait ʻAbbâd b. Moʻtamid, surnommé Ma'moûn, dont il a été question déjà et qui était l'un des enfants aînés de Moʻtamid (1). Le 1er çafar 484, l'ʻAbbâdide fut tué après avoir fait tout son devoir et s'être défendu avec vaillance et opiniâtreté. Ensuite le ʻnombre des haines et des malheurs s'accrut, la guerre et ses excès continuèrent'. Dans Séville même, un groupe de mécontents prépara une révolte, et Moʻtamid fut informé de ce qu'ils faisaient ʻet du but qu'ils poursuivaient; il acquit la certitude de la méchanceté de leurs desseins, et on le poussa à étaler leur honte et à répandre leur sang; on le pressa de livrer leurs femmes au déshonneur, de découvrir les visages de leurs filles. Mais l'honneur et la sagesse qu'il tenait de race, la noblesse ordinaire de sa conduite ne lui permirent pas de céder à ces avis, non plus que la foi sincère, la saine raison et la vraie religion dont il était redevable à la générosité divine'. Si bien, qu'à l'aube du mardi 15 redjeb de ladite année, ils se soule-

---

(1) Ce prince est appelé Fath' ap. *Mus. d'Esp.*, IV, 237 et 238.

vèrent avec l'aide de misérables abandonnés de Dieu, et des milans passèrent, malgré leur faiblesse, pour des aigles (1). Alors le prince sortit du palais l'épée à la main et le corps revêtu d'une simple tunique de dessous, sans bouclier ni cuirasse. Au Bâb-el-Faradj, l'une des portes de la ville, il rencontra l'un des assaillants, [P. 99] cavalier réputé pour sa bravoure et sa vigueur, qui le frappa de sa lance, à la hampe courte et nerveuse, au fer long et aigu ; mais l'arme s'enroula dans sa tunique et lui passa sous l'aisselle, grâce à la protection et à la faveur divine. Alors il frappa de son épée l'épaule de son ennemi et le fendit jusqu'aux côtes, de sorte qu'il l'étendit raide mort. Les ennemis furent mis en fuite et ceux qui escaladaient les murailles se retirèrent, si bien que les Sévillans crurent pouvoir respirer. ' Mais dans l'après-midi du même jour l'attaque recommença, et alors la ville succomba du côté du fleuve, il ne resta plus d'espoir d'y pouvoir encore tenir, ses envieux et ses détracteurs virent leur espoir se réaliser, grâce au feu qui consuma ses galères, chassa l'espérance, réduisit au silence, enleva toute force de résistance '. Le compagnon de Yoûsof qui réduisit la ville par terre se nommait H'odayr b. Wâsnoû, et celui qui réussit du côté de la rivière était le kâ'ïd 'Aboû H'amâma, client des Benoû-Soddjoût. La situation resta indécise un petit nombre de jours, jusqu'à l'arrivée de Sîr b. Aboû Bekr b. Tâchefîn, fils du frère de Yoûsof, ' qui amena des guerriers et des troupes auxiliaires en nombre considérable. Alors dans ces quelques jours la population affolée, le cœur imbu d'inquiétude, se mit à fuir par les voies de terre ou à traverser le fleuve à la nage, à passer par les égouts et à se précipiter du haut des murailles, dans l'espoir de se soustraire à la mort. Mais ceux qui voulaient remplir leurs engagements et qui tenaient ferme dans leur

---

(1) C'est-à-dire le faible fut regardé comme fort (cf. Meydâni I, 6 ; Harîri, p. 55).

— 121 —

amour [pour le prince]' résistèrent jusqu'au dimanche 21 redjeb de ladite année ' où le terrible événement, le grand bouleversement (1) se réalisa au jour fixé, alors que la brèche trop grande ne pouvait être réparée ; par la rivière on pénétra dans la ville, où citadins et paysans trouvèrent la mort, à la suite d'une lutte acharnée et de grands efforts des deux parts. Quant à Mo'tamid, il se battit avec une opiniâtreté, une vaillance et un mépris de la mort qui ne peuvent être ni dépassés ni même atteints '. Voici ce que dit ce prince, à ce propos, alors que plus tard il était à gémir dans une prison d'Afrique :

[Kâmil] Quand mes larmes se furent arrêtées et que mon cœur brisé eut repris contenance : « [P. 100] Rends-toi, me dit-on, c'est le parti le plus sage ». Mais il m'eût semblé plus doux d'avaler du poison que de subir une pareille honte. Si la fortune m'enlève mon royaume, si mes troupes m'abandonnent, ma poitrine n'a pas encore livré le cœur qu'elle contient. Mon noble caractère me reste, car peut-on dépouiller de sa noblesse un homme de race ? Le jour où je fus attaqué par mes ennemis, je voulus les combattre sans cuirasse, et je me jetai sur eux sans autre arme défensive que ma chemise ; je m'exposais à la mort en faisant couler le sang de mes adversaires. Mais mon heure n'était pas venue (et je restai indemne) malgré mon ardent désir d'échapper à l'humiliation et à la honte. Jamais je ne me suis jeté dans la mêlée avec l'espoir d'en revenir. Ces manières de faire sont celles des anciens [Arabes], dont je suis : tel le tronc tels les rameaux (2).

La ville fut livrée au pillage et les Berbères enlevèrent aux habitants jusqu'à leurs derniers effets ; les palais de Mo'tamid furent l'objet des plus honteuses déprédations, et lui-même, réduit à l'état de captif, fut forcé d'écrire à ses deux fils Mo'tadd billâh et Râd'i billâh, installés chacun dans des châteaux forts bien connus, Ronda et Mertola, que s'ils voulaient tenter la résistance personne ne se joindrait à eux. Leur vieille mère unit ses instances aux siennes, et tous les deux implorèrent leur

---

(1) Expression empruntée au Koran, LXXIX, 34.
(2) Cf. *Abbad*. I, 303 ; *Mus. d'Espagne*, IV, 241.

pitié, ne leur cachant pas que la vie de toute la famille dépendait de leur soumission. Ils commencèrent par refuser de s'abaisser ainsi, dédaignant de reconnaître aucune autorité après celle de leur père ; puis ils se laissèrent toucher par la pitié et prirent en considération les droits, venant à la fois (de la nature et) de Dieu, de leurs parents. L'un et l'autre, pour obéir aux préceptes divins, renoncèrent aux avantages mondains et sortirent des places fortes qu'ils occupaient, sous la foi des traités les plus sûrs, des conventions les plus sérieuses. Mo'tadd fut aussitôt dépouillé de tous ses biens [P. 101] par l'officier auquel il se rendit, tandis que Râd'i fut, sitôt sorti de son fort, traîtreusement assassiné (1), après quoi l'on fit disparaître son corps. On emmena, après les avoir dépouillés de tout, Mo'tamid et sa famille ; de toutes ses richesses, ce prince n'emporta pas même la moindre provision de route sur le bateau qui l'emmena en Afrique, comme s'il s'agissait d'un convoi funèbre. Il débarqua à Tanger, où il fut rencontré, pendant les quelques jours qu'il y passa, par le poète El-H'oçri (2), qui, même alors, ne renonça pas à sa déplorable habitude de mendicité éhontée et d'importunités sans fin : il lui présenta des vers qu'il avait faits autrefois à sa louange en y joignant une k'açîda nouvelle composée à cette occasion. Et à ce moment tout ce dont Mo'tamid s'était muni montait, m'a-t-on dit, à trente-six mithk'âl. Il en fit un paquet qu'il scella et y joignant une petite pièce de vers que je ne me rappelle plus et où il s'excusait de la modicité du cadeau, il lui envoya le tout. Mais H'oçri ne répondit pas à cette poésie, bien qu'il fît le vers facilement et rapidement. Ce poète, qui était aveugle, composait avec une rapidité sans pareille,

---

(1) Par un général nommé Guerour *(Mus. d'Esp.* IV, 242).
(2) Aboû' l-H'asan 'Ali b. Abd el-Ghâni H'oçri, † 488, a fourni à Ibn Khallikân (II, 273) la matière d'une notice biographique (cf. **Abbad.** I, 353 ; *Çila*, p. 425 ; n° 1376 Anc. F. ar. Bibl. nat. f. 16 v°).

mais ses vers étaient médiocres. Mo'tamid provoqua sa réponse par une poésie qui débute ainsi :

[Ramal] « Dis à celui qui a acquis la science, mais non la vraie manière de s'en servir : Il y avait dans la bourse une poésie à laquelle nous attendions une réponse. Nous t'avions accordé une récompense ; nos vers ne s'en attireront-ils pas autant (1) ? »

En apprenant ce qu'avait fait Mo'tamid pour H'oçri, les poètes à l'âme vile et les mendiants importuns se précipitèrent partout sur ses pas, et quittèrent les vallons les plus reculés pour venir le trouver. Ce fut pour le prince l'occasion de dire :

[P. 102 ; Kâmil] « Tous les poètes de Tanger et du Maghreb se sont de partout réunis dans la région de l'ouest, pour demander à un captif ce qu'il lui serait difficile d'accorder, car lui-même en a plus besoin qu'eux ; vit-on jamais rien de plus étrange ? S'il n'était retenu par la honte et par le profond respect dû à l'honneur Lakhmide, lui-même implorerait tout comme eux. Autrefois quand on s'adressait à sa libéralité, il donnait sans compter, et quand un appel au secours retentissait à sa porte, il s'élançait aussitôt sur sa monture (2). »

Dans le même sens, il dit encore :

[Ramal] « Maudite soit la fortune, qui ne manque jamais de retirer les faveurs qu'elle accorde ! Son injustice a fait choir quelqu'un dont l'habitude était de souhaiter meilleur sort à quiconque glissait, quelqu'un devant la main (généreuse) de qui la pluie torrentielle devait rougir, et qui a dû suspendre ses bienfaits ; quelqu'un dont les libéralités étaient aussi nombreuses que les nuages violemment chassés par le vent, et qui maintenant est à râler ; quelqu'un qui restait sourd devant les mauvais propos et qui entendait les demandes inarticulées des solliciteurs. Dis à ceux qui convoitent ses dons que sa condition désespérée ne lui permet plus de satisfaire ses désirs. La seule chose dont il puisse maintenant disposer est cette prière : Puisse Dieu enrichir les solliciteurs malheureux ! (3) »

---

(1) *Abbad.*, I, 313 et 355.
(2) *Abbad.*, I, 314 et 355 ; Ibn Khallikàn, III, 196.
(3) *Abbad.*, I, 395 et 415 ; III, 184.

— 124 —

Mo'tamid séjourna donc à Tanger pendant quelques jours dans la situation que nous venons de dire. De là on l'emmena à Miknâsa, où arriva l'ordre, quelques mois plus tard, de l'envoyer à Aghmât ; il y habita avec les siens jusqu'à sa mort, qui arriva en l'an 487, d'autres disent en 488. Il était âgé de 51 ans et fut inhumé dans cette ville, où son tombeau est bien connu.

L'une des plus belles pièces composée sur la mort de Mo'tamid est, à ma connaissance, celle d'Ibn el-Labbâna qui débute ainsi :

[Basît'] Toute chose a son temps, tout vœu a une destinée qui se réalise. La fortune, plongée dans une teinture caméléonienne, a des états aux couleurs changeantes. Nous sommes dans ses mains comme les pièces du jeu d'échecs, où l'on voit souvent le roi battu par un simple pion. [P. 103.] Ne prends souci ni de cette terre ni de ceux qui l'habitent, car maintenant la terre est vide, et il n'y a plus d'hommes (dignes de ce nom). Annonce aux habitants de cette terre qu'Aghmât recouvre le secret du monde céleste, qu'elle cache sous son ombre ou plutôt sous sa bassesse (1) celui sur qui ont toujours flotté les étendards de la gloire ; celui qui n'employait que le fer indien quand il recourait à la force, qui ne donnait pas moins de cent chameaux quand il faisait des libéralités (2). J'affirmais qu'il ne devait pas être enroulé dans les chaînes ; mais peut-on dire que les serpents sont inconnus dans les parterres ? Ce sont, me suis-je dit, des boucles de cheveux. Mais pourquoi alors ces boucles sont-elles sur ses pieds au lieu d'être sur sa tête ? C'est qu'ils ont vu en lui un lion et qu'ils ont craint ses attaques. Je les excuse, car on sait ce que sont les habitudes du lion (3).

Voici le commencement d'une élégie qu'il composa sur ces princes et où l'on trouve bien des beautés :

[Basît'] Matin et soir le ciel déplore la chute de ces éminents princes 'Abbâdides, de ces montagnes dont les bases ont été détruites et qui constituaient autant de sommets élevés sur la terre, — de ces hauteurs où les fleurs s'épanouissaient à leur gré et d'où elles ont été précipitées dans d'arides bas fonds. Dans le refuge qu'ils occu-

---

(1) (2) Il y a dans le texte un peu de mots intraduisible.
(3) Cf. Ibn Khallikân, III, 193.

paient est entré le malheur en dépit des serpents et des lions qui en disputaient l'entrée; dans ce temple saint que peuplaient tant d'espoirs, il n'y a plus maintenant ni sédentaire ni visiteur! Ces lances, qui étaient celles du bonheur, le sort les a singulièrement redressées! Ces glaives aux pointes luisantes, la main du sort en a ébréché la lame, elle les a laissés ployés et sans fourreau! Le temps à mesure qu'il marche ne manque à aucune de ses promesses; mais toute chose a son moment marqué! Nombreuses sont les étoiles aux fortunés présages qui ont disparu, (je veux dire ces hommes) qui étaient autant de perles uniques de gloire! La lumière s'éteint quand sa source de production est épuisée, la fleur se flétrit après avoir doucement vécu! Sache, ô visiteur, que la maison aux bienfaits est vide, qu'il te faut ramasser tes bagages et réunir ce qui te reste de provisions. O toi qui espères venir habiter dans leur vallée, sache que les serviteurs en sont partis, que les semailles n'y poussent plus! Tu as, ô voyageur, été trompé par cette route, si connue, des bienfaits; cherches-en une autre, car sur celle-ci tu ne trouveras plus de guide.

On lit encore dans ce poème :

[P. 104] Puissé-je ne plus me rappeler que cette matinée où, semblables à des morts dans leurs tombeaux, ils naviguaient sur le fleuve dans leurs barques, alors que le peuple, couvrant les deux rives, s'étonnait de voir ces perles soutenues par l'écume de l'eau! Les femmes avaient toutes enlevé leurs voiles et se déchiraient le visage comme elles auraient fait d'un vêtement de couleur. Stupéfaits ils durent se séparer et cesser la vie commune, eux qui avaient grandi ensemble! Quand vint le moment des adieux, hommes et femmes poussèrent de grands cris à l'idée de quitter des êtres chéris. Les bateaux s'éloignèrent suivis de sanglots qui leur faisaient la conduite, et qu'on eût pris pour la cantilène du chamelier poussant ses bêtes. Que de pleurs grossirent alors la rivière! que de causes de chagrin ces bateaux emportèrent! Qui donc, ô descendants de Mâ's-semâ', pourrait pour moi vous remplacer, puisque la pluie *(mâ's-semâ')* elle-même se refuse à étancher la soif des altérés? (1).

Tels sont les extraits que j'ai faits de ce poème, qui est très long. L'auteur, Ibn-el-Labbâna, porte les noms

---

(1) Cf. Abbad. I, 59 et 137; III, 24; Ibn Khallikân, III, 192; I. Athir, X, 128.

d'Aboû Bekr Moh'ammed b. 'Isa (1) et était de Denia, ville située sur le littoral de la mer Roûmi, et faisant partie de la principauté de Modjâhid, l''Amiride, et du fils de ce prince, 'Ali el-Mowaffak', dont nous avons parlé. Ibn el-Labbâna, aussi bien que son frère 'Abd el-'Azîz, était poète, mais ce dernier ne l'était pas de profession et ne faisait pas de la poésie son gagne-pain, car il était marchand de son métier. Il n'en était pas de même d'Aboû Bekr, qui vivait de ses vers et en composait beaucoup; il les présentait aux rois, dont les cadeaux le récompensaient, et qui le plaçaient au plus haut rang. Le souffle poétique animait ses œuvres, où son beau talent savait réunir à la fois les expressions aisées et élégantes, les significations nobles et spirituelles. Il finit par s'attacher entièrement à Mo'tamid, dont il devint l'un des poètes; mais ce ne fut que vers la fin du règne de ce prince, ce qui explique le petit nombre des pièces qu'il composa à sa louange. Malgré sa facilité et sa fécondité, ce poète connaissait médiocrement les règles relatives aux mutations des pieds, et était peu pénétré des règles de la versification; il se fiait le plus souvent à ses facultés naturelles, à son talent instinctif. C'est ce que prouve ce qu'il dit lui-même dans une k'açida dont je donnerai un extrait en son lieu :

[P. 105; Kâmil] Certains ne dépensent que ce qu'ils tirent de leurs noirs grimoires; mais moi je ne tire rien que de moi-même.

Après la déposition de Mo'tamid et son départ de Séville, Aboû Bekr mena d'abord une vie errante, puis se rendit dans l'île de Mayorque auprès de Mobachchir el-'Amiri surnommé Nâçir, chez qui il trouva honneur et considération. Il écrivit à la louange de son protecteur

---

(1) Voir sur ce poète Ibn Khallikân, II, 162; III, 188, 192-194, 197, 655; ms 1372 A. F. ar. de la Bibl. N. f. 63 v.; Kotobi, II, 260 (qui le fait mourir à Mayorque en 507, de même qu'Ibn el-Abbâr, *Tekmila*, p. 145); Dhabbi, p. 99, etc.

plusieurs pièces où il déploya tout son talent et dont l'une est écrite dans un genre que personne, à ma connaissance, n'a pratiqué ni avant lui, ni après lui : du commencement à la fin, le premier pied du premier hémistiche (çadr) constitue un *ghazal* et le dernier pied du second hémistiche forme un chant de louange (1). En voici le commencement :

[Kâmil] Sa seule apparition a fait honte à l'éclat du jour; son éclat semble emprunté à la joie (de voir) Mobachchir. Son sourire laisse voir une perle, et je me suis dit que mes éloges procurent pareil éclat (au prince). Elle parle, et son doux langage m'est aussi agréable que l'odeur parfumée du musc. Sa conversation à demi voix exerce sur moi autant d'influence que les éclats de la voix [du prince] sur la chaire élevée. Après avoir péché, j'ai demandé pardon de ma faute, et elle a agi comme il fait toujours vis à vis du pécheur repentant. Les faveurs qu'elle m'a accordées, c'est pour moi tout autant que le don que fait le [prince] au pauvre qui sollicite. J'ai mis un baiser sur ses lèvres, et je suis resté persuadé que le [prince] m'a autorisé à baiser son petit doigt. Elle a bien voulu se laisser embrasser, et je n'ai vu dans cet acte qu'un bienfait qui coûtait peu aux nobles qualités de ce [prince]. Ce qu'il faut dans le combat, c'est un lion au cœur aussi ferme que ce [prince]; ce qu'il faut dans une réunion, ce sont des sentiments aussi doux que les siens; les épées (ou *regards*) au-dessous de ses boucles, j'imagine qu'il n'y a sur terre rien de plus dur. Elle m'apparait aussi belle sous son voile que le peut paraître à ce [prince] le guerrier revêtu de sa cotte de mailles. Si elle s'orne de sa ceinture, c'est comme quand il revêt une cuirasse qui laisse derrière soi une traînée d'ombre au lieu de poussière. Elle a cligné d'un sourcil un peu dur comme celui du [prince]; elle met un peu de l'ardeur de l'œil du [prince] dans son regard bienveillant. Du coin de l'œil, elle me fait signe, et je me figure qu'il dégaîne la lame polie de son épée. Elle dépose sur des sièges ses vêtements rembourrés semblables aux selles dont il charge les nobles et maigres coursiers. Est-elle de Râma (2) ou de Rome,

---

(1) L'auteur se serait exprimé plus correctement en parlant, d'une manière un peu plus générale, du commencement et de la fin de chaque vers.

(2) Râma est une localité d'Arabie dont le nom n'est probablement amené que par l'allitération (Meráçid, 1, 456; C. de Perceval, *Essai*, II, 273).

appartient-elle à la race de No'mân ou à celle de César, je l'ignore ; [P. 106] mais de cette fille de rois tu peux dire qu'elle descend de Kesra le Persan ou des Tobba' Yéménites. J'ai, à cause d'elle, traité en ennemis les plus distingués des miens, et je ne les ai plus regardés comme appartenant ni à mon pays, ni à ma famille : tels nous voyons les humains se transformer en une poussière grise semblable à la mie de pain trempée dans du bouillon. Quand elle m'entoure d'un charbon de sésame (خَمْرَة), je crois voir Mars dans la main de Jupiter. On pourrait prendre ses doigts, tout couverts d'un sang vermeil, pour les glaives de Mobachchir. Sous son vêtement rayé, ce prince renferme la force d''Ali et la décision d'Alexandre.

Tel est l'extrait que j'ai fait de cette poésie. Voici un autre poème érotique à la fois distingué et vif, où il loue ce même prince :

[Kâmil] Pourquoi ton cœur bienveillant ne s'est-il pas tourné vers moi et ne t'a-t-il pas montré un papillon qui se consume sur sa couche ? Je suis réduit sans espoir à mon dernier souffle ; je ne suis plus qu'un esprit détaché du corps. Je me noie dans les pleurs que tu me fais verser ; les larmes me submergent, et pour quel motif? Y a-t-il dans ta formule de salut une ruse cachée qui s'attache au flanc de tes vaines promesses ? Tu es à la fois la mort et la vie ; ta main indifférente distribue la pluie fécondante, tout comme les ardeurs dévorantes du midi. Ta taille a la souplesse et la couleur de la lance, mais tes yeux sont bruns, tandis que le fer de la lance est bleu. On ne voit en toi qu'un bois touffu jusqu'au moment où ton roucoulement te fait reconnaître pour une colombe cendrée. O toi qui as repoussé les tentatives de me consoler que j'ai dirigées de ton côté, nulle flèche n'atteint le but aussi rapidement que tes cils. Si je disposais d'un pouvoir magique ou d'un philtre, j'insinuerais pour quelque temps l'amour dans ton cœur ; [P. 107] tu souffrirais alors, comme je l'ai fait, des tourments d'un violent amour ; tu te montrerais compatissante et douce à cause de ta souffrance même. C'est en toi qu'est mon corps et non dans sa tombe, car il ne peut (toujours) tourner les yeux vers une image. J'excuse ton fantôme puisqu'il ne procède pas par divination, de confondre ma maison et ma tombe. Tu as tari en moi toute source de vie, et tandis que mon sang coule, mon amour continue de fleurir. Ainsi palpite mon cœur, quand les étendards du prince Mobachchir viennent le couvrir de leurs plis.

Voici en quels termes ce même poème décrit les régates de l'équinoxe d'automne :

[Kâmil] Bienvenu soit l'équinoxe d'automne, que tu sais fêter avec tant d'éclat ! On voit alors voler des sirènes aux ailes noires comme celles du corbeau, tandis que les autres (embarcations) sont autant de gerfauts. On voit sur la mer une armée aussi mobile que cet élément et se déversant comme lui ; on voit les guerriers montés sur des navires aussi rapides que des chevaux vainqueurs aux courses, et dont ils remplissent l'intérieur et l'extérieur ; on voit arriver ces navires, nombreux comme des nuages, plongeant dans l'abîme maritime et s'y dirigeant, tels que des chamelles apparaissant dans le mirage. O merveille ! jamais, avant d'avoir assisté à ce spectacle, je n'avais cru que des barques pouvaient porter de féroces lions. Les rames qu'agitent ces vaisseaux pour se diriger vers toi sont comme les cils d'un œil tourné vers l'étoile directrice, ou comme les *kalam* d'un scribe gouvernemental qui tracent de gros caractères au beau milieu de la page.

En outre de ce poème, qui renferme de nombreuses beautés, citons encore des extraits d'une de ses k'acîda amoureuses :

[T"awil] Mon cœur est affligé et tracassé à cause de cette belle, car quelque bien gardé qu'on soit, l'amour a son heure chez les jeunes gens. Mon souffle même est si faible qu'il disparaît et cesse de se faire entendre, et pourtant mon corps est moins visible et moins bruyant encore. Mes membres sont comme morts, mais sa coquetterie est toujours vivante ; l'ardent désir que j'ai pour lui est toujours en vie, mais ma patience est morte. J'ai fait de mon cœur le fourreau de ses cils tranchants comme des glaives et qui, en dégainant, le consument d'une ardeur sans nom. [P. 108] Quand ils veulent me quitter, mes bassesses ne peuvent les empêcher de fuir vers l'horizon ; quand, misérable, je leur raconte mes peines, ils ne répondent que par leur silence indifférent. Tout lien n'est pourtant pas rompu entre nous, car la débordante jeunesse est un champ propice au myrte (de l'amour).

Voici le début d'un très beau poème où ce poète loue Mobachchir Nâçir ed-Dawla :

[Kâmil] Dans ce clair printemps à l'atmosphère légère, contemple la splendeur du ciel et de la terre ; la rose y ressemble au meilleur vin dont le mélange avec de l'eau est comme l'essence extraite de cette fleur, où je verrais, si elle restait toujours fraîche, la joue, colorée par la pudeur, de mon ami. Que dis-je ? Nulle comparaison n'est possible entre la rose et la joue de celui dont les sentiments pour toi ne changent pas ; les qualités de la rose ne sont rien au regard des siennes, le gazouillement de l'oiseau n'est rien auprès du sien. Les mouvements de son cou, la grâce de son visage sont comme l'apparition d'une aurore parfumée de myrte. Sa rencontre pénètre toutes les âmes d'une joie qui dure aussi longtemps que le parfum qu'il porte avec lui. La passion a fait de mon corps comme une ombre, tant il est devenu léger et se montre peu.

Deux des plus beaux vers que je me rappelle de lui sont consacrés à décrire un grain de beauté :

[Basit'] Un grain de beauté est venu orner sa joue et ne fait qu'augmenter la violence de mon amour. On dirait qu'à sa vue mon cœur a projeté du sang pour le faire se figer sur sa joue.

Ibn el-Labbâna est auteur de nombreuses et excellentes poésies que je m'abstiens de rapporter par crainte de longueur et aussi parce que ce n'est pas à ce sujet qu'est consacré le présent ouvrage. Nous n'en avons cité que ce qui était amené forcément par le fil du discours, et nous reprenons maintenant le récit des faits concernant Mo'tamid.

On m'a raconté que peu de mois avant la catastrophe qui frappa les 'Abbâdides, un homme qui était à Cordoue, vit en songe un autre homme monter dans la chaire de la mosquée, se tourner vers l'assistance et réciter en élevant la voix, ces deux vers :

[Ramal] Maintes fois on a vu des gens au faîte des honneurs faire fi de ce qu'ils avaient de plus précieux. Le destin ne s'occupa d'abord pas d'eux, mais le jour où il regarda de leur côté, il leur fit verser des larmes de sang (1).

---

(1) Voir *Abbad.* I, 305 et 343 ; Ibn Khallikân, III, 197.

[P. 109] Or peu de mois après arrivèrent les malheurs que l'on sait, et le destin fit, comme il vient d'être dit, verser à ces princes bien des larmes.

La situation de Mo'tamid à Aghmât était telle que ses femmes préférées et ses filles les plus chères durent se mettre à filer pour le compte d'autrui à l'effet d'améliorer un peu l'état de gêne où elles étaient réduites; elles travaillèrent (1) entre autres pour un bas officier de la garde de leur père, officier qui précédait le souverain dans les rues pour faire ranger le peuple et qui ne le voyait que dans ces sorties. La principale des femmes de Mo'tamid, mère de ses fils, étant tombée malade à un moment où le vizir Aboû' l-'Alâ Zohr b. 'Abd el-Melik b. Zohr (2), appelé pour soigner le Prince des musulmans, se trouvait à Merrâkech, le prince déchu écrivit au médecin pour le prier de venir se rendre compte par lui-même de l'état de la malade. Il reçut de lui une réponse affirmative dans laquelle il était traité avec les honneurs dûs à son rang et où, entre autres choses, il lui était souhaité longue vie. Mo'tamid dit à ce propos :

[Wâfir] Des vœux de longue vie! Mais un captif peut-il désirer vivre? La mort n'est-elle pas préférable à une vie qui apporte sans cesse de nouveaux tourments! Il y en a qui peuvent chercher l'amour; moi je ne demande que la mort. Puis-je souhaiter de vivre pour voir mes filles manquer de vêtements et de chaussures, servir la fille de celui dont le principal service était d'annoncer ma venue quand je me montrais en public, d'écarter les gens qui se pressaient sur mon passage, de les contenir quand ils encombraient la cour de mon palais, de galoper à droite et à gauche pour faire ranger l'armée que je passais en revue, de prendre soin qu'aucun soldat ne sortît des rangs ! Mais ton vœu part d'un cœur pur, il m'a fait du bien. Puisse Dieu te récompenser, Aboû' l'-Alâ ! puissent la grandeur

---

(1) La correction grammaticale de ce passage laisse à désirer; peut-être faut-il entendre ce qui est dit là de *la* fille préférée de Mo'tamid (cf. Ibn Khallikân, III, 195; *Mus. d'Esp.*, IV, 274).

(2) C'est le grand père, † 525, de celui que nous appelons Avenzoar (Ibn Khall., III, 137 ; *Çila*, p. 76).

(*'Alâ*) et les bienfaits devenir ton lot ! La pensée que tout passe fait que je regretterai moins ce que je n'ai plus.

[P. 110] Ibn el-Labbâna, pendant son séjour à Aghmât, rendit assidûment ses devoirs au prince et lui témoigna toute sa reconnaissance pour les bienfaits dont il lui était redevable. Quand il fut résolu à partir, Mo'tamid, qui l'avait vu avec plaisir, épuisa ses dernières ressources pour lui envoyer vingt *mithk'âl* et deux pièces d'étoffe, envoi qu'il accompagna de ces vers :

[Wâfir] La main d'un captif t'adresse cet insignifiant cadeau, dont l'acceptation sera la meilleure preuve de ta reconnaissance ; reçois ce qu'il rougit de t'offrir, bien qu'il ait pour excuse sa pauvreté. Ne t'étonne pas du malheur qui l'accable, puisqu'on voit la lune elle-même s'éclipser. Espère, pour le voir en meilleur état, que se manifestera l'effet de sa libéralité ; car combien de blessés ses mains n'ont-elles pas remis sur pied ! que de gens d'humble condition son noble caractère a su élever ! que d'émirs la pointe de son glaive a su abaisser ! que de chaires ont vu leurs degrés les plus élevés lui adresser leurs vœux, que de trônes ont fait de même, au temps où de vaillants cavaliers se détachaient de ses côtés pour se précipiter à l'envi sur l'ennemi et le livrer à la mort destructrice ! Mais le malheur a abaissé son regard sur lui et lui a enlevé toutes ces grandeurs sans pareilles. A la félicité a succédé l'infortune, conformément à l'ordre des décrets du Tout Puissant. Que d'heureux a faits la seule volonté de ce (prince), que d'hommes sont devenus célèbres grâce à sa renommée, au temps où des rois, cherchant maintenant à se faire protéger contre les coups du sort, se disputaient à l'envi quelqu'une de ses faveurs ! Grâce aux braves (qui l'entouraient) toute appréhension était bannie, et mieux valait être auprès de lui qu'à Thabîr (1).

Mais Ibn el-Labbâna refusa ce cadeau et le retourna au prince, en même temps qu'il répondit à ses vers par les suivants :

---

(1) Abbad. I, 309 et 347; III, 139 et 150; Ibn Khallik. III, 194. Les trois derniers vers (à partir de « que d'heureux.... ») paraissent être ou interposés ou transposés ; leur place semble être à la suite du septième (après « .... la mort destructrice ! »). — Thabîr est le nom d'une montagne de la Mekke.

[Wâfir] Tu as affaire à un homme d'honneur; laisse-moi donc avec les sentiments que ressent mon cœur pour toi. Puissé-je renoncer à l'amour que j'ai pour toi et qui constitue la moitié de ma religion si jamais les vêtements que je porte recouvrent un traître! puissé-je rester à jamais la victime du malheur si je reçois quelque chose d'un captif! Je voyage, mais ce n'est pas dans un but intéressé ; Dieu me garde d'une conduite si vile! [P. 111] Quand la reconnaissance, si vive soit-elle, a un bienfait pour cause, où est le mérite de se montrer reconnaissant? Comme Djadhîma la fortune t'a trompé, mais je ne serai pour toi pas moins que K'açîr (1). Ta générosité m'est mieux connue qu'à toi-même, car (souvent) je me suis mis à son ombre pour m'abriter des ardeurs (de la mauvaise fortune). Malgré tes dispositions généreuses, la médiocrité de ta situation te lie les mains. Pour pouvoir, avec peu de chose, donner beaucoup, tu recours à des ruses inspirées par tes généreux instincts. Parler de toi, c'est parler du remarquable *nab'* (2) et des magnifiques fleurs qu'il nous donne à cueillir. J'admire que, plongé comme tu l'es dans les ténèbres, tu dresses le phare dont la lumière appelle les nécessiteux. Aie patience ! tu pourras me combler de joie, car (bientôt) tu monteras sur le trône, tu m'installeras au rang le plus élevé le jour où tu rentreras dans tes palais. Ta générosité dépassera alors celle d'Ibn Merwân, et mon talent, celui de Djerîr (3). Prépare-toi à reprendre ton rang, car l'éclipse n'obscurcit pas toujours la lune (4).

Mo'tamid répondit par ces vers :

[Khafîf] A la fois rebelle et reconnaissant vis-à-vis de moi, il a refusé mon cadeau; son injuste conduite mérite à la fois le blâme et la reconnaissance. La crainte d'empirer mon sort lui a fait refuser mon faible cadeau ; il mérite donc d'être traité durement, puisqu'il

---

(1) C'est-à-dire je serai pour toi un compagnon sur lequel tu peux compter. Sur les événements auxquels cette expression fait allusion, voir notamment C. de Perceval, II, 30; Meydâni, I, 424.

(2) Arbuste renommé pour la qualité des arcs et des flèches qu'on tire de son bois *(Chrestom.* de Sacy, III, 239 ; *Colliers d'or* de Zamakhchari, éd. Barbier de Meynard, p. 52, etc.).

(3) Le poète Djerîr était le favori du khalife 'Abd el-Melik b. Merwân, et mourut en 110 ; une notice lui est consacrée par Ibn Khallikân, 1, 294.

(4) Cf. *Abbad.*, I, 310 et 347; III, 150 ; Ibn Khallikân, III, 195 ; *Mus. d'Espagne*, IV, 280.

veut m'épargner des choses sans valeur. Si d'un côté je le loue, de l'autre je ne puis que le blâmer soit en pensée, soit en paroles. Puissions-nous, ô Aboû-Bekr, ne jamais manquer dans nos malheurs d'un ami de réserve tel que toi, d'une fidélité si rare! Mais de quelle utilité peuvent être les soins d'un ami compatissant? Je meurs de misère et n'ai plus à la redouter (1).

A quoi Ibn el-Labbâna répondit :

[Khafîf] O prince illustre, généreux comme l'ondée bienfaisante, ce n'est que par respect que je t'ai renvoyé ton cadeau! A Dieu ne plaise que j'augmente la détresse d'un homme généreux qui soulagea tant de pauvres et qui lui-même se plaint maintenant de la pauvreté! Je ne veux pas par un traitement injuste augmenter ses peines ; puisse le destin me trahir si jamais je trompe personne ! Que n'ai-je la force nécessaire, un pilastre sur lequel m'appuyer (2), pour te montrer ma fidélité qui aujourd'hui se tient dans l'ombre ! [P. 112] C'est toi qui m'as enseigné la manière d'agir des grands, si bien qu'aujourd'hui la noblesse de mes sentiments lutte avec les astres eux-mêmes. J'ai fait ainsi un marché assez avantageux pour que je puisse renoncer aux vêtements qui couvrent mon corps et ne plus m'envelopper que de gloire. Tes aimables paroles me suffisent ; pourquoi chercherais-je de l'or quand je trouve des perles ? Puisse la mort t'épargner et laisser ainsi en vie tous les nobles sentiments ! Puisse Dieu refuser, après ta mort, une seule goutte d'eau à la terre ! (3).

Voici quelques-uns des vers que Mo'tamid composa peu avant sa mort et qu'il fit écrire sur son tombeau :

[Basît'] O tombeau d'étranger, que la pluie t'arrose soir et matin ! Tu as bien fait de prendre le corps d'Ibn 'Abbâd, de ce corps où se trouvaient à la fois douceur, science et générosité, de ce prince qui nourrissait les affamés et abreuvait les altérés, qui, dans les combats, savait employer la lance, l'épée et la flèche ; tu as bien fait de prendre le lion ardent à verser la mort impitoyable, Destin quand il s'agissait de vengeance, océan de générosité, lumière dans l'obscurité, directeur dans les assemblées. Oui, c'est bien là une justice

---

(1) Voir *Abbad.*, I, 311, 350 ; III, 140, 150.
(2) Expression empruntée au Koran, XI, 82.
(3) Voir *Abbad.*, I, 311, 350 ; III, 140, 151.

que m'a rendue un arrêt du ciel et qui m'est venue à son heure. Avant d'avoir vu ce brancard, j'ignorais que des [hommes semblables aux] montagnes pussent s'avancer en chancelant, portés sur des montants. Traite bien celui dont la générosité t'est confiée, et l'éclair sinueux et grondant ne passera pas sans l'arroser, il versera soir et matin des larmes sur le frère dont la libéralité repose maintenant sous la terre. La rosée versera libéralement sur toi des pleurs venant d'astres qui ne lui donnèrent pas le bonheur. Puissent les grâces divines ne cesser de se répandre sans limites sur celui que tu recèles ! (1).

Mo'tamid avait un fils (2) surnommé d'abord Fakhr ed-Dawla, ' qu'il avait élevé pour lui succéder au trône et qu'il avait déclaré son héritier présomptif sous le surnom de Mo'ayyed b. Naçr Allâh. Mais la catastrophe finale l'empêcha de réaliser son projet, et les arrêts célestes arrêtèrent ses intentions. ' Aussi, quelque temps après la chute de son père, se décida-t-il à aller au *soûk'* et à apprendre le métier d'orfèvre. Mohammed b. el-Labbâna, le poète de son père cité plus haut, étant venu à passer auprès de lui, dit à ce propos :

[Basit']. La situation misérable où nous te retrouvons perce le cœur de chagrin, arrache à l'œil des larmes de sang. Les perles du collier de nos souhaits se sont éparpillées, notre appui le plus solide nous fait défaut. [P. 113] Que nous te plaignons, ô Fakhr el-Hoda ! Quel affreux malheur s'est abattu sur quelqu'un qui avait un si haut rang ! Te voilà le cou pris dans les vicissitudes du sort, toi qui nous as si souvent passé au cou le collier des bienfaits ! D'un palais semblable à celui d'Irem tu as passé dans la boutique de l'adversité (3). Tu emploies maintenant à remuer des outils d'orfèvre des mains qui ne savaient que répandre des dons et se servir de l'épée et de la plume. J'ai vu le temps où tu tendais ta main à baiser et où tu aurais méprisé les Pléiades elles-mêmes si elles avaient pu donner un baiser. O orfèvre à qui les plus hautes dignités servaient autrefois de

---

(1) Voir *Abbad.*, I, 307, 342 ; III, 137, 149 ; *I·lâm* d'Ibn Khati'b fol. 138.

(2) D'autres disent un petit-fils (*Abbad.* I, 372 ; Ibn Khallik. III, 197).

(3) Allusion au Koran, LXXXIX, 5-7 et LXIX, 4.

bijoux et que paraient tous les ornements! Je ne serai pas plus épouvanté d'entendre les anges souffler dans les trompettes du jugement dernier que de te voir maintenant occupé à souffler sur le charbon. J'eusse préféré que mes yeux, plutôt que de voir pareil spectacle, en fussent réduits à se plaindre de leur cécité. Mais la fortune, en t'abaissant, n'a pu t'avilir ni diminuer la noblesse de ton caractère. Brille par tes belles qualités comme une étoile, si tu ne peux briller comme la lune ; reste à la hauteur d'une colline si tu ne peux t'élever comme une montagne! Sois patient, car souvent on a à s'applaudir d'une issue désespérée ; à supporter patiemment ce qu'on ne peut éviter, on est loué quand les circonstances difficiles sont passées. Je le jure, les étoiles devraient, si elles te traitaient avec justice, s'éclipser ; les nuages devraient, s'ils t'étaient fidèles, verser des pleurs abondants. Ton histoire devrait faire pleurer jusqu'aux perles, auxquelles tu ressembles par ta famille, ton langage et ton sourire. Plus d'un brillant parterre s'est dépouillé de ses fleurs par suite de la jalousie que lui inspirent tes brillantes qualités, par lesquelles tu lui ressembles. Le myrte d'abord florissant s'est flétri quand il a vu dépérir l'éclat que tu avais commun avec lui. La fortune s'est montrée sans pitié pour ton mérite ; puisse-t-elle aussi n'en montrer aucune à quiconque ne te plaint pas ! Ta sœur, l'aurore, a beau monter à l'horizon avec le soleil brillant de lumière, elle reste sans éclat tant que tu restes dans l'obscurité (1).

Le peu de renseignements que nous venons de donner sur l'histoire de Mo'tamid et les faits s'y rattachant, bien qu'étrangers à notre sujet, ont été amenés par notre désir de prouver ce que nous avons avancé touchant son mérite, sa culture littéraire et sa préférence pour ce genre de connaissances; nous avons aussi voulu relier entre eux les faits antérieurs de l'histoire d'Espagne et ceux qui concernent les Almoravides et Yoûsof b. Tâchefîn ; un troisième motif, enfin, a été de montrer comment Mo'tamid était tombé de la célébrité dans l'obscurité, d'une haute à une basse situation, [P. 114] d'une généreuse prodigalité à un état de gêne, et de faire ressortir l'une des nombreuses leçons que nous donne la fortune, l'un de ces avertissements qui font

---

(1) Voir Ibn Khallikân, III, 197 ; *Abbad.* I, 321, 372 ; III, 162.

que le sage tient pour peu de chose les biens de ce monde.

Yoûsof b. Tâchefîn devint le maître absolu de l'Espagne sitôt qu'il se fut emparé de Mo'tamid, qui était le principal chef de ce pays, le prince le plus puissant, la grosse perle de ce collier. Les troupes du vainqueur envahirent les diverses principautés les unes après les autres, si bien que toute la Péninsule reconnut leur autorité. Dans les premiers temps, ils montrèrent à châtier les ennemis, à défendre les musulmans et à protéger les frontières, un zèle qui fit croire à leur sincérité et qui remplit de joie tous les cœurs ; la population les en aima davantage, et la crainte des rois chrétiens s'augmenta d'autant. Cependant Yoûsof b. Tâchefîn envoyait sans cesse des corps de troupes et de cavalerie et ne manquait pas de répéter à chacune de ses audiences les propos suivants et autres analogues : « Délivrer la Péninsule des chrétiens, tel a été notre seul but quand nous avons vu d'une part qu'ils en étaient devenus presque entièrement les maîtres, et d'autre part quelle était l'incurie des princes musulmans, leur peu d'ardeur à faire la guerre, leurs dissensions intestines, leur amour du repos ; chacun d'eux n'avait d'autre souci que de vider des coupes, d'entendre des chanteuses, de passer sa vie à s'amuser. Pour peu que je vive, je saurai rendre aux Musulmans toutes les provinces que leur ont prises les chrétiens pendant cette calamiteuse période, je les remplirai, pour combattre nos ennemis, de cavaliers et de fantassins qui ignorent le repos, qui ne savent ce que c'est que de vivre mollement, qui ne songent qu'à dresser et entraîner leurs chevaux, qu'à soigner leurs armes, qu'à se précipiter à l'appel qu'on leur adresse. » Ces propos parvinrent aux oreilles des chrétiens, dont la crainte augmenta et dont l'espoir de conquérir les territoires musulmans et même celui de garder ce qu'ils avaient, diminua. Quand Yoûsof eut conquis la Péninsule hispanique et que celle-ci tout entière lui obéit sans conteste, on le plaça au nombre des rois et il mérita le titre de sultan ; lui et les siens reçurent le nom de *Morâbiṭoûn* (Almoravides) [P. 115], et ce prince ainsi que son fils furent classés parmi les rois les plus puissants, car l'Espagne est la (vraie) capitale, le centre du Maghreb el-Aḳ'ça, la source de ses mérites ; la généralité des gens de talent de toute sorte en tirent leur origine et sont regardés comme lui appartenant ; ' c'est dans ce pays que se lèvent les soleils et les lunes des sciences, il est le centre et le pivot des talents ; nul climat n'a de température plus égale, un air plus pur, des eaux meilleures, des plantes plus odorantes, des rosées plus abondantes, des matinées plus agréables, des soirées plus douces. '

[Basîṭ'] Mon cœur s'échappe de ma poitrine, tant il désire ce pays et ses habitants. Parler d'eux est aussi doux pour moi que de cueillir une rose : mais sera-t-il aussi doux de les rencontrer que de cueillir le myrte ?

Les plus remarquables des savants espagnols de tous les genres se rendirent auprès du Prince des musulmans, si bien que sa cour ressemblait à celle des Abbassides à leurs débuts, et que ce prince et son fils étaient entourés d'une telle affluence des plus remarquables secrétaires et littérateurs que jamais aucun siècle ne vit pareille chose. Parmi les secrétaires de Yoûsof était celui qui avait rempli cet office auprès de Mo'tamid 'ala'llâh, je veux dire Aboû Bekr connu sous le nom d'Ibn el-K'açîra (1), qui était des plus éloquents et le maître incontesté de l'art de la rhétorique ; fidèle à la manière des secrétaires d'autrefois, il recherchait les expressions élégantes et le sens propre, sans verser dans l'habitude moderne de la prose rimée ; tout au moins emploie-t-il

---

(1) Sur Aboû Bekr Moḥ'ammed b. Soleymân b. el-K'açîra, voir la *Çila*, p. 512 ; *Abbad.* I, 81 ; le ms 1376, Anc. F. ar. de la Bibl. nat., f. 107 v°.

celle-ci si rarement qu'on le lui pardonne sans peine. J'ai vu de lui plusieurs missives écrites au nom de Mo'tamid et qui confirment mon dire, mais ma mémoire ne m'en rappelle plus aucune.

Après Aboû Bekr, Yoûsof ou son fils (1) eut aussi comme secrétaire l'illustre vizir Aboû Moh'ammed 'Abd el-Medjîd b. 'Abdoûn, dont nous avons assez parlé pour n'avoir pas besoin de nous répéter ici. Avant d'occuper le poste de secrétaire auprès de l'un ou l'autre de ces deux princes, Ibn 'Abdoûn remplissait les mêmes fonctions auprès de l'émîr Sîr b. Aboû Bekr b. Tâchefîn, qui conquit Séville sur Mo'tamid 'ala'llâh, et dont il ne quitta le service que quand le Prince des musulmans l'attacha au sien. [P. 11] Voici l'épître par laquelle il fit part à ce dernier, au nom de Sîr, de la conquête faite par ce général de la ville de Santarem, puisse Dieu nous la rendre !
« Veuille Dieu faire durer le règne du Prince des musulmans, du protecteur de la religion Aboû 'l-H'asan 'Ali b. Yoûsof b. Tâchefîn, dont les étendards flottent pour protéger la religion, dont les ordres écrits parviennent aux sept climats ! Cette lettre vient de l'intérieur de la ville de Santarem, car Dieu vient de nous la faire conquérir, grâce à ta bonne conduite et à l'esprit qui t'anime à l'égard des musulmans. A Dieu, le seigneur des mondes soient des louanges qui absorbent tous les mots exprimant cette idée et dont l'intelligence ne puisse rien concevoir, louanges incomparables et indéfinissables, que ne peuvent mesurer ni comparaison ni conjecture, par excès d'exclusion ou de compréhension ; qu'aucune des deux mains, soit en lettres soit en chiffres, ne peut exprimer ; que nulle borne ne peut contenir, à laquelle l'éternité ne peut mettre de fin, dont aucun chiffre ne peut faire le compte, qu'on ne peut commencer sans être forcé de toujours les poursuivre ! Sur son serviteur

---

(1) C'est d'"Ali b. Yoûsof qu'Ibn 'Abdoûn devint secrétaire (Dozy, *Commentaire historique sur le poème d'Ibn 'Abdoun*, p. 2).

Moh'ammed, à qui il a confié sa révélation, qui a publié ses ordres et ses défenses, ordonnateur de son peuple, imâm des imâms, le meilleur des Adamites, la gloire du monde et des humains, nous faisons des prières parfaites, nous adressons des souhaits complets qui s'épanouissent comme la fleur sortant de son calice et qui se répandent comme l'odeur du musc dont le flacon est débouché. Il a proclamé l'unité de Dieu, a fait connaître à la fois ses promesses et ses menaces ; il a publié et mis au jour la vérité, il a averti et dirigé toutes les créatures, [P. 117] sauf celles que marquaient les paroles de réprobation et à qui les décrets divins assignaient le malheur. A sa religion, le Tout Puissant — que ses noms soient glorifiés, que sa grandeur soit exaltée ! — a donné la suprématie sur toutes les autres, en dépit de la Croix et malgré la résistance des idoles ; il a pour nous réalisé ses promesses, il nous a secourus du vivant du Prophète et après sa mort, il a rendu cette Péninsule à l'Islâm d'abord désuni et déchiré, il a détruit les bornes milliaires que le polythéisme avait d'abord établies et fixées, il a expulsé de leurs forts et livré à nos mains les chrétiens infidèles, que nous tenons par les pieds et par les cheveux.

« La forteresse de Santarem — puisse Dieu faire durer l'empire du Prince des musulmans ! — était un des repaires les mieux fortifiés des polythéïstes, un des plus solides forts dirigés contre les musulmans. D'après ton plan que nous avons suivi, sous ta direction qui nous a suffi, nous n'avons cessé de tenter d'extraire cette épine, de dégrossir cette souche, de nous y reprendre à plusieurs fois, de nous hâter avec (une sage) lenteur, de détruire successivement ses plus braves guerriers, de dévorer petit à petit ses plus vaillants héros, de nous plonger dans les abîmes de la lutte et les mers de la mêlée, jusqu'à ce que nous ayons abattu leurs corps et pris leurs âmes ; nous n'avons cessé d'offrir leurs têtes aux pointes de nos lances et leurs âmes aux feux de la géhenne, de les livrer grâce au tranchant de nos glaives Yéménites à l'ardeur des flammes, de soulever à force de zèle et d'ardeur le voile de leur vile astuce, d'aplanir grâce à nos prières au Dieu éternel et tout puissant la hauteur de leur orgueilleuse puissance. Quand nous vîmes que cette forteresse, célèbre entre toutes et dont l'emplacement domine la région, était gravement malade et ne pouvait plus guérir, nous nous enquîmes auprès de Dieu si nous devions l'attaquer ; nous lui demandâmes avec ferveur de faciliter notre dessein et de ne pas nous laisser livrés à nos propres forces, encore que nos vies soient vouées à défendre son culte et consacrées à faire pour Lui ce qui plaît comme ce qui répugne. [P. 118] Nous fîmes alors une attaque désespérée à un moment où toutes les routes étaient fermées et où, grâce à la puissance divine, nul stratagème ne pouvait réussir aux assiégés, à l'heure où la Fortune souriante découvrait ses dents crochues et où, sortie des marais et des torrents, elle marchait d'un pas assuré. Alors nous nous installâmes dans l'enceinte de cette ville, en un jour de malheur pour ses habitants ; avec l'âpreté au gain du mercenaire qui fait ses comptes, nous les attaquions sans cesse, sans leur donner d'autre délai que celui qu'accorde l'homme respectueux observateur des ordres de Dieu ; dans toutes les directions, nous faisions piller par nos troupes, qui se précipitaient les mains vides sur les vaincus et nous revenaient lourdement chargées ; aussi la terreur remplissait-elle le cœur des ennemis, et les richesses les mains de nos amis. Nous fîmes vendre les captifs et les dépouilles à portée de la vue et de l'ouïe des habitants des deux sexes, ce qui calma d'autant leur violence et ralentit leur ardeur. Lorsqu'ils se furent réfugiés dans les étroites cachettes que leur laissait notre poursuite, que la perdition les eut plongés dans la mer de ses terreurs, que l'affliction se fut emparée d'eux, que le décret de la colère divine eut manifesté les bouillonnements de sa colère, quand la nuit de leur malheur n'eut plus d'aurore à attendre et que leur adversité n'eut plus à espérer de porte de sortie, — alors ils préférèrent l'humiliation à la mort, la soumission à l'esclavage ; ils aimèrent mieux livrer leurs femmes et leurs enfants, se soustraire aux plis du linceul funéraire et aux secrets du tombeau, si pénibles que fussent les conditions (1). La mort, nous l'avons dit, avait atteint les plus braves de leurs chefs, les plus vaillants de leurs cavaliers ; il ne restait plus qu'une poignée d'hommes, une faible troupe de gens de rien dont la vie ne pouvait nuire à aucun fidèle, dont le salut ne pouvait réjouir aucun infidèle. Alors, leur épargnant une mort qui eût été préférable, nous les livrâmes à la honte de l'abjection, les tirant des épreuves du siège, nous les livrâmes à l'avilissement de la captivité ; nous consentîmes à leur demande d'avoir la vie sauve, après qu'ils nous eurent fait humblement transmettre leur rançon par leurs émissaires ; [P. 119] nous oubliâmes leur conduite antérieure en considération de leur conduite présente ; nous leur pardonnâmes pour suggérer ce qu'ils doivent faire à ceux qui, ayant suivi leur mauvais exemple, seront bientôt, avec la permission divine, assiégés par nous.

« La forteresse au solide emplacement de laquelle nous sommes parvenus et que nous avons réduite, constitue une ville de la plus grande étendue et d'une fertilité depuis longtemps établie, constante et régulière ; elle ignore la disette ni rien qui y ressemble. Elle élève ses sommets plus haut que les Pléiades et plonge ses solides fondements dans le sous-sol ; ses fleurs rivalisent d'éclat avec les astres célestes, elle glisse ses secrets dans l'oreille même d'Orion. Les endroits où tombe la pluie, qui partout ailleurs sont de couleur poussiéreuse ou grise, sont ici brillants et d'une humidité luisante ;

---

(1) Sur l'expression du texte « la gorgée du menton, » voir Meydâni, II, 200 ; Abdallatif, éd. de Sacy, p. 390.

les lieux où se projette la lumière du soleil levant, qui ailleurs sont d'un noir tremblotant, sont ici d'un éclat lumineux et intense. Elle avait pu autrefois résister à un grand empereur, qui l'assiégea avec des troupes plus innombrables que les gouttes de pluie, qui voulut s'en emparer à l'aide d'auxiliaires plus nombreux que les vagues de l'Océan ; mais elle refusa obstinément de lui obéir, elle s'opiniâtra à se soustraire à son autorité, elle se raidit contre lui comme on se raidit contre un malheur. Mais Dieu, qu'il soit exalté ! nous a rendus maîtres de ses sommets, il a en notre faveur fait descendre de ses tours les cavaliers qui les défendaient. »

Parmi ses épîtres familières, en voici une qu'il adressa à Aboù 'Abd Allâh Moh'ammed b. Aboù 'l-Khiçâl (1) pour lui demander son amitié et lier avec lui des relations de fraternité. « Vis-à-vis de mon puissant soutien, dont Dieu éternise la gloire ! je suis comme l'exilé courbé sous la peine et réfugié dans un bas fond du Tihama, ignorant qu'il est de son vent stérilisant et de sa chaleur intolérable, dans cette région dont le mirage asphyxiant et la sécheresse brûlante le plongent dans un bain chaud, [P. 120] et dont l'intense ardeur le mettrait aux portes du tombeau si le Miséricordieux ne le rafraîchissait de sa générosité ; il se réfugie alors sur quelqu'une des collines pour demander aux montagnes de Fârân le souffle rafraîchissant de leur zéphyr et, par l'intermédiaire du Nedjd, puiser dans son haleine une fraîcheur qui lui procure une ardeur extatique ; alors il retrouve force et vigueur grâce aux aspirations répétées qu'il fait de ce zéphyr léger et humide. Mon intention n'a pas été, en te parlant comme j'ai fait, de t'enlever le mérite d'avoir commencé, car je me suis borné à faire de l'imitation et à suivre la direction : j'ai voulu m'éclairer à tes

---

(1) Aboù 'Abd Allâh Moh'ammed b. Mas'oùd b. Aboù'l-Khiçâl, † 540, est l'objet d'une notice de Dhabbi, p. 121 ; ms 1376 anc. F. ar. de la Bibl. nat., f. 144.

lumières, faire descendre de ton ciel des astres qui me guident dans les profondes ténèbres où je me trouve, ou des étoiles filantes qui me protègent contre ceux qui veulent surprendre ce que je dis (1).

« Si la colonne qui me sert d'appui daigne me retourner une réponse, je confondrai, à l'aide de ce qu'elle m'aura fait parvenir, la colombe et son roucoulement, les Ançâr et leur poète H'assân (b. Tâbit), les saisons et leur mois de printemps, les T'ayyites et leurs [poètes] Welîd (2) et Habîb (3), les Sa'dites et leurs [poètes] Khâlid et Chebîb, j'arriverai dans ma joie jusqu'à la poche de Mokhârik lui-même (4), grâce à la vivacité que j'en aurai reçue, à l'allégresse que cela m'aura procurée ; je disputerai à Aboû l'-'Atâhiya (5) la palme que lui ont value ses longs vers si connus, ses vers courts si joyeux, je rejetterai loin de moi les chants d'"Abîd (6), je me détournerai dédaigneusement des poésies de Lebîd (7), j'appliquerai aux hommes éloquents de notre temps le proverbe qui stigmatise les chameaux d'Égypte ; je dirai « voilà les Benoû Kâra ; défiez-les au tir, mais rendez-leur justice (8);

---

(1) Allusion au Koran, LXVII, 5 : les étoiles filantes sont lancées des cieux contre les démons, qui veulent surprendre ce qui se dit et ce qui se fait au ciel.

(2) Welîd b. 'Obeyd Bohtori, + 284, est le poète dont parle Ibn Khallikân (III, 657) et qui compila une *H'amâsa* ou anthologie à l'imitation de celle, plus connue, d'Aboû Temmâm H'abib b. Aws, + 231 ; la biographie de ce dernier figure dans Ibn Khallikân, I, 348.

(3) Il semble que ces deux poètes doivent être ceux dont parle l'*Aghâni* (XIX, 52 et XI, 93).

(4) L'avarice de Mokhârik, surnommé Mâdir, a donné naissance à un proverbe rapporté par Meydâni (I, 190).

(5) Ce poète mourut en 211 (*Chrest.* de Sacy, I, 34 ; Ibn Khall., I, 202 ; *Aghâni*, III, 126).

(6) Il est parlé de ce poète dans C. de Perceval (*Essai*, II, 105), sous le nom d'Obayd. La lecture Abîd est fixée par l'allitération du passage ci-dessus.

(7) L'auteur d'une des Mo'allak'ât.

(8) Allusion au proverbe expliqué par Meydâni (II, 257).

voilà l'art suprême, atteignez-y ou du moins parcourez la moitié de la carrière. » Et pourtant, les éclatantes perles géminées (de son style) ne sont pas encore livrées à mon coffret, ses brillantes étoiles ne sont pas encore arrivées jusqu'à la mansion où je suis ; ma main n'a pu encore cueillir ses fruits, mon œil jusqu'à ce jour a été privé de l'éclat de ces (étoiles). La parcimonie (d'Aboù'l-Khiçâl) à m'accorder une perle venant de ses trésors ou une insufflation de sa magique (éloquence), [P. 121] me fait hésiter entre deux suppositions de la vérité desquelles je n'ai ni soupçon ni certitude. Ou bien, me suis-je dit, mon nom lui est venu à l'esprit, mais ne me voyant ni parmi ses pareils ni dans son pays, il aura pensé : « Qu'ai-je de commun avec un tel ? Est-il autre chose qu'un homme d'Occident, encore qu'il se croie de pure race arabe, et l'Occident n'est-il pas, au regard des autres contrées, une simple glose placée entre les lignes ? » — Ou bien peut-être pense-t-il (ce que nulle intelligence ne peut admettre) : « Je vois, mieux que Zark'â elle-même (1), qu'un tel dépasse par sa gloire le griffon même. » Peut-être répète-t-il le vers d'Aboù' l'Alà b. Soleymân, le poète de Ma'arrat en-No'mân (2) :

[Wâfir] « L'ank'à (griffon) est, à mes yeux, trop grand pour qu'on se livre à cette chasse. »

« Je le jure par le printemps pluvieux et les réunions amicales qu'amène cette saison, par les vergers florissants et aux teintes diverses, par le bonheur de la jeunesse, par le pouvoir de l'archet, par les distiques les mieux composés, par les flacons et leur contenu, — et de plusieurs de ces choses par lesquelles je jure je n'ai

---

(1) Zark'â el-Yemâma était réputée pour l'excellence de sa vue, qui était assez perçante pour apercevoir les objets à plusieurs journées de marche (C. de Perceval, I, 100).

(2) Le poète Aboù'l-'Alà Ah'med Tenoûkhi, 363-449 Hég., est l'objet d'une notice d'Ibn Khall., I, 94 ; cf. *Chrest.* de Sacy, III, 89.

pas la libre disposition — je jure, dis-je, que mon nom est pour les gens éloquents et intelligents la même chose que le nom de l'Ankâ, c'est-à-dire un nom qui ne désigne rien, un vocable sans signification. Que diras-tu de moi ? Cette lettre n'est-elle pas le courrier qui précède l'éloge ou le blâme que tu vas m'adresser, qui décidera mes soupçons ou qui me soustraira aux amulettes de ma folie ? C'est elle qui, par la réponse (qu'elle provoquera), va décider souverainement si mon opinion est fausse ou non. Que sur mon soutien glorieux et sur mon imâm soient mes salutations les plus abondantes et les plus humbles, les plus copieuses et les plus promptes, l'obéissance la plus complète et la plus générale, ainsi que la miséricorde et les grâces divines. »

Le vizir Aboû 'Abd Allâh lui répondit par une épître sans pareille dans son genre et où tout était entièrement neuf, bien qu'elle sente un peu la recherche : elle est connue sous le nom de *H'awliyya*, et sa longueur m'empêche de la reproduire ici. Ibn 'Abdoûn [P. 122] est aussi l'auteur d'œuvres remarquables, ' devenues dans nos pays d'une célébrité proverbiale et dont on parle aussi souvent que des vents du midi ou du nord ' (1).

Le Prince des musulmans Yoûsof ne cessa pas, comme nous l'avons dit, de rechercher la guerre contre les infidèles, d'accabler les rois chrétiens et de poursuivre tout ce qui pourrait être utile à l'Espagne, jusqu'au moment de sa mort, survenue dans le cours de l'an 493 (2). Il eut pour successeur son fils 'Ali b. Yoûsof b. Tâchefîn, qui prit comme son père le titre de Prince des musulmans et nomma ses partisans Almoravides (*morâbit'oûn*). A l'exemple de son père, il s'occupa surtout de faire la guerre sainte, de terrifier l'ennemi et de protéger son propre territoire. Sa manière de faire était bonne, et ses

---

(1) Cf. Hoogvliet, *Specimen.... de regia Aphthasidarum familia*, p. 138-151.

(2) Lisez, en 500 (voir l'*Hist. des Berbères*, II, 82).

pensées élevées ; ami de la continence et ennemi de l'injustice, il méritait plus de figurer parmi les ascètes et les ermites que parmi les princes et les conquérants, et accordait toutes ses préférences à ceux qui s'occupaient de l'étude des lois et de la religion. Pendant tout son règne il ne trancha pas une affaire sans en référer aux hommes de loi *(fak'ih)* ; quand il investissait un juge, il ne manquait pas de lui recommander de ne rien décider, de ne rendre aucune sentence, qu'il s'agît d'affaire importante ou non, en dehors de la présence de quatre *fak'ih*. Aussi cette dernière classe d'hommes acquit-elle de son temps une importance beaucoup plus grande que dans la période écoulée depuis la conquête de l'Espagne ; les affaires des musulmans dépendaient d'eux et les jugements, qu'il s'agît de choses importantes ou minimes, étaient rendus par eux. Cette situation dura pendant tout ce règne, et comme les hommes les plus considérables les fréquentaient, les *fak'ih* acquirent de grandes fortunes et firent des gains considérables. C'est à quoi fait allusion Aboù Dja'far Ah'med b. Moh'ammed, connu sous le nom d'Ibn el-Binni (1) et originaire de la ville de Jaën en Espagne :

[Kâmil] Hypocrites ! vous avez gagné la considération dont on vous entoure à la façon du loup qui s'avance dans les ténèbres de la nuit commençante. La doctrine de Mâlek vous a rendus maîtres de ce monde, vous vous êtes servis du nom d'Ibn el-K'âsim (2) pour vous partager tous les biens ; grâce à Achhab (3) vous montez des

---

(1) On trouve quelques renseignements sur ce poète dans Ibn Khallikân, IV, 472 et 478 ; ms. 1376 Anc. F. ar. de Paris, f. 189 ; *Mat'mah' el-anfous*, p. 91.

(2) Aboù 'Abd Allâh 'Abd er-Rah'mân b. el-K'âsim, † 191, est un disciple de l'imâm Mâlek, aussi connu peut-être que son maître ; il colligea la *Modawwana*, recueil fondamental des doctrines mâlekites. Ibn Khallikân (II, 86) entre autres parle de lui.

(3) Aboù 'Amr Achhab b. 'Abd el-'Azîz, † 204, est un autre disciple de Mâlek et devint après Ibn el-K'âsim le chef des Mâlekites en Égypte (Ibn Khallikân, I, 223). Le texte joue sur ce nom et sur celui d'Açbagh d'une manière intraduisible.

chevaux blancs, qui, par la vertu du nom d'Açbagh (1) ont été teints (ou désignés) pour vous servir ici-bas.

[P. 123] Dans ces vers, Aboû Dja'far n'a voulu désigner personne autre que le k'âd'i de Cordoue, Aboû 'Abd Allâh Moh'ammed b. H'amdîn, qu'il a visé en ces termes. Plus tard il le désigna nominativement dans des vers satiriques qui débutent de la sorte :

[Motak'ârib] O antéchrist, voici le moment de la résurrection ; soleil, lève-toi à l'occident ! Ibn Hamdîn voudrait qu'on lui demandât justice, à lui qui est plus éloigné d'un acte de générosité que du ciel même ! Quand on le prie d'appliquer le droit coutumier, il se gratte le derrière pour bien affirmer sa prétention taghlébite (2).

Ce poète a fait encore d'autres vers de ce genre. Il faut savoir que le k'âd'i Aboû 'Abd Allâh b. H'amdîn descendait des Taghleb b. Wâ'il.

Nul n'avait accès auprès du Prince des musulmans ni n'avait sur lui quelque influence que ceux qui connaissaient la science du droit pratique d'après la doctrine Malékite. Aussi les traités de cette école étaient alors en faveur et servaient de guides, à l'exclusion de tout ce qui n'en était pas, si bien qu'on en vint à négliger l'étude du Saint Livre et des traditions *(hadîth)* ; aucun homme célèbre de cette époque ne s'est entièrement occupé de ces deux genres d'études, et l'on allait alors jusqu'à traiter d'impie quiconque s'adonnait à l'une ou l'autre branche de la philosophie scolastique. Les *fak'îh* de l'entourage du prince vilipendaient cette science, affirmaient la répugnance qu'avaient pour elle les premiers musulmans (3) et le soin qu'ils mettaient à éviter quiconque

---

(1) Açbagh b. el-Faradj est un célèbre jurisconsulte mâlekite, † 225, et élève d'Ibn el-K'âsim (Ibn Khall. I, 224).

(2) Peut-être faut-il rapprocher cette expression du proverbe « Rien ne me gratte le dos aussi bien que ma main », pour signifier qu'on n'a confiance en personne (Meydâni, II, 602).

(3) Sur le sens précis du mot سلف voir *Chest.* de Sacy, I, 156, et le *Dict. of the technical terms*, p. 676.

en avait quelque teinture ; c'était, ajoutaient-ils, une nouveauté introduite dans la religion et dont le résultat était souvent pour ses adeptes une altération dans la foi. Ces discours et autres semblables implantèrent dans l'esprit du prince la haine de la théologie et de ceux qui s'y adonnaient, de sorte qu'à chaque instant il envoyait dans le pays des défenses sévères de l'étudier et des menaces à l'adresse de ceux chez qui on trouverait n'importe quel traité sur ce sujet. Quand les ouvrages d'Aboû H'àmid Ghazzàli (1) pénétrèrent dans l'Occident, le prince les fit brûler et menaça de la peine de mort et de la confiscation des biens quiconque serait trouvé détenteur de quelque fragment de ces livres ; les ordres les plus sévères furent donnés à ce sujet.

Dès le début de son règne, 'Ali b. Yoûsof ne cessa pas d'attirer auprès de lui les principaux secrétaires d'Espagne et le fit avec assez de soin [P. 124] pour qu'on les vît autour de lui plus nombreux qu'ils n'avaient été chez aucun autre prince. Tels étaient Aboû'l-K'àsim b. el-Djadd, connu sous le nom d'Ah'dab et qu'on cite parmi les hommes éloquents ; Aboû Bekr Moh'ammed b. Moh'ammed, connu sous le nom d'Ibn el-K'abt'ourna ; Aboû 'Abd Allâh Moh'ammed b. Aboû'l-Khiçàl et son frère Aboû Merwân (2) ; Aboû Moh'ammed 'Abd el-Medjîd b. 'Abdoûn, et bien d'autres hommes célèbres qu'il serait trop long de citer. L'un de ceux qui avaient le plus d'influence et d'autorité auprès de lui était Aboû 'Abd Allâh Moh'ammed b. Aboû'l-Khiçàl (3), et c'était justice, car il a été le dernier secrétaire (digne de ce nom) et l'homme qui a le mieux connu les belles lettres, en outre de la plus profonde science dans le Korân, les traditions,

---

(1) Il s'agit du célèbre auteur de l'*Ih'yà 'oloûm ed-din*, † 505, dont le frère Ah'med, † 520, est également connu. On écrit aussi Ghazâli (Ibn Khallikân, ıı, 621 ; ı, 79).

(2) Il figure dans le ms 1376, Anc. F. ar. de Paris, f. 204.

(3) Cf. Hoogvliet, *l. l.*, p. 152 ; ci-dessus, p. 193.

— 150 —

la *sonna* et les branches annexes. Voici des fragments que je tire d'une lettre écrite par lui en réponse à la demande que lui avait adressée un de ses amis d'un spécimen de son style; cet ami, c'était Aboû'l-H'asan 'Ali b. Bessâm, l'auteur de la *Dhakhira* (1) :

« De la part du seigneur dominateur, du maître éminent — puisse Dieu le combler de ses faveurs, de même qu'il lui a privativement accordé le talent ! — j'ai reçu l'écrit éloquent et la demande qu'il y formule. Si le briquet était resté entre ses mains sans étincelle, que son début fût resté l'œil somnolent, que son expansion eût été restreinte, qu'il y eût eu fraude dans le contrat avantageux [pour lui qu'il veut conclure], — je m'en serais tenu en ce qui le concerne à ce que je puis le mieux faire, et j'aurais gardé mon secret. Mais le souffle de sa magique (éloquence) rend l'ouïe aux sourds et abaisse les puissants (2), fait d'un indompté un animal docile et doux, transforme les rochers eux-mêmes en producteurs d'un lait abondant. Sitôt que ses premières lignes me sont arrivées et que son appel a frappé mon oreille, je me pris à réfléchir, [P. 125] tandis que mon cœur se débattait entre la confiance et la défiance. Alors j'expulsai de leurs tanières des bêtes sauvages, dont la fuite, soulevant la poussière sur celui qui les pourchassait, s'opérait au hasard et dans toutes les directions ; je m'aperçus alors que ce troupeau se composait d'excitation et de crainte, (d'espoir) de réussite et d'hésitation, si bien que la réflexion me désespéra et que les nuées (grosses de promesses de pluie) déçurent mon espoir; il ne resta qu'un faible nuage sans effet utile, qu'une

---

(1) Sur l'auteur de cette anthologie poético-historique, voir notamment le *Journal asiatique*, février 1861. Le quatrième et dernier volume de cet ouvrage paraît être perdu (Cat. des mss arabes de Paris, n°s 3321 et s.).

(2) Je donne au mot اعمص, pl. عمص, un sens qu'autorise la signification de la racine.

mauvaise monnaie d'un usage impossible. Comment un homme tel que moi, sans talent naturel et n'ayant acquis que d'imparfaites connaissances, pourrait-il parler avec éloquence et écrire avec grâce? Si les vestiges de l'art de l'éloquence n'avaient disparu, si la poussière ne les avait envahis, un homme comme moi n'y aurait certes pas eu de part et n'eût réalisé sur ce marché aucun bénéfice; mais ce n'est plus maintenant qu'un champ désolé, une arène envahie par les ignorants. Ainsi agit, à l'égard des hommes, la sagesse divine, qui leur répartit des moyens d'existence variables. Pour moi, puisse Dieu te glorifier! j'estime la valeur de la *Dhakhira* bien supérieure à celle des extraits publiés récemment, je crois qu'elle a atteint son extrême limite et s'est revêtue de tous ses ornements (1). Mais je crains que l'érosion n'attaque ton choix et ne le mine; pour moi, j'en prends Dieu à témoin, il n'est pas dans mes habitudes de fixer ce que j'écris dans une pièce qui arrive (à la postérité). Pour assigner les rangs, il n'y a pas chez nous d'orateur devant qui l'on s'incline et chez qui l'on se précipite, car ce serait là la mort de toute réflexion et l'amoindrissement de la réputation.

« Je sollicite ton indulgence, Dieu puisse te glorifier! car pendant que j'écris ce que tu viens de lire, le sommeil me sollicite, le froid me saisit, le vent agite ma lampe et l'attaque avec une vigueur égale à celle de H'addjâdj, la redressant tantôt en fer de lance, tantôt l'agitant comme une langue, parfois la roulant en boule, puis la déployant [P. 126] en mèche de cheveux; il l'élève en pointe de feu et la courbe en bracelet d'or ou en dard de scorpion; il l'arrondit comme le sourcil d'une jeune beauté qui lance des œillades, il lui fait dominer (la voix d') une femme criarde et ne laisse plus entendre que la sienne; il la fait surgir comme un astre et l'allonge en jet lumineux; puis il détourne son souffle de la mèche, et laisse la

---

(1) Cf. *Abbad*. I, 190.

lumière de la lampe redevenir ce qu'elle était. Mais plus d'une fois il l'a mise dans le même état que l'oreille d'un homme généreux et l'a fait passer par le noir de la pupille de la sauterelle, il l'a de sa main humide de pluie allongée en caractères longs comme l'éclair, dont il a employé l'éclat pour voiler la clarté de la lampe et intercepter son rayonnement. Alors l'œil en est entièrement privé, la main n'a plus rien qui la guide sur le feuillet de papier; seule la nuit reste avec son sombre vêtement piqué de l'or des étoiles, et elle nous couvre de ses voiles, nous plonge dans ses ondes; alors la vue ne sert plus de rien, ce n'est que par la voix qu'on se reconnaît; Zarkâ (1), pour y voir, devrait se passer du collyre sur les yeux, la teinture préparée à l'aide du noir de cette nuit noircirait à jamais des cheveux blancs; de son museau le chien touche sa queue et ne peut reconnaître sa tente ni la corde qui la soutient, il se tortille comme un serpent, il se met en rond et prend la forme circulaire des stries dans le sable; le froid le jette par terre, et le contact du sol le fait gémir; puis ce qui lui était défendu lui devient permis, et ses cris plaintifs et ses aboiements cessent. Le feu est comme le vin pur et généreux ou comme l'ami sincère, comparables tous les deux au merveilleux 'ankâ ou à l'astre du soir. Je m'arrête ici, sachant toute l'indulgence dont tu fais preuve, et je t'envoie mes salutations. »

Le même Aboù 'Abd Allâh est auteur d'un recueil de lettres qu'on trouve entre les mains de tous les littérateurs espagnols 'et qu'ils considèrent comme un modèle à suivre, un guide par lequel il faut se laisser conduire'. Si je ne cite pas les extraits que j'en ai faits, 'c'est par crainte d'une prolixité ennuyeuse, d'un excès troublant'. [P. 127] Lui et son frère restèrent secrétaires du Prince des musulmans jusqu'au jour où celui-ci entra en colère

---

(1) Voir plus haut la n. 1, p. 145.

contre Aboû Merwân et le destitua ; voici à quel propos. Il avait donné l'ordre aux deux frères d'écrire au *djond* de Valence lorsque ces troupes, perdant toute cohésion, finirent par être honteusement battues par le maudit Ibn Rodmîr (1) et par subir des pertes considérables. L'épître célèbre écrite par Aboû 'Abd Allâh, et où il mit tout son talent, fut apprise par cœur en quelque sorte par tous les Espagnols, mais je ne la rapporte pas à cause de sa longueur. Aboû Merwân, de son côté, écrivit sur le même sujet une lettre où il s'exprima, à l'égard des (troupes) Almoravides, en termes plus grossiers et plus durs que de raison, et dont voici un passage : « Enfants d'une mère sans noblesse, aussi rapides à la fuite que l'onagre, jusques à quand l'essayeur condamnera-t-il votre mauvais aloi, et un cavalier unique suffirat-il à vous repousser ? Plaise au ciel que vous trouviez au lieu de relais de vos chevaux des brebis auprès de qui se tienne un homme prêt à les traire ! Il est arrivé, le moment où nous allons vous accabler de châtiments, où vous ne pourrez plus vous voiler la face, où nous vous rechasserons vers vos déserts, où nous purgerons la Péninsule de vos sueurs. « Ces paroles et autres semblables irritèrent le Prince des musulmans, qui destitua Aboû Merwân et dit au frère de celui-ci, Aboû 'Abd Allâh : « Nous doutions de la haine que porte Aboû Merwân aux Almoravides, mais maintenant nous en sommes sûrs ! » Aboû 'Abd Allâh sollicita alors et obtint pour lui la permission de se retirer. Après que son frère Aboû Merwân fut mort à Merrâkech, il retourna à Cordoue, qu'il habita jusqu'au jour où il trouva la mort des martyrs dans sa propre demeure, au début du soulèvement contre les Almoravides.

Après l'an 500, la situation du Prince des musulmans subit une dépression sensible, et nombre de faits regrettables se passèrent dans les régions soumises à

---

(1) Alphonse le Batailleur (Voir Dozy, *Recherches*, I, 343).

son autorité, car les chefs Almoravides élevèrent des prétentions à l'indépendance dans les diverses parties du territoire où ils exerçaient l'autorité. Ils en vinrent à ce point de déclarer ouvertement le but qu'ils poursuivaient, et chacun d'eux proclama sa supériorité sur 'Ali et ses titres plus sérieux à exercer le pouvoir. Les femmes mêmes se mirent à commander, [P. 128] et chacune de celles qui appartenaient aux familles principales des Lemtoùna et des Mesoùfa ' se mit à protéger les vauriens et les méchants, les brigands, les marchands de vin et les cabaretiers'. Mais l'incurie du Prince des musulmans ne faisait qu'augmenter, sa faiblesse ne faisait que croître ; satisfait d'exercer une autorité nominale et de toucher les produits des impôts (1), il ne songeait qu'à se livrer aux pratiques religieuses et spirituelles, à passer la nuit à prier et le jour à jeûner, ainsi que cela est bien connu, mais négligeait de la manière la plus absolue les intérêts de ses sujets. Grâce à cette conduite, nombre de provinces d'Espagne se trouvèrent réduites à une triste situation, et peu s'en fallut que le pays ne redevînt ce qu'il avait été autrefois, et surtout à partir du jour où Ibn Toûmert commença sa prédication dans le Soûs (2).

Établissement du pouvoir de Moh'ammed b. Toûmert, dénommé Mahdi (3).

En 515, Moh'ammed b. 'Abd Allâh b. Toûmert commença à se faire connaître à Soûs sous les apparences d'un homme qui recommandait la pratique du bien et défendait les choses prohibées. Il était né dans un

---

(1) M. à m. du *Kharádj* ou impôt foncier.
(2) Ce nom s'écrit d'ordinaire avec l'article, que notre auteur tantôt emploie et tantôt rejette. Sur cette région, voir entre autres le *Merácid*, II, 67 ; Edrîsi, p. 71 de la trad. ; *Berbères*, II, 279.
(3) Cf. le récit d'Ibn Khaldoùn *(Berbères*, I, 252 ; II, 84 et 161).

village du Soûs appelé Idjili en Wârghan (1) et appartenait à la tribu des Hergha, du groupe des Isarghinen (2), mot qui, dans la langue maçmoûdienne, signifie les nobles *(chorafâ)*. D'après une généalogie qu'on a trouvée écrite de sa main, il descendait d'El-H'asan b. el-H'asan b. 'Ali b. Aboû T'âleb. Dans le cours de l'an 501, il s'était rendu en Orient pour y étudier et avait poussé jusqu'à Baghdâd, (où) il rencontra Aboû Bekr Châchi (3). Il acquit aux cours de ce savant quelque connaissance des principes du droit et des principes de la religion ; il étudia les Traditions sous la direction d'El-Mobârek b. 'Abd el-Djebbâr (4) et d'autres traditionnistes de ce genre, et rencontra, dit-on, en Syrie Aboû H'àmid Ghazzâli, alors que celui-ci s'était voué à la dévotion ; Dieu sait ce qu'il en est. On raconte que le jour où Ghazzâli fut informé que le Prince des musulmans avait livré au feu et à la destruction ceux de ses livres qui étaient parvenus jusqu'au Maghreb, [P. 129] il dit en présence d'Ibn Toûmert : « Il est sûr que d'ici peu sa domination disparaîtra, et que son fils sera mis à mort ; je ne crois pas que ce soit un autre qu'un de mes auditeurs qui soit chargé de réaliser ces changements. » En entendant parler ainsi, Ibn Toûmert se flatta de l'espoir d'être celui-là et sa convoitise s'alluma.

Il retourna à Alexandrie et y fréquenta pendant le séjour qu'il y fit le cours *(medjlis)* du juriste Aboû Bekr T'ort'oûchi (5). Les recommandations qu'il faisait dans

---

(1) Édrisi (p. 66) cite la tribu berbère des Benoû Wârglân.

(2) On trouve dans Ibn Khaldoûn *(Berbères*, II, 394) un Mohammed b. Israghin.

(3) Aboû Bekr Moh'ammed b. Ah'med Châchi est un célèbre jurisconsulte châfe'ite, † 507 (Ibn Khallikân, II, 625).

(4) Mobârek b. 'Abd el-Djebbâr Çirafi est un célèbre traditionniste que cite Ibn Khallikân (III, 576). Il naquit en 411 et mourut en 500, selon Ibn Atbîr (X, 305).

(5) Moh'ammed b. el-Welîd, originaire de Tortose et auteur du *Sirâdj el-Moloûk*, mourut en 520 (Ibn Khallikan, II, 665 ; *Çila*, p. 517).

cette ville de pratiquer le bien et d'éviter les choses réprouvées provoquèrent des incidents à la suite desquels, banni par le gouverneur d'Alexandrie, il s'embarqua. Mais à bord il continua, m'a-t-on dit, sa propagande ordinaire, si bien que les matelots finirent par le jeter à la mer; mais pendant plus d'une demi-journée, il continua de suivre le sillage du navire sans accident, et cela fut cause qu'on le retira de la mer. Il passa, dès lors, à leurs yeux pour un homme important, et il fut entouré de témoignages de considération jusqu'à ce qu'il débarqua à Bougie dans le Maghreb. Dans cette ville, il professa ouvertement la science et se livra aux exhortations morales, de sorte que bientôt il fut entouré d'une foule sympathique. Expulsé par le prince de cette ville (1), qui redoutait quelque mauvais projet, il se dirigea vers le Maghreb et s'arrêta à Mellâla, village situé à un farsakh de Bougie, dans lequel il se rencontra avec 'Abd el-Mou'min b. 'Ali, alors en route vers l'Orient où il voulait étudier. Sitôt qu'il le vit, Moh'ammed b. Toûmert le reconnut à de certains signes qui le marquaient. Ibn Toûmert, en effet, était à son époque sans rival dans la connaissance de la géomancie, en outre de ce qu'il avait appris en Orient concernant les prédictions relatives aux événements publics et basées sur les calculs astrologiques, et des secrets de la cabale *(djefr)* qu'il avait puisés dans une bibliothèque des khalifes abbassides (2). Il devait ces résultats à l'extrême application qu'il y avait mise et à l'espoir qu'il nourrissait (de sa haute destinée). Je tiens de diverses sources certaines que quand il descendit dans ce village de Mellâla, on l'entendit répéter plusieurs fois « Mellâla, Mellâla » en réfléchissant aux lettres dont ce mot est formé ; il avait en effet découvert que son pouvoir tirerait son origine d'un

---

(1) C'est-à-dire 'Azîz b. el-Mançoûr *(Berbères,* II, 56).

(2) Sur ce genre de connaissance, voir *Chrest.* de Sacy, II, 298, ainsi que les *Prolégomènes* d'Ibn Khaldoûn.

lieu dans le nom duquel figureraient un *m* et deux *l*, et lorsqu'il répétait ce mot, il disait : « Non, ce n'est pas celui-ci ». Il passa quelques mois dans ce village, où il y a une mosquée qui porte son nom et qui existe encore, [P. 130] mais dont je ne sais si elle a été bâtie de son temps ou plus tard.

Il fit appeler 'Abd el-Mou'min, et dans un entretien particulier qu'il eut avec lui, il l'interrogea sur son nom, le nom de son père, la famille d'où il provenait. Après qu'il eut répondu à ces questions, son interlocuteur (1) l'interrogea encore sur ce qu'il voulait faire, et le jeune homme annonça qu'il était en route pour l'Orient où il allait étudier : « Ou peut-être faire mieux ? » reprit Ibn Toûmert. — Et quoi donc ? — Poursuivre la gloire en ce monde et en l'autre. Deviens mon compagnon et mon auxiliaire dans la lutte que je veux entreprendre pour anéantir ce que prohibe la loi, vivifier la science et étouffer les innovations religieuses ! » Et 'Abd el-Mou'min acquiesça à la proposition qui lui était faite. Après un séjour de quelques mois à Mellâla, Ibn Toûmert s'en alla du côté du Maghreb accompagné d'un homme du pays, appelé 'Abd el-Wâh'id et connu chez les Maçmoûda sous le nom d''Abd el-Wâh'id Chark'i [l'oriental] ; ce fut la première recrue qu'il fit après 'Abd el-Mou'min. D'après un autre récit, il fit la connaissance de ce dernier au lieu dit Fenzâra, dans la Mettîdja (2), où il était maître d'école et où Ibn Toûmert, après avoir reconnu en lui, comme il est dit plus haut les signes dont il était marqué, l'aurait engagé à le suivre, à recevoir ses leçons et à devenir son auxiliaire.

On raconte ce fait curieux qui lui arriva pendant qu'il habitait cette bourgade. Il eut un songe où il se voyait

---

(1) Je lis فسأله. — A la ligne suivante, lisez خبره.

(2) Ce mot est ainsi vocalisé dans le ms, et c'est là en effet l'orthographe correcte de ce nom, si souvent défiguré (voir entre autres le *Lobb el-lobáb*, s. v. ; *Berbères*, III, 339).

mangeant avec le Prince des musulmans 'Ali b. Yoûsof dans le même plat. « Mais, racontait-il, je mangeais plus que lui, et ma gloutonnerie était à ce point excitée que je finis par enlever le plat de devant mon commensal et par m'en aller ». A son réveil il raconta son rêve à un professeur dont il suivait les leçons, Aboû Moh'ammed 'Abd el-Moun'im b. 'Achîr, qui lui dit quand il eut achevé son récit : « O mon fils, ô 'Abd el-Mou'min ! ce rêve ne peut s'appliquer à toi, mais à un homme qui se soulèvera contre le Prince des musulmans, partagera d'abord avec lui une partie de ses domaines, puis s'emparera du tout et sera seul à y régner. »

Il lui arriva encore dans cette localité un autre fait merveilleux et constant, et montrant la concordance des mots et de la prédestination. L'un des principaux de la cour d'El-Melik el-'Azîz b. Mançoûr le Çanhâdjide, prince de Bougie et de K'al'a, ayant encouru la colère de son maître [P. 131] et en redoutant les suites, se réfugia dans le village où était 'Abd el-Mou'min et se mit en compagnie de celui-ci à enseigner les petits enfants, car il était dans le dénûment le plus absolu. Mais la colère du prince s'étant apaisée, la nouvelle en arriva à cet homme, qui regagna Bougie et se rendit auprès du prince. Sur la demande de celui-ci, il dit en quel lieu il s'était caché, ce qu'il y faisait et comment il vivait des menues pièces de monnaie que lui donnaient les enfants. « Eh bien ! dit le prince en riant, je te donne ce village et ses dépendances. » Il lui fit en outre remettre une somme d'argent, une monture et des vêtements. Cet homme se rendit alors au village en compagnie d'hommes à pied et à cheval, et fut reçu par les habitants. Les enfants accoururent auprès d''Abd el-Mou'min, alors assis dans le parvis de la mosquée, et lui demandèrent s'il savait qui mettait tout le village en émoi : « Non, dit-il. — Eh bien ! c'est celui qui nous donnait dernièrement des leçons en même temps que toi. — Alors, reprit-il, s'il a pu monter si haut, il faut que je devienne bientôt Prince des croyants ! » La chose eut lieu comme il l'avait dit, c'est-à-dire, en d'autres termes, que ses paroles étaient l'expression de la destinée.

Ibn Toûmert se dirigeant vers le Maghreb, comme nous l'avons dit, atteignit Tlemcen, et s'installa dans une mosquée dite El-'Obbâd, située en dehors de la ville. Il continua d'y mener son genre de vie ordinaire, entouré qu'il était déjà de la vénération et de la considération universelles ; nul ne le voyait sans lui rendre aussitôt respect et hommage. Il gardait un silence presque absolu et observait la plus grande réserve ; c'est à peine s'il proférait une parole lorsqu'il était en dehors de sa salle de cours. Un cheykh de Tlemcen m'a raconté le fait suivant, qu'il tenait d'un saint homme vivant dans la retraite, en compagnie d'Ibn Toûmert, dans la mosquée d'El-'Obbâd. Ce dernier vint un jour, après la prière du soir, trouver ses compagnons de retraite et leur demanda où était tel d'entre eux. Sur la réponse qui lui fut faite qu'il était emprisonné, il se mit immédiatement en route, en se faisant précéder de l'un de ces hommes pieux. Arrivé à la porte de la ville, il frappa bruyamment pour appeler le portier et se faire ouvrir. Celui-ci s'empressa d'obéir sur le champ sans invoquer aucun faux-fuyant, [P. 132] alors que le chef même de la ville ne se serait pas fait ouvrir sans difficulté. Il pénétra dans la ville et arriva à la prison, dont les geôliers et les gardiens se précipitèrent au-devant de lui et embrassèrent le pan de sa robe. Il appela par son nom celui qu'il venait chercher et lui ordonna de sortir, ce que fit le prisonnier, sous les yeux des geôliers comme abasourdis par la présence du saint personnage, et ce dernier remmena son compagnon à la mosquée. Ainsi agissait-il en toutes choses ; rien de ce qu'il voulait ne lui était difficile, il ne formait aucun plan qu'il ne réalisât, les petits étaient ses esclaves et les grands reconnaissaient sa supériorité. Pendant toute la durée de son séjour à Tlemcen, il ne cessa de recevoir des marques de considération de la part tant des chefs que des sujets, et il s'en éloigna après s'être concilié les principaux habitants et avoir conquis leurs cœurs. De là il gagna la ville de Fez, où il exposa et développa les connaissances qu'il avait, en s'attachant de préférence à prêcher la doctrine religieuse dans le sens ach'arite. Or nous avons dit que les Maghrébins goûtaient peu ce genre de connaissances et poursuivaient avec acharnement ceux qui s'en occupaient. Le gouverneur de la ville organisa alors entre lui et les *fak'ih* une discussion contradictoire dans laquelle ce docteur eut le dessus et qui le mit en évidence, car il n'avait affaire qu'à un champ vierge et à des gens qui étaient dépourvus de toute connaissance spéculative autre que celle des applications juridiques. Après l'avoir entendu, les *fak'ih* insinuèrent au gouverneur de chasser de la ville leur adversaire, dont la doctrine pourrait corrompre l'esprit de la masse. Ils obtinrent gain de cause, et l'exilé gagna Merrâkech.

A son arrivée, le Prince des musulmans 'Ali b. Yoûsof, qui avait reçu des avis écrits le concernant, le fit appeler pour soutenir la discussion avec les fak'ih réunis ; mais aucun de ceux-ci ne comprit ce que disait Ibn Toûmert, sauf l'Espagnol Mâlik b. Woheyb (1), qui était au courant de tous les genres de connaissances, mais n'en laissait voir que ce qui était d'une défaite facile à cette époque. Il était également versé dans les sciences philosophiques, et j'ai vu de lui un ouvrage intitulé [P. 133] *Les rognures d'or, traitant des Arabes indignes*, où il est parlé des Arabes idolâtres ou musulmans qui se sont conduits d'une manière indigne, et qui comprend toutes les connaissances relatives à ce sujet. Aussi ce livre est-il, dans cet ordre d'idées, hors de pair ; il existe dans

---

(1) Une note de la traduction d'Ibn Khallikan (II, 265) réunit les renseignements fournis sur ce personnage par notre auteur ; voir aussi Ibn Athîr (X, 402), où l'on trouve également le récit des débuts du Mahdi ; Ibn Khallikan, III, 269 ; *Berbères*, II, 169.

la bibliothèque des Benoû 'Abd el-Mou'min, où je l'ai vu. Ce docteur avait aussi des notions précises sur de nombreuses sciences exactes : j'ai vu tout entier écrit de sa main le *Fruit* de Ptolémée sur les thèmes astrologiques, et le traité d'astronomie intitulé l'*Almageste*, enrichi de gloses qu'il y avait ajoutées lorsqu'il avait expliqué cet ouvrage sous la direction du Cordouan H'amd Dhehebi (1). Après avoir entendu les discours de Moh'ammed b. Toûmert, Mâlik comprit [les dangers à redouter de] cet esprit subtil, de cette intelligence pénétrante et servie par un langage pompeux. Aussi conseilla-t-il au Prince des musulmans de le mettre à mort : « C'est là, lui dit-il, un corrupteur aux mauvais desseins de qui il ne se faut pas fier ; quiconque entendra ses discours embrassera son parti, et si cela se passe chez les Maçmoûda, il nous suscitera de grands ennuis. » Mais le Prince des musulmans, retenu par des scrupules religieux, ne le fit pas mettre à mort sur-le-champ. 'Ali était en effet un homme vertueux et dont les prières étaient exaucées, qui passait ses nuits à prier et ses jours à jeûner, mais qui était faible et sans énergie. A la fin de son règne, il se passa de nombreuses abominations, d'odieux scandales produits par l'intrusion des femmes dans les affaires et l'autorité qu'elles s'y arrogèrent, si bien qu'il n'y avait pas de vaurien, qu'il fût voleur ou brigand de grande route, qui ne se réclamât de quelque femme dont il s'était fait un appui pour se soustraire aux conséquences de ses méfaits.

Quand Mâlik se fut convaincu qu'il devait renoncer à obtenir la mise à mort d'Ibn Toûmert, il conseilla de le condamner à la détention perpétuelle. « Mais, lui objecta le prince, à quel titre m'emparerai-je, pour l'emprisonner, d'un musulman contre qui je n'ai pas à invoquer des charges évidentes ? D'ailleurs la détention n'est-elle pas une espèce de mort ? Je vais le bannir de mes États

---

(1) Je n'ai pas trouvé de renseignements sur ce savant.

en le laissant libre d'aller où il lui plaira. » Alors le novateur suivi de ses fidèles gagna le Soûs, où il s'installa dans la localité dite Tînmelel, dont il fit le siège de sa prédication et où il fut enterré. Les notables des Maçmoûda se réunirent auprès de lui, et il commença [P. 134] à leur enseigner la science et à les inviter à la pratique du bien, sans leur dévoiler ni son but, ni ses idées de domination. Il composa à leur usage et dans leur langue un traité des articles de foi ; aucun de ses contemporains en effet ne parlait cette langue avec autant d'élégance que lui. Quand ils eurent compris les sens cachés de ce traité, la considération qu'ils avaient pour lui ne fit que s'accroître ; leurs cœurs étaient imbus d'amour, leurs corps étaient les esclaves de ses ordres. Quand il fut sûr d'eux, il les appela à suivre ses doctrines, qu'il leur présenta d'abord comme tendant exclusivement à réformer les mœurs, et leur défendit d'une manière absolue de verser le sang. Au bout de quelque temps, il chargea ceux d'entre eux qu'il crut mûrs pour cela de prêcher sa mission et de se concilier les chefs kabyles ; il commença à parler du Mahdi et à faire désirer sa venue, à citer les diverses traditions écrites qui parlent de lui, et quand il eut bien pénétré les esprits de l'excellence, de la généalogie et des qualités de ce saint personnage, il revendiqua ce titre pour lui-même (1), déclara qu'il était Moh'ammed b. 'Abd Allâh et fit remonter son origine au Prophète ; il proclama ouvertement qu'il était le Mahdi impeccable et finit, à force de citations de traditions, par le leur faire accroire. On lui prêta serment en cette qualité, et lui-même dit à ses fidèles qu'il contractait envers eux les engagements qu'avaient pris les Compagnons du Prophète vis-à-vis de celui-ci. Il composa pour eux plusieurs traités roulant sur la science, entre autres celui qu'il appela *Le*

---

(1) Cf. *Berbères*, II, 170.

meilleur objet cherché (1), et des opuscules sur les principes de la religion. Sur la plupart des points il suivait la doctrine d'Aboû' l-H'asan Ach'ari, sauf en ce qui concerne l'affirmation des attributs, qu'il niait comme les Mo'tazélites, et sauf quelques autres points peu importants ; il versait aussi quelque peu dans les doctrines chi'ites, mais il n'en laissait rien transpirer aux yeux des masses (2).

Il groupa ses disciples par catégories, dont l'une fut formée par les dix premiers qui l'avaient suivi dans ses pérégrinations et avaient tout d'abord embrassé sa doctrine ; elle s'appelait la *Communauté (djemâ'a)*. Les *Cinquante* formèrent la seconde catégorie. [P. 135] D'ailleurs ces catégories comprenaient des gens originaires de diverses tribus, et non d'une seule ; il les appelait *croyants (mou'minoûn)*, leur disant : « Vous êtes les seuls sur la terre à croire comme vous faites ; c'est vous que désigna le Prophète quand il dit : « Il y aura tou- » jours dans l'Occident un groupe sachant ce qui est » juste et à qui nulle défection ne nuira tant que Dieu » ne l'aura pas permis. » C'est par vous que Dieu fera faire la conquête du Fârs et de Roûm, par vous qu'il anéantira l'Antechrist ; c'est de vous que sortira l'émir qui fera la prière avec 'Isa b. Maryam (3), c'est à vous que restera le commandement jusqu'à l'arrivée de l'heure suprême. » Ces choses, ainsi que d'autres moins importantes et qu'il leur annonçait, se réalisèrent pour la plupart. « Si je le voulais, leur disait-il encore, je pourrais vous énumérer tous vos khalifes un par un. » De plus

---

(1) Cat. des mss arabes de la Bibl. Nat., n° 1451 ; Ibn Khallikan, III, 215 ; *Berbères*, II, 168 ; IV, 532.

(2) Sur les doctrines des Almohades, voir notamment Goldziher, *Zeitschrift d. D. M. Ges.* t. XLI, p. 30.

(3) A la fin du monde le Mahdi se rencontrera avec Jésus dans la mosquée des Benoû Omeyya, à Damas, et le premier fera la prière en qualité d'imâm, le second se bornant à la répéter après lui (voir p. ex. Ibn Ayyâs, *Bedâ'i' ez-zohoûr*, p. 150).

en plus entraînés par lui, ces gens lui témoignaient une obéissance absolue.

Les discours que nous venons de rapporter d'Ibn Toûmert et qui sont relatifs à la perpétuité de l'autorité des Almohades ont été versifiés par un homme d'Alger, ville qui dépend de Bougie, lequel arriva auprès du Prince des croyants Aboû Ya'k'oûb, alors à Tînmelel, et montant sur le tombeau d'Ibn Toûmert, avec une troupe d'Unitaires, récita un poème qui débute ainsi :

[T'awîl] Salut au tombeau du glorieux imâm rejeton de la meilleure des créatures, de Mohammed, à qui il ressemble par son caractère, son nom, le nom de son père, la destinée qui lui était réservée ! Salut à celui qui rappela de la mort à la vie les sciences religieuses, qui sut mettre au jour les secrets du Livre-guide ! Nous reçûmes l'heureuse nouvelle qu'il allait arriver et faire à jamais régner ici-bas l'équité et la justice, conquérir les capitales de l'Orient et de l'Occident, vaincre les Arabes des plaines et des montagnes (1). Sans vouloir le décrire, (je dirai que) cinq signes le marquent clairement aux yeux de l'homme qui est dans la droite voie : l'époque, le nom, le lieu, la généalogie, une conduite sans reproche et que Dieu dirige. Il restera sept ans ou bien en vivra neuf, dit le texte authentique d'une tradition. Il a, comme le disait notre Prophète, vécu neuf ans, puis le Mahdi vous a montré la voie de Dieu ; il est suivi d'une troupe d'hommes justes qui lui servent d'auxiliaires et que tu dois honorer comme étant les frères d'Ah'med le véridique ; [P. 136] c'est la troupe que mentionnent les traditions, celle du Mahdi, celle que dirige la vérité. Ceux qui ont besoin d'aide vont incessamment à elle, mais les protecteurs et les distributeurs de la victoire ne sont qu'une (faible) troupe. Il est l'élu et l'honneur de K'ays 'Aylân, c'est de la race si louée de Mourra que sort le lieutenant et l'épée du Mahdi de Dieu (2). De ceux qui possèdent la science et l'intelligence, Dieu se sert pour abattre les plus orgueilleux, qui abandonnent la voie indiquée par la justice, par eux il tranche la vie des

---

(1) M. à m. du Ghawr et du Nedjd.

(2) La tribu berbère à laquelle appartenait 'Abd el-Mou'min se targuait de descendre de la tribu arabe de K'ays b. Ghaylân ou K'ays Aylân *(Berbères,* I, 251), c.-à-d. de la tribu d''Adnan, à laquelle appartient aussi Mourra (C. de Perceval, t. I, tabl. VIII). Cf. la note 21, p. 217 d'Ibn Khallikân, t. III ; *Berbères,* IV, 533.

insolents qui ont anéanti tous les monuments de l'Islam. Ces fidèles entreprendront des expéditions guerrières contre les Arabes de la Péninsule, se rendront en Perse, autant dire qu'ils y sont déjà ; ils remporteront sur les Roûm des victoires productrices de butin, et se partageront tous leurs biens, y compris leurs boucliers. Dès la lueur du jour ils attaqueront l'Antechrist et lui feront goûter la pointe de leurs glaives acérés, pointe qui lui donnera la mort à la porte de Loudd (1), et alors surgiront des doutes de nature à agir sur ceux qui n'auront pas encore confessé l'Unité. Alors 'Isa descendra du ciel parmi eux et les appellera vers la niche de la mosquée, tandis que leur Émir remplira les fonctions d'imâm et dira avec eux la prière, après s'être à dessein fait précéder d''Isa l'Élu ; de ses deux mains il frictionnera leurs visages et leur annoncera l'auguste vérité et ce que sera, s'il disparaît, leur sort à eux et à lui, jusqu'au bout des siècles sans fin. Transmets mes salutations au Prince des croyants, puisque l'éloignement m'empêche de lui dire tout mon amour ; que le salut de Dieu soit sur lui tant que le soleil luira, tant que les humains auront à puiser de l'eau !

D'après une autre version, l'auteur de ce poème ne le récita pas en personne sur le tombeau, car son grand âge et son éloignement ne le lui permettaient pas ; il se borna à l'envoyer et ce fut un autre qui déclama sur la tombe de l'imâm ces vers, rédigés du vivant d''Abd el-Mou'min. Dieu sait ce qu'il en est. De ce long poème je n'ai donné qu'un extrait, non à cause de sa valeur propre, mais parce qu'il cadrait avec le chapitre précédent.

[P. 137] L'obéissance des Maçmoûda à Ibn Toûmert ne cessa pas d'augmenter ; entièrement subjugués par lui, pénétrés pour lui d'un respect sans borne, ils en vinrent à ce point que s'il avait donné à l'un d'eux l'ordre de tuer son propre père, son frère ou son fils, il eût été obéi avec empressement. La chose lui aurait été facilitée par la légèreté naturelle avec laquelle ce peuple verse le sang, légèreté qui est un des traits caractéristiques de leur nature, et qui provient du climat de la région qu'ils habitent. Aboû 'Obeyd Bekri Andalousi, de

---

(1) C'est à Loudd que le Mahdi, assisté de Jésus, doit rencontrer et combattre l'Antechrist.

Cordoue, raconte ce qui suit, d'après ses autorités, dans son livre intitulé *Les routes et les royaumes* (1) : « Dans l'un des pays du Gharb, Alexandre reçut en présent une jument plus rapide à la course qu'aucun cheval au monde ; elle n'avait aucun défaut, mais n'avait jamais poussé de hennissement. Mais quand, au cours de ses expéditions, ce prince arriva dans les montagnes de Deren (l'Atlas), où habitent les Maçmoûda, et que sa jument y eut bu, elle poussa un hennissement dont les montagnes tremblèrent. Alexandre informa le sage [Aristote] de cette circonstance et reçut cette réponse : « C'est là un pays d'iniquité et de rudesse ; hâte-toi d'en sortir. » Voilà ce qu'est la région ; quant à la promptitude des habitants à répandre le sang, j'en ai vu pendant mon séjour à Soûs des exemples tout à fait surprenants.

En 517, il mit sur pied un corps d'armée considérable formé par des Maçmoûda ; la plupart des soldats provenaient de Tînmelel, à qui s'étaient joints des hommes de Soûs : « Marchez, leur dit-il, contre ces hérétiques, ces corrupteurs de la religion qui s'appellent Almoravides ; appelez-les à réformer leurs mœurs, à renoncer à leur hérésie, à reconnaître l'Imâm, le Mahdi impeccable : s'ils se rendent à votre appel, ils deviendront vos frères ; leurs biens seront les vôtres, vos dettes seront les leurs ; sinon combattez-les, car la Loi traditionnelle *(sounna)* permet de les mettre à mort. » Il leur donna pour chef 'Abd el-Mou'min b. 'Ali, en disant qu'ils étaient les croyants [*mou'minoun*], et que c'était là leur émir ; aussi 'Abd el-Mou'min prit-il dès lors le titre d'Émîr des croyants. Cette armée marcha vers Merrâkech et rencontra à Boh'eyra, non loin de là, une forte armée Almoravide composée de guerriers des Lamtoùna et commandée par Zobeyr b. 'Ali b. Yoûsof b. Tâchefîn. [P. 138] Quand les

---

(1) C'est l'auteur dont M. de Slane a publié et traduit la partie de son ouvrage qui a trait à l'Afrique septentrionale (Alger, 1857 ; et *Journal asiatique*, 1859).

deux armées furent en présence, les Maçmoûda envoyèrent à leurs adversaires, pour leur adresser l'appel qu'Ibn Toûmert leur avait recommandé de faire, des messagers qui furent honteusement repoussés. 'Abd el-Mou'min écrivit alors au Prince des musulmans 'Ali b. Yoûsof quelle était la nature des ordres dont Moh'ammed b. Toûmert l'avait chargé; à quoi 'Ali répondit en l'avertissant des suites que provoquerait sa séparation de la communauté (musulmane) et lui rappelant les préceptes divins relatifs à l'effusion du sang et à la provocation à la révolte. Cette réponse, loin de retenir 'Abd el-Mou'min, ne fit qu'exciter son ardeur en le persuadant de la faiblesse de ses adversaires. La bataille s'engagea et se termina par la défaite des Maçmoûda, dont beaucoup périrent; quant à 'Abd el-Mou'min, il put s'échapper avec une dizaine de ses compagnons (1).

Lorsqu'on apporta cette nouvelle à Ibn Toûmert, il demanda si 'Abd el-Mou'min avait pu s'échapper; comme on lui répondit que oui : « Alors, dit-il, c'est comme si personne n'était mort. » Aux fuyards qui vinrent le rejoindre, il représenta cette défaite comme sans importance, leur affirmant que les morts étaient des martyrs, puisqu'ils étaient tombés en défendant la religion de Dieu et pour proclamer la loi traditionnelle. Ces discours fortifièrent leurs résolutions et excitèrent leur désir de combattre, et à partir de ce moment les Maçmoûda commencèrent des incursions sur le territoire de Merrâkech, interceptant les vivres et les approvisionnements qu'on expédiait vers cette ville, tuant et pillant tout, sans respecter personne. Une foule d'hommes reconnut leur autorité et se joignit à eux. Cependant Ibn Toûmert se livrait de plus en plus aux pratiques pieuses, sa vie devenait de plus en plus simple, pour mieux montrer qu'il ressemblait aux saints et qu'il observait rigoureusement les prescriptions de la loi, se conformant ainsi à

---

(1) Cf *Berbères*, II, 172; Ibn Athîr, X, 407; Ibn Khallikan, III, 213.

la tradition primitive. Je tiens de quelqu'un de confiance et qui l'a vu que, à l'exemple des Compagnons, il frappait les gens qui buvaient du vin avec les manches de son vêtement, avec ses sandales ou avec des côtes de palmier. Je tiens le fait suivant d'un témoin oculaire. On amena à Ibn Toûmert un homme ivre, qu'il ordonna de châtier conformément à la loi ; alors un de ses principaux partisans, Yoùsof b. Soleymân, proposa de le mettre à la torture pour lui faire avouer d'où provenait le vin qu'il avait bu et couper ainsi le mal dans sa racine ; mais le saint personnage détourna la tête ; il la détourna encore quand son interlocuteur renouvela sa proposition. [P. 139] Celui-ci revenant à la charge une troisième fois : « As-tu réfléchi, lui répondit-il, à ce que nous ferions si cet homme nous disait qu'il l'a bu chez Yoùsof b. Soleymân ? » Son interlocuteur rougit et se tut, et après enquête on découvrit que c'étaient ses propres serviteurs qui avaient donné à boire au coupable.

Ce fait, entre plusieurs autres, augmenta encore son prestige et sa considération, aussi bien que d'autres événements qui se réalisèrent de la façon qu'il les avait prédits. Telle était la situation ; favorable pour lui ainsi que pour les siens, tandis que les affaires des Almoravides baissaient et que leur autorité déclinait, jusqu'à l'époque de sa mort, survenue dans le cours de l'année 524 (1), alors qu'il avait organisé l'administration et tracé aux siens le plan dont ils avaient à poursuivre la réalisation.

Gouvernement d''Abd el-Mou'min

Il eut pour successeur 'Abd el-Mou'min b. 'Ali, à qui les Maçmoûda prêtèrent serment de fidélité et dont la

---

(1) La même date est donnée par Ibn Khallikân (III, 213); Ibn Khaldoûn dit 522 en deux endroits (*Berbères*, I, 254 ; II, 173).

Communauté (djemá'a) accepta l'autorité. 'Abd el-Mou'min dut sa dignité principalement aux efforts et aux démarches de trois membres de la *Communauté* : 'Omar b. 'Abd Allâh Çanhâdji, connu chez eux sous le nom d'"Omar Aznâdj, 'Omar b. Oumezâl, d'abord appelé Façka, à qui Ibn Toûmert donna le nom d'"Omar et que l'on connaissait sous le nom d'"Omar Inti (1), et 'Abd Allâh b. Soleymân, originaire de Tînmelel et appartenant à la tribu dite Mesekkàla. Le reste de la *Communauté* souscrivit à ce choix, de même que les Cinquante et le commun des Almohades. En effet, Ibn Toûmert, peu de jours avant sa mort, avait réuni autour de lui ceux de ses partisans qu'on appelait la *Communauté* et les Cinquante, originaires, nous l'avons dit, de diverses tribus et n'ayant de commun que le nom de Maçmoûda. Il était accoudé, mais se mit debout à leur arrivée et commença à adresser à Dieu les louanges qu'il mérite, à invoquer ses bénédictions sur son Prophète Mahomet, à prononcer en l'honneur des khalifes légitimes la formule « que Dieu soit satisfait d'eux », [P. 140] à rappeler leur fermeté religieuse, la décision dont ils faisaient preuve, le fait que pas un ne pouvait être l'objet d'un blâme dans sa conduite envers Dieu, le châtiment infligé par 'Omar à son fils à propos du vin, sa persévérance dans le vrai, et autres choses semblables. « Mais, continua-t-il, ces princes ont disparu, puisse Dieu illuminer leurs faces, les récompenser de leurs efforts, leur rendre le bien qu'ils ont fait au peuple du Prophète! — et les hommes sont devenus la proie de séductions sataniques qui rendent l'homme qui raisonne perplexe, celui qui sait comme ignorant et complice de l'erreur; car les savants, non contents de ne pas faire produire à la science son fruit (naturel), s'en sont servis comme d'un moyen d'accès auprès des rois, pour amasser les biens de ce monde et se concilier les chefs, » etc., jusqu'à ces

---

(1) Cf. *Berbères*, II, 168.

mots : « Ensuite Dieu, qu'il soit glorifié et loué! vous a, ô peuple, gratifié de sa faveur, vous a choisi d'entre vos contemporains pour vous faire connaître sa doctrine unitaire; il vous a choisi quelqu'un qui vous a trouvés dans l'erreur et sans direction, aveugles et ne voyant pas, ignorants du bien et sans répugnance pour le mal; l'hérésie florissait parmi vous, le mensonge vous séduisait, Satan parait à vos yeux de leurs plus beaux ornements des erreurs et des mensonges que ma langue n'ose dire crainte de se souiller, que mes paroles ne peuvent exprimer. Par lui, Dieu vous a donné la direction après l'erreur, la vue après la cécité, la cohésion après la division, la gloire après l'humiliation; il vous a soustraits au pouvoir de ces hérétiques et vous donnera en héritage leur terre et leurs demeures, à cause des (méfaits) de leurs mains et des pensées que recèlent leurs cœurs, « et Dieu n'est point le tyran des hommes »(1). Renouvelez au Dieu glorieux (l'expression de) vos pures intentions, que vos paroles et vos actes témoignent d'une reconnaissance purificatrice de vos efforts, faisant agréer vos œuvres et développer vos affaires; gardez-vous de la désunion, des tiraillements et des divergences de vues, ne soyez qu'un contre vos ennemis, et alors on vous craindra, on s'empressera de vous obéir, vos partisans augmenteront en nombre, ce sera par vous que Dieu manifestera la vérité. Sinon, vous serez livrés à l'humiliation et au mépris, la masse vous vilipendera et les grands deviendront vos maîtres. [P. 141] En toute chose alliez la clémence et la brutalité, la douceur et la dureté, et sachez, en outre, qu'à l'avenir rien ne réussira à ce peuple que par les moyens déjà employés. Nous avons choisi l'un d'entre vous pour en faire votre chef, après l'avoir mis à l'épreuve en toute circonstance et à tout moment, comme initiateur et exécuteur; nous avons scruté ses pensées et leurs

---

(1) Koran, XLI, 46.

manifestations, et toujours nous avons vu sa foi ferme et sa conduite prudente, de sorte que j'espère ne pas me tromper. C'est d''Abd el-Mou'min qu'il s'agit : écoutez le et obéissez-lui aussi longtemps qu'il écoutera son Maître et lui obéira ; s'il change, se détourne ou hésite, les Almohades sont bénis de Dieu ; que le Seigneur suprême investisse qui il voudra d'entre ses serviteurs ! » On prêta serment à 'Abd el-Mou'min ; Ibn Toûmert invoqua les faveurs célestes et passa ses mains sur la face et la poitrine de chacun des assistants. Ainsi fut conféré le pouvoir à 'Abd el-Mou'min. Quant à Ibn Toûmert, il mourut peu après cette cérémonie.

'Abd el-Mou'min b. 'Ali b. 'Alwa (1) Koûmi était le fils d'une femme libre, appartenant également aux Koûmiya et provenant du groupe des Benoû Modjber (2) ; il naquit dans le village de Tâdjerâ (3), de la circonscription de Tlemcen. Il avait, raconte-t-on, l'habitude de dire, en parlant des Koûmiya : « Nous descendons de K'ays 'Aylân b. Mod'ar b. Nizâr b. Ma'add b. 'Adnân ; nous ne tenons aux Koûmiya que pour être nés et avoir été élevés parmi eux ; ils sont nos oncles maternels. » C'est ainsi que j'ai entendu parler ceux de ses enfants et

---

(1) Probablement le Ya'la d'Ibn Khaldoûn (Berbères, I, 251) ; du Kartâs, éd. Tornberg, p. 119, et d'Ibn Khat'ib (ms 586 d'Alger, f. 213).

(2) 'Abd el-Mou'min appartenait à la famille des Benoû Abed, dit Ibn Khaldoûn (Berbères, I, 251), qui ne cite pas les Benoû Modjber parmi les branches des Koûmiya (ib.).

(3) Ce nom est écrit تاجرة dans le Meráçid (I, 194) : « petite ville du Maghreb, sur le littoral (dépendant) de Tlemcen » ; Ibn Khallikan (texte, p. 432 ; trad. II, 184) ; Ibn Athir, X, 401, 409, 410. Le Kartás (p. 119, l. 12) orthographie comme Merrâkechi et place cette localité à trois milles du port de Honeyn ; le Meráçid (III, 326) se borne à dire qu'elle dépend de Honeyn. C'est à Tagrart qu'Ibn Khaldoûn (Berbères, I, 252) fait naître le fondateur de la dynastie almohade. Ces deux noms paraissent également être confondus par Ibn Athir (X, 409 et 410), mais le Kartás les distingue (pp. 119 et 123 ; trad. Beaumier, pp. 261 et 269 ; Bargès (Tlemcen, 182 et 186 ; Meráçid, I, 212 ; Berbères, II, 179 et 76). Edrîsi (p. 92) est muet.

petits-enfants que j'ai vus : tous ils font remonter leur origine à K'ays 'Aylân b. Mod'ar ; c'est là-dessus également que s'appuient les prédicateurs pour le traiter, en le nommant après Ibn Toûmert, de « son coparticipant à la glorieuse origine. » Né à la fin de 487, sous le règne de Yoûsof b. Tâchefîn, il mourut en djomâda II 558 ; la durée de son règne proprement dit fut de 21 ans, depuis la mort d''Ali b. Yoûsof, Prince des musulmans, [P. 142] en 537, où il exerça réellement le pouvoir jusqu'à ce que lui-même mourut à la date ci-dessus. Il était blanc (de peau) et avait les cheveux très noirs ; son corps robuste et de taille moyenne était haut en couleur ; le visage était beau et la voix claire ; il s'exprimait avec élégance et de la manière la plus persuasive ; il était très sympathique et personne ne pouvait le voir sans devenir aussitôt son ami. Toutes les fois, m'a-t-on dit, qu'Ibn Toûmert le voyait, il récitait ces vers :

[Basit'] Les qualités qui te distinguent sont chez toi dans leur plein développement, et c'est par toi que nous sommes tous joyeux et contents; car le rire te fait montrer tes dents, ta main est libérale, ta poitrine dilatée, ta face épanouie (1).

Il eut seize enfants mâles : Mohammed, qui était l'aîné et l'héritier présomptif, et qui fut (plus tard) détrôné ; 'Ali, 'Omar, Yoûsof, 'Othmân, Soleymân, Yah'ya, Isma'îl, El-H'asan, El-H'oseyn, 'Abd Allâh, 'Abd er-Rah'mân, 'Isa, Moûsa, Ibrâhîm et Ya'k'oûb (2).

Quant au vizirat, celui qui occupa d'abord ce poste dans les premiers temps qu''Abd el-Mou'min exerça l'autorité fut Aboû H'afç 'Omar Aznâdj ; mais quand ce prince fut devenu libre maître du pouvoir, il jugea que cette situation, vu le rang d''Aboû H'afç parmi eux, était au-dessous de son mérite, et il conféra à la fois les titres

---

(1) Ces deux vers se retrouvent dans le *Kartás* et dans Ibn Khallikan (II, 183).

(2) Cette liste n'est pas tout à fait la même que celle du *Kartás* (p. 132).

de vizir et de secrétaire à Aboù Dja'far Ah'med b. 'At'iyya. Ce personnage, qui est pour cette raison cité parmi les vizirs aussi bien que parmi les secrétaires, garda ces deux situations jusqu'à la conquête de Bougie, où le prince prit comme secrétaire Aboù'l-K'âsim K'âlemi, le Bougiote, dont nous parlerons, et qui comptait parmi les plus intelligents. Aboù Dja'far resta vizir jusqu'en 553, où 'Abd el-Mou'min l'ayant fait mettre à mort et ayant confisqué ses biens, le remplaça par 'Abd es-Selâm [b. Moh'ammed] Koûmi. Ce dernier, appelé le *favori* (mok'arreb) à cause de la faveur dont il jouissait auprès de son maître, resta en place jusqu'à ce que celui-ci le fit étrangler en 557 (1). Son fils 'Omar (2) le remplaça et garda sa situation jusqu'à la mort d''Abd el-Mou'min.

Secrétaires. — Aboù Dja'far Ah'med b. 'At'iyya, cité parmi les vizirs, avait, [P. 143] avant de servir 'Abd el-Mou'min et la dynastie Lamtoûnienne, été attaché comme secrétaire à 'Ali b. Yoûsof vers la fin du règne de celui-ci, ainsi qu'à Tâchefin b. 'Ali b. Yoûsof. Quand leur pouvoir prit fin, il s'enfuit et changeant de costume revêtit celui de la milice *(djond)*; il était en effet bon tireur et fit partie du corps de troupes envoyé contre Soûs pour y combattre un chef insurgé. Le commandant de ce corps d'armée était Aboù H'afç 'Omar Inti, déjà cité comme membre de la *Communauté*. Après la défaite et la mort de ce chef et la dispersion de ses partisans, on désigna Aboù Dja'far, en faisant connaître ce qu'il était, à Aboù H'afç, qui cherchait quelqu'un capable d'écrire en son nom aux Almohades, à Merrâkech, le récit des événements. Sur l'ordre de ce chef, il rédigea une dépêche relative à cette affaire et dont la plus grande partie

---

(1) Il fut empoisonné en 555 *(Kartás,* 130 ; *Berbères,* II, 196). La première édition du texte de Merrâkechi porte aussi la date de 555.

(2) Cet 'Omar doit être le fils d''Abd el-Mou'min qu'on appelle souvent Aboù H'afç *(Berbères,* II, 196 ; *Kartás,* 133).

est fort belle : sa longueur seule m'empêche de la transcrire ici. 'Abd el-Mou'min la trouva fort à son goût : il fit venir l'auteur et le nomma son secrétaire; il y ajouta la charge de vizir, tant il lui reconnut le cœur ferme et l'intelligence sûre. Aboû Dja'far resta vizir jusqu'à ce que son maître le fit mettre à mort à la date ci-dessus indiquée. Voici, d'après mes renseignements, la cause de cette condamnation à mort. Le vizir avait épousé la fille d'Aboû Bekr b. Yoûsof b. Tâchefîn, connue sous le nom de Bint eç-Çah'râwiyya ; le frère de celle-ci, le *champion* des Almoravides bien connu, était désigné aussi par le nom de Yah'ya b. eç-Çah'râwiyya. Yah'ya continua d'occuper une haute situation sous les Almohades, qui le donnèrent pour chef à ceux des Lamtoûna qui embrassèrent l'Unitarisme. Il conserva le rang et les honneurs dont il était digne jusqu'au jour où l'on rapporta à 'Abd el-Mou'min certaines de ses paroles et de ses actions ; elles excitèrent la colère de ce prince, qui en parla à sa cour et songea, paraît-il, à s'assurer de sa personne. Le vizir Aboû Dja'far, dans l'intention de rester à la fois [P. 144] fidèle à son maître et de prévenir son beau-frère, parla à sa femme en ces termes : « Dis à ton frère qu'il se tienne sur ses gardes ; quand demain nous le convoquerons, qu'il s'excuse et feigne d'être malade ; s'il le peut, qu'il prenne la fuite et se réfugie dans l'île de Mayorque ! » Ainsi prévenu, Yah'ya se dit malade et près de mourir. Les principaux de ses amis étant venus le voir et l'interrogeant sur sa maladie, il révéla à quelqu'un en qui il avait pleine confiance l'avis que lui avait fait passer le vizir, et ce confident rapporta la chose dans tous ses détails à l'un des enfants d''Abd el-Mou'min. Telle fut la principale raison de la condamnation à mort d'Aboû Dja'far. Le prince fit enchaîner et emprisonner Yah'ya, que la mort seule délivra de sa prison.

A Aboû Dja'far succéda en qualité de secrétaire Aboû'l-K'âsim 'Abd er-Rah'mân K'âlemi, originaire d'un village des environs de Bougie nommé K'âlem. Concurremment avec lui les mêmes fonctions étaient remplies par Aboû Moh'ammed 'Ayyâch b. 'Abd el-Melik b. 'Ayyâch, originaire de Cordoue.

Sous son règne exercèrent les fonctions de k'âd'i Aboû Moh'ammed 'Abd Allâh b. Djebel (1), originaire de la ville d'Oran, qui dépend de Tlemcen ; puis 'Abd Allâh b. 'Abd er-Rah'mân, dit el-Mâlak'i, qui resta en place jusqu'à la mort d''Abd el-Mou'min et dans les premiers temps du khalifat d'Aboû Ya'k'oûb [successeur de ce dernier].

'Abd el-Mou'min aimait et recherchait les savants, qu'il comblait de bienfaits. Il les appelait de partout pour les faire vivre auprès de lui et dans le voisinage de la cour, leur attribuait de gros traitements, les exaltait et honorait publiquement. Il partagea les savants en deux catégories, ceux des Almohades et ceux des villes (de la cour), après que les Maçmoûda eurent reçu d'Ibn Toûmert ce nom d'Almohades, provenant du zèle avec lequel ils s'adonnèrent à l'étude de la foi, ce que n'avait fait jusqu'alors personne de leur région.

Quand à 'Abd el-Mou'min lui-même, [P. 145] c'était un homme aux hautes ambitions et au caractère pur ; tout plein d'une dignité qu'il semblait tenir de race, il ne trouvait de satisfaction que dans des choses d'un ordre relevé. Le très savant jurisconsulte Aboû'l-K'âsim 'Abd er-Rah'mân b. Moh'ammed b. Aboû Dja'far le vizir m'a raconté le fait suivant, que lui avait raconté son père comme le tenant lui-même du sien, le vizir Aboû Dja'far :

« Un jour, disait ce dernier, je me rendis auprès d'Abd el-Mou'min, qui était installé dans un pavillon donnant sur un jardin où les fruits mûrs et les fleurs épanouies couronnaient des rameaux sur lesquels les oiseaux gazouillaient à l'envi, et aussi parfaitement beau qu'on peut le rêver. Je m'assis après lui avoir adressé mes

---

(1) Le *Kartás* cite parmi les secrétaires un 'Abd Allâh b. H'abl (?)

salutations et me mis à regarder à droite et à gauche, ravi d'admiration devant la beauté du spectacle. « Aboû Dja'far, me dit-il, tu regardes bien ce jardin ! — Puisse Dieu, répondis-je, prolonger la vie du Prince des Fidèles ! Par ma foi, c'est un magnifique spectacle ! — C'est là, Aboû Dja'far, ce que tu appelles un magnifique spectacle ? — Certes, repris-je. » Mais le prince ne me dit plus rien. Deux ou trois jours après, eut lieu par ses ordres une revue des soldats sous les armes. Les troupes commencèrent à défiler, tribu par tribu, bataillon par bataillon, tous plus beaux les uns que les autres par leur armement, par la qualité des montures, par leur apparence de force. A cette vue le prince qui, d'un lieu surélevé, dominait le défilé, se tourna de mon côté : « Voilà, me dit-il, ce qui est un spectacle magnifique, et non tes fruits et tes arbres ! »

Après la mort d'Ibn Toûmert, 'Abd el-Mou'min ne cessa de conquérir provinces sur provinces et d'étendre sa domination, de sorte que des populations nombreuses lui obéissaient. Sa dernière conquête dans les pays soumis aux Almoravides fut la ville de Merrâkech, capitale du Prince des musulmans soutien de la religion, 'Ali b. Yoùsof b. Tâchefîn, ce qui eut lieu après la mort naturelle, arrivée en 537, de ce dernier prince, lequel avait, de son vivant, désigné pour son successeur son fils Tâchefîn ; mais la fortune empêcha la réalisation de sa volonté, et le désir qu'il avait de voir son fils régner après lui ne fut pas exaucé.

A la mort de son père, Tâchefîn se dirigea sur Tlemcen, mais l'espoir qu'il fondait [P. 146] sur les habitants de cette ville ayant été déçu, il gagna Oran, à trois étapes de Tlemcen. Les Almohades l'y assiégèrent et le pressèrent si vivement qu'il en sortit tout armé et monté sur une jument grise, et se précipita dans la mer, où il trouva la mort. On dit que ses ennemis repêchèrent son cadavre et qu'après l'avoir crucifié ils le brûlèrent. Dieu sait ce qu'il en est. Tâchefîn avait régné, depuis le jour de la mort de son père jusqu'à ce que lui-même périt à Oran dans les circonstances que nous venons de dire, en 540 (1), trois ans moins deux mois. Pendant toute cette période, il ne put se fixer nulle part, car le pays le repoussait toujours et les révoltes étaient incessantes.

Après être entré à Merrâkech, 'Abd el-Mou'min fit rechercher le plus soigneusement possible le tombeau du Prince des musulmans, mais en vain, la volonté divine le tint caché après sa mort de même qu'elle l'avait tenu caché de son vivant. Telle est l'ordinaire et excellente manière de faire de Dieu à l'égard des hommes de bien réformateurs.

Avec la mort du Prince des musulmans et de son fils cessa dans le Maghreb la prière en l'honneur des Abbâssides ; leur nom n'a plus jusqu'à présent retenti du haut d'aucune chaire, sauf en Ifrîkiyya pendant un petit nombre d'années, où cette province était entre les mains de Yah'ya b. Ghâniya, l'insurgé de l'île de Mayorque, dont nous parlerons. Les Almoravides avaient régné, depuis leur établissement dans le territoire de Merrâkech jusqu'à leur disparition complète par suite de la mort du Prince des musulmans et de son fils, environ 76 ans.

Quand toutes les provinces du Maghreb el-Ak'ça qui obéissaient antérieurement aux Almoravides se furent soumises à 'Abd el-Mou'min et que les habitants eurent reconnu son autorité, ce prince quitta Merrâkech à la tête d'une armée considérable et marcha contre Yah'ya b. el-'Azîz b. el-Mançoûr b. el-Montaçir Çanhâdji, qui régnait à Bougie et dans le territoire qui en dépend jusqu'à Sîwisîrât, localité frontière entre cet État et celui des Lamtoûna. Cette expédition eut lieu en 540 (2). 'Abd

---

(1) En 539 selon les *Berbères* (II, 178) ou 541 (*Ib.* 85) ; en 539 selon le *Kartâs* (p. 122) et Ibn Athîr (X, 409), qui donne des détails sur la mort de ce prince. Zerkechi (p. 5) donne aussi la date du 27 ramad'ân 539.

(2) En 546 selon les *Berbères* (II, 189) et le *Kartâs* (p. 125) ; en 547 selon Ibn Athîr (XI, 103, dont le récit est assez détaillé.

el-Mou'min assiégea Bougie [P. 147] de si près que Yah'ya b. 'Abd el-'Azîz, se voyant hors d'état de résister avec avantage, s'enfuit par mer à Bône, qui est la première ville de la frontière d'Ifrîkiyya, et de là gagna Constantine du Maghreb. Poursuivi par les troupes de son ennemi, il se rendit et fut amené à 'Abd el-Mou'min, qui avait pris l'engagement de respecter sa vie et celle de ses femmes. L'Almohade pénétra à Bougie, où il se fit reconnaître, de même qu'à K'al'a des Benoû H'ammâd, qui était le fort principal et le mieux défendu des Çanhâdja, le berceau et le centre de leur puissance. Yah'ya, de même que son père El-'Azîz, son grand-père et son arrière-grand-père El-Mançoûr et El-Montaçir, ainsi que leur aïeul à tous, H'ammâd, appartenaient à la secte des Benoû 'Obeyd, dont ils étaient les partisans et les soutiens. C'est de ce pays, celui des Çanhâdja, qu'est sortie la secte 'Obeydite, c'est ce peuple qui l'a mise au jour, propagée et soutenue. Le pouvoir et la dynastie des Benoû H'ammâd restèrent puissants et incontestés jusqu'au jour de leur chute complète, alors qu'Aboû Moh'ammed 'Abd el-Mou'min b. 'Ali annexa, à la date indiquée, leur territoire à son empire.

Devenu maître de Bougie, de K'al'a et des pays qui dépendent de ces deux villes, ce prince installa des Almohades chargés de les garder et de les défendre, sous la direction de son fils 'Abd Allâh ; puis il rebroussa chemin vers Merrâkech, accompagné de Yah'ya b. el-'Azîz, prince des Çanhâdja, et des principaux officiers de celui-ci, qui furent incorporés dans l'armée conquérante et à qui, dès leur arrivée à Merrâkech, furent assignés de vastes demeures, des montures de choix, des vêtements magnifiques et des traitements élevés. Yah'ya fut tout particulièrement bien pourvu et jouit auprès de son vainqueur, qui l'honorait d'une faveur sans pareille, d'un haut rang et d'une grande considération. Il m'est revenu de plusieurs côtés qu'un jour, à l'audience d'Abd el-Mou'min, comme on se plaignait de la difficulté de se procurer de la petite monnaie, [P. 148] Yah'ya b. el-'Azîz dit : « Pour moi, je souffre beaucoup de cette pénurie ; quotidiennement mes serviteurs m'adressent leurs plaintes de la difficulté qu'ils éprouvent, à cause de cette rareté de la petite monnaie, à faire la plupart de leurs achats. » En effet, on frappe d'ordinaire au Maghreb des demi-dirhems, des quarts, des huitièmes et des seizièmes (*kharroub*) ; ces petites monnaies ont cours partout et contentent tout le monde, car tous les objets ont leur équivalent. Quand Yah'ya b. el-'Azîz sortit de l'audience, 'Abd el-Mou'min le fit suivre de trois bourses pleines de menue monnaie, en lui faisant dire par le porteur : « Aussi longtemps que tu resteras à notre cour, tous tes souhaits seront exaucés. »

Pendant son séjour à Merrâkech, 'Abd el-Mou'min donna tous ses soins aux devoirs du gouvernement en ce qui concerne la construction d'hôtels, l'édification de forteresses, les préparatifs d'armement, la soumission des rebelles, la sécurité des routes, le bien-être de ses sujets et autres occupations qui lui étaient familières.

Après le règne du Prince des musulmans Aboù l-H'asan 'Ali b. Yoûsof, la situation de la Péninsule hispanique devint des plus troublées, car les Almoravides s'abandonnant les uns les autres cédèrent à leur amour du repos et de la tranquillité, et tombèrent sous l'autorité des femmes. Devenus l'objet du mépris et du dédain des habitants, ils excitèrent l'audace des ennemis, et les Chrétiens se rendirent maîtres de nombreuses places fortes voisines de la frontière. Aux causes de trouble que nous venons de dire, il faut ajouter la révolte d'Ibn Toûmert à Soùs, ce qui détourna l'attention d''Ali b. Yoûsof, occupé de ce côté, du soin des affaires d'Espagne. Enhardis par l'état de faiblesse où ils voyaient la dynastie Almoravide, les notables espagnols chassèrent les gouverneurs qui étaient installés chez eux, et chacun prétendant être maître sur son propre territoire, peu s'en fallut que le pays ne retombât dans le même état qu'après la chute de la dynastie Omeyyade. Fraga fut conquise par le roi d'Aragon (que Dieu maudisse!), qui se rendit aussi maître de Saragosse (puisse Dieu la rendre aux musulmans!) et de nombreux cantons de cette région. Les habitants de Valence, de Murcie [P. 149] et de l'Espagne orientale tombèrent d'accord pour reconnaître l'un des principaux officiers du *djond*, 'Abd er-Rah'mân b. 'Iyâd', qui était d'entre les plus purs et les meilleurs du peuple de Mahomet. Je tiens de maints et maints de ses compagnons que ses prières étaient toujours exaucées. Entre autre traits de caractère remarquables, il était le plus compatissant des hommes et le plus prompt à verser des larmes, mais quand il prenait ses armes et montait à cheval, nul n'osait l'affronter, aucun héros ne lui pouvait résister. Les chrétiens le comptaient pour cent cavaliers et s'écriaient en voyant son étendard : « Voilà Ibn 'Iyâd', voilà cent cavaliers ! » Grâce à cet homme de bien, la protection divine ne permit pas à l'ennemi d'atteindre ces régions, tant la terreur qu'il inspirait aux Chrétiens tenait ceux-ci à l'écart. Ibn 'Iyâd' assura ainsi la tranquillité de l'Espagne orientale jusqu'à l'époque de sa mort (Dieu ait pitié de lui, éclaire sa face et le récompense de ses efforts !), dont j'ignore la date exacte.

Il eut pour successeur dans le gouvernement de ce pays Moh'ammed b. Sa'd, connu là-bas sous le nom d'Ibn Merdenîch, qui avait été attaché à sa personne en qualité d'écuyer et d'intendant (1). Quand Ibn 'Iyâd' fut près de mourir, l'armée et les principaux habitants qui l'entouraient lui demandèrent de désigner celui qui devait désormais les guider et firent allusion à son fils : « Il est, dit le mourant, peu propre à ce poste, car j'ai ouï-dire

---

(1) Sur ce personnage, voir les *Berbères* (II, 194); Ibn Khallikan (IV, 471 et 478); Ibn Athîr (XI, 102, 148, 186, 187, 235, 246).

qu'il boit du vin et néglige la prière. Si vous le voulez, je n'y puis rien ; mais prenez plutôt cet homme, » dit-il en montrant Moh'ammed b. Sa'd, « il montre de l'énergie et est très riche; il est possible que par lui Dieu étende sa faveur sur les musulmans. » Ibn Sa'd dirigea, en effet, les affaires du pays jusqu'à sa mort, arrivée en 568.

Les habitants d'Alméria, après avoir également expulsé les Almoravides et avoir discuté qui ils choisiraient, voulurent décerner le pouvoir au kâ'id Aboû 'Abd Allâh b. Meymoûn, qui n'était pas de leur ville mais de Dénia. Ce chef refusa en disant : « Je ne suis que l'un de vous ; mon élément c'est la mer, où j'ai acquis ma réputation, et c'est là que je serai votre homme contre quiconque vous attaquera de ce côté; mais choisissez pour vous gouverner [P. 150] tout autre que moi. » Ils prirent alors comme chef l'un d'entre eux, 'Abd Allâh b. Moh'ammed, connu sous le nom d'Ibn er-Remîmi, dont l'autorité subsista jusqu'au jour où les chrétiens, pénétrant dans la ville par terre et par mer, massacrèrent les habitants, réduisirent en captivité les femmes et les enfants et livrèrent tout au pillage, ce qui serait long à décrire.

Quant à Jaën et à son territoire, jusqu'au fort de Segura et aux places frontières avoisinantes, celui qui les gouvernait était un nommé 'Abd Allâh, du père de qui j'ignore le nom, et qui était appelé là-bas Ibn Hamouchk (1); il paraît qu'il régna aussi pendant quelques jours à Cordoue.

Quant à Grenade et à Séville, elle continuèrent d'obéir aux Almoravides.

Telle était, à la fin de la dynastie Almoravide, la situation de l'Espagne vue d'ensemble; mais il y a de nombreux détails concernant les châteaux, les forteresses et les petites villes, que je dois laisser de côté crainte de longueur et parce qu'ils sont peu connus.

---

(1) Ibrâhîm b. Homochk des *Berbères* (II, 195 et 199; cf. Ibn Athîr, XI, 102, 186 et 187).

L'ouest de l'Espagne vit s'élever des fauteurs de troubles et des chefs de partis qui troublèrent les intelligences ignorantes et attirèrent à eux les cœurs de la masse. Tel fut Ah'med b. K'asi, qui commença par élever des prétentions au gouvernement et qui était passé maître en fait de ruses et de tours de passe-passe, sans compter qu'il pratiquait la rhétorique et faisait profession d'éloquence ; puis il se donna comme Mahdi ; ces renseignements, je les tiens de diverses sources sûres. Mais il ne réussit dans aucun de ses projets, et ses partisans se retournèrent contre lui. C'est dans le château-fort de Mertola, déjà cité dans l'histoire de la dynastie 'Abbâdide, qu'il se révolta. C'est de là que, après l'avoir abandonné, ses partisans le firent sortir par ruse à l'aide d'émissaires qu'ils lui envoyèrent secrètement. Les Almohades s'emparèrent alors de sa personne et l'envoyèrent sur la côte d'Afrique, où on le présenta à 'Abd el-Mou'min : « Je sais, dit celui-ci, que tu as prétendu être le Mahdi ! — N'y a-t-il pas, » répondit entre autres choses le prisonnier, « deux aurores, la fausse et la vraie ? Eh bien ! j'étais la fausse ! » 'Abd el-Mou'min se mit à rire et lui pardonna. Le vaincu resta à sa cour [P. 151] jusqu'à ce qu'il fut tué par certains de ceux qui avaient embrassé son parti en Espagne. De cet Ibn K'asi on raconte des faits honteux caractérisés par l'impiété et le mépris de tout principe de gouvernement, et que je passe sous silence pour m'occuper de sujets plus importants.

Le développement dans le Maghreb el-Ak'ça de la puissance des Maçmoûda attira les regards des notables de l'Espagne occidentale, qui de jour en jour se mirent à aller les trouver et procédèrent à l'envi à un véritable exode. De la sorte nombre de régions de la Péninsule reconnurent l'autorité de cette dynastie, par exemple Algéziras et Ronda, puis Séville, Cordoue et Grenade. Celui qui procéda à ces conquêtes fut le cheykh Aboû H'afç 'Omar Inti, déjà cité comme membre de la

Communauté. C'est ainsi que l'Espagne occidentale se soumit au pouvoir nouveau.

Dans cette situation, 'Abd el-Mou'min rassembla des troupes nombreuses, et s'embarqua à Ceuta pour la Péninsule; il aborda au lieu dit Djebel T'ârik', qu'il dénomma Mont de la Victoire *(Djebel el-Fath')*, où, pendant un séjour de quelques mois, il éleva de vastes palais et fonda une ville encore existante. Les principaux du pays s'y portèrent pour prêter serment d'obéissance : tels par exemple les gens de Malaga, de Grenade, de Ronda, de Cordoue, de Séville, et lieux avoisinants et en dépendant. Le prince tint en cet endroit une grande audience où il vit rassemblés autour de sa personne des personnages, des chefs, des notables et des princes, tant du pays que de l'Afrique septentrionale *('Adwa)*, formant une réunion telle qu'aucun prince avant lui n'en avait vu autant. Ce fut la première fois qu'il invita les poètes, qu'il n'avait jusqu'alors reçus que sur leur demande. Au nombre de ceux qui s'y trouvèrent et dont la plupart étaient des hommes distingués, figurait Aboû 'Abd Allâh Moh'ammed b. H'abboûs, habitant de Fez, qui employait dans ses vers à peu près le même procédé que Moh'ammed b. Hâni Andalosi, c'est-à-dire qu'il recherchait les expressions ronflantes, les mots pompeux et tragiques, mais vides ; seulement ce dernier avait plus de talent naturel et plus de douceur dans son style. Ibn H'abboûs déclama ce jour-là [P. 152] une k'açîda où il s'est montré supérieur, et dont je n'ai présents à la mémoire que ces deux vers :

[Kâmil] La fortune a atteint, grâce à votre direction, le but qu'elle espérait, et cette époque a appris à connaître ta justice ; elle comptait qu'un jour la direction revêtirait une forme visible, et cela s'est réalisé.

Ibn H'abboûs, qui est auteur de nombreuses k'açîda, jouissait de considération auprès de ce prince, sous lequel il arriva à l'opulence, ainsi qu'auprès de son fils

Aboû Ya'k'oûb. Sous les princes de Lamtoûna il était l'un des poètes favorisés ; mais à la suite d'inconséquences qui parvinrent à leur connaissance, il dut s'enfuir en Espagne, où il resta caché, sans se fixer nulle part, jusqu'à la chute de cette dynastie. Son fils 'Abd Allâh m'a lu l'anecdote suivante, sur l'autographe de son père : « J'entrai un jour à Silves, l'une des villes d'Espagne, n'ayant pas mangé depuis trois jours. Je demandai à qui l'on pouvait s'adresser en cet endroit, et un habitant m'indiqua Ibn el-Milh'. Je me rendis alors chez un papetier qui, sur ma demande, me donna un encrier et un bout de papier, et j'écrivis des vers à la louange de celui dont on m'avait dit le nom, puis je me rendis chez lui. Je trouvai cet homme dans le vestibule, et il répondit des plus gracieusement à mon salut, m'accueillant de la façon la plus aimable : « Je suppose, me dit-il, que tu es étranger ? — En effet, répondis-je. — Et à quelle classe d'hommes appartiens-tu ? — Je suis, dis-je, littérateur, je veux dire poète, » et je me mis à lui réciter les vers que je venais d'écrire. Il les reçut très bien, me fit entrer chez lui, et me faisant servir de quoi manger, il déploya dans sa conversation plus d'amabilité que je n'ai jamais vu. Le moment étant venu pour moi de prendre congé, il sortit et rentra bientôt, suivi de deux serviteurs porteurs d'un coffre qu'il leur fit déposer devant moi. Il l'ouvrit et en sortit 700 dinars almoravides qu'il me donna : « Voilà ton bien », dit-il ; puis, me remettant une bourse contenant 40 mithk'al : « [P. 153] Voici ce dont je te fais cadeau. » Tout surpris de ces paroles, qui étaient pour moi une vraie énigme, je demandai d'où venait « mon bien ». — « Sache, reprit-il, que j'ai immobilisé une terre provenant de mes biens et dont la récolte annuelle est de cent dinars, au profit des poètes. Or pas un n'est venu me trouver depuis sept ans, grâce aux troubles incessants qui désolent la contrée, et ainsi s'est accumulée la somme qui t'est remise. Quant aux quarante autres dinars, ils proviennent de mes revenus personnels ». — C'est ainsi qu'entré chez lui affamé et misérable, j'en sortis rassasié et riche. »

Un homme qui était chérif par sa mère et qui descendait du chérif Et-T'alîk' Merwâni (1) récita ce jour-là les vers suivants à 'Abd el-Mou'min :

[Basît'] « L'ennemi n'a pas de bouclier plus sûr que la fuite...

« La fuite où ? où ? » s'écria 'Abd el-Mou'min en élevant la voix ; et le poète continua :

« ...... Mais où fuir, alors que la cavalerie de Dieu le poursuit ? Mais où iront ceux qui sont sur les sommets, là où le ciel décoche contre eux les étoiles comme autant de traits ? Qui ose parler de chrétiens en Espagne quand d'une mer à l'autre tout le pays est plein d'Arabes ? »

Quand il eut fini son poème : « C'est ainsi qu'on loue les khalifes ! » dit 'Abd el-Mou'min, s'attribuant de la sorte le titre de khalife. — Le chérif T'alîk', grand-père de ce poète, était Talîk' en-Na'âma, ainsi nommé à cause du fait suivant. Il était détenu par Aboû 'Amir Mohammed surnommé el-Mançour, qui exerçait le pouvoir sous Hichâm Mo'ayyed, et depuis plusieurs années déjà il gémissait dans une prison souterraine, quand il adressa au ministre un placet où il décrivait le misérable état où il était réduit par la rigueur de son emprisonnement et la difficulté qu'il trouvait à vivre. Ibn Aboû 'Amir reçut cette requête avec un tas d'autres et rentra chez lui, où il s'amusa à les jeter à une autruche qui vivait en domesticité. L'animal avalait les unes et rejetait les autres, et celle du chérif, que le vizir n'avait pas lue, lui fut jetée dans le tas ; elle la prit, fit un tour et la rejeta sur les genoux de son maître, qui la lui lança de nouveau ; elle la prit, fit tout le tour du palais et vint la rejeter sur ses genoux ; il la lui relança une troisième

---

(1) Un article est consacré par le n° 1372 Anc. F. de la Bib. nat. à Merwâni T'alîk' (f. 6 v.).

fois, [P. 154] et à plusieurs reprises elle fit de même. Alors Ibn Aboû 'Amir tout étonné se mit à lire cette pièce et fit relâcher le prisonnier, qu'on appela par suite de cette circonstance *T'alik' en-Na'âma* (libéré par l'autruche).

A cette audience aussi un habitant de Séville nommé Ibn Seyyid et surnommé el-Laçç récita ce qui suit :

[Basît'] « Détourne ta vue du soleil, sois convaincu que Saturne est trop rapproché ; regarde une montagne solidement fixée sur une autre, qu'elle tienne par sa masse ou que l'autre la supporte, comment pourra-t-elle toujours regarder sa noble personne ? »

'Abd el-Mou'min l'interrompit : « Tu nous ennuies, poète ; assieds-toi ! » Ce poème est pourtant l'un des plus beaux qui aient été faits à sa louange, mais ce début le dépare.

C'est encore à cette audience que fut débité le poème suivant, par le vizir et secrétaire Aboû 'Abd Allâh Moh'ammed b. Ghâlib de Valence, connu sous le nom de Roçâfi (1), et qui s'était fixé à Malaga :

[Basît'] Si tu te présentais au feu de la vraie direction provenant du Sinaï, tu recevrais toute la science et toute la lumière que tu voudrais de toutes ces étoiles dont les boucles ne sont pas relevées pour le voyageur nocturne, dont le feu ne brûle pas pour celui qui a froid. De la lumière prophétique ou mahdique se dégage une émanation heureuse et révélatrice des ténèbres du mensonge ; cette lumière, la piété n'a cessé de la sustenter à l'aide du jeûne diurne et de la prière fervente et nocturne, jusqu'au jour où, puisant un éclat nouveau dans une flamme ensevelie sous les cendres de l'impiété, elle a illuminé la foi. Pour cette lumière, Dieu avait emmagasiné l'étincelle du briquet jusqu'au temps du Mahdi ; ce signe, aussi manifeste que les rayons du soleil, précède une guerre dont la réalisation est confiée au roi K'aysite (2). Demeure du Prince des Croyants, établie

---

(1) Roçâfi, † 572, est l'objet d'une notice d'Ibn Khallikan (III, 133) ; voir aussi le ms 1372 Anc. fonds de la Bibl. nat., f. 67 v⁰ ; Dhabbi, p. 109 ; Ibn Abbâr, p. 237 ; Ibn Batoûta, IV, 360. Au sujet de ce poème, Dozy s'exprime ainsi : « ... Je pense que Roçafi lui-même... aurait été assez embarrassé pour expliquer plusieurs des vers qui y figurent. »

(2) Voir la note 2, p. 164.

au pied du Mont de la Direction ! puisses-tu être bénie entre toutes, [P. 155] toi que soutiennent les deux colonnes de la puissance et de la royauté, sur les deux bases de la sainteté et de la pureté ! Celui qui t'a élevée a une considération qui ne s'arrête pas à un palais bâti au confluent des deux mers ; il y a longtemps que les pas de ceux qui prononcent des paroles de louange et d'exaltation convergent vers la demeure de ce rival des prophètes, là où sont ses pieds bénis qui parfument les lieux qu'ils foulent et traversent, là où se dresse la hampe de l'étendard de la religion, qui déploie pompeusement ses plis victorieux sur les deux continents ; hampe que tient la main d'un homme entièrement prêt (au combat), pénétré de la crainte de Dieu et dont l'âme pure est pleine de piété ; qui, plongé par ses secrètes pensées dans le monde de la sainteté, semble être, quand il te reçoit, à la fois présent et absent. Un mouvement de colère l'a fait s'embarquer sur sa flotte, qui, j'en rends grâce au ciel, a protégé mon voyage, et ces navires ont apporté les ordres divins confiés à un prince qui cherche et trouve en Dieu sa protection, devant qui chaque mouvement des bateaux semble un geste de prosternation, de qui chaque craquement chante la gloire ; ces navires, en emportant ce prince à travers le détroit de Gibraltar, ont laissé chacune des deux côtes dans le doute et la stupéfaction s'il parcourait des vagues joyeuses ou s'il se plongeait dans l'abîme d'une mer consternée. On eût dit qu'il était sur terre à traverser un vaste lac tout constellé du sang versé par les épées, que fait fondre la vigueur de son attaque, car à leur feu c'est par des jets de flammes que répond ce maître de hauts navires aux cordages semblables à des tresses partie nouées, partie dénouées. Tandis qu'il franchissait les eaux, les vents, sur elles et à son image, adoucissaient et embaumaient leur souffle : telle à sa première grossesse la jeune femme dont la poitrine présente des seins couleur d'ambre rosé et de camphre. Ces navires emportant des masses d'hommes, entre des rames qui leur servent de bras, plongent dans ce qu'on dirait être de l'eau de roses de Firoûzâbâd et parfois se précipitent dans la vague écumante, où ils semblent voler avec les ailes des aigles carnassiers. On dirait qu'ils s'avancent fièrement en nageant au milieu des ondes rejaillissantes, mais contenues par leur main puissante, jusqu'à ce qu'enfin, arrivés à la Montagne des deux victoires, ils peuvent de près projeter sur elle un éclat qui ne le cède pas à celui de la foudre dont sont couronnés les sommets. Dieu seul peut produire une montagne comme celle-là, honorée et connue entre toutes les autres ; son promontoire élevé est recouvert d'un manteau noir, dont le collet non boutonné est formé par les nuages ; [P. 156] on peut comparer ses sommets à l'allure d'un roi qui invoque la pluie du ciel en étendant les mains et toutes les parties de son corps, et qui est exaucé ; les étoiles qui couronnent au soir son faîte, tournent dans l'atmosphère et ressemblent à autant de pièces d'or, elles semblent parfois le caresser de leurs boucles de cheveux trop longues et entraînées sur ses deux tempes. Cette montagne a perdu ses dents de devant, grâce aux épreuves qu'elle a subies dans les siècles passés (1) ; pleine d'expérience, elle a connu la bonne et la mauvaise fortune et les a poussées l'une après l'autre, comme fait de ses bêtes le chamelier chantonnant ; les pieds entravés elle promène sa pensée sur ce qu'il y a d'étonnant dans sa situation passée et dans celle d'aujourd'hui ; pensive, elle garde le silence et reste les yeux baissés, pleine de gravité et cachant ses secrètes pensées, sous le coup, dirait-on, de l'affliction où la plonge la crainte des deux menaces divines, d'être broyée et d'être déplacée (2). Combien n'est-elle pas digne de rester désormais, alors même que toutes les montagnes de la terre trembleraient sur leurs bases, tranquille et à l'abri de toute crainte ! Il lui suffit pour tout mérite d'avoir vu fouler ses sentiers par les pieds d'un roi aux magnanimes efforts et digne de reconnaissance, d'un prince dont la présence lui fait respirer le parfum de l'intercession qui émane des cendres d'un imâm enterré à l'extrême Occident. Elle n'a cessé d'espérer de lui la réalisation avant le jour du jugement dernier d'une chose décidée et prédestinée, elle n'a cessé de croire que, fût-ce même au moment de l'anéantissement suprême, il réaliserait, avant que retentisse la trompette du dernier jour, ce qui a été promis, et restait comme interdite, les yeux fixés sur l'Occident et observant dans le bassin de l'Esmîr (3) le brillant d'un glaive que le Destin a dégainé dans le Gharb, ce pays des épées célèbres, et fait luire dans les mains d'un K'aysite qu'il allait amener dans une presqu'île tremblant sous le joug de l'Infidèle. La grandeur de ce prince dépasse notre époque, où il ne voit rien qui ne lui soit inférieur ; nulle affaire religieuse ou terrestre ne se présente qu'il ne la résolve sans peine, tous les vœux qu'il forme sont dirigés par les destins et réussissent, si bien qu'en toute circonstance on croit voir en lui l'autorité destinée à asservir et à conquérir le monde ; chef de l'armée, il s'avance entouré d'un cortège formé par les princes qu'il a soumis. [P. 157] Ce fut d'abord contraints par la force qu'ils durent s'humilier devant lui et obéir à ses ordres ou à ses défenses, mais ensuite ils ne firent plus d'opposition, et poussés par l'espoir d'un pardon possible, ils laissèrent le difficile pour le facile ; leur impuissance à résister leur fit cesser la guerre et déposer toute espèce d'armes. Comment

---

(1) Sur cette expression voir la *Chrest.* de Sacy, III, 201.

(2) Allusion au Koran, LXIX, 14 et LXXXI, 3.

(3) Rivière de la région de Ceuta (Edrîsi, p. 72 ; Bekri, p. 106).

l'ennemi refuserait-il de te reconnaître quand il ne lui reste dans les mains que des épées faussées et des lances rompues ? Quand tu t'élances pour combattre dans la voie de Dieu, tu fais à toi seul tomber les têtes de troupes entières. Celui qui recherche les causes ne doit rien négliger comme trop faible, ne se fier à rien comme assez fort, car la mer a été mise à sec par la verge (de Moïse), et la terre, submergée par l'eau jaillissant d'un four (1). C'est là le glaive divin remis par le plus fort des guides dans une main puissante pour repousser le danger. Quand la poignée en est dans la main du Mahdi, on sait où en est la pointe. Si le soleil a su se souvenir de Moïse, il n'a pas non plus oublié son lieutenant Josué, destructeur des géants.

Roçâfi, qui n'avait pas encore vingt ans le jour où il récita ce poème, compte parmi les plus illustres poètes de son temps, surtout comme auteur de pièces de cinq vers ou moins. Je viens de rapporter cette poésie d'après plusieurs personnes qui ont vu l'auteur, et je vais ajouter encore quelques fragments à l'effet de prouver ce que nous venons de dire de lui. Voici ce qu'il dit du grand fleuve de Séville, qui n'a pas son pareil dans le monde :

[Kâmil] Ses rives sont agréables, la pureté de son eau ferait croire qu'il roule des perles. A l'heure la plus chaude du jour, l'ombre projetée par les grands arbres avoisinants donne une couleur de rouille à la surface de ses eaux, et, bleu dans une tunique brune, il ressemble au guerrier cuirassé couché à l'ombre de son étendard.

Vers la fin d'une après-midi, se trouvant avec certains de ses frères dans le jardin d'un nommé Moûsa b. Rizk', il composa ces vers :

(Kâmil) O Ibn Rizk', qu'est ta propriété, sinon un parterre aux fleurs brillantes et animé par le murmure d'un ruisseau ? [P. 158] Elle semble être un de ces vergers remplis de tendres rameaux, où l'humidité du sol favorise la croissance et l'éclosion de la beauté. Maintes fois la fin du jour revêtant son manteau de couleur fanée, au moment où l'atmosphère se voilait d'une brume légère, nous a surpris, livrés tout entiers au plaisir d'une douce familiarité, et c'était la nuit qui nous voyait nous séparer. Verse-nous un dernier coup, car

---

(1) Allusion à la manière dont le déluge a commencé.

voici venu, nous séparant du globe solaire, ce que l'on doit attendre (c'est-à-dire l'obscurité). Le jour est fini, et ton hôte ne peut le ramener; plût au ciel, ô Moûsa [ou Moïse], que tu fusses Josué !

Il dit encore, en décrivant une autre après-midi passée dans la propriété du même Moûsa :

[T'awîl] Sur la propriété d'Ibn Rizk' plane une certaine nuée qui sait également bien distribuer l'ombre et la pluie. Je me rappelle une fin d'après-midi — ne me blâme pas de la faire connaître — bien que nous n'ayons (plus) eu l'occasion de savourer pareil plaisir et que, en nous quittant, je n'en aie gardé que l'odeur de musc dont était imprégnée ta servante aux lèvres rouge foncé : je me voyais sommeillant et distribuant l'or aux humains. Après que fut passée cette tombée de nuit si belle, que ces doux moments d'intimité se furent écoulés, (je reconnus que) mon rêve s'était réalisé.

A propos d'une roue hydraulique, il s'exprime de la sorte :

[Monsarih'] Elle pousse des sanglots tels qu'elle attire à elle tous les cœurs, et des champs dont elle est voisine elle chasse la stérilité. Le jardin sourit en la voyant pleurer des larmes qui ne sont pas le produit du chagrin, et qu'elle tire de chacune de ses paupières; celles-ci deviennent alors comme la poignée d'une épée à laquelle la terre sert de fourreau.

Voyant un enfant qui feignait de pleurer et qui se mettait de la salive sur les yeux pour faire croire que c'étaient des larmes, il fit les vers suivants :

[T'awîl] Arrière celui qui, quoique gai, témoigne de la tristesse, et qui n'a au fond rien de ce qu'il veut exprimer, qui marche fièrement en dandinant sa taille flexible et qui, quand un juvénile amour l'amène à dire des choses aimables, se laisse inspirer par la fraude ! Il humecte de salive le coin de son œil et feint ainsi de pleurer, de même que les fleurs sourient, et l'on se figure que les larmes mouillent ses paupières : mais a-t-on jamais vu le narcisse mis au pressoir donner du vin ? (1).

Voici en quel termes il parle d'un dormeur sur les joues de qui coulait la sueur :

---

(1) Cf. Ibn Khallikan, III, p. 133.

[P. 159; Kâmil] Il est long et mince comme le rameau, mais le sommeil ne lui permet pas de montrer la flexibilité de sa taille élégante. Tandis qu'il dort et que la sueur couvre sa joue, je me dis que cette eau tombe sur une rose (1).

Roçâfi était profondément versé dans la connaissance des belles-lettres ; modéré dans ses goûts et d'une conduite irréprochable, il ne recherchait pas le renom de poète, malgré tout le talent qu'il a déployé dans beaucoup de ses vers.

Pendant son séjour à Djebel el-Fath', 'Abd el-Mou'min s'occupa à organiser l'administration, tandis que de jour en jour les notables du pays se rendaient auprès de lui, et il acheva complètement cette réorganisation de toute la partie de la Péninsule soumise à son autorité. Il installa comme gouverneur de Séville et de ses dépendances son fils Yoûsof, qui plus tard lui succéda, et lui adjoignit des vieillards Almohades et des conseillers prudents et habiles chez qui il pût trouver la direction et l'aide nécessaires. Comme gouverneur de Cordoue et de ses dépendances il nomma Aboù H'afç 'Omar Inti, et à Grenade et à sa circonscription il préposa un autre de ses fils, Aboù Sa'îd 'Othmân b. 'Abd el-Mou'min, qui comptait parmi ceux d'entre eux qui avaient le plus d'intelligence, de talent et d'énergie ; de plus 'Othmân aimait les belles-lettres et favorisait les littérateurs, sentait la poésie et savait la récompenser, et autour de lui se forma un groupe de poètes et de secrétaires d'état d'élite tel que je n'en connais pas auprès d'aucun des princes postérieurs de cette dynastie.

Après avoir rempli la partie de la Péninsule dont il était maître de cavaliers et de fantassins Maçmoûdites, arabes et autres provenant de la milice, 'Abd el-Mou'min regagna Merrâkech. Au moment où il s'était préparé à passer en Espagne, ce prince avait appelé à la

---

(1) Ibn Khallikan, III, p. 134.

guerre toutes les populations du Maghreb, et entre autres les Arabes, descendants de Hilâl b. 'Amir, qui habitaient les états de Yah'ya b. el-'Azîz [à Bougie], et qui, quand la route du Maghreb leur fut ouverte par les Benoû 'Obeyd (Fatimides), s'étaient répandus dans le pays ; puis ils s'étaient livrés à K'ayrawân à de grands ravages qui mirent cette ville dans l'état de ruine où elle est encore, et s'étaient rendus maîtres du royaume des Benoû Zîri b. Menâd, [P. 160] ce qui eut lieu après la mort de Mo'izz b. Bâdîs (1). A la suite de ces événements, Temîm [b. Mo'izz] se transporta à Mehdiyya, et ces Arabes en vinrent jusqu'à assiéger Mançoûr b. Montaçir (2), qui, pour obtenir la paix, s'engagea à leur abandonner la moitié de la récolte en dattes, blé, etc., de la région. Cet arrangement resta en vigueur pendant le reste du règne de ce prince, sous son fils surnommé 'Azîz, ainsi que sous Yah'ya, jusqu'à l'époque de la conquête de ce territoire par Aboû Moh'ammed 'Abd el-Mou'min. Le vainqueur interrompit le paîment de ce tribut, enrôla les [Arabes] en un corps de milice *(djond)* à son service et répartit entre leurs chefs une partie du pays à titre de fiefs. Pour les appeler à la guerre en Espagne, comme nous venons de dire, il leur adressa donc une lettre à la suite de laquelle il fit insérer les vers que voici et qui sont de lui :

[T'awil] Préparez pour accomplir des exploits vos chameaux rapides, amenez aux combats vos chevaux hennissants ; combattez en braves pour le triomphe de la foi, précipitez-vous audacieusement sur l'ennemi ! Car il n'y a de victoire à espérer que pour celui qui monte un coursier rapide, dont la course ininterrompue laisse le zéphyr en arrière, que pour celui qui manie un glaive damassé, dont la lame brillante est striée comme l'eau ondulée par le vent,

---

(1) Sur la dynastie des Zirides (334-543 hég.), lieutenants des Fatimides en Ifrîk'iyya, voir les *Berbères* (II, 9). Mo'izz b. Bâdîs mourut en 454. — Sur la conquête de K'ayrawân, voir *Ibid.* (I, 36).

(2) Lisez Mançoûr b. Nâçir (481-498 hég.), prince H'ammâdite de Bougie *(Berbères*, II, 51 et 55).

mais plus solide qu'elle. O vous, mes cousins, qui appartenez à la plus noble branche issue de Hilâl b. 'Amir et aux héros et fils de héros qui la composent, arrivez, car j'ai arrêté un projet d'expédition, dont les suites comme les débuts seront bénis de Dieu ; c'est la campagne par excellence où s'accomplira une promesse qui remonte à longtemps, campagne où se fera la conquête du monde, où se réaliseront nos désirs, grâce à laquelle l'erreur de toute sorte devra rendre justice à la vérité. Marchons ensemble à la bonne œuvre ; Dieu nous suffit aux uns et aux autres, il est l'Être juste par dessus tout. Je n'ai d'autre souci que votre bien à tous, que de vous voir jouir de l'ombre d'un (nuage) épais et versant une pluie abondante, que de vous permettre un bien-être non céleste, mais terrestre et doux comme la rosée. Arrivez sans retard, car l'empressement vaut du butin, et celui qui se met en route dès la tombée de la nuit, trouve pure l'eau de l'aiguade.

De nombreux Arabes répondirent à cet appel, et quand le prince songea à quitter la Péninsule, il les y installa, les uns dans les environs de Cordoue, les autres dans les environs de Séville, dans la direction de Xérès et de son territoire. Ils y sont encore [P. 161] en la présente année 621, et y forment un groupe important, car ils se sont accrus en nombre par le fait des naissances et par les envois nouveaux qu'y ont faits Aboû Ya'k'oûb et Aboû Yoûsof, si bien qu'à l'heure présente on compte en Espagne, non compris les fantassins, environ 5,000 cavaliers arabes, descendants de Zighba (1), de Riyâh', de Djochem b. Bekr, etc.

Ce fut en 548 (2) qu"Abd el-Mou'min passa dans la Péninsule et séjourna à Gibraltar, après quoi, nous l'avons dit, il regagna Merrâkech. Je tiens de plusieurs personnes dont j'accepte le témoignage que, arrivé à Salé — ville située sur l'Océan Atlantique et arrosée par une rivière importante qui se jette dans cette mer (3) — il franchit cette rivière, sur la rive de laquelle on lui

---

(1) Cette orthographe est celle du *Lobb el-Lobbâb* ; partout dans l'*Histoire des Berbères* on lit Zoghba.

(2) Le *Kartâs* (p. 130) assigne à cet événement la date de 556.

(3) L'Esmîr ou Wâdi Boû-Radjradj (Edrisi, p. 72 ; ci-dessus, p. 188, n. 3).

dressa une tente, et les troupes la traversèrent ensuite tribu par tribu. En voyant combien elles étaient nombreuses et jusqu'où elles s'étendaient, il tomba prosterné, et quand il se releva on vit sa barbe humide de larmes. « Je connais », dit-il en se tournant vers ceux qui l'entouraient, « trois personnes qui arrivèrent en cette ville n'ayant qu'une seule galette. Comme elles voulaient traverser la rivière, elles se rendirent auprès du patron du bac en lui offrant leur galette pour payer leur passage à toutes les trois, mais il déclara n'en pouvoir à ce prix passer que deux. « Eh bien ! » dit l'un des voyageurs jeune et robuste, « emportez mes vêtements, je passerai à la nage ». Les deux autres se chargèrent de ses vêtements, et montèrent dans le bac, tandis qu'il se jetait à la nage; quand il était fatigué, il s'accrochait à la barque pour se reposer, mais le patron le frappait à coups d'aviron et le blessait, si bien qu'il n'atteignit la rive que bien péniblement. » Aucun des auditeurs ne douta que le prince ne se désignât comme étant le nageur, et que ses deux compagnons ne fussent Ibn Toûmert et 'Abd el-Wâh'id l'oriental.

Rentré à Merrâkech, où il s'installa, ce prince s'occupa de constructions, de plantations, d'installations de palais, sans rien négliger des soins qu'exigeaient l'administration du royaume, l'expédition des affaires, [P. 162] le souci de faire régner la justice et de s'attacher le cœur de ses sujets, d'inspirer une terreur salutaire là où il le fallait.

Je tiens d'Aboû Zakariyyâ Yah'ya, fils de l'imâm Prince des croyants Aboû Ya'k'oûb, fils de l'imâm Prince des croyants Aboû Moh'ammed 'Abd el-Mou'min b. 'Ali 'homme véritablement chef, glorieux par sa nature et parmi les créatures' qu'il avait vu sur le feuillet de garde d'un exemplaire de la *H'amâsa* ces deux vers, écrits de la main du khalife (*sic*) 'Abd el-Mou'min, mais il ne savait, ajoutait-il, s'ils étaient de ce prince ou de quelque autre auteur :

[Basît']. Laisse ton glaive libre d'agir, tu seras sans souci de ce qui peut suivre ; laisse-le faire, et ta situation restera intacte pendant tout un siècle. Un rang élevé ne se conquiert que par la force, ce ne sont pas les livres qui peuvent repousser les poitrails des chevaux (1).

A son départ de Bougie, 'Abd el-Mou'min avait recommandé à son fils 'Abd Allâh, que, nous l'avons dit, il y laissait comme gouverneur, de faire à son exemple des expéditions dans les diverses parties de l'Ifrîk'iyya et de mettre Tunis dans l'embarras en empêchant les vivres d'y pénétrer. 'Abd Allâh se conforma à ces prescriptions, puis il équipa une armée considérable composée de Maçmoûda, d'Arabes, etc., à la tête de laquelle il alla assiéger cette ville, qui est après K'ayrawân la principale ville de l'Ifrîk'iyya, le siège du gouvernement et de l'administration et la résidence du chef de cette région ; il est bien connu qu'il en a toujours été de même jusqu'à la présente année 621. 'Abd Allâh, après avoir installé son camp, commença par faire raser les arbres d'alentour et par détourner les sources. Le prince à qui appartenait alors cette ville était Loûdjâr b. Loûdjâr [Roger], connu sous le nom d'Ibn ed-Doûka le Roûmi, roi de Sicile (Dieu le maudisse!), qui en avait confié l'administration à un musulman nommé 'Abd Allâh et connu sous le nom d'Ibn Khorâsân (2), lequel y remplit cet office sans discontinuité jusqu'à la date, citée plus loin, où les Almohades l'en chassèrent. Le siège finissant par peser à Ibn Khorâsân, il se mit d'accord avec les chefs militaires de la ville pour tenter une sortie contre les Maçmoûda, et une cavalerie nombreuse livra bataille aux troupes d''Abd Allâh, qui furent mises en fuite et subirent des pertes considérables. Alors 'Abd

---

(1) « Les royaumes célestes se gagnent par la douceur et les royaumes terrestres par la force », disait plus tard Frédéric II de Prusse.

(2) Ah'med b. Khorâsân, d'après Ibn el-Athîr (ap. *Berbères*, II, 590 ; éd. Tornberg, XI, 159). Cf. Amari, *Bibl. arabo-sicula*, I, 510.

Allâh regagna [P. 163] Bougie avec les débris de son armée et écrivit à son père ce qui venait d'arriver (1). Vers la fin de l'année 553, 'Abd el-Mou'min, à la tête de troupes considérables formées de Maçmoûda et autres soldats du *djond* du Maghreb, se dirigea vers l'Ifrîk'iyya et vint mettre le siège devant Tunis, qu'il conquit de vive force; puis il marcha sur Mehdiyya des Benoû 'Obeyd, occupée par les troupes chrétiennes d'Ibn ed-Doûk'a, avec lesquelles se trouvait Yah'ya b. H'asan b. Temîm b. Mo'izz b. Bâdîs b. Mançoùr b. Bologgîn b. Zîri b. Menâd Çanhâdji, [de la famille des] rois de K'ayrawân. Il commença le siège de cette ville, qu'il serra de très près. C'est l'une des places inexpugnables du Maghreb, car ses défenses sont bâties de la meilleure et plus solide façon; j'ai ouï-dire que la muraille des fortifications est assez large pour donner passage à six chevaux de front. Du côté du continent, une seule porte y donne accès, et celui qui est maître de la ville l'est aussi de la mer, de sorte qu'une galère chargée de ses combattants peut pénétrer jusque dans l'arsenal, sans que de terre on puisse l'en empêcher (2). Aussi les Chrétiens pouvaient-ils résister au siège, car à tout instant des secours leur parvenaient de Sicile.

Pendant sept mois moins quelques jours, le siège fut poursuivi par 'Abd el-Mou'min et ses troupes, qui eurent beaucoup à souffrir de la disette. Plusieurs personnes m'ont raconté que dans le camp on achetait sept fèves pour un dirhem *mou'mini*, qui vaut la moitié du dirhem légal. 'Abd el-Mou'min finit enfin par se rendre maître de la ville, après avoir promis la vie sauve aux Chrétiens qui l'habitaient, à condition qu'ils en sortiraient et rega-

---

(1) Ni Ibn Khaldoûn, ni Ibn el-Atbîr, ni le *Kartás* ne mentionnent cette expédition d'"Abd Allâh contre Tunis, dont ils placent en 554 la prise opérée par 'Abd el-Mou'min. Le *Kartás* est seul à placer la conquête de Kayrawân et de Mehdiyya après celle de Tunis.

(2) Voyez la longue description que fait de cette ville Edrîsi (p. 107 et s.); voir aussi Ibn Haukal, éd. de Goeje, p. 47.

gneraient la Sicile, leur patrie et le domaine de leur prince. Les vainqueurs pénétrèrent alors dans la ville et en prirent possession.

'Abd el-Mou'min envoya ensuite des troupes pour faire la conquête de Gabès, également occupée par les Chrétiens, puis il conquit Tripoli du Maghreb et fit soumettre par ses lieutenants le Djerîd, c'est-à-dire Tawzer, Gafça, Neft'a et El-H'âmma avec leurs territoires respectifs. De toutes ces conquêtes, il expulsa les Francs, qu'il renvoya chez eux, comme on vient de le voir. Dieu se servit de lui pour faire disparaître de l'Ifrîk'iyya l'infidélité et anéantir [P. 162] les convoitises de l'ennemi; 'la vraie religion s'y réveilla de son sombre sommeil, l'astre de la foi, un moment caché et comme couché, brilla de nouveau de tout son éclat'. Par suite, 'Abd el-Mou'min réunit toute l'Ifrîk'iyya à son royaume du Maghreb, de sorte qu'il se vit maître du pays qui s'étend de Tripoli de Barbarie à Soûs el-Ak'ça chez les Maçmoûda, ainsi que de la majeure partie de la Péninsule hispanique; je ne sache pas que, depuis la chute des Omeyyades jusqu'à l'époque de ce prince, nul ait réuni tous ces pays entre ses mains. 'Abd el-Mou'min quitta l'Ifrîk'iyya après l'avoir conquise et avoir reçu la soumission des habitants.

Je tiens d'un cheykh Almohade, homme savant et sûr, que ce prince en revenant d'Ifrîk'iyya s'arrêta à Bougie pour s'y divertir. En passant par un petit *soûk'* proche la porte de Tàt'ount, il s'arrêta avec les principaux de sa cour et s'enquit d'un marchand, qu'il nomma, habitant de cet endroit. En apprenant par les voisins qu'il était mort, il voulut savoir s'il avait laissé des enfants, et sur la réponse affirmative qui lui fut faite, il donna l'ordre d'acheter toutes les boutiques de ce *soûk'*, les immobilisa à leur profit et leur fit remettre une somme considérable. « Je suis venu, dit-il en se tournant vers un de ses intimes, trouver ce marchand à un moment où moi, l'imâm (c'est-à-dire Ibn Toùmert) et plusieurs *t'olba* de nos compagnons, nous n'avions pas mangé depuis plusieurs jours. Je reçus de ce marchand du pain et quelques condiments, et comme je n'avais sur moi autre chose qu'un canif d'écritoire, je voulus le lui laisser en gage, mais il s'y refusa en me disant : « Ta figure m'inspire confiance ; si tu as besoin de quelque chose, voilà ma boutique ; disposes-en à ton gré ». Aussi, continua le prince, cet homme mérite plus encore que ce que je fais ». — Le jour où il fit à cheval son entrée à Bougie, son regard tomba sur Yah'ya b. el-'Azîz qui, tout poudreux et à pied, marchait devant lui. Ses yeux se remplirent de larmes, et appelant le prince détrôné il lui dit : « Te rappelles-tu qu'un jour où tu allais à quelqu'une de tes habitations de plaisance, [P. 165] cette même porte nous vit l'un et l'autre ? Comme ta monture m'avait foulé le talon et que je levais mon regard sur toi, par ton ordre un de tes serviteurs m'administra un coup de poing qui faillit me jeter la face contre terre ». Yah'ya tout honteux pâlit et baissa les yeux : « O Dieu ! mon seigneur », dit-il, en pensant que ces paroles indiquaient quelque projet sinistre. Ce que voyant, son vainqueur lui dit : « C'est là une simple réflexion que je fais pour rappeler tes souvenirs et te faire penser comment la fortune et les hommes peuvent changer » ; et en même temps il donna des ordres de nature à dissiper sa frayeur.

Dans ce même voyage, il passa entre la Bat'h'â (1) et Tlemcen dans un endroit tout couvert de palmiers nains

---

(1) La ville de Bat'h'â fut, d'après le *Kartâs* (p. 130 du texte), bâtie autour de la sépulture du cheykh qui, en 555, fut tué aux lieu et place d' 'Abd el-Mou'min, événement que notre auteur raconte un peu plus bas. Elle était « située sur la rive droite du Mîna, à 4 ou 5 lieues du Chélif », selon M. de Slane *(Berbères*, I, p. LXXI, ce qui a probablement été copié par Beaumier, trad. du *Kartâs*, p. 282). Le nom de cette localité est fréquemment cité dans les *Berbères* (I, p. 39 et 51 de l'*Intr*. ; III, 339, 443, 447, 479, 481, etc.); elle était à trois ou quatre journées de Tlemcen, selon le *Merâçid* (I, 159). Edrisi n'en parle pas, non plus que Bekri, qui d'ailleurs mourut en 487 hég. La Bat'h'â des Howâra est citée dans les *Menâk'ib* d'Ah'med

et où se trouvait un gros bouquet d'arbres au centre duquel il y avait une clairière ; ce fut là qu'il fit dresser sa tente, dans un endroit qui n'était pas connu comme lieu de halte. Quand toute l'armée s'y fut installée, il dit à quelques-uns de ses intimes : « Savez-vous pourquoi j'ai préféré faire camper ici ? » Sur leur réponse négative : « C'est que, en cet endroit même, j'ai passé toute une nuit pluvieuse, souffrant du froid et de la faim et n'ayant d'autre abri que ces palmiers nains. J'ai voulu camper ici même, dans la situation où je me trouve maintenant, afin d'adresser à Dieu mes actions de grâce et de le remercier du changement qui s'est produit depuis lors » ; puis il se leva, procéda à ses ablutions et adressa à Dieu une prière de deux *rek'a* pour lui témoigner sa reconnaissance. — J'ai trouvé l'anecdote qui précède écrite de la main même de Moûsa b. Yoùsof b. 'Abd el-Mou'min, l'un des petits-enfants d'Abd el-Mou'min.

De même, il lui plut de passer dans le village de Tâdjra, où nous avons dit qu'il était né, afin de visiter la tombe de sa mère et de répandre des bienfaits sur ceux de ses parents qui y étaient encore. Il arriva en vue de ce lieu, toutes ses troupes le précédant, plus de 500 drapeaux, tant bannières qu'étendards, flottant sur sa tête, plus de 200 tambours battant. C'étaient de très grands et très gros tambours, sous le bruit desquels la terre semblait frémir et dont le son, se répercutant dans les entrailles de ceux qui l'entendaient, était près de

---

b. Yoùsof Milyâni, ainsi que dans la kaçîda de Moghawfel sur les saints du Chélif :

منهم رجال سكنوا البطحاء　　كانوا بها بدورا صفياء

Je ne crois pas que ce nom se soit conservé jusqu'à nos jours, bien qu'actuellement encore les indigènes désignent sous cette appellation tant la région qui s'étend de Relizane à l'Hillil, que celle qui va de Perrégaux au Tlélat ; mais on ne rencontre le *doûm* que dans la première.

leur faire mal. Alors les villageois s'étant portés à sa rencontre pour le saluer du titre de khalife, on entendit [P. 166] une vieille femme de la localité, ancienne compagne de la mère du noble visiteur, s'écrier à haute voix : « Voilà comment l'exilé rentre dans son pays ! »

Des parents d'Ibn Toûmert appelés Aït Wamaghar, c'est-à-dire en arabe « les fils du fils du Cheykh », disputèrent le pouvoir à 'Abd el-Mou'min et en vinrent, d'accord avec des complices de leur noir dessein, à comploter de s'introduire nuitamment dans la tente du prince pour l'assassiner ; ils s'imaginaient que, leur participation à cet attentat restant secrète, la disparition d'Abd el-Mou'min et l'ignorance où l'on serait des vrais coupables les feraient arriver au pouvoir, comme étant ceux qui en étaient les plus dignes à raison de leur parenté avec l'Imâm et de la priorité de leurs droits. L'un des plus fidèles compagnons d'Ibn Toûmert, nommé Ismâ'îl b. Yah'ya Hazradji, ayant eu connaissance de leur projet, aller trouver le prince et lui dit : « Chef des Croyants, j'ai quelque chose à te demander. — Parle, Aboû Ibrahîm ; toutes tes demandes sont accordées d'avance. — Je désire, Prince, que tu quittes ta tente et m'y laisses passer la nuit » ; mais il ne l'informa pas de ce qui se tramait, de sorte qu'Abd el-Mou'min, s'imaginant qu'il lui demandait sa tente uniquement parce qu'elle lui plaisait, la lui abandonna. Ismâ'îl s'y installa donc, et les conjurés s'y étant introduits le percèrent de nombreux coups. Mais quand le jour se leva et qu'ils reconnurent que leur victime n'était pas 'Abd el-Mou'min, ils s'enfuirent vers Merrâkech dans l'espoir d'y exciter un soulèvement, et se présentèrent aux gardiens des palais pour en demander les clefs ; mais ces gens refusèrent et l'un des leurs fut tué, tandis que le reste dut s'enfuir. Les rebelles faillirent s'emparer de ces palais; mais la milice et les esclaves de la garde réunis les combattirent avec acharnement depuis le point du jour jusqu'au lever du soleil (1), et les esclaves nègres ayant fini par l'emporter, toute la population se précipita en foule contre les vaincus, qui furent pris ; ils furent alors enchaînés et jetés en prison jusqu'à l'arrivée d''Abd el-Mou'min dans cette ville, lequel les fit tous exécuter, ainsi que plusieurs chefs des Hergha qu'il savait [P. 167] être hostiles à son autorité et n'épier qu'une occasion favorable (2).

Quant à Aboû Ibrâhîm Ismâ'îl, lorsqu'au matin on trouva son cadavre percé de coups, 'Abd el-Mou'min apprécia hautement sa conduite et conçut de sa perte un chagrin qui, dépassant les limites de la modération, le plongea dans la plus sombre tristesse. Il le fit laver et ensevelir et prononça lui-même les dernières prières avant de le faire enterrer. Ismâ'îl ne laissa d'autre enfant mâle que Yah'ya, qui jouit sous Aboû Ya'k'oûb d'une grande considération et d'un rang élevé, qu'il garda sous le règne d'Aboû 'Abd Allâh ; sous l'un et l'autre de ces princes, la plupart des affaires passaient par ses mains, et cela dura jusqu'à sa mort, arrivée en 602. Yah'ya laissa une fille unique, Fât'ime, mariée au Prince des croyants, Aboû Yâ'k'oûb Yoûsof b. 'Abd el-Mou'min, à qui elle ne donna pas d'enfants. Elle parvint à un âge avancé, car je l'ai laissée en vie quand je partis de Merrâkech en 611.

Le dit Ismâ'îl avait agi à l'effet de prévenir Ibn Toûmert, qui se trouvait dans une situation analogue, avec une générosité presque égale. Quand Ibn Toûmert, expulsé par le Prince des musulmans, dut quitter Merrâkech, il arriva au village où se trouvait Aboû Ibrâhîm et pénétra dans la mosquée. Les habitants, réunis à la porte du temple, regardaient le nouveau venu en se murmurant

---

(1) Une inadvertance du savant traducteur des *Berbères* (II, 191) lui a fait dire « depuis le lever jusqu'au coucher du soleil ».

(2) Ce complot se trama en 547 d'après Ibn Khaldoûn (*Berbères*, II, 191) ou, d'après le *Kartás* (p. 130), en 555, date qui semble aussi être celle de notre auteur (voir plus bas).

les uns aux autres que c'était là celui que le Prince avait dû chasser à cause de l'influence néfaste qu'il exerçait sur les esprits, et autres propos analogues, si bien qu'ils méditaient sa mort, par esprit de courtisanerie; ce que voyant Aboù Ibrâhîm s'approcha d'Ibn Toûmert et lui demanda l'analyse syntaxique du verset (Koran, XXVIII, 19) : « *Les grands délibèrent pour te faire mourir; quitte la ville, je te le conseille en ami.* » Ibn Toûmert, saisissant l'allusion, quitta le village et sut gré de cet avertissement à Aboù Ibrâhîm, qui plus tard [P. 168] alla le rejoindre à Tînmelel quand les doctrines nouvelles se furent répandues, et qui figura parmi les membres de l'*assemblée*.

Le supplice infligé par 'Abd el-Mou'min aux révoltés dont il vient d'être question eut pour effet de le faire craindre et respecter par les Maçmoûda et autres peuples de son empire.

Il passa à Merrâkech le reste de l'année 555, et les années 556 et 557. Au commencement de l'année 558, il envoya partout l'ordre d'aller combattre les Chrétiens dans la Péninsule ibérique, et des lettres furent, en son nom, expédiées dans toutes les directions pour appeler et exciter les fidèles à la guerre sainte. De nombreuses troupes vinrent se ranger sous ses ordres, et il se mit en marche pour la Péninsule en annonçant ses projets belliqueux destinés à se concilier la protection divine, mais en s'occupant aussi de ce qui avait trait à la situation antérieurement prise dans ce pays par Moh'ammed b. Sa'd [c'est-à-dire Ibn Merdenich], dont il a été déjà question. Il arriva ainsi à Salé, où il s'arrêta pour attendre la concentration de toutes ses troupes, et où il fut atteint de la maladie qui l'emporta le 27 djomâda II de cette année 558. Il avait de son vivant désigné pour son successeur son fils aîné Moh'ammed, l'avait fait reconnaître comme tel par le peuple et avait fait publier cette désignation dans les diverses parties de son empire; mais la réalisation de ce projet fut rendue impossible par la conduite indigne d'un prince que tenait Moh'ammed, son amour pour le vin, son manque de sagesse, la légèreté de son caractère, et enfin sa lâcheté; on dit, de plus, qu'il était atteint d'éléphantiasis; Dieu seul le sait.

A la mort d'ʿAbd el-Mou'min, l'autorité de Moh'ammed ne fut pas admise sans de vives contestations, et il n'exerça le pouvoir que quarante-cinq jours, au bout desquels on se mit d'accord pour le détrôner, au mois de cha'bân 558. Ce furent ses deux frères Yoûsof et 'Omar, qui, malgré les droits qu'il avait et que nous venons de dire, s'employèrent à obtenir ce résultat.

[P. 169] Règne d'Aboû Yaʿk'oûb Yoûsof b. 'Abd el-Mou'min et événements qui s'y rattachent

Après la déposition de Moh'ammed, qui se fit à la date indiquée du consentement des principaux de l'État, la place restait indécise (1) entre deux des fils d'ʿAbd el-Mou'min, Yoûsof et 'Omar, qui étaient parmi les plus intelligents, les plus distingués, les plus sages et les mieux pondérés d'entre eux. Mais 'Omar, s'effaçant volontairement, laissa le pouvoir à son frère Aboû Yaʿk'oûb et lui prêta serment d'obéissance. Cette conduite lui fut dictée par sa haute intelligence, son amour de la religion, le souci qu'il avait de la bonne direction des affaires des musulmans : il savait en effet que, sous certains rapports, son caractère était peu fait pour régner et pour avoir la haute main sur les affaires de ses sujets. Le peuple, d'un accord unanime, reconnut également Aboû Yaʿk'oûb, à qui personne, parmi ses frères ou ailleurs, ne fit d'opposition, grâce aux nobles

---

(1) Ibn Khallikân (trad. IV, 473) a inséré une partie de ce chapitre dans son recueil de biographies. M. de Slane traduit l'expression peu précise du texte دار الأمر بين اثنين par « le pouvoir fut exercé conjointement par ces deux frères. »

efforts d'Aboû H'afç 'Omar b. 'Abd el-Mou'min, à sa magnanime conduite et à sa prudente sagesse. L'intronisation d'Aboû Ya'k'oûb eut lieu à la date indiquée, et tout se passa jusqu'à ce moment de la façon la plus satisfaisante, sous la direction de son frère germain Aboû H'afç. Le nouveau souverain Aboû Ya'k'oûb Yoûsof b. 'Abd el-Mou'min b. 'Ali était, de même que son frère Aboû H'afç, fils d'une femme libre, Zeyneb, dont le père, Moûsa D'erîr, était originaire d'un village de Tînmelel appelé Ansâ, et appartenait à une famille de chefs et de notables de Tînmelel. 'Abd el-Mou'min faisait de lui son lieutenant à Merrâkech lorsqu'il sortait de cette ville; il était devenu son gendre alors qu'il se trouvait à Tînmelel, sur le conseil d'Ibn Toûmert. Ce Moûsa laissa des filles et trois fils, Ibrâhîm, 'Ali et Moh'ammed.

Portrait d'Aboû Ya'k'oûb. — Il avait le teint clair, et plutôt rougeâtre, les cheveux très noirs, [P. 170] le visage rond, la bouche et les yeux grands, la stature plutôt élevée, la voix claire; il était affable et courtois, parlait bien et était d'une société agréable; mieux que personne il était au courant des expressions de l'ancienne langue, connaissait comme pas un le récit des *journées* des Arabes, et de leurs faits et gestes, leur histoire antérieure et postérieure à Mahomet. Il s'était adonné avec zèle à l'étude de ces connaissances pendant qu'il avait gouverné Séville du vivant de son père, et avait rencontré dans cette ville des philologues, des grammairiens, des exégètes du Koran, tel par exemple le philologue profond Aboû Ish'âk' Ibrâhîm b. 'Abd el-Melik, connu làbas sous le nom d'Ibn Molkoûn (1), et c'est auprès d'eux qu'il avait acquis toutes ces connaissances, dont beaucoup étaient très sérieuses. Je tiens de ceux de ses enfants que j'ai connus, tels par exemple Aboû Zakariyyâ, Aboû 'Abd Allâh, Aboû Ibrâhim Ish'âk', et d'autres encore

(1) Je n'ai retrouvé le nom de ce savant ni dans les recueils biographiques édités par M. Codera, ni ailleurs.

qui me l'ont dit à moi-même, qu'il prononçait le Koran plus élégamment que personne, que nul ne pénétrait aussi vite que lui les difficultés grammaticales, ni ne se rappelait aussi bien (toutes les richesses de) la langue arabe. Il avait au plus haut degré les qualités qui font les princes : il avait les vues larges (1) et se montrait généreux et bienfaisant ; le peuple sous son règne vécut dans l'aisance et s'enrichit. Ajoutez que ce prince avait un vif amour pour la science, qu'il recherchait avec ardeur. Je sais positivement qu'il savait par cœur l'un des deux Çah'ih' (2) ; je doute seulement s'il s'agit de celui de Bokhâri ou de celui de Moslim, mais je suis plus porté à croire que c'est le premier ; il l'avait appris du vivant de son père, après s'être livré à l'étude du Koran. En outre, il avait quelque teinture du droit (fik'h), des connaissances suffisantes en littérature, très vastes en philologie et approfondies en grammaire, ainsi qu'il a été dit. La distinction de son intelligence et sa hauteur de vues l'amenèrent ensuite à s'occuper de philosophie, de plusieurs branches de laquelle il se rendit maître ; il débuta par la médecine et étudia la plus grande partie de l'ouvrage intitulé *Meliki* (3), du moins quant à la théorie, et sans s'occuper de la pratique. De là il passa à des branches de la philosophie d'un ordre plus relevé, et par son ordre on réunit sur ces matières des ouvrages dont la quantité égalait presque la collection formée par H'akem [P. 171] Mostançer billâh l'Omeyyade (4). Je tiens le récit suivant d'Aboû Moh'ammed 'Abd el-Melik Chidhoûni (5), l'un des savants les plus

---

(1) M. de Slane *(l. l.)* traduit بعيد الهمة par « noble-minded ».

(2) Ou recueil de *h'adith*. Bokhâri est mort en 256, et Moslim en 261 hég.

(3) Il s'agit bien probablement d'un traité composé par l'un des membres de la famille d'Ibn Zohr (Wüstenfeld, *Arab. Aerzte*, p. 88-92). Hadji Khalfa (VI, 115) se borne à mentionner ce titre.

(4) On peut voir les détails que donne Dozy sur le zèle littéraire de ce prince, † 366 hég. *(Mus. d'Espagne*, III, 107.)

(5) Je n'ai nulle part trouvé de renseignements sur ce savant.

versés dans les sciences médicales et astrologiques : « Dans ma jeunesse j'empruntais des livres traitant de cette science — c'est-à-dire d'astrologie — à un homme habitant dans notre ville de Séville, Aboû 'l-H'addjâdj Yoùsof, connu sous le nom de Mourâni, entre les mains du père de qui il en était tombé un grand nombre pendant les troubles qui avaient désolé l'Espagne. Ils étaient en telle quantité que je rapportais un sac pour en emporter un autre. Il m'annonça un jour qu'il n'avait plus un seul de tous ces livres, et comme je lui demandais la cause de leur disparition, il m'avoua ce qui suit : « Le Prince des croyants, ayant appris la chose, a envoyé chez moi à mon insu, alors que j'étais au bureau, l'eunuque Kâfoûr, accompagné de nègres de la garde ; ils avaient l'ordre de n'effrayer aucun des habitants de la maison et d'emporter les livres seulement, avec menace d'un sévère châtiment s'il était fait tort, fût-ce d'une épingle, aux gens de la maison. On vint m'annoncer au bureau ce qui se passait, et j'arrivai tout hors de moi, me figurant qu'il s'agissait d'une confiscation. Je trouvai à la porte de ma demeure l'eunuque chambellan Kâfoûr, à qui l'on apportait les livres, et qui, en me voyant et se rendant compte de mes craintes, me rassura : « Le Prince des croyants, me dit-il, t'envoie ses salutations ; il m'a parlé de toi en termes favorables » ; il me parla avec bienveillance si bien que je me tranquillisai tout à fait. « Tu peux, continua Kâfoûr, demander aux tiens si personne leur a fait peur ou leur a fait tort de quoi que ce soit. » On me confirma qu'il n'y avait eu ni violence ni dégât, qu'Aboû 'l-Misk [Kâfoûr] s'était présenté et avait reçu la permission d'entrer après l'avoir sollicitée trois fois ; qu'alors il avait pénétré lui-même dans la bibliothèque et en avait extrait les volumes. Ces paroles chassèrent définitivement toutes mes craintes ».
« Or, acheva mon interlocuteur, après avoir ainsi enlevé ses livres à Mourâni, on l'investit d'une haute charge [P. 172], qui dépassait ses ambitions ».

Ce prince fit toujours poursuivre la recherche des livres dans toute l'Espagne et le Maghreb ; il s'enquérait aussi des savants et plus particulièrement de ceux qui s'adonnaient aux sciences spéculatives, si bien qu'il en réunit autour de lui plus que n'avait jamais fait aucun prince du Maghreb. Parmi ces savants aux connaissances multiples, se trouvait Aboû Bekr Moh'ammed [b. 'Abd el-Melik] b. T'ofayl (1), savant musulman qui connaissait à fond toutes les branches philosophiques pour les avoir étudiées avec les philosophes les plus remarquables, entre autres Aboû Bekr [Moh'ammed b. Bâddja] Çâ'igh, connu parmi nous sous le nom d'Ibn Bâddja (2), pour ne citer que celui-là. J'ai vu divers ouvrages composés par le dit Aboû Bekr sur des sujets philosophiques, tant physiques que métaphysiques et autres. Parmi ses traités physiques figure celui qu'il a intitulé *H'ayy b. Yakdhân* (3), dont le but est d'exposer les origines de l'espèce humaine d'après les philosophes et qui, s'il est de peu d'étendue, est rempli d'enseignements utiles à ce point de vue. Entre autres ouvrages métaphysiques, il a écrit un traité sur l'âme, dont j'ai vu l'autographe. Vers la fin de sa vie, il se consacra entièrement à la métaphysique et abandonna toute autre étude ; il professait extérieurement le respect que lui inspiraient réellement les prophéties, mais chercha à concilier la raison et la loi révélée, quoiqu'il fût profondément versé dans les sciences religieuses. On m'a dit qu'il touchait des honoraires avec quantité de fonctionnaires, médecins, ingénieurs, secrétaires, poètes, archers, militaires, etc. ; aussi avait-il coutume de dire : « Si la musique trouvait preneur parmi eux, je leur en vendrais. » Le

---

(1) Sur ce philosophe et mathématicien célèbre, voir notamment Munck, *Mélanges de philosophie*, p. 410, et *Abbadid*. II, 171.

(2) L'Avempace des Européens, † 533 h., sur lequel on peut voir Munck (*l. l.* p. 383) ; Ibn Khallikân, III, 130.

(3) Il est parlé de ce traité par Renan, *Averroès* (p. 99, 3ᵉ éd.) ; *Abbadid*. II, 170, etc.

Prince des croyants Aboû Ya'k'oùb avait pour lui beaucoup d'attachement et d'amitié, si bien que le philosophe restait parfois au palais plusieurs jours de suite, y couchant et sans en sortir. Aboû Bekr a été l'un des ornements de son siècle tant par ses dons naturels que par ses connaissances acquises. Voici une poésie de lui que m'a récitée son fils Yah'ya à Merrâkech en 603 :

[T'awîl] Elle approche tandis que son Argus sommeille en dodelinant de la tête [P. 173] et quitte de nuit sa demeure pour se rendre vers l'habitation de son amant, au ruisseau de la vallée, en laissant traîner sa robe sur la poussière des cailloux, qui a ainsi acquis à toujours la valeur d'un butin de prix : les marchands s'en emparent comme ils feraient du musc, l'habitant sédentaire l'emporte pour l'employer dans les lustrations pulvérales. — Quand elle vit que l'obscurité de la nuit ne la couvrait pas et que sa démarche nocturne ne pouvait rester cachée, elle rejeta les extrémités flottantes du voile qui enveloppait ses joues et montra tout entier un visage de nature à dérouter un physionomiste. Sa beauté, émergeant de l'enveloppe qui la cachait, apparut telle qu'un soleil déjà haut à l'horizon, mais sur lequel l'œil pourrait se fixer. Quand nous nous revîmes après une longue séparation qui avait failli rompre le lien de notre amour, elle (sourit en) découvrant ses dents, et comme la faible lueur d'un éclair jaillit à ce moment, j'ignorais la cause de l'interruption momentanée des ténèbres. Les nuages ne permettaient pas de voir mes pleurs, mais je ne sais lequel de nous deux versait plus de larmes. L'entretien fut court, car elle voyait que les circonstances avaient ébruité ce qui devait rester caché : « Je t'en conjure, me dit-elle, ne laisse pas la passion t'emporter de manière à te faire regarder comme facile une chose difficile ou à te permettre un crime ! » Alors, je sus me contenir et me passer de ses faveurs, car je crus qu'il était plus honnête et plus digne de résister.

[P. 174] Voici un fragment de ses vers ascétiques que, à la même époque, son fils me lut d'après l'autographe de son père :

[Basît] Toi, qui pleures la longue distance qui te sépare de tes amis, ne pleures-tu pas aussi la séparation de l'âme et du corps ? Une lumière enfermée dans un peu de boue a atteint le but suprême : elle regagne les hauteurs et ne laisse au linceul que la boue. Dans cette séparation de deux choses qui furent unies, je ne puis voir qu'une interruption provisoire dont le but est caché. Si leur réunion n'est pas décidée par Dieu, quel marché frauduleux ne serait-ce pas là !

Les vers qui suivent, et qui nous ont été récités par un secrétaire de nos camarades, ont le même auteur :

[Monsarih'] Flairer ne suffit pas pour percevoir une odeur, et sous ce point de vue il règne chez les hommes une grande diversité : la réflexion mène les uns, ceux qui s'élèvent au-dessus du vulgaire, au vrai sens des choses, d'autres s'arrêtent à la surface et restent ignorants de la moelle de ce qu'ils ont cherché à connaître : ils ont beau regarder, elle leur reste incomprise, et ils ne peuvent atteindre au but. Nul ne peut dépasser les limites que lui impose son talent naturel, qui marque le rang que chacun doit occuper.

Aboû Bekr ne cessa pas d'attirer de partout les savants auprès de ce prince, dont il appelait l'attention sur eux et qu'il poussait à les honorer et à les appeler à lui. C'est lui qui signala au prince Aboû' l-Welîd Moh'ammed b. Ah'med b. Moh'ammed b. Rochd (1), qui commença dès lors d'être connu et d'exercer de l'influence. « J'ai, m'a raconté son élève le jurisconsulte, le maître (*ostâd*) Aboû Bekr Boudoûd b. Yah'ya K'ort'obi, j'ai entendu plus d'une fois le sage Aboû' l-Welîd faire ce récit : » « Quand je pénétrai auprès du Prince des croyants Aboû Ya'k'oûb, je le trouvai seul avec Aboû Bekr b. T'ofayl, qui se mit à faire mon éloge et à donner des renseignements sur ma famille et sur mes ancêtres, en y ajoutant des compliments que je ne méritais pas. La première chose que me dit le prince, sitôt qu'il se fut enquis de mon nom, du nom de mon père et de ma généalogie, fut celle-ci : « Quelle est leur opinion, — c'est-à-dire l'opinion des philosophes, — relativement au ciel ? Est-ce une substance éternelle ou bien a-t-il eu un commencement ? » Je restai tout confus et craintif, et invoquai quelque prétexte pour ne pas répondre, [P. 145] niant m'être jamais occupé de philosophie, car j'igno-

---

(1) C'est notre Averroès, né à Cordoue en 520 et mort à Merrâkech en 595 (Renan, *Averroès*; Munck, *Mélanges*, p. 418 ; Ibn Abbâr, p. 269).

rais ce qu'Ibn T'ofayl lui avait dit à ce sujet (1). Le prince comprit mon trouble, se tourna vers Ibn T'ofayl et se mit à discourir sur la question qu'il avait faite. Il rapporta ce qu'Aristote, Platon et tous les autres philosophes ont dit à ce sujet, et exposa, en outre, les arguments qui leur ont été opposés par les théologiens musulmans. Je remarquai en lui une puissance de mémoire telle que je n'en aurais pas soupçonné même chez les savants qui s'occupent de ces matières et y consacrent tout leur temps. Le prince cependant sut si bien me mettre à l'aise qu'il m'amena à parler à mon tour, et qu'il put voir quelles étaient mes connaissances sur ce sujet. Lorsque je me retirai, il me fit gratifier d'une somme d'argent, d'une précieuse robe d'honneur et d'une monture. »

Voici encore un récit relatif à Ibn Rochd et que je tiens du même disciple: « Aboû Bekr b. T'ofayl me fit un jour appeler et me dit: « J'ai entendu aujourd'hui le Prince des croyants se plaindre de l'obscurité d'Aristote et de ses traducteurs et de la difficulté qu'il y a à les comprendre: « Plût à Dieu, disait-il, que quelqu'un analysât ces livres et en exposât clairement le contenu après s'en être lui-même bien pénétré, de manière à les rendre accessibles à tout le monde! » — Tu as en abondance tout ce qu'il faut pour un tel travail, entreprends-le ! Connaissant ta haute intelligence, ta pénétrante lucidité et ta forte application à cette étude, j'espère que tu y suffiras. La seule chose qui m'empêche de m'en charger, c'est l'âge où tu me vois arrivé, mes occupations au service du prince, mon désir de m'appliquer à des choses à mes yeux plus importantes. » — Voilà, continuait Aboû'l-Welîd, ce qui m'a porté à écrire les analyses que j'ai faites des divers ouvrages d'Aristote. » J'ai vu moi-

---

(1) Munck (l. l., p. 421), traduit : « .... ce qu'Ibn Tofayl lui avait affirmé à cet égard, » et Renan (l. l., p. 16) : « I. T. et lui étaient convenus de me mettre à l'épreuve. »

même l'analyse des traités d'Aristote composée par Aboû' l-Welîd et formant un seul volume d'environ cent cinquante feuillets sous le titre *El-djawâmi'* (les Sommes); il renferme l'analyse des traités *Physica auscultatio, Du Ciel et du Monde, De l'existence éternelle et de l'existence temporaire, De substantia orbis, Du sens et du sensible*. Plus tard il les résuma, et il en rédigea un commentaire étendu en quatre volumes.

Pour nous résumer en deux mots, on peut dire d'Aboû Ya'k'oûb que nul Almohade, soit avant soit après lui, ne mérita [P. 176] plus véritablement d'être appelé roi.

Vizirs. Son frère 'Omar exerça pendant un petit nombre de jours les fonctions de vizir, mais reçut bientôt un poste plus élevé et plus en rapport avec le talent que lui reconnut Aboû Ya'k'oûb. Il fut remplacé par Aboû l-'Alâ Idrîs b. Ibrâhîm b. Djâmi', qui fut emprisonné et vit confisquer ses biens en 577; il eut pour successeur Aboû Yoûsof, fils et héritier présomptif d'Aboû Ya'k'oûb, jusqu'à la mort de ce dernier, arrivée en 580. La durée totale du règne de ce prince, depuis son intronisation jusqu'à ce qu'il trouva la mort du martyr en combattant les chrétiens dans leur propre pays, fut de vingt-deux ans moins quelques mois.

Ses secrétaires furent Aboû Moh'ammed 'Ayyâch b. 'Abd el-Melik b. 'Ayyâch, qui avait déjà servi son père en la même qualité, Aboû 'l-K'âsim K'alemi, Aboû 'l-Fad'l Dja'far b. Ah'med connu sous le nom d'Ibn Mah'chouwa, qui était Bougiote et qui servit sous les ordres d'Aboû 'l-K'âsim K'âlemi jusqu'à la mort de ce dernier, à qui il succéda. En outre de ces secrétaires de chancellerie proprement dits, il eut comme secrétaires militaires Aboû 'l-H'oseyn Hawzeni Ichbîli et Aboû 'Abd er-Rah'mân T'oûsi.

Son chambellan *(h'âdjib)* fut l'eunuque Kâfoûr, son affranchi, que le prince appelait Ghorra.

Il eut dix-huit enfants mâles : 'Omar, Ya'k'oûb l'héritier présomptif, Aboû Bekr, 'Abd Allâh, Ah'med, Yah'ya,

Moûsa, Ibrâhîm, Idrîs, 'Abd el-'Azîz, T'alh'a, Ish'âk', Moh'ammed, 'Abd el-Wâh'id, 'Othmân, 'Abd el-Hak'k', 'Abd er-Rah'mân et Ismâ'îl, sans parler de plusieurs filles. Yah'ya, qui est mort maintenant, fut mon ami et c'est de lui que je tiens la plupart de mes renseignements sur la dynastie ; je n'ai vu personne, prince ou sujet, à mettre sur la même ligne que lui, et c'est à dessein que j'ai parlé d'amitié et non, ce qui serait plus convenable, de protection, parce qu'en m'écrivant il employait les expressions « mon frère, mon ami » ou d'autres fois « mon parent » *(weli)* ; j'ai de nombreuses lettres de sa main où il me traite comme son égal, et il eut toujours pour moi une bonté que je ne méritais pas.

Comme k'âd'i, il employa d'abord Aboù Moh'ammed Mâlak'i, déjà cité ; ensuite il le destitua et le remplaça par 'Isa b. 'Amrân Tâzi, c'est-à-dire originaire du *ribât'* de Tâzâ, dans la province de Fez, et appartenant à la tribu berbère zenatienne de Tesoûl (1). [P. 177] 'Isa comptait parmi les gens de talent et d'intelligence du Maghreb ; c'était un prédicateur à la parole facile, éloquent et abondant, un poète remarquable, savant en beaucoup de sciences, qui jouit de crédit et d'autorité sous Aboù Ya'k'oûb. Il portait la parole au nom des députations, répondait dans les réceptions solennelles, et se tirait toujours remarquablement d'affaire ; ajoutez qu'il était un parfait gentilhomme, partial à l'excès pour ceux qui recouraient à lui. Voici ce que m'a raconté son fils Aboù 'Amrân, actuellement grand k'âd'î : « Des personnes attachées à mon père lui faisaient un jour des reproches de ce qu'il louait sans mesure des gens qui ne s'étaient pas encore signalés par leurs œuvres ou leurs talents, de ce qu'il les tirait par faveur de leur obscurité et de

---

(1) Cette tribu est citée dans l'*Hist. des Berbères* (I, 265 ; IV, 31). Peut-être le personnage dont il est ici question est-il celui dont parle Ibn Abbâr, notice 1931, p. 690.

ce que sa protection les produisait au grand jour. Je lui entendis faire cette réponse : « Quoi d'étonnant à aller à un homme capable pour l'élever ? Ce qui est étonnant, c'est d'aller à un mort pour lui rendre la vie, d'appeler l'attention sur un homme obscur, d'élever celui qui n'est rien ; mais à l'individu capable, sa seule intelligence suffit ! » Quant à son excès de partialité, il était tel qu'il dit un jour : « Est-ce de la protection que de venir en aide à un ami qui en est digne ? Mais son droit est trop clair et trop solide pour avoir besoin d'aide. Ce n'est qu'à propos d'un homme sans consistance qu'il peut s'agir de protection ! » On raconte encore de lui d'autres traits de ce genre.

De ses fils, dont pas un n'est resté sans devenir k'âd'i, était 'Ali, homme juste, qui, d'abord k'âd'i à Bougie du vivant de son père, fut plus tard déplacé et envoyé à Tlemcen ; il est cité chez nous parmi ceux qui se sont attachés de la manière la plus continue à la pratique de la religion et qui ne se sont permis aucun relâchement dans l'application des principes de justice. T'alh'a, un autre de ses fils, fut k'âd'i à Tlemcen ; quant à Yoûsof, je l'avais laissé k'âd'i à Fez, et j'ai appris sa mort pendant que j'étais à la Mekke en 620 ; enfin Aboû 'Amrân Moûsa, dont je parlerai en son lieu, est maintenant grand k'âd'i. Le dit Aboû Moûsa *(sic)* eut pour successeur H'addjâdj b. Ibrâhîm Todjibi, originaire d'Aghmât, ville de la province de Merrâkech, lequel était un homme vertueux, pieux et voué au culte de Dieu, connaissant le droit à fond, [P. 178] en sachant bien les principes et ayant quelque teinture des *traditions* ; ajoutez à cela une pureté de mœurs, une susceptibilité d'honneur, une observation continue de la justice, telles que sa manière d'agir finit par peser à plusieurs courtisans, qui s'efforcèrent de lui nuire dans l'esprit d'Aboû Ya'k'oûb, sans autre résultat que d'augmenter l'amitié et la faveur que lui témoignait ce prince. Il mourut du vivant de celui-ci.

Voici un trait qui prouve combien il avait le cœur

tendre et les larmes faciles. Il se présenta un jour, la barbe et le vêtement tout humides de larmes, chez Aboû Ya'k'oûb, et ses pleurs redoublèrent quand il fut devant lui. Au prince qui s'enquérait de la cause de ses larmes, il répondit : « Prince des croyants, je t'en conjure par Dieu! dis-moi si je suis quitte envers toi. — Mais veuille d'abord, reprit le prince, me dire pourquoi tu pleures! — Pendant, » reprit le k'âd'i, « que je siégeais à mon tribunal, on m'amena un vieillard ivre contre qui j'avais déjà plusieurs fois prononcé les peines légales. Je lui dis entre autres choses : « En quel état, ô vieillard, ressusciteras-tu ? — Ainsi, » me répondit-il en ouvrant les mains. Alors je ne pus contenir mes larmes en comprenant ce qu'il voulait dire, car il faisait allusion à la tradition du prophète : « Le k'âd'i ressuscitera les mains attachées au cou ; et alors sa justice le déliera ou son iniquité le fera glisser. » Cela étant, je te conjure de me dire si tu me tiens quitte. » Sur l'assurance que lui en donna le prince, il reprit : « Peut-être faut-il qu'un tel prenne ma place. — Rien, dit le prince, ne sera fait par moi tant que je ne trouverai pas quelqu'un qui te vaille. » Le k'âd'i sortit, et peu de jours après il mourait.

Ces fonctions furent alors confiées à Aboû Dja'far Ah'med b. Mad'â, Cordouan, qui les conserva jusqu'à la mort d'Aboû Ya'k'oûb et dans les premiers temps du khalifat d'Aboû Yoûsof Mançoûr.

Dès que son autorité fut assise, Aboû Ya'k'oûb s'installa à Merrâkech sans sortir de cette ville jusqu'à l'an 567. Il décida alors de passer dans la Péninsule, en apparence pour combattre les Chrétiens, mais en réalité pour achever la conquête de ce pays et s'emparer du territoire qu'y détenait Moh'ammed b. Sa'd connu sous le nom d'Ibn Merdenîch, [P. 179] c'est-à-dire depuis le commencement des dépendances de Murcie jusqu'à la limite orientale de ce pays actuellement aux mains des musulmans. Nous avons plus haut exposé brièvement les origines du pouvoir et de la conquête de ce chef. Pour exécuter son projet, le Prince des croyants réunit des forces considérables, tant en tribus almohades qu'en troupes diverses de la milice (*djond*), et se rendit à Ceuta, où on lui éleva une demeure, encore existante, dans laquelle il s'installa pour attendre la concentration de son armée et l'arrivée des retardataires. Il franchit ensuite le détroit et s'établit à Séville, d'où il expédia des troupes contre Moh'ammed b. Sa'd, en même temps qu'il envoyait 'Othmàn b. 'Abd el-Mou'min, qui était son propre frère et qui gouvernait Grenade, l'ordre d'attaquer Murcie, capitale d'Ibn Merdenîch. 'Othmàn, obéissant à cet ordre, s'avança jusqu'à un endroit nommé El-Djellâb, proche de cette ville, tandis que son adversaire marchait contre lui à la tête de forces imposantes, composées en majeure partie de Francs. Ibn Sa'd, en effet, avait eu recours à eux et les avait organisés en corps de milice (*djond*) et en auxiliaires, à cause de l'opposition dont il s'apercevait chez ses principaux officiers et de la désaffection de la plupart de ses sujets; c'est ainsi qu'il avait fait périr par divers supplices plusieurs de ces officiers contre qui il avait des soupçons. On m'a dit qu'entre autres tortures qu'il leur infligea, il y en eut qu'il fit enterrer dans la maçonnerie et qu'il laissa mourir de faim et de soif. C'est pourquoi il avait appelé des chrétiens, les avait organisés en corps de troupes et leur avait donné en apanage les propriétés des officiers mis à mort; il avait, en outre, exilé de nombreux habitants de Murcie et avait installé les chrétiens dans leurs demeures restées vacantes. Le choc entre son armée, chrétienne en majorité, et celle des Almohades eut donc lieu à El-Djellâb, à quatre milles de Murcie (1). Il fut honteusement battu et nombre de chefs chrétiens furent tués. Il se réfugia dans Murcie et soutint le siège que commencèrent les Almohades,]P. 180] jusqu'au moment

---

(1) D'après le *Kartás*, cette bataille eut lieu en 560.

où il mourut de mort naturelle. On tint sa mort secrète jusqu'à l'arrivée de son frère [Aboû' l-H'addjâdj] Yoûsof b. Sa'd surnommé Er-Ra'îs, qui accourut de Valence où il gouvernait au nom de son frère. Après avoir hésité, relevé la tête, employé toute sorte de ruses, Yoûsof et les plus âgés parmi les enfants de Moh'ammed b. Sa'd tombèrent d'accord pour s'entendre avec Aboû Ya'k'oûb et lui faire la remise du pays (1). On dit que quand il fut près de mourir, Aboû 'Abd Allâh Moh'ammed b. Sa'd réunit ses fils et adressa ses dernières recommandations à l'aîné, Aboû 'l-K'amar Hilâl. Ce prince avait, à ma connaissance, huit fils : Hilâl, Ghânem, Zobeyr, 'Azîz, Noçayr, Bedr, Ark'am, 'Asker, en outre d'autres plus jeunes dont je ne sais pas les noms, et des filles, dont l'une épousa le Prince des croyants Aboû Ya'k'oûb, et l'autre le Prince des croyants Aboû Yoûsof Ya'k'oûb b. Yoûsof. « Mes enfants, dit entre autres choses le mourant, je vois que ces nouveaux venus, soutenus par de nombreux adhérents, se répandent partout et que les diverses contrées reconnaissent leur autorité. Comme je pense que vous ne pourrez leur tenir tête, reconnaissez de bon gré leur pouvoir, afin de jouir de quelque influence auprès d'eux ; n'attendez pas de subir le même sort que d'autres avant vous, car vous n'ignorez pas comment ils ont traité les pays conquis de vive force. » Et, continue-t-on, ils suivirent le conseil de leur père. Dieu sait laquelle des deux versions est la vraie.

Aboû Ya'k'oûb partit de Séville pour marcher contre Alphonse, que Dieu maudisse ! et vint camper près d'une grande ville, nommée Huete (وَبَذ), faisant partie des états de son ennemi et dans laquelle, à ce qu'il avait appris, se trouvaient les grands de la cour d'Alphonse ainsi que les chefs de ses troupes. Il en entreprit le siège, que pendant plusieurs mois il poussa vigoureusement, si bien que les assiégés voulaient se rendre. Je

---

(1) Cf. *Berbères*, II, 200.

tiens de nombreux chefs avec qui j'ai été en relations que les habitants accablés par la soif [P. 181] firent demander quartier au Prince des croyants, moyennant engagement de leur part de quitter la ville ; mais il s'y refusa, emporté par la convoitise qu'excitait en lui ce qu'on rapportait de la détresse occasionnée par le manque d'eau et du nombre des décès. Les assiégés n'avaient donc plus rien à attendre de lui quand, une certaine nuit, on entendit chez eux un grand bruit accompagné de clameurs : ils étaient à promener leurs saints livres, qu'entouraient les prêtres et les moines en adressant des invocations au ciel, pendant que le reste de la population répondait par des *amen*. La pluie se mit alors à tomber à verse, si bien qu'elle remplit tous leurs réservoirs et qu'ils purent largement s'abreuver. Cela leur permit de continuer leur résistance, et l'assiégeant regagna alors Séville, après avoir conclu avec Alphonse une trêve de sept ans. Il continua de séjourner dans la Péninsule pendant le reste de l'année 567 et les deux années suivantes, puis il retourna à Merrâkech à la fin de 569, après avoir conquis la Péninsule tout entière sans que rien échappât à son pouvoir.

En 571, il se rendit à Soûs pour combattre une insurrection qui avait éclaté dans une tribu du Deren (Atlas), et il réussit à étouffer la révolte et à ramener la paix.

Au commencement de 573, une portion de la tribu des Ghomâra voulut se séparer de la communauté [Almohade] et vivre indépendante ; elle avait pour chef et pour soutien le nommé Sabou' b. H'ayyân, qu'appuyait un de ses frères nommé Merazdagh (1), et de nombreux

---

(1) Ibn Khaldoûn (II, 197 et 284) et le *Kartâs* (p. 137) placent cet événement à l'an 562. Le premier nomme le chef révolté Seba b. Monaghfad, le second, Yoùsof b. Monkafâd (on retrouve ce nom مَنْقَافِد dans celui d'un chef Ghomâri, *Kartâs*, p. 148, l. 18). Mais le *Kartâs* parle aussi, à l'année 559, de la révolte d'un Ghomâri dont le nom est écrit par Tornberg Mozdera' (p. 137 du texte, 184 et 422 de la trad. latine).

adhérents vinrent se joindre aux révoltés ; or cette tribu était assez considérable pour qu'il fût peu facile de la dénombrer, car elle occupe un territoire d'environ douze étapes, tant en longueur qu'en largeur. Le Prince des croyants Aboù Ya'k'oûb marcha en personne contre eux, et ces deux chefs, abandonnés par la plupart de leurs adhérents, lui furent livrés par ceux qui restaient ; ils furent mis à mort puis crucifiés. Après quoi Aboù Ya'k'oûb rentra à Merrâkech.

Au début de l'année 575, Aboù Ya'k'oûb sortit de cette ville et se dirigea sur Gafça, dans l'Ifrîk'iyya, [P. 182] où s'était révolté un nommé 'Ali [b. el-'Izz], surnommé Nâçir li-dîn en-Nebî, et connu sous le nom d'Ibn er-Rend (1). Ce prince et les Almohades l'assiégèrent jusqu'à ce qu'il se rendît, et après avoir étouffé toute trace d'insurrection et tout ce qui pouvait l'alimenter, retournèrent à Merrâkech. Ce fut au cours de cette expédition que le roi de Sicile (Guillaume II) conclut la paix avec lui et que, poussé par la crainte, il lui envoya des présents, qu'Aboù Ya'k'oûb accepta, de même qu'il lui consentit une trêve moyennant paiement d'un tribut annuel dont on convint. Les cadeaux, d'après ce que j'ai appris, dépassaient tout ce qu'on peut trouver chez un roi : parmi les plus connus figurait un rubis connu sous le nom de « sabot du cheval », qui était d'une valeur inestimable et dont la forme a été l'origine de son nom ; on l'employa avec d'autres pierres précieuses à faire la décoration, encore existante, de l'exemplaire d'un Korân provenant d''Othmân et qui était passé des trésors des Omeyyades entre les mains des Almohades.

---

(1) Ibn Khaldoùn (II, 34 et 203) place cet événement à l'année 576, ainsi que le *Kartâs* (p. 139), qui nomme le prince révolté Ibn Ziri. 'Ali resta en possession de Gafça pendant une douzaine d'années ; il fut mis à mort par son vainqueur, dit le *Kartâs* (p. 139), tandis qu'Ibn Khaldoùn (II, 34) dit qu'il mourut étant administrateur des impôts à Salé. Zerkechi (p. 9) l'appelle Ibn el-Mo'izz, leçon préférable à celle d'Ibn Khaldoùn.

Partout où ils vont, ils se font précéder de ce Korân porté sur une chamelle rouge, couverte de riches ornements et de pièces de brocard précieux représentant des sommes considérables ; il repose sur un bât de brocard vert, aux deux côtés duquel se trouvent deux hampes qui supportent des étendards verts et dont les extrémités supérieures sont ornées de pommes d'or. Derrière cette chamelle marche un mulet également orné et porteur d'un exemplaire du livre sacré écrit, dit-on, de la main d'Ibn Toûmert, moins volumineux que l'exemplaire d'"Othmân, et couvert d'ornements d'argent doré. Tel est l'attirail dont est précédé le khalife (sic) de cette dynastie.

Aboû Ya'k'oùb quitta l'Ifrîk'iyya pour rentrer à Merrâkech quand il ne resta plus dans tout le Maghreb ni dissidents ni opposants, et que toute la Péninsule eut reconnu son autorité, ainsi qu'il a été dit. Sous le gouvernement de ce prince, la prospérité fut grande et le rendement de l'impôt foncier considérable.

Nous avons dit qu'il était généreux et libéral : ainsi l'on m'a raconté qu'en un seul jour il donna à Hilâl b. Moh'ammed b. Sa'd, cité plus haut et chef de la partie orientale de l'Espagne, 12.000 dinârs. [P. 183] On fait, du reste, des récits curieux relatifs à la faveur et à l'amitié dont il honorait Hilâl, ainsi qu'à sa générosité envers lui. Voici une anecdote que je tiens d'un des enfants de Hilâl, qui lui-même l'avait entendu conter par son père : « Une nuit je vis en songe qu'Aboû Ya'k'oùb me remettait une clef, et au matin je trouvai un messager à l'invitation de qui je montai à cheval pour me rendre au palais. J'entrai et je saluai le prince, qui me fit approcher à ce point que nos vêtements se touchaient ; il me remit alors une clef semblable à celle que j'avais vue en songe et qu'il tira de dessous son burnous, en me disant de la prendre. Je n'osais pas lui demander ce que cela voulait dire, mais ce fut lui qui me l'expliqua : « Sache, Aboû 'l-K'amar, que le gouverneur de Murcie m'a entre autres choses envoyé un coffre qu'il croit avoir trouvé dans l'un de vos trésors, et dont il ignore le contenu ; en voici la clef, et nous ne savons pas davantage ce qu'il peut renfermer. — Mais, dis-je, le Prince des croyants ne l'a-t-il pas fait ouvrir sous ses yeux ? — Si nous voulions pareille chose, nous ne te remettrions pas cette clef. » — Par ses ordres le coffre me fut apporté, et j'y trouvai des bijoux et autres objets précieux provenant des trésors de mon père, d'une valeur de plus de 40,000 dinars. »

Quand le Prince des croyants prépara son expédition contre les chrétiens, il donna aux ulémas l'ordre de réunir des *traditions* relatives à la guerre sainte et destinées à être dictées aux Almohades et apprises par eux, car telle était la coutume alors comme de nos jours. Les lettrés lui apportèrent le produit de leurs recherches, et le prince lui-même les dictait, de sorte que tous les Almohades et les princes apportaient chacun sa tablette pour écrire sous la dictée. Le dit Hilâl arriva un jour sans tablette, et comme chacun des assistants tirait la sienne : « Et toi, Aboû 'l-K'amar ? » lui demanda le vizir. Tout honteux, il voulut alléguer quelque excuse quand le prince, tirant une tablette de dessous son burnous, la lui tendit en ajoutant : « Voici sa tablette ». Hilâl revint le lendemain, mais avec une tablette autre que celle qu'il avait reçue la veille, et le Prince des croyants, qui s'en aperçut, lui demanda ce qu'il en avait fait : « Je l'ai, répondit-il, mise en lieu sûr, en recommandant qu'après ma mort on me la mette sur la chair même par-dessous mon linceul » ; puis il fondit en larmes et provoqua les pleurs de plusieurs [P. 184] des assistants. « Voilà, s'écria le prince, le véritable et sincère ami », et il lui fit donner, aussi bien qu'à ses fils, des montures, de l'argent et des robes d'honneur.

Ce qui lui rendait faciles toutes ces largesses, c'était, sans parler de sa générosité native, les fortes sommes que fournissaient l'impôt foncier et les nombreuses autres sources de revenus. L'impôt foncier que lui versait l'Ifrîk'iyya représentait annuellement la charge de 150 mulets, rien que pour cette province, à l'exclusion de Bougie et de son territoire, de Tlemcen et de son territoire, et du Maghreb. Les limites du territoire auquel on applique ce dernier nom vont de la ville appelée Ribât' Tâzâ à celle de Miknâsat ez-Zeytoûn, c'est-à-dire comprennent un territoire de sept étapes en long et en large, formant le pays le plus fertile que je connaisse, celui du monde où l'on trouve le plus de rivières, d'arbres touffus, de céréales et de vignobles ; en outre, Salé et son territoire, Ceuta et son territoire. Ce dernier est des plus vastes, car il renferme tout le pays des Ghomâra, qui est d'environ, nous l'avons dit, douze étapes en long et en large. (Enfin, il y faut ajouter) la Péninsule hispanique où le territoire musulman est limitrophe des pays chrétiens, d'un côté aussi bien que de l'autre, vers le territoire de Silves, le tout ayant environ vingt-quatre étapes en long et autant en large, comprenant une région où nul dissident ne résistait à Aboû Ya'k'oûb, où nulle somme n'était payée qu'à lui, et formant un prolongement de Merrâkech et de son territoire. Merrâkech aussi était très riche, car non loin de là sont de grandes tribus et de nombreux pays. Aussi aucun prince du Maghreb, soit avant soit après lui, ne perçut autant d'impôts qu'Aboû Ya'k'oûb. Un de nos camarades, préposé aux caisses du trésor, m'a conté, au début de l'an 611, qu'il avait trouvé de nombreuses bourses, parmi celles qui avaient été envoyées à Aboû Ya'k'oûb, ayant encore leur cachet intact.

C'est sous ce prince, vers la fin de 574, qu'arrivèrent les premiers [Turcs] Ghozz qui vinrent s'installer au Maghreb [P. 185] ; leur nombre n'a pas cessé d'être considérable dans nos pays jusqu'à la fin du règne d'Aboû Yoûsof.

Tant que vécut Aboû Ya'k'oûb, ainsi que dans les premiers temps du règne d'Aboû Yoûsof, ce ne fut que fêtes, banquets et réjouissances, tant l'abondance était grande, la sécurité générale, l'argent abondant et les vivres nombreux ; jamais les habitants du Maghreb n'avaient vu pareille chose.

En 579, Aboû Ya'k'oûb se disposa à faire la guerre aux chrétiens et convoqua à cet effet les habitants des plaines et des montagnes, Maçmoûda, Arabes ou autres. Il se dirigea avec ses troupes du côté de la Péninsule, franchit la mer avec ses troupes, ainsi qu'il a été dit, et se rendit, comme d'habitude, à Séville, puisque c'était là que se trouvait sa demeure aussi bien que celle de ses fils préposés au gouvernement du pays pendant qu'ils y séjournaient (1). Il y resta un temps suffisant pour donner aux troupes le temps de réparer leur effets et de se charger de leurs munitions, et de là se dirigea sur Santarem (puisse Dieu la rendre aux musulmans !). Cette ville, située dans l'ouest de la Péninsule et dont nous avons parlé à propos des Almoravides, est des plus fortes, et appartenait, de même que les régions voisines et beaucoup d'autres pays, à un roi chrétien nommé Ibn er-Rîk'. Le Prince des croyants alla assiéger cette ville et la serra étroitement, coupant les arbres des environs, dévastant les champs et faisant des incursions dans les environs. Quand Ibn er-Rîk' avait appris de façon positive qu'Aboû Ya'k'oûb marchait contre lui, il s'était rendu compte qu'il ne pouvait le repousser ni lui résister et n'avait eu d'autre souci que de réunir les grands de sa cour, les chefs du *djond*, les principaux de ses officiers et de ses partisans, à l'effet de se retirer avec eux à Santarem, confiant qu'il était dans la forte position et l'inexpugnabilité de cette ville, après l'avoir d'ailleurs remplie de vivres, d'armes et de tout ce qu'il fallait. La solidité des murailles se renforçait d'ailleurs de guerriers munis de boucliers, d'arcs, de lances, etc. Aussi Aboû Ya'k'oûb trouva-t-il cette ville — [P. 186] située sur le Tage, l'un des fleuves les plus

---

(1) Le *Kartás* (texte, p. 140) donne quelques détails sur les débuts de cette expédition.

grands et les plus connus d'Espagne — bien préparée et munie de tout ce qu'on avait pu croire utile.

Mais le siège rigoureux qu'il lui fit subir, l'interception des vivres, des approvisionnements et des secours n'eurent d'autre effet que d'augmenter la bravoure et l'esprit de résistance des habitants, si bien que les musulmans eurent peur d'être surpris par le froid, car on était à la fin de l'automne, et de ne pouvoir, en cas de crue du fleuve, ni le traverser, ni recevoir des secours. Par suite de ces considérations, le prince reçut le conseil de regagner Séville : on reviendrait quand la saison serait favorable ou il enverrait quelqu'un pour prendre possession de la ville, car, lui représentait-on, elle était en quelque sorte dans ses mains, et rien ne pourrait empêcher sa chute. Aboû Ya'k'oûb accepta cette manière de voir, et, d'accord avec ses conseillers, décida qu'on partirait le lendemain; mais cet ordre, donné en conseil privé, ne reçut pas une publicité suffisante. Le premier qui abattit sa tente et fit ses préparatifs de départ fut Aboû 'l-H'asan 'Ali b. 'Abd Allâh b. 'Abd er-Rah'mân, connu sous le nom de Mâlak'i, dont nous avons cité le père parmi les k'âd'is d''Abd el-Mou'min. Aboû 'l-H'asan était bien connu parmi eux, et était appelé, par allusion à ses fonctions, prédicateur du khalifat; il était versé dans le droit (*fik'h*), savait bien les *traditions*, était bon poète et rédacteur distingué. Quand on vit sa tente abattue, on imita son exemple confiant qu'on était dans la sûreté de ses informations, vu sa situation à la cour. Aussi le soir même, la majeure partie des troupes franchit le fleuve, car chacun voulait prendre les devants pour éviter la presse et choisir le meilleur campement, et il ne resta que ceux qui se trouvaient dans le voisinage immédiat de la tente royale; tous les autres s'occupèrent toute la nuit, sans que le prince en sût rien, à franchir le fleuve. Lorsque les chrétiens virent s'effectuer cette opération, informés d'autre part par les espions qu'ils entretenaient dans le camp musulman du projet de départ d'Aboû Ya'k'oûb et de son armée, témoins du désordre qui régnait dans les corps d'armée et de la dispersion de la plupart des troupes, [P. 187] ils saisirent l'occasion qui se présentait : de nombreux cavaliers chargèrent ceux qu'ils trouvèrent à portée, les chassèrent devant eux et arrivèrent jusqu'à la tente royale, à la porte de laquelle furent tués nombre des principaux officiers du *djond*, la plupart appartenant à la Péninsule. On atteignit ainsi le prince lui-même, qui reçut dans le bas-ventre un coup de lance dont il mourut quelques jours après. Néanmoins, à la suite de la mêlée, les chrétiens furent forcés de reculer et de rentrer dans la ville, mais non sans avoir remporté quelque succès. On transporta le prince blessé au delà du fleuve et après l'avoir installé dans une litière de femme (*mih'affa*), on se mit en route. Quand il s'enquit de ce qui avait provoqué ce mouvement de troupes, cause du désastre, et qu'il sut ce qu'avait fait Aboûl-H'asan Mâlak'i, il dit qu'il recueillerait les fruits de sa conduite. Le prédicateur, informé de cette menace, s'enfuit, pour sauver sa tête, à Santarem, auprès du roi chrétien Ibn er-Rîk', qui le reçut avec honneur et lui assigna une belle demeure, ainsi qu'une pension considérable.

Le transfuge continua de jouir de ces avantages jusqu'au jour où il conçut un projet de trahison : désireux de se concilier les Almohades, il écrivit à l'un des principaux d'entre eux, qu'il connaissait, pour solliciter sa médiation, en y glissant un paragraphe relatif aux points faibles de la ville, dont, disait-il, ils se seraient emparés s'ils étaient restés une nuit de plus, et indiquant un passage qui leur était resté inconnu. Il témoigna au roi Ibn er-Rîk' le désir d'écrire à sa femme et à ses enfants pour leur annoncer qu'il était en vie et traité par lui avec honneur et considération, de façon à les tranquilliser au sujet de sa santé ; il lui demanda de plus de faire accompagner et protéger le porteur de sa lettre jusqu'à la frontière musulmane, à quoi le roi répondit favorablement. Or le chrétien qui avait été attaché à la personne d'Aboû'l-H'asan et qui lui fournissait tout ce dont il avait besoin, savait lire l'arabe bien qu'il ne le parlât pas, chose dont le musulman ne se doutait pas. Aboû 'l-H'asan, ayant eu à sortir pendant qu'il était à écrire sa lettre, laissa celle-ci ouverte ; [P. 188] le chrétien, qui y jeta un coup d'œil, lut le paragraphe en question, et comprenant de quoi il s'agissait, il en alla informer le roi. La lettre scellée par Aboû 'l-H'asan fut par lui remise à un de ses serviteurs, que le roi fit arrêter à la distance d'environ une journée de marche ; il se fit apporter la lettre, l'ouvrit et fit lire aux musulmans de la ville, rassemblés à cet effet, le paragraphe incriminé ; puis, faisant comparaître Aboû 'l-H'asan, il lui demanda, par l'intermédiaire de son interprète, pourquoi, malgré les bienfaits et les bons traitements dont il était l'objet, il agissait de la sorte : « Ni tes bienfaits ni tes bons traitements, » répondit entre autres choses le musulman, « ne peuvent m'empêcher ni d'avertir mes coreligionnaires ni de leur signaler ce qui leur peut être utile. » Ibn er-Rik', après avoir consulté les prêtres de sa religion et d'après leur conseil, le fit périr par le supplice du feu.

Quant à Aboû Ya'k'oûb, sa blessure s'aggrava après qu'on lui eut fait traverser le fleuve, et l'on n'avait fait que deux ou trois étapes quand il mourut. Je tiens d'un de ceux qui faisaient partie de cette expédition qu'entre la prière de l'après-midi et celle du soir on entendit proclamer par tout le camp : « Les dernières prières ! les dernières prières pour un personnage de marque ! » Tout le monde se mit en devoir de les prononcer, mais personne, sauf les intimes de la Cour, ne savait de qui il s'agissait. On arriva ainsi à Séville, où l'on s'arrêta ; le corps fut embaumé, placé dans un cercueil et envoyé sous la garde de Kâfoûr le chambellan, affranchi du défunt, à Tînmelel, où il fut enterré à côté d''Abd el-Mou'min et d'Ibn Toûmert. La mort avait eu lieu un samedi un peu avant le coucher du soleil, 7 redjeb 580 (1) Feu son fils Aboû Zakariyyâ Yah'ya m'a raconté que peu de mois avant sa mort, il répétait fréquemment ce vers :

[Basît'] Le jour et la nuit ont enroulé ce que j'avais déployé, et les (vierges) aux grands yeux ont cessé de me reconnaître.

[P. 189] Règne d'Aboû Yoûsof Ya'k'oûb

Ce prince, appelé Ya'k'oûb b. Yoûsof b. 'Abd el-Mou'min b. 'Ali, et portant le surnom d'Aboû Yoûsof, était fils d'une esclave chrétienne *(roûmiyya)* du nom de Sâh'ir, et fut reconnu comme héritier présomptif du vivant et par l'ordre de son père. Il monta sur le trône à l'âge de trente-deux ans et mourut en çafar 595, âgé de 48 ans et alors que ses cheveux commençaient à grisonner, après avoir régné 16 ans 8 mois et quelques jours depuis la mort de son père. Il était d'un brun très clair, plutôt grand, beau de figure, et avait les yeux et la bouche grands, le nez aquilin, les sourcils très noirs, la barbe arrondie, les membres forts, la voix sonore, la parole abondante, des plus précises et des plus élégantes ; ses prévisions étaient d'une rare justesse et se réalisaient presque toujours ; il avait l'expérience des affaires et connaissait aussi bien les causes que les effets du bien et du mal ; la pratique du vizirat, qu'il avait exercé du vivant de son père, l'avait mis à même de rechercher et de connaître la manière d'être des percepteurs, des gouverneurs, des k'âd'is et autres détenteurs de l'autorité, et ainsi de connaître les détails de l'administration. Ses principes de gouvernement étaient inspirés par cette connaissance, ce qui lui permit d'être aussi droit et équitable que l'exigeaient l'époque et le lieu.

Ceux de ses enfants qui lui survécurent sont: Moh'ammed, qui était son hériter présomptif et dont nous dirons la naissance et la mort ; Ibrâhîm, 'Abd Allâh, 'Abd el-

---

(1) Cf. *Berbères*, II, 205. Le *Kartás* place cet événement au 2 rebi' II, Zerkechi (p. 10) au samedi 18 rebi' II 580.

'Azîz, Aboû Bekr, Zakariyyâ, Idrîs, 'Isa, Moûsa, Çâlih', 'Othmân, Yoûnos, Sa'd, Mosâ'id, H'asan et H'oseyn. Il eut d'autres fils, qui moururent avant lui, et de nombreuses filles.

Il eut comme vizirs : Aboû H'afç 'Omar b. Aboû Zeyd Hintâti, qui ne quitta sa situation qu'avec la mort; [P. 190] puis Aboû Bekr b. 'Abd Allâh b. Aboû H'afç 'Omar Inti, que le martyre qu'il (1) subit en pays chrétien enleva à ses fonctions, ainsi que nous le raconterons. Il y eut alors un peu de désordre dans le vizirat, puis on choisit Aboû 'Abd Allâh Moh'ammed b. Aboû Bekr, fils du cheykh Aboû H'afç précité, surnommé El-Fîl (l'éléphant), et cousin du vizir mort martyr. Il ne resta en place que peu de jours et s'enfuit de son plein gré dans un lieu voisin de Séville, où il se dépouilla de ses vêtements pour revêtir la longue tunique ('abâ'a) et se consacra à Dieu ; mais on le fit chercher et ramener, sans cependant lui imposer cette charge plus longtemps. Il fut remplacé par Aboû Zeyd 'Abd er-Rah'mân b. Moûsa b. Youwouddjân Hentâti (sic), qui resta en fonctions jusqu'à la mort d'Aboû Yoûsof et dans les premiers temps du règne du fils de celui-ci, Aboû 'Abd Allâh; puis il fut révoqué.

Ses chambellans (h'âdjib) furent son affranchi l'eunuque 'Anber ; puis l'eunuque Rih'ân, un autre de ses affranchis, qui garda cette situation jusqu'à sa mort, c'est-à-dire pendant le reste du règne de ce prince et dans les premiers temps du règne d'Aboû 'Abd Allâh.

Il eut comme secrétaires Aboû'l-Fad'l Dja'far, connu sous le nom d'Ibn Mah'chouwwa et qui, on l'a vu, avait servi en la même qualité sous le règne précédent. Cet Aboû'l-Fad'l, en même temps que secrétaire hors ligne, était un homme versé dans les *traditions*, à la mémoire excellente et à l'esprit pénétrant; la mort le trouva

(1) Ici le texte porte *Aboû Yah'ya* au lieu d'*Aboû Bekr* de la ligne précédente ; on verra plus loin (p. 246) que l'un et l'autre *konya* sont attribués à ce personnage.

encore en fonctions. Il fut remplacé par Aboû 'Abd Allâh Moh'ammed b. 'Abd er-Rah'mân b. 'Ayyâch, originaire de Borchâna (1), localité du canton de la ville espagnole d'Almeria ; Aboû 'Abd Allâh occupa ce poste sans interruption [P. 191] sous le règne de ce prince, de son fils Moh'ammed et de son petit-fils Yoûsof ; il était encore en vie quand je quittai le pays en 614, et j'appris sa mort dans le cours de l'année 619, alors que je me trouvais en Égypte.

Les deux personnages que nous venons de citer étaient secrétaires de la chancellerie privée ; comme secrétaires militaires, il y eut un homme connu sous le nom d'El-Kobachi, mais dont le vrai nom m'échappe, et avant lui, Aboû' l-H'asan b. Moghni. El-Kobachi remplissait encore ses fonctions à la mort d'Aboû Yoûsof. — Nul secrétaire de la chancellerie, depuis la fondation de la dynastie, ne sut aussi bien qu'Ibn 'Ayyâch connaître la ligne de conduite de ces princes, se modeler sur eux, marcher sur leurs traces, pénétrer dans l'intime de leur être ; et en effet leur manière de faire ne répond en rien à celle des secrétaires. La voie ouverte par Ibn 'Ayyâch fut suivie par les secrétaires qui lui succédèrent et qui reconnurent combien elle plaisait à leurs souverains.

Ceux qui remplirent l'office de k'âd'i sont : Aboû Dja'far Ah'med b. Mad'â' déjà cité, qui mourut en place; après lui, Aboû 'Abd Allâh Moh'ammed b. Merwân, originaire d'Oran, qui fut destitué et remplacé par Aboû' l-K'âsim Ah'med b. Moh'ammed, descendant de Bak'i b. Makhled, juriste et traditionnaire qui appuyait ses traditions de l'autorité d'Ah'med b. H'anbal. Nous avons quelque peu parlé de Bak'i au début de l'histoire de la dynastie Omeyyade (2) à propos de l'émîr Moh'ammed b. 'Abd er-Rah'mân. Aboû' l-K'âsim exerça ses fonctions

---

(1) C'est-à-dire Purchena (Edrîsi, p. 209 ; Ibn Batoûta, II, 13).

(2) C'est-à-dire dans la partie qui manque au ms. unique d'après lequel le texte arabe a été publié. Ce Bak'i est l'objet d'une assez longue notice de Dhabbi (p. 229) et de la Çila (p. 121).

jusqu'à la mort d'Aboû Yoûsof et même pendant un court espace de temps sous son successeur Moh'ammed.

Intronisation d'Aboû Yoûsof. La mort d'Aboû Ya'k'oûb, [P. 192] arrivée à quelque distance de Santarem, fut tenue secrète jusqu'à Séville : pendant tout le trajet on continua comme d'habitude à précéder la litière, qui était recouverte d'un voile vert, tantôt à pied et tantôt à cheval (1). Dès l'arrivée à Séville, un ordre fut proclamé au nom de l'émîr Aboû Ya'k'oûb, uniquement, disait-on, à l'effet de renouveler à son fils Aboû Yoûsof le serment de fidélité, ce que firent d'ailleurs les Maçmoûda et la population de toute catégorie. Ce fut Aboû Zeyd 'Abd er-Rah'mân b. 'Omar b. 'Abd el-Mou'min, cousin du nouveau prince, qui fit tous ses efforts pour pousser à cette intronisation et la faire réclamer, qui y présida et s'occupa d'en relever l'éclat. La prestation solennelle de serment s'accomplit, en 580, dans toutes les règles, convaincu qu'on était que cela avait lieu par les ordres d'Aboû Ya'k'oûb. Quand il eut obtenu ce qu'il voulait et que la situation fut régularisée, le nouveau prince annonça la mort de son père aux courtisans, car jusqu'à présent les [Almohades] n'ont pas eu l'habitude d'annoncer au peuple la mort des princes. Aboû Yoûsof comptait parmi ses frères et ses oncles paternels des rivaux qui, à raison de la conduite répréhensible qu'il avait eue dans sa jeunesse, le jugeaient indigne du trône, et cela fut cause de l'opposition qu'ils lui firent, et dont nous parlerons.

Une fois son autorité reconnue, il repassa la mer avec ses troupes et se rendit à Salé, où se paracheva son intronisation par la reconnaissance de ses droits que firent ceux de ses oncles, issus d''Abd el-Mou'min, qui s'étaient jusque-là dérobés et que tentèrent les richesses et les fiefs dont il les combla. Il entama ensuite la

---

(1) Il est parlé plus loin (p. 249 du texte) de l'ordre suivi dans les marches des princes Almohades.

construction de la grande ville qui est sur le littoral et sur le bord de la rivière proche Merrâkech ; ce fut lui qui, après en avoir tracé le plan et déterminé les limites, commença un travail que l'impitoyable mort ne lui permit pas d'achever. Aboû Yoûsof éleva les murs de cette ville et construisit une vaste mosquée, ayant de grandes dimensions et un parvis très étendu ; aussi n'y a-t-il dans le Maghreb, à ma connaissance, aucune mosquée ayant de pareilles proportions. Elle est surmontée d'un minaret excessivement élevé, dont la forme imite celle du minaret d'Alexandrie, [P. 193] et où il n'y a pas d'escalier, de sorte que les bêtes de charge y montaient l'argile, les briques, la chaux, etc., jusqu'au sommet. Maintenant encore cette mosquée est inachevée, car on cessa les travaux à la mort d'Aboû Yoûsof, et depuis lors ni Moh'ammed, ni Yoûsof ne les ont fait poursuivre. La cité elle-même fut terminée du vivant d'Aboû Yoûsof : rien ne manquait aux murs ni aux portes, et beaucoup d'habitations y étaient bâties. C'est une très grande ville, longue d'environ une parasange mais peu large. Il regagna Merrâkech après avoir réglé tout ce qui concernait la nouvelle cité et y avoir confié à des Maçmoûdites qui avaient sa confiance le soin de surveiller les dépenses et les travaux d'amélioration. La construction se poursuivit sans interruption, tant pour la ville que pour la mosquée, jusqu'en 594, c'est-à-dire aussi longtemps que dura son règne (1).

En 580, les Benoû Ibn Ghâniya *(sic)*, sortant de l'île de Mayorque où ils habitaient, firent voile pour Bougie, qu'ils prirent le 6 cha'bân et d'où ils expulsèrent les Almohades. Ce fut le premier coup porté à l'empire maçmoûdite, et dont l'effet se fait encore sentir en la présente année 621. Disons brièvement ce qu'étaient les Benoû

---

(1) Dans la description que fait Edrisi de la ville de Salé ou Salâ (p. 72 du texte, 83 de la trad.), il n'est pas question de cette nouvelle ville de Rabat, dont il sera parlé plus loin.

Ghâniya (1). Le Prince des musulmans (2) 'Ali b. Yoûsof Tâchefîn avait envoyé en Espagne les deux frères Yah'ya et Moh'ammed, qui étaient fils d''Ali et appartenaient à la tribu des Mosoûfa *(sic)* ; on les appelait, du nom de leur mère à l'un et à l'autre, les fils de Ghâniya. Or il se trouva que Yah'ya, qui était l'aîné, réunissait en sa personne des talents dont chacun ne se trouve isolément que chez peu d'hommes : il était vertueux, pénétré de la crainte et du respect du Tout-Puissant, et de vénération pour les hommes de bien, tout en possédant parfaitement la science du droit et ayant de vastes connaissances dans la science des traditions ; ajoutez à cela qu'il était brave et si habile cavalier qu'à lui tout seul il passait pour en valoir cinq cents. 'Ali b. Yoûsof l'employait dans les affaires les plus importantes et les plus graves, et c'est de son bras que Dieu se servit [P. 194] pour remettre sur pied bien des choses dans la Péninsule hispanique et maintes fois pour écarter de dessus les musulmans des malheurs qui les avaient frappés. Le Prince des musulmans, qui l'avait d'abord nommé gouverneur à Valence, l'envoya ensuite en la même qualité à Cordoue ; c'est là qu'il mourut au cours de ses fonctions, au début des événements qui amenèrent la chute des Almoravides, et sans laisser, que je sache, de postérité. Son frère Moh'ammed, à qui il avait confié l'administration d'un canton de Cordoue, perdit sa situation par suite de cette mort. Il erra çà et là en Espagne, tandis que les troubles augmentaient et que l'autorité des Maçmoûda gagnait du terrain. Moh'ammed eut sérieusement peur, et gagna la ville de Denia, d'où il s'embarqua pour l'île de Mayorque en compagnie de son entourage et de sa famille. Il devint le chef de cette île

(1) Voir les *Berbères*, I, 47 ; II, 86 et s., 206 ; Ibn el-Athîr, XI, 334 ; Zerkechi, p. 11 ; Ibn Khallikan, IV, 349.

(2) Ce titre est toujours donné aux Almoravides par notre auteur, qui réserve celui de « Prince des Croyants » aux Almohades (cf. Ibn Khallikan, IV, 344 et 350, n. 8).

ainsi que des deux autres voisines, Minorque et Iviça. Selon une autre version, le Prince des musulmans 'Ali b. Yoûsof le relégua comme prisonnier dans cette île. Dieu sait la vérité !

Mayorque est l'île dont le sol est le plus fertile, la température la plus douce, l'air le plus pur ; elle est longue d'environ trente parasanges, et large d'autant. Ses habitants sont unanimes à déclarer que jamais, depuis qu'elle est habitée, on n'y a vu de reptile malfaisant, ni chacal, ni bête féroce, ni serpent, ni scorpion, enfin nulle bête nuisible quelconque. Non loin de là se trouvent deux autres îles d'une fertilité presque égale, Minorque et Iviça.

Devenu chef indépendant de ces îles, Moh'ammed s'y fixa et continua, comme les premiers Almoravides, de reconnaître la suzeraineté des Abbassides. Il eut, entre autres enfants, 'Abd Allâh, Ish'âk', Zobeyr (1), T'alh'a, ainsi que des filles, [P. 195] et, de son vivant même, il désigna son aîné 'Abd Allâh comme son futur successeur. Mais Ish'âk', frère de celui-ci, lui envia cette situation : il fit irruption chez lui à la tête d'une troupe composée de soldats et de ses serviteurs nègres et le massacra, soit du vivant de son père, soit, selon d'autres, après sa mort. Aboû Ibrâhîm [Ish'âk'] resta ainsi souverain indépendant, et grâce à sa bonne administration, des fuyards Almoravides et ce qui restait de cette dynastie se précipitèrent en foule à Mayorque, où ce prince leur faisait bon accueil et leur accordait des gratifications proportionnées à ses ressources. Il se mit alors à faire la guerre sainte, employant tous ses soins à ce qu'il considérait comme la chose la plus importante : chaque année il dirigeait deux expéditions contre les pays chrétiens, où il allait recueillir du butin

---

(1) Le copiste du ms. avait écrit seulement « Zobeyr, ainsi que des filles », ce qui a été plus tard corrigé en « Aboû'z-Zobeyr, T'alh'a, ainsi que... ». Il est parlé d'un Aboû' z-Zobeyr, frère d''Abd Allâh b. Moh'ammed b. Ghâniya ap. *Berbères*, II, 89.

et des prisonniers tout en y exerçant des ravages
extrêmes, si bien que tous ses partisans étaient gorgés
de richesses. Aussi sa situation s'affermit-elle et devint-il
lui-même comme une espèce de roi. Tel il était à sa mort,
arrivée au commencement de 579 (1), à la fin du règne
d'Aboû Ya'k'oûb Yoûsof b. 'Abd el-Mou'min. Il envoyait
aux Almohades des ambassades et des présents, con-
cluait des traités avec eux, leur faisait cadeau de ce qu'il
y avait de meilleur et de plus précieux dans son butin
et ses prisonniers, à l'effet de se ménager leur bonne
volonté; cette situation était favorisée par le peu d'attention, on pourrait dire le mépris que ces princes témoignaient à l'île de Mayorque. Mais en 578 ils lui écrivirent
à plusieurs reprises pour lui demander de reconnaître
leur autorité et de faire figurer leur nom dans la *khot'ba*
des mosquées ; faute de quoi ils agiraient par la force. Il
fit la promesse qu'on lui demandait et consulta les principaux de son entourage, dont les uns conseillèrent la
résistance, les autres la soumission à ces ordres. Cette
divergence de vues lui fit différer l'examen de l'affaire,
et il se mit à la tête d'une expédition contre les chrétiens ;
c'est dans cette campagne qu'il trouva la mort du martyr ;
on dit qu'il fut frappé d'un coup de lance à la gorge,
mais qu'il ne mourut pas sur le champ, qu'on le rapporta
encore vivant jusqu'à son palais, où il expira. Dieu sait
la vérité !

Il avait, entre autres enfants, 'Ali, qui était l'aîné et
l'héritier présomptif, Yah'ya, Aboû Bekr, Sîr, Tâchefîn,
Moh'ammed, Mançoûr et Ibrâhîm, ce dernier mort
[P. 196] à Damas pendant qu'il était dans cette ville l'hôte
du Sultan Melik 'Adel (2).

La mort d'Aboû Ibrâhîm Ish'âk' b. Moh'ammed donna
le pouvoir à son fils 'Ali, qui passa en Afrique à la tête de
la flotte mayorcaine. Il se dirigea sur Bougie à la suite,

---

(1) En 580, d'après Ibn Khaldoun (*Berbères*, II, 88).
(2) Cette liste n'est pas identique avec celle des *Berbères*, II, 88.

dit-on, d'un message de quelques-uns des principaux habitants qui le sollicitaient de s'emparer de cette place: autrement il n'aurait osé faire acte de rébellion. La situation des Almohades en Espagne augmenta aussi son audace, de même que la nouvelle de la mort d'Aboû Ya'k'oûb et de l'avènement d'Aboû Yoûsof, ce qui devait, croyait-il, amener des dissensions. Si ces circonstances ne s'étaient présentées, il n'aurait osé concevoir pareille pensée. Il se dirigea donc sur le littoral de Bougie, dont les habitants ne livrèrent qu'un petit nombre de combats, et il pénétra dans la ville le lundi 6 cha'bân 580. Il y trouva Aboû Moûsa 'Isa b. 'Abd el-Mou'min, qui n'y était que de passage, en revenant d'Ifrîkiyya qu'il gouvernait conjointement avec son frère H'asan au nom de leur frère Aboû Yâ'k'oûb, tandis que Bougie était administrée par Aboû'r-Rebî'Soleymân b. 'Abd Allâh b. 'Abd el-Mou'min. En effet, à la suite des ravages exercés par les Arabes dans une partie de l'Ifrîkiyya, Aboû Moûsa et son frère Aboû Ali s'étaient mis à la tête d'une armée composée de Maçmoûda, d'Arabes qui se joignirent à eux, et du reste du *djond*; mais ils avaient vu fuir le *djond* d'Ifrîkiyya dans la rencontre qui eut lieu avec les Arabes insurgés, et ils étaient restés au pouvoir de ceux-ci. Aboû Ya'k'oûb, quand il apprit ces événements, députa un messager aux Arabes, qui réclamèrent tout d'abord une rançon excessive, mais qu'on fixa enfin de commun accord à 36,000 mithkàl. Aboû Ya'k'oûb trouva ce chiffre exagéré, disant [P.197] que c'était là un malheur qui valait l'autre, car le paiement d'une pareille somme fournirait aux Arabes des forces nouvelles pour continuer leurs brigandages. On décida donc de frapper des dinars en cuivre doré pour les leur donner en paiement, et c'est ainsi qu'Aboû 'Ali, Aboû Moûsa, leurs serviteurs et leur suite recouvrèrent leur liberté. Voilà pour quelle raison Aboû Moûsa se trouvait à Bougie et comment, de captif des Arabes, il devint captif des Mayorcains.

'Ali b. Ish'âk' pénétra à Bougie à la date précitée, et y séjourna sept jours, pendant lesquels il récita la prière du vendredi et y fit le prône en invoquant la faveur divine sur la dynastie Abbasside et sur l'imâm Aboû' l-'Abbâs Ah'med Nâçir. Il employa comme prédicateur le juriste, l'imâm, le traditionnaire émérite Aboû Moh'ammed 'Abd el-H'ak'k' b. 'Abd er-Rah'mân Azdi Ichbîli (1), auteur des *Décisions* (*el-Ah'kâm*) et d'autres ouvrages, qui encourut ainsi la colère du Prince des croyants Aboû Yoûsof Ya'k'oûb, lequel voulut le faire mettre à mort; mais la protection divine permit au savant d'échapper, et il mourut dans son lit et de mort naturelle.

'Ali b. Ish'âk' sortit de Bougie après y avoir solidement installé son autorité et alla assiéger la K'al'a des Benoû H'ammâd, dont il s'empara, aussi bien que de toute la région avoisinante. Au reçu de ces nouvelles, le Prince des croyants Ya'k'oûb marcha avec les Almohades contre Bougie, et 'Ali, quand il l'apprit, abandonna cette ville et se dirigea vers le Djerîd. Les Bougiotes se portèrent au-devant de Ya'k'oûb, qui était campé près de la ville et qui les reçut la joie au cœur et le visage épanoui; il leur adressa des paroles réconfortantes et ramena ainsi ceux des leurs qui s'étaient enfuis. Les habitants s'attendaient à un autre accueil et se retirèrent enchantés de ce qu'ils avaient vu et entendu.

Après avoir laissé à Bougie en qualité de gouverneur l'un des principaux Almohades, Moh'ammed b. Aboû Sa'îd Djinfîsi, le prince alla à Tunis et équipa un corps d'armée considérable qu'il mit sous les ordres de Ya'k'oûb, l'un des fils d''Omar b. 'Abd el-Mou'min; et pourtant ils avaient entre les mains un livre de prédictions portant qu'ils seraient vaincus avec un chef nommé [P. 198] Ya'k'oûb dans un lieu appelé *Wata 'omrohou*. Le prince resta donc à Tunis, tandis que

---

(1) Dhabbi, qui fut l'élève de ce savant, lui a consacré une notice (p. 378); Ibn el-Abbâr énumère plusieurs de ses ouvrages (p. 647), et Zerkechi (p. 11) dit qu'il mourut à Bougie en 581 ou 582.

Ya'k'oùb se mettait en campagne avec ce corps d'armée; mais ce fut, selon la prédiction, Ya'k'oùb b. 'Omar qui fut mis en déroute dans la bataille qu'il livra aux partisans d''Ali b. Ghâniya. Les Almohades furent complètement battus et poursuivis, l'épée dans les reins, par les Arabes et les Berbères; la plupart périrent de soif et le reste regagna Tunis, où était resté le Prince des croyants. Celui-ci les recueillit, les réorganisa, puis, se mettant à leur tête, marcha contre 'Ali b. Ghâniya, qu'il rencontra au lieu dit H'âmma de Dok'yoûs (1). Les troupes de ce dernier l'abandonnèrent après une courte résistance; lui-même combattit vaillamment et de manière à

---

(1) Dok'yoùs, dont la première voyelle est indiquée par le ms de Merrâkechi, est orthographié Tak'yoùs par le *Meráçid* (I, 208). Ni Bekri, ni Aboù 'l-Fidâ n'en parlent, mais Edrisi (trad., p. 122) nous fournit quelques renseignements et compte environ 20 milles entre cette localité et El-Ha'mma (*sic*; un seul ms de cet auteur orthographie El-H'âmma, voir note *k*, p. 104 du texte arabe; Zerkechi, p. 12, cite également El-H'âmma des Mat'mât'a). Voici sur ces deux localités des renseignements qui complètent ou contredisent ceux d'Edrisi, et qui sont extraits d'une compilation toute moderne (n° 1560 du catalogue imprimé des mss d'Alger, f. 82 et 83):

« Dans le pays de K'ast'îliya se trouve Dok'yoùs, qui se compose de quatre cités entourées de murs et assez rapprochées pour qu'on puisse presque converser de l'une à l'autre. On y remarque des taillis contenant beaucoup de palmiers, d'oliviers et d'arbres fruitiers. C'est la ville de K'ast'îliya qui renferme le plus d'oliviers, qui fournit le plus d'impôts, dont la température est le plus agréable; il s'y trouve, en effet, beaucoup de sources potables et d'eaux courantes. Dans le même pays figure encore la ville d'El-H'âmma, connue aujourd'hui sous le nom de H'âmma des Benoù Behloùl. Ces derniers, qui sont d'entre les chefs et même les plus importants de K'ast'îliya, descendent des Roûm qui, pour sauver leurs propriétés, se firent musulmans. Ils sont très généreux et très prévenants pour leurs hôtes, et c'est l'ardeur qu'ils mettent à pratiquer l'hospitalité qui a fait leur réputation dans ce pays. Un fort, connu sous le nom d'El-K'açr, est réservé aux Benoù Behloùl et à leur entourage, et de vastes faubourgs sont occupés par le peuple. La région est riche en dattiers, en oliviers et en arbres fruitiers. Dans des villes de Nefzâwa, on trouve quelque chose d'analogue. Les eaux de cette ville [de H'âmma] sont toutes chaudes, mais nulle part dans le Djerîd on n'en trouve de meilleures (je corrige عنبا en عذبا), ni de plus douces à

garder l'honneur sauf, mais il fut criblé de blessures et réduit à fuir à son tour; il alla expirer dans la tente d'une vieille Bédouine.

Lorsqu'il avait quitté Mayorque, il était accompagné de plusieurs de ses frères, 'Abd Allâh, Yah'ya, Aboû Bekr et Sîr, lesquels continuèrent d'abord de commander à ce qui leur restait de partisans; mais ensuite ils jugèrent bon de reconnaître l'autorité de Yah'ya, de qui ils avaient apprécié la vive intelligence et la bravoure ; puis ils gagnèrent le désert et y vécurent avec les Arabes jusqu'à ce que le Prince des croyants se retira de cette région.

La ville de Gafça s'était aussi révoltée contre les Almohades et avait reconnu la souveraineté des Mayorcains. Au cours de cette campagne, le Prince des croyants Aboû Yoûsof commença par en faire un siège très rigoureux, puis il la prit de vive force et massacra les habitants. La plupart, m'a-t-on dit, furent égorgés; puis la place fut démantelée. Le secrétaire Ibrâhîm, l'un de nos amis et connu parmi nous sous le nom d'Ez-Zoweyli, est l'auteur d'une longue k'açida à la louange d''Aboû Yoûsof, et s'exprime ainsi à propos de Gafça et des pierres lancées contre elle par les catapultes :

[Basît'] Demande à Gafça si, dans son ennemi, elle voyait un époux, bien qu'elle servit de porteuse de bois. Puisse-t-il disparaître l'infidèle à cause de qui elle a été livrée aux flammes et qui est devenu semblable à l'infidèle et maudit Aboû Lahab! (1)

[P. 199) Dans cette pièce, il dit encore :

L'adultère qu'elle a commis alors qu'elle devait être modeste et

---

boire ; elles constituent la boisson la plus agréable et la plus parfumée qu'on puisse trouver, et on peut, prétendent les habitants, s'en servir comme d'huile pour brûler dans les lampes. Ce pays produit une espèce de datte qui porte le nom de *khenfes* : elle est grosse, d'aspect noirâtre et très sucrée. »

(1) *Lahab*, qui signifie *flamme*, fournit l'occasion d'un jeu de mots sur le nom d'Aboû Lahab, oncle de Mahomet et l'un de ses plus ardents ennemis.

obéissante (1), vous l'a fait lapider conformément aux prescriptions légales.

Ce poète, mort maintenant, m'a récité de sa bouche ce poème tout entier. Quand il fut arrivé au dernier vers cité, je ne pus m'empêcher de rire à cause du sens inexact qui s'était d'abord présenté à mon esprit (2), et je me couvris le visage : « Qu'est-ce que tu as ? » me dit-il, et je ne pus m'empêcher d'éclater ; mais le voyant s'assombrir et redoutant qu'il se fâchât contre moi, je lui exposai ce qui m'était d'abord venu à l'esprit. Il m'injuria, me disant que je n'étais qu'un démon à la mauvaise nature et toujours disposé à plaisanter ; puis il acheva de réciter son poème. Cet Aboû Ish'âk' Zoweyli compte parmi les principaux *kâteb* et les poètes les plus fins. Je me suis trouvé avec lui dans des séances littéraires chez le noble seigneur Aboû Zakariyyâ Yah'ya b. Yoûsof b. 'Abd el-Mou'min, et j'ai pu y voir et admirer sa finesse et sa facilité d'improvisation.

Après avoir mis ordre à ce qui concernait l'Ifrîk'iyya, Aboû Yoûsof regagna le Maghreb, et Yah'ya b. Ghâniya continua d'exercer le pouvoir qu'avait eu son frère. 'Abd Allâh, l'un des frères de Yah'ya, retourna alors dans l'île de Mayorque et y constata qu'elle avait abandonné la cause Almoravide et qu'on y faisait la prière pour les Almohades, revirement qui était le fait de leur frère Aboû 'Abd Allâh Moh'ammed b. Ish'âk'. A son arrivée, 'Abd Allâh ne trouva pour lui venir en aide que Nedjâh', l'un des renégats qui entouraient son père, et qui, resté fidèle à ses engagements, était assiégé dans un château fort avec ses partisans, tant clients que soldats du *djond*. Cette troupe se porta au-devant d''Abd Allâh et fut renforcée par des campagnards de l'île, tant

---

(1) Allusion au Koran, IV, 28 et 30.
(2) D'après une note marginale, le mot *amr* (ordre) avait d'abord été entendu par notre auteur dans le sens de *khalife*, qu'il a chez les Almohades.

cultivateurs que bergers ; à leur tête, 'Abd Allâh marcha sur la ville sans rencontrer [P. 200] aucune opposition : les habitants lui en ouvrirent les portes, et son frère Moh'ammed fut expulsé et exilé en Espagne. Le dit Moh'ammed, très considéré chez les Maçmoûda, fut par eux chargé du gouvernement de Denia, et le garda jusqu'à sa mort. 'Abd Allâh établit solidement son autorité à Mayorque, et, fidèle aux traditions paternelles, il ne cessa de se rendre redoutable par les incursions qu'il faisait contre l'ennemi qu'en 599, où les Almohades s'emparèrent de l'île, ainsi que nous le raconterons. Quant à Yah'ya, qui était en Ifrîk'iyya, il éprouva des fortunes diverses dont l'exposé serait long et étranger à notre récit.

Pendant l'absence que dut faire Aboû Yoûsof à cause de cette expédition, il lui surgit deux compétiteurs : son frère Aboû H'afç 'Omar surnommé er-Rechîd, et son oncle Aboû 'r-Rebî' Soleymân b. 'Abd el-Mou'min, l'un à Murcie dans l'Espagne orientale, l'autre à Tâdelâ (1) dans le pays des Çanhâdja. Soleymân, poussé par les suggestions diaboliques de son esprit pervers, réunit autour de lui des tribus Çanhâdjites pour soutenir les prétentions qu'il affichait et convoqua leurs chefs pour leur faire des propositions. Mais ces menées honteuses n'eurent d'autre résultat que d'éloigner de lui le pays, et le bruit qui s'en répandit parvint jusqu'aux oreilles du Prince des croyants. Quant à 'Omar, il avait commencé par parler en termes tantôt voilés et tantôt explicites par devant de nombreux témoins du délabrement (des affaires) d'Aboû Yoûsof ; ces propos étaient adressés aux gens de son entourage pour qu'ils en parlassent à leur tour aux notables d'Espagne. Il finit par tuer le k'âd'i et prédicateur de Murcie [Aboû 'Abd Allâh Moh'am-

---

(1) Edrisi (trad. p. 85) donne quelques renseignements sur Tâdela, la Tedla de l'*Hist. des Berbères* (I, cix ; II, 212). La révolte de ces princes eut lieu en 582 d'après le *Kartâs*, en 584 d'après Ibn Khaldoûn.

med b. Sa'îd] Ibn Aboù Djemara, qui mourut, dit-on, des suites d'un coup de pommeau d'épée que ce prince lui porta dans la poitrine. Excité par ces nouvelles inquiétantes, le Prince des croyants se rendit de Bougie à Fez en dix-sept journées, ce qui est le comble de la rapidité pour un prince comme lui (1). En apprenant qu'il allait arriver, [P. 201) Soleymân quitta Tâdela en compagnie de ses partisans, le second franchit la mer, et tous les deux se portèrent à sa rencontre. 'Omar, sitôt qu'il le vit, non loin de la ville de Miknâsa, descendit de sa monture, comme il est d'usage, pour lui faire ses salutations; mais dès qu'il se fut approché, deux mots n'avaient pas été échangés que déjà Aboû Yoûsof donnait l'ordre de se saisir de lui et de le garrotter; il l'envoya ensuite à Salé. Son oncle Soleymân fut traité de même quand il le rencontra. Le prince se rendit à Salé et commit quelqu'un à la garde des deux rebelles, qu'il fit enchaîner; puis il quitta cette ville pour rentrer à Merrâkech, d'où il écrivit à leur geôlier de les mettre à mort, et de procéder aux cérémonies de l'ensevelissement, de la prière et de l'enterrement. Cet homme exécuta l'ordre qu'il avait reçu et en rendit compte au prince, en ajoutant, m'a-t-on dit, qu'il avait élevé à chacun un tombeau de tuf et de marbre, tombeaux dont il décrivait la beauté. « Que nous importe, répondit le prince, la sépulture des rebelles? Ces hommes étaient deux musulmans que tu dois enterrer comme le commun des fidèles. »

A la suite de cette double exécution, qui eut lieu en 583, Aboû Yoûsof, sur qui certains épisodes de sa jeunesse avaient attiré un mépris et un dédain mérités, devint l'objet du respect et de la crainte de ses autres parents. A partir de là aussi, il fit montre de piété et d'austérité aussi bien pour son vêtement que pour sa

---

(1) Il se rendit de Mehdiyya à Tlemcen en passant par Tâhert (*Berbères*, II, 211).

nourriture. Sous son règne on fit grand bruit des hommes pieux, des ascètes et des traditionnaires, que l'on recherchait et qui jouissaient d'une haute considération auprès de lui et auprès de ses sujets; de toutes parts il attirait à lui les hommes pieux, leur écrivait pour réclamer leurs prières et comblait de dons ceux d'entre eux qui étaient disposés à les recevoir. Alors disparut la science des applications juridiques *(foroû')*; car il était un objet de crainte pour les juristes, et il ordonna de livrer aux flammes les livres du Rite [malékite], préalablement débarrassés des (passages provenant des) traditions du Prophète et du Koran. C'est ainsi que de nombreux ouvrages furent brûlés dans tous ses états, tels par exemple la *Modawwana* de Sah'noûn (1), le traité d'Ibn Yoûnos (2), les *Newâdir* et le *Mokhtaçer* d'Ibn Aboû Zeyd (3), le *Tahdhîb* d'el-Berâdha'i (4), la *Wâd'ih'a* d'['Abd el-Melik] Ibn H'abîb (5) et autres ouvrages analogues. [P. 202] Moi-même étant à Fez je les ai vu apporter

---

(1) Ce célèbre juriste malékite, dont le nom peut aussi se prononcer Soh'noûn, mourut en 240 hég. (voir Ibn Khallikan, II, 131; ms 2103 du Cat. imprimé des mss. arabes de Paris, f. 30; ms 851 du Cat. imprimé d'Alger, f. 1 v°).

(2) Aboû Bekr (ou Aboû 'Abd Allâh) Moh'ammed b. 'Abd Allâh b. Yoûnos Çak'alli, † 451, est un célèbre juriste malékite que cite souvent Sidi Khalil; il est auteur d'un traité sur les *Ferâ'id'* et d'un grand commentaire de la *Modawwana* (n° 851 du catal. d'Alger, f. 31 v°; n° 1239 *dito*, f. 22, etc.). Un autre juriste du même rite se nomme Yah'ya b. 'Omar b. Yoûnos (n° 1193 *dito*, f. 239).

(3) Aboû Moh'ammed 'Abd Allâh b. Aboû Zeyd K'ayrawâni, † 386 hég., est auteur notamment de la *Risâla* (probablement citée par Merrâkechi sous le titre de *Mokhtaçer*) ou compendium de religion et de droit qui a fort longtemps joui d'une grande vogue chez les Malékites et qui a été l'objet d'innombrables commentaires (cf. n° 1037 du cat. d'Alger; n° 851 dito, f. 21, etc.).

(4) Recension de la *Modawwana* d'Ibn K'âsim (Haddji Khalfa, V, 477). Ce savant, surnommé ou Aboû 'l-K'âsim ou Aboû Sa'îd, fut élève d'Ibn Aboû Zeyd K'ayrawâni (n° 851 du Cat. d'Alger, f. 27).

(5) Ibn H'abîb, juriste, grammairien, généalogiste, etc., mourut en 238 ou 239 hég. (Cat. des mss ar. de Munich, p. 340; n° 851 d'Alger, f. 3; Simonet, *Descripcion del Reino de Granada*, p. 157).

par charges qu'on amoncelait et auxquelles on mettait le feu. Défense fut faite de s'occuper de spéculation *(ra'y)* et d'en rien étudier, sous peine de châtiments sévères. Certains des traditionnaires qui vivaient autour de lui eurent ordre d'extraire des dix recueils de ce genre spécialement connus : les deux *Çah'ih'*, [de Bokhâri et de Moslim], Termid'hi, le *Mouwatta*, les *Sounen* d'Aboû Dâwoûd, les *Sounen* de Nisâ'i, les *Sounen* d'El-Bezzâr, le *Mosnad* d'Ibn Aboû Cheyba, les *Sounen* de Dârak'ot'ni et les *Sounen* de Beyhak'i, des traditions concernant la prière et ce qui y a trait, sur le modèle des traditions recueillies par Moh'ammed b. Toùmert sur la purification. Le recueil qui fut ainsi composé par ses ordres, lui-même le dictait au peuple et forçait celui-ci à l'apprendre, si bien qu'il se répandit dans tout le Maghreb et était su par cœur de tous, [P. 203] grands ou petits, car cette connaissance était récompensée par de précieux cadeaux de vêtements et d'argent. En somme, son but était de ruiner la doctrine mâlekite et de la chasser entièrement du Maghreb, pour amener le peuple à ne plus pratiquer que le sens apparent du Korân et des Traditions (1) ; tel aussi avait été le but de son père et de son grand-père, mais ceux-ci, à la différence de Ya'k'oùb, ne l'avaient pas affiché. Ce qui, à mes yeux, prouve ce que j'avance, c'est le récit fait par le *h'âfiz'* Aboû Bekr b. el-Djadd à plusieurs personnes, de qui je le tiens : « La première fois, dit-il, que je pénétrai chez le Prince des croyants Aboû Ya'k'oûb, il avait devant lui le traité d'Ibn Yoûnos : « Aboû Bekr, » me dit-il, « je réfléchis à ces opinions diverses qui ont été émises sur la religion divine : t'es-tu demandé quelle pouvait être l'interprétation exacte d'entre ces quatre ou cinq, ou même davantage, proposées sur telle ou telle question, et laquelle doit être adoptée par celui qui n'est que disciple [et non chef d'école] ? » Je me mis à lui expliquer ces difficultés ;

---

(1) Cf. Ibn Khallikan, IV, 343.

mais, m'interrompant : « Aboû Bekr », dit-il, « il n'y a que ceci (montrant le Korân) ou cela (montrant les *Traditions* d'Aboû Dâwoûd qu'il avait à sa droite), ou bien encore l'épée (1). »

Sous le règne de Ya'k'oûb, on proclama ouvertement [le but] qui avait été tenu caché sous les règnes de son père et de son grand-père (2), et ceux qui étudiaient la *science*, j'entends par là les Traditions, arrivèrent plus haut que sous aucun de ses deux prédécesseurs. Les choses en vinrent à ce point qu'il dit un jour à tous les Almohades, dont il connaissait la jalousie que leur inspiraient l'influence des *t'olba,* la faveur dont il les honorait et la préférence qu'il manifestait pour leur compagnie : « Almohades, vous appartenez à diverses tribus et chacun de vous, en cas de besoin, a recours à la sienne. Ces gens (en désignant les *t'olba*) n'ont d'autre tribu que moi, et, en cas de besoin, c'est à moi qu'ils auront recours, près de moi qu'ils se réfugieront, de moi qu'ils se réclameront. » Depuis lors, leur influence ainsi affirmée fut cause que les Almohades les comblèrent d'attentions et d'honneurs.

En 585, Petro b. Er-Rîk' (Dieu le maudisse!) attaqua dans la Péninsule [P. 204] la ville de Silves, devant laquelle il mit le siège, tandis que les Francs, d'accord avec lui, l'attaquaient par mer à l'aide de navires et de galères : il avait demandé des secours à ceux-ci, à qui il avait promis les captifs dont on se rendrait maître, et s'était réservé seulement la ville elle-même. Leur plan réussit, car la ville assiégée par terre et par mer succomba; les habitants furent réduits en captivité et la ville tomba sous l'autorité d'Ibn Er-Rîk'. Le Prince des croyants équipa des troupes nombreuses et, tout à l'idée de reprendre Silves, il s'embarqua et mit le siège devant

---

(1) Le n° 424 du Catalogue des mss d'Alger est un magnifique exemplaire du *Mowat't'a* provenant de la bibliothèque de ce prince et écrit pour lui.

(2) Cf. Goldziher, *Die Zahiriten*, p. 174.

cette ville, que les chrétiens, impuissants à défendre, durent abandonner aussi bien que les parties de ce territoire qu'ils avaient déjà conquises. Mais le prince, non satisfait de ce résultat, s'empara en outre du fort important de T'ourrouch (Torrox), après quoi il regagna Merrâkech.

Après son retour, il fut atteint d'une grave maladie, qu'on crut mortelle. Son frère Aboû Yah'ya, qui avait antérieurement été chargé par lui du gouvernement de l'Espagne, usa de divers prétextes pour ne pas partir, de façon à guetter le moment convoité de sa mort. Or le malade, chaque fois qu'il allait un peu mieux, demandait si Aboû Yah'ya s'était embarqué. En présence de cette insistance, ce dernier dut partir; mais ne doutant pas qu'il n'apprît à bref délai la mort de son frère, il chercha à attirer à lui les chefs de la Péninsule et à en faire ses partisans : « Le Prince des croyants, disait-il, va mourir d'un jour à l'autre et il n'a pas d'autre héritier que moi. » Alors, et cela dura jusqu'à son arrivée à Murcie, les divers chefs aussi bien que les villes s'efforcèrent de se décharger les uns sur les autres de toute initiative, en prenant d'ailleurs la précaution de se mettre à couvert à l'aide de pièces écrites. Mais le Prince des croyants guérit, et, comme les médecins lui conseillaient de voyager, il se rendit à Fez dans une litière que portaient deux mulets. Il apprit alors [P. 205] la conduite d'Aboû Yah'ya et reçut les lettres et les actes écrits par les Espagnols. Quant à Aboû Yah'ya, à la nouvelle du voyage de son frère, il passa le détroit pour venir présenter ses excuses, et le rencontra à Salé. Le Prince des croyants, en l'apercevant, dit à son entourage : « Le voilà déjà arrivé, ce misérable! » Il le fit emprisonner, et les chefs de la Péninsule, appelés par son ordre, vinrent témoigner de ce qui s'était passé. Il le fit alors comparaître devant lui et lui dit : « Je te condamne à mort uniquement à cause de ce qu'a dit le Prophète : « Quand deux khalifes sont reconnus dans un même territoire, mettez le second à mort. » On lui trancha la tête publiquement, et l'exécution fut présidée par son frère consanguin 'Abd-er-Rah'mân b. Yoûsof. Conformément à ses ordres, le cadavre fut enseveli et enterré (1). Il s'approcha ensuite de ses parents, se mit à les vilipender et à leur adresser la plus énergique semonce, puis il les fit chasser dans le plus misérable état, nu-pieds et nu-tête, et à ce moment aucun d'eux ne doutait qu'il ne fût près d'être mis à mort. Depuis lors, ces princes sont restés dans l'obscurité, alors qu'auparavant il n'y avait entre eux et le khalife d'autre différence que le droit de parapher les pièces officielles. Ya'k'oûb ne fit d'ailleurs exécuter que ses deux frères et son oncle.

En 590, le traité qui le liait à Alphonse fut rompu, et la cavalerie ennemie envahissant le pays se répandit partout, si bien que l'Espagne eut à souffrir de nombreux dommages. Le Prince des croyants à la tête d'une armée considérable franchit la mer en djomâda II 591 et gagna Séville, où il ne séjourna que peu, le temps de passer son armée en revue et de faire des distributions d'argent, puis il marcha vers le pays chrétien. Alphonse, sitôt qu'il avait appris cette expédition, avait également équipé une armée considérable, et les deux ennemis se trouvèrent face à face dans un lieu appelé Fah'ç el-djedîd (2). Alphonse avait sous ses ordres plus de soldats qu'il n'en avait jamais réuni, de sorte que la crainte s'empara des Almohades, qu'agitaient de funestes pressentiments ; quant au Prince des croyants, il n'avait dans le désarroi universel d'autres soutiens que la prière et le concours du même genre qu'il demandait aux hommes pieux dont il escomptait la vertu. [P. 206] Le mercredi 3 cha'bân de ladite année (3), la bataille fut livrée,

---

(1) Le *Kartâs* (p. 143 du texte) place l'exécution d'Aboû Yah'ya à l'année 582.

(2) On lit dans Ibn Khallikân (IV, 340) et I. Ath. (XII, 74) Merdj el-h'adîd.

(3) La bataille d'Alarcos, dans le district de Badajoz, fut livrée par Alphonse IX le 18 juillet 1195 ; le *Kartâs*, qui en parle longue-

et grâce à la protection divine qui descendit sur les Almohades, soutint leur énergie et leur donna le dessus, le sort des armes tourna contre Alphonse et les siens, et ce prince seul put se sauver avec une trentaine de ses principaux officiers. Du côté des musulmans, un certain nombre, tant des principaux Almohades que d'autres, trouvèrent la mort des martyrs ; on cite parmi eux le vizir Aboû Yah'ya [autrement nommé] Aboû Bekr b. 'Abd Allâh, fils du cheykh Aboû H'afç, ci-dessus cité parmi les vizirs d'Aboû Yoûsof. Le Prince des croyants en personne poussa jusqu'à K'al'at Ribâh' [Calatrava], d'où les habitants avaient fui et où il pénétra ; il en fit transformer l'église en mosquée et les musulmans y procédèrent à la prière. Après avoir conquis les diverses forteresses qui entourent Tolède, il retourna à Séville, paré de l'auréole de la victoire. Cette brillante victoire est le pendant de celle de Zellâk'a, dont nous avons parlé, du temps de Yoùsof b. Tâchefin, émir des Almoravides.

Le Prince des croyants séjourna à Séville pendant le reste de l'année 591, et l'année suivante marcha de nouveau contre le pays des chrétiens. Il alla mettre le siège devant Tolède, dans les environs de laquelle il abattit les arbres, anéantit les denrées de toute sorte et défonça les puits ; en un mot, il y exerça d'horribles ravages. En 593, il y retourna de nouveau, et y pénétra plus loin que n'avait jamais fait aucun prince musulman. Il avait regagné Séville quand des envoyés d'Alphonse s'y rendirent pour lui demander une trêve à laquelle il consentit pour une période de dix années. Après avoir mis en ordre les affaires de la Péninsule et y avoir laissé des chefs pour veiller à la sécurité de cette région, il retraversa la mer et se rendit à Merrâkech, en 594. Je tiens de plusieurs personnes qu'il parla aux Almohades d'une

---

ment, la place à la date du mercredi 2 cha'bân 591 (texte, p. 151, l. 4 ; cf. *Berbères*, II, 213. On trouve aussi la date de 592 hég. dans Ibn Khallikan (IV, 339), et celle du jeudi 9 cha'bân 591 *(ib.*, p. 340).

expédition vers l'Est : [P. 207] il nommait l'Égypte, dont il dénonçait les abominations et les hérésies, tout en exprimant l'espoir que ce serait lui qui la purifierait. Ses intentions restèrent telles jusqu'au moment où la mort le surprit, au commencement de 595 ; il fut enterré à Tînmelel, à côté de ses aïeux.

Pendant tout son règne et dans toutes ses actions, ce prince rechercha la justice et s'efforça de la réaliser dans la limite de ses moyens et autant que le permettaient le pays et le peuple chez qui il vivait. Au début de son règne, il voulut appliquer les pratiques traditionnelles des premiers Khalifes, entre autres remplir personnellement les fonctions d'imâm pour les cinq prières quotidiennes. Il le fit pendant plusieurs mois jusqu'à un certain jour où il arriva si tard pour la prière de l'*açr* que le moment légal en était presque passé, les fidèles accroupis l'attendant toujours ; il finit par arriver et dit la prière. Puis il leur fit de longs et vifs reproches : « Je pense, » leur dit-il, « que c'est à moi seul à présider à vos prières ; mais à défaut de moi, qu'est-ce qui vous a empêchés de prendre quelqu'un d'entre vous pour diriger la prière ? Les Compagnons du Prophète ne choisirent-ils pas 'Abd er-Rah'mân b. 'Awf pour cet office le jour où, le moment de prier étant venu, le Prophète ne se présenta pas ? Ne vous suffit-il pas de cet exemple venant des imâms qu'on doit prendre pour modèles et des directeurs les mieux dirigés ? » C'est à la suite de cela qu'il interrompit ses fonctions d'imâm. — Comme il tenait des audiences publiques, et que petits et grands l'approchaient librement, deux hommes vinrent un jour lui faire trancher leur différend, qui portait sur un demi-dirhem ; après avoir rendu sa décision, il leur fit appliquer par le vizir Aboû Yah'ya, chef de la garde, une légère bastonnade à titre de leçon : « N'y a-t-il donc pas, » leur dit-il, « des juges institués partout pour décider des affaires de ce genre ? » Cet incident fut aussi l'une des raisons pour lesquelles il se mit à siéger à des jours fixés pour trancher certaines affaires qu'il se réserva. Lorsqu'il institua k'âd'i Aboû' l-K'âsim b. Bak'i, il lui imposa entre autres choses de siéger dans un endroit d'où il pouvait entendre toutes les décisions que rendait ce juge : en effet, une simple cloison de planches séparait celui-ci du Prince des croyants. Deux fois par mois, il faisait venir les syndics des marchés et les cheykhs des populations sédentaires pour les interroger au sujet des marchés [P. 208] et des cours des denrées, ainsi qu'au sujet des autorités. Quand des citadins le venaient trouver, il les interrogeait tout d'abord sur les percepteurs, les k'âd'is, les gouverneurs dont ils dépendaient ; s'ils s'exprimaient d'une manière louangeuse : « Sachez », leur disait-il, « qu'au jour du jugement il vous sera demandé compte de ce témoignage ; que nul d'entre vous ne dise donc autre chose que la vérité ! » A plus d'une de ses audiences il répéta ces mots : « O croyants ! soyez stricts observateurs de la justice quand vous témoignez devant Dieu, dussiez-vous témoigner contre vous-mêmes, contre vos parents, contre vos proches ! » (*Koran*, IV, 134). — Quand, en 592, il entreprit contre les chrétiens sa seconde expédition, c'est-à-dire celle qui succéda à la grande victoire par laquelle Dieu humilia Alphonse et les siens et exalta les musulmans, il envoya partout, au moment de partir, l'ordre de rechercher les gens pieux et faisant profession de vertu, et de les lui envoyer. Il en réunit ainsi un grand nombre dont il se faisait précéder quand il était en marche : « Voilà, » disait-il à son entourage en les regardant, « l'armée véritable, elle n'est pas ici, » en faisant allusion aux soldats. Ce trait est analogue à celui qu'on raconte de K'oteyba b. Moslim, gouverneur du Khorâsân. Il marchait contre les Turcs à la tête d'une armée où figurait Aboû 'Abd Allâh Moh'ammed b. Wâsi' (1), et il s'enquit de lui à plusieurs reprises ; on lui dit qu'il était à l'écart de l'armée, appuyé sur une

---

(1) Ce pieux et vaillant personnage est bien probablement celui qu'Ibn el-Athîr appelle Aboû Bekr M. b. W. Azdi, † 123 ou 127, et

extrémité de son arc et agitant en l'air ses doigts tournés vers le ciel : « Voilà, » s'écria K'oteyba, « des doigts que je préfère à dix mille épées ! » — A son retour de cette expédition, Aboû Yoûsof fit délivrer des sommes importantes à tous ces saints hommes, dont les uns acceptèrent et les autres refusèrent. Il regarda du même œil ceux-ci et ceux-là, disant que chacun avait son opinion, et le refus ne grandit pas plus les uns que l'acceptation ne déprécia les autres. — Il faisait des actes de charité fréquents, et je sais qu'avant son départ pour l'expédition où il remporta la grande victoire sus-mentionnée, il distribua 40,000 dinars, dont la moitié environ à la foule des pauvres ; le reste fut remis à ses parents, que j'ai vus moi-même procéder : ils avaient divisé la ville de Merrâkech par quartiers, dans chacun desquels des hommes de confiance [P. 209] distribuaient aux religieux solitaires et aux ermites l'argent dont ils étaient porteurs. Au début de chaque année, il faisait prendre note des orphelins abandonnés et les faisait circoncire dans un local proche du palais ; chacun d'eux recevait un *mithk'âl* (dinar), un vêtement, une galette et une grenade ; souvent au *mithk'âl* il ajoutait deux *dirhems* tout neufs. De tout cela j'ai été le témoin oculaire et ce n'est pas par ouï-dire que j'en parle. — Il fit construire à Merrâkech un hôpital qui, je crois, n'a pas son pareil au monde. Il commença par choisir un vaste emplacement dans la partie la plus plane de la ville, et donna l'ordre aux architectes de le construire aussi bien que possible, de sorte que ceux-ci y déployèrent un luxe de sculpture et d'ornementation plus grand qu'on ne leur avait demandé ; il fit planter toute sorte d'arbres d'agrément et d'arbres fruitiers ; l'eau y fut amenée en abondance et autour de toutes les chambres, en outre de quatre grands bassins situés au centre de l'établissement et

---

dont une anecdote qu'il rapporte (t. V, p. 23) prouve le désintéressement. Quant au célèbre K'oteyba b. Moslim, on peut voir entre autres la notice que lui consacre Ibn Khallikan (II, 514).

dont l'un est en marbre blanc. Il garnit l'édifice de tapis précieux de laine, de coton, de soie, de cuir, etc., si bien que cela dépasse tout ce qu'on en saurait dire. Une rente quotidienne de trente dinars fut assignée pour la nourriture proprement dite, indépendamment des remèdes qu'il y plaça et des drogues qu'il y fit déposer pour préparer les potions, les onguents et les collyres; des provisions de vêtements de jour et de nuit, d'été et d'hiver y furent installées pour l'usage des malades. Après sa guérison, le pauvre recevait en sortant une somme d'argent pour vivre jusqu'au moment où il pouvait se suffire; au riche on remettait son argent, son bien et ses effets. En effet, le fondateur n'en restreignit pas l'usage aux pauvres à l'exclusion des riches; au contraire, tout étranger tombé malade à Merrâkech y était porté et soigné jusqu'à son rétablissement ou sa mort. Tous les vendredis, le prince après la prière s'y rendait à cheval pour visiter les malades et prendre des nouvelles de chacun, leur demandant comment ils allaient, [P. 210] comment ils étaient soignés, etc. Il garda cette habitude jusqu'au jour de sa mort.

Au début de son règne, en 583 ou en 582, arrivèrent dans notre pays les [Turcs] Ghozz d'Égypte, parmi lesquels figuraient entre autres K'arak'ouch, qu'on disait être un mamloûk de Tak'i ed-Dîn ['Omar], neveu d'El-Melik en-Nâçir [Saladin], Cha'bân, qu'on disait être un officier des Ghozz, et le k'âd'i 'Imâd ed-Dîn (1), qui faisait partie de l'armée égyptienne. Le prince les reçut très bien et les accabla d'honneurs, si bien que leur situation était

---

(1) Tak'i ed-Dîn el-Melik el-Moz'affer, neveu de Saladin, mécontent de se voir enlever le gouvernement de l'Égypte par son oncle, forma le projet, qu'il ne réalisa pas, de se rendre en Tripolitaine (*Hist. arabes des Croisades*, III, p. 190; Ibn el-Athîr, XI, p. 342 et 345). D'après ce dernier auteur (XI, p. 309), les Turcs avaient pénétré dans ces régions dès avant 572. L'ambassade envoyée par Saladin arriva au Maghreb en 585 d'après Ibn Khaldoùn (*Berbères*, II, 215), en 587 d'après Ibn Khallikân (IV, 344); elle n'est relatée ni par Behâ ed-Dîn b. Cheddâd, ni par le *Kartás*, ni par Ibn Khallikân dans

visiblement meilleure que celle des Almohades : ceux-ci, en effet, ne reçoivent leur paie que tous les quatre mois, soit trois fois par an, tandis que les Ghozz la touchent tous les mois sans faute. Le prince, pour justifier cette différence, disait que ceux-ci, en leur qualité d'étrangers, n'avaient que leur paie et nulle ressource dans le pays, tandis que les Almohades jouissaient de fiefs et de biens immobiliers. Il n'en est pas moins vrai qu'il avait assigné aux principaux des nouveaux venus des fiefs tout comme aux Almohades et même davantage : ainsi, il donna, à ma connaissance, à l'un d'entre eux, Ah'med el-H'âdjib, originaire d'Irbil, plus de terres que n'en avait aucun de ses propres parents ; de même, il assigna à Cha'bàn prénommé de nombreuses propriétés rurales en Espagne, produisant annuellement environ 9,000 dinars de récoltes ; et tout cela indépendamment de soldes supérieures à ce que recevait aucun des officiers des troupes proprement dites.

De tous ces Ghozz installés au Maghreb, nul ne dépassait ce Cha'bàn en finesse d'intelligence, en esprit, en amabilité et en cordialité. Jamais je ne le vis sans qu'il me demandât de lui dire des vers ou sans qu'il en dît lui-même. Je lui récitai un jour ces vers d'un de nos amis de Séville :

[Basit'] A qui me disait que je ne dormais pas, maintes fois j'ai répondu : Le sommeil peut-il venir au regard qui le fuit ? [P. 211] Ignores-tu donc que le sommeil fuit mes paupières à cause des traits que lancent les yeux d'une beauté ?

« Ce poëte », me dit-il en riant, « a plané sans s'abattre, a battu des ailes sans s'envoler, a visé un but en deçà duquel il est tombé. Combien est supérieur celui qui a anobli la même pensée en l'exprimant sous la forme la plus concise, la plus claire et la plus dégagée !

---

la biographie d' 'Imâd ed-Din Içfahâni. C'est de ce dernier que doit parler Merrâkechi, car il resta secrétaire de Saladin jusqu'à la mort de ce prince, en 589 hég. (Ibn Khallikan, III, 305).

[T'awîl] Ramenez-moi mon repos matinal qu'ont enlevé des jeunes filles à la poitrine rebondie ; rendez-moi mon sommeil de la nuit, que m'ont ravi des bien-aimées !

« Ce vers, » lui dis-je, « est d'Aboû' t-T'ayyib [Motenebbi] ? — En effet, répondit-il, de l'excellent [*T'ayyib*] Aboû't-T'ayyib. » Un autre jour que, à propos de jeux de mots, il avait cité de nombreux vers de ce poète, je me mis à réciter ces deux-ci :

[T'awîl] De quoi n'est pas capable un violent amour ? O mon ami, mon cher camarade, inspire-m'en un pareil ; car si ma main est de velours pour mon ami, quel féroce adversaire tes ennemis trouveront en moi !

Ils lui plurent, et il en prit note (Dieu ait pitié de son âme !) en ajoutant : « C'est un vrai service que tu m'as rendu en me faisant connaître ces deux vers ; je ne connais soit sur ce sujet, soit sur tout autre aucun passage qui me plaise davantage et ait fait sur moi plus d'impression. » En un mot, il était grand amateur de littérature et goûtait la poésie qu'il récitait ; il lui arriva maintes fois de laisser échapper d'excellents vers ; mais, malgré ma demande, il se refusa formellement et par serment à m'en remettre quelques-uns par écrit ou à me les réciter [de manière que je pusse les écrire].

Le Prince des croyants Aboû Yoûsof se rendit, accompagné des Ghozz, en pèlerinage à Tînmelel, où un repas les réunit sous un caroubier vis-à-vis la mosquée. Or, entre autres paroles et promesses adressées par Ibn Toûmert à ses compagnons, on cite celle-ci : « Ceux d'entre vous qui vivront assez longtemps verront des officiers d'Égypte assis à l'ombre de cet arbre. » Aussi fut-ce un grand jour à Tînmelel que celui où les Ghozz, réalisant cette prédiction, prirent place sous cet arbre : de toutes parts s'élevèrent les cris de « Dieu est grand », les femmes se précipitèrent en faisant entendre leurs exclamations d'allégresse, battant du tambourin et criant dans leur langue des mots qui signifient « Notre Seigneur le Mahdi a dit vrai et nous témoignons [P. 212] qu'il est véritablement l'imâm ! » Un témoin oculaire m'a dit avoir vu Aboû Yoûsof sourire à ce spectacle, par pitié pour ces faibles intelligences, car lui-même ne croyait à rien de tout cela et ne jugeait pas comme eux d'Ibn Toûmert. Dieu sait à quoi s'en tenir !

Le vertueux cheykh Aboû'l-'Abbâs Ah'med b. Ibrâhîm b. Mot'arref d'Alméria *(El-Mari)* m'a, dans le réduit septentrional de la Ka'ba, raconté ce qui suit : « Le Prince des croyants Aboû Yoûsof, » disait-il, « me dit un jour : « Aboû'l-'Abbâs, tu témoigneras par-devant le Dieu tout-puissant que je n'affirme pas l'impeccabilité (c'est-à-dire l'impeccabilité d'Ibn Toûmert). » Une autre fois, comme je lui demandais de faire une chose qui supposait l'existence de l'imâm : « Où est l'imâm, Aboû'l-'Abbâs ? » me dit-il, « où est l'imâm ? » — Un cheykh de la ville de Jaën, en Espagne, où sa famille est bien connue, Aboû Bekr b. Hâni, qui était d'un âge avancé quand je le fréquentai pour étudier les Traditions avec lui, m'a raconté ceci : « Quand le Prince des croyants revint de sa campagne d'El-Ark (Alarcos), où il avait écrasé Alphonse et les siens, nous nous portâmes à sa rencontre, et comme j'avais été choisi par les habitants pour prendre la parole, je lui fus présenté. Il m'interrogea sur la ville, les juges, les administrateurs et les percepteurs, ainsi qu'il en avait l'habitude ; et après avoir écouté ma réponse, il me demanda des nouvelles de ma propre santé. Je le remerciai et lui adressai mes souhaits de longue vie ; puis il s'enquit de ce que j'avais étudié en fait de science (religieuse) : « J'ai, répondis-je, étudié les œuvres de l'Imâm, » c'est-à-dire d'Ibn Toûmert. Alors, jetant sur moi un regard irrité : « Ce n'est pas ainsi », s'écria-t-il, « que doit s'exprimer un t'âleb ; tu dois dire que tu as étudié le Livre divin et quelque peu la Sounna (tradition), à quoi tu peux ajouter ce qui te plaira. » Ces anecdotes et autres semblables, si nous les rapportions toutes, allongeraient notre résumé.

A son retour de l'expédition dont le résultat fut de délivrer Silves de la domination chrétienne, et dont il a été parlé, il se fit, fidèle à son amour de la bâtisse et de la construction, élever sur le grand fleuve Guadalquivir, à Séville, un château fort renfermant des palais et des pavillons. [P. 213] Toujours, en effet, il s'occupait de bâtir, et il n'y eut pas dans sa vie un moment où il ne fît restaurer quelque palais ou fonder quelque ville. Merrâkech lui doit de nombreux agrandissements, trop longs à énumérer. Les palais en question répondirent à son attente ou même la dépassèrent, et l'ensemble des constructions reçut le nom de Fort des Confins (1). Or donc, à son retour de la grande expédition de 591, il tint audience dans l'un de ces pavillons, qui domine le fleuve ; le public y fut admis par classes et selon l'ordre hiérarchique, et les poètes y déclamèrent des poésies. Entre autres, un de mes bons amis, le Murcien 'Ali b. H'azmoûn, débita une *k'açida* du mètre *khabab* (2), inventé par lui et inconnu aux poètes antérieurs ; sa poésie, qui fut goûtée du Prince et des assistants, débute ainsi :

D'Espagne viennent des exhalaisons parfumées qui saluent ta victoire, dont attestent l'importance et le désespoir des infidèles et la joie exubérante des musulmans. O Imâm et protecteur de la foi ! ta main a purifié la terre de toute souillure, par toi les cœurs humains sont imbus de la vraie direction ; aussi l'appui divin est-il descendu sur celui qui le cherche. Tu as élevé le phare de la religion sur des colonnes élevées et aux bases solides ; tu as déchiré le manteau de l'infidèle, de la même manière que le tison raie la poussière de sa clarté. Tu as marché contre leurs troupes, qui sont tombées comme une proie aux mains du chasseur ; ils étaient venus à toi si nombreux que la terre semblait trop petite pour des masses

---

(1) Le *Kartâs* (texte, p. 151) donne plus de détails sur les constructions de ce prince.

(2) Ce mètre ne figure pas dans l'opuscule de H. Gies *(Beitrâg zur Kenntniss sieben neuerer arabischer Versarten,* Leipzig, 1879) consacré à l'étude des mètres d'un usage moderne (cf. Dozy, *Supplément aux dictionnaires,* s. v.).

— 255 —

qu'on ne pouvait compter ni mesurer, [P. 214] ils avaient surgi pleins de jactance et d'ostentation, prêts à tout enlever sous la conduite d'un chef avide. Mais tu t'es, par l'ordre de Dieu, mis en marche : la confiance que tu as mise en Lui n'a pas été trompée, et la mort, produit de ton épée, s'est appesantie sur ces hommes vils ; la vaste plaine où sont couchés leurs chefs est maintenant de niveau avec la colline convulsée ; les hauteurs dont leurs pieds goûtaient la mollesse, se sont abreuvées de leur sang. Voilà ce que sont devenues les troupes des infidèles, voilà les infortunes qui frappent les mécréants! Adorateurs de la Croix ! vous avez à vos trousses les cavaliers du prince bien renseigné et intelligent ; si la mer les pouvait absorber ils la franchiraient à pied sec ; si la terre les voulait lapider, ils feraient apparaître au jour tous les beaux yeux noirs somnolents. L'Unitarisme protège leurs rênes, l'Esprit saint les garrots de leurs chevaux ; ils se sont levés, sont entrés en campagne et ont réalisé des espérances telles qu'elles ont effacé tout souvenir malheureux ; ils ont fouillé dans tous les sens le pays des infidèles sans que rien échappât à leurs recherches, sans qu'aucun refuge d'êtres humains restât à l'abri des ravages de la cavalerie. L'ennemi dut fuir au sommet des monts, et puissent les restes ruinés de ses propriétés demeurer sans eau ! Alphonse n'a pu échapper à la mort que pour mener une vie malheureuse et misérable. Notre glorieux prince a jugé bon d'employer comme messagers les lances et les arcs : ceint d'un éclat qui ressemble à celui de l'aurore, revêtu comme le Sinaï d'une lumière céleste, il s'est avancé sans se soucier de personne, il attaque cuirasses et boucliers, et partout où il passe le bruit du fer étouffe le tintement des cloches. Impuissant à la vengeance, l'offensé, qui se rappelle l'épée et la corde, veille sans pouvoir trouver le repos ; les patriciennes exhalent la nuit des sanglots qui ressemblent aux gémissements des colombes, [P. 215] et quand elles se montrent, les mèches de leurs cheveux ressemblent aux queues de chevaux que leurs ruades empêchent de monter ; leurs yeux fixes ont le regard terrifié de la gazelle qui aperçoit un lion dévorant ; ces antilopes apprivoisées n'ont pas trouvé, sous les drapeaux, des compagnons dignes d'elles. La fortune (nous) apparaît brillante, tel le jardin réjouit la vue de celui qui l'a planté ; tous nos espoirs se présentent en bon ordre, telles des dents bien rangées entre des lèvres rouge foncé. A la lumière de la vérité qui resplendit sur des œuvres inspirées, allume, ô prince, d'autres feux! O pays d'Espagne! prends l'Imâm pour gardien de ton innocence et pour protecteur ; tu confieras le soin de te défendre à un roi qui compte Gabriel parmi ses gardes. Ton épée, Seigneur, a décidé du sort de l'infidèle nuisible et tenace (dans son erreur) ; ses coups se sont abattus sur les chrétiens, et de même ils frapperont les Persans ; car ton maître ne faillira pas à sa promesse : « Conquiers leurs pays et mets-les sous tes pieds. »

J'ai cité ce poème, bien qu'un peu long, sans y faire d'omission, parce que le mètre en est rare et que la plupart des vers en sont excellents. L'auteur me le récita d'abord lui-même, puis ce fut moi à mon tour qui le lui redis, la dernière fois que je le rencontrai à Murcie, en 614. Ce poète a de grandes connaissances en littérature et est très versé en toute espèce de poésies ; il a suivi la voie d'Aboû 'Abd Allâh b. H'addjâdj Baghdâdi (1), mais il l'y a dépassé : en effet, il n'y avait pas de rondeau (2) généralement connu dans le pays, sur le mètre et la rime duquel il n'en eût composé un du même genre et dans la manière d' (Ibn H'addjâdj). Ajoutez qu'il avait la satire prompte, mais il s'y montrait souvent grossier. Voici, dans ce dernier genre, une des meilleures pièces que je me rappelle et des moins souillées de mots grossiers et obscènes : ce sont des vers où il a suivi le procédé d'El-H'ot'ay'a (3) et où, commençant par faire la satire de sa propre personne, il continue par celle d'un des principaux officiers d'Espagne, Moh'ammed b. 'Isa, bien connu parmi eux à raison de sa valeur. Voici ces vers :

[P. 216. T'awîl] Mon visage, que je viens de contempler dans un miroir, m'a paru être celui d'une vieille aux allures provocantes ; j'ai cru voir un objet dont on rougit et qui, s'adressant aux hommes, leur crie de baisser les yeux et de ne pas le regarder. Si j'étais un produit de la terre, je ne figurerais ni parmi les choses plaisantes et jolies, ni parmi celles qui sont agréables au goût. Plus laid encore que mon visage est mon ventre, dont les grouillements ressemblent à des roulements de tonnerre, ou bien encore aux battements du cœur de Moh'ammed fils d'Ibn 'Isa [sic] quand il fuit et que, tout

---

(1) Ce poète est l'auteur de poésies légères et licencieuses et mourut en 391 (Ibn Khallikan, I, 448).

(2) Sur la *mowachchah'a*, voir entre autres Ibn Khallikan, I, p. xxxv, et les auteurs auxquels renvoie Dozy, *Supplément*, s. v.

(3) Djarwal b. Aws H'ot'ay'a est un poète satirique contemporain de Mahomet (Ibn Khallikan, I, 209 ; *Aghâni*, II, 43 ; Z D MG., 1892).

entier à ce soin, il voudrait encore être enfermé dans le sein de sa mère pour ne pas entendre prêcher la nécessité du combat (1). Il est lourd, mais son intelligence a la légèreté de la plume que les vents font tourbillonner dans le vaste désert. Des deux coins de sa bouche pend une moustache le long de laquelle découle vers la terre un liquide qu'on croirait versé d'un seau. Il court bien des médisances sur son compte, mais on ne fait pas parler un homme comme moi, et je me garde de les répéter.

Il est auteur dans ce même ordre d'idées de nombreuses pièces supérieures à celle que nous venons de citer, mais leur caractère injurieux m'empêche de les répéter ici, car je ne veux pas contribuer à propager des choses pareilles. Ibn H'azmoûn, par la crainte qu'inspiraient ses traits acérés et par le désir qu'on avait d'échapper à sa satire, trouvait considération et fortune auprès des k'âd'is, des percepteurs et des administrateurs du Maghreb. Je ne connais pas de villes dans ce pays où l'on ne sache et n'apprenne les satires de cet auteur; Dieu lui veuille pardonner à lui et à tous nos frères musulmans !

Ce jour-là, le Prince des croyants passa la revue de ses troupes qui, par ses ordres, se présentèrent armées de pied en cap ; elles se déployèrent sous ses yeux, et la satisfaction qu'il éprouva de leur bonne tenue le fit se lever et adresser à Dieu des actions de grâce sous la forme d'une prière de deux *rek'a*. A peine avait-il fini de prier que les nuages crevant laissèrent tomber une pluie assez abondante pour mouiller tout le monde. Un de mes bons amis, le kâteb Moh'ammed b. 'Abd Rabbihi, originaire d'Algéziras, employé et spécialement favorisé par Aboû 'r-Rebî' Soleymân b. 'Abd Allâh b. 'Abd el-Mou'min, fit à ce propos les vers que voici :

[Basît] Dieu manifestant sa ou plutôt ses faveurs, ajoute miracles sur miracles. [P. 217] Plût au Ciel que tu eusses, avant et après ta prière, demandé mes vers ! L'atmosphère ébranlée aurait alors laissé les étendards des nuées se joindre à ceux (de la terre). D'épais

---

(1) Il y a dans le texte un jeu de mots sur *h'adîth*.

nuages, d'autres moins denses, ont versé une eau pure sur de flexibles et pures cottes de maille. Comment donc Dieu ne t'ouvrirait-il pas le chemin des conquêtes, puisque les portes du ciel se sont ouvertes pour toi !

A partir de ce jour le nom d'Aboû 'Abd Allâh [Moh'ammed] fut célèbre, son influence et son autorité furent établies ; c'était un homme de beaucoup de talent, d'une valeur reconnue dans l'art d'écrire tant en prose qu'en vers, et qui avait de sérieuses connaissances dans les parties de la philosophie traitant des mathématiques et de la logique. Voici encore des vers que me récita ce poète, maintenant mort :

[Kâmil] Tiens-toi, j'ignore où, auprès des tentes et demande-leur de quitter leur guide ; cherches-y ton cœur, si tu sais, ce que je ne crois pas, où est sa place, auprès de celle qui, dès l'aurore, provoque tout le monde et qui emploie le sang des cœurs pour se teindre le bout des doigts. Je lui offre ma vie en rançon ; si (cette inhumaine) la garde, ce don lui rappellera mon nom et mon souvenir.

Ils appartiennent à une longue *k'açida* dont le temps n'a laissé subsister dans ma mémoire que ce que je viens d'en citer. — Un jour que nous nous étions réfugiés pour nous abriter contre la pluie dans un pavillon au bord d'une rivière, je lui citai ces deux vers d'un poète ancien :

[Monsarih'] Il semble que la main des vents fixe une construction dans une rivière aux stries apparentes ; dès que les anneaux viennent à se relâcher, les gouttes de pluie y viennent aussitôt ficher des clous.

Il les goûta fort, et comme, disait-il, je venais de lui rappeler cet ordre d'idées, il me cita des vers composés par lui et supérieurs à tout ce que j'ai entendu, bien que foule de gens aient écrit quantité de vers sur ce sujet, dont la banalité ne peut être évitée qu'à force de subtilité, de talent naturel et de jugement :

[Basît'] Entre les jardins et la voûte céleste s'opère un échange pressé de blancs éclairs et de fauves rameaux épineux. [P. 218] Si le ciel tend son arc, c'est pour faire pénétrer ses flèches liquides dans les mailles serrées (qui forment la surface) des étangs. Aussi la rivière sait-elle, dès l'apparition des éclaireurs, revêtir sa cuirasse, tandis que de leur côté s'agitent les hampes des arbres.

Admire (ô lecteur) la forme élégante qu'il a donnée à cette pensée et comment, complètement maître de sa comparaison, il a su pour l'exprimer employer les termes les mieux appropriés et les plus doux à l'audition et à l'expression ! — Je demandai à le voir un jour qu'il était chez lui en réunion intime, mais il ne souffrit pas que sa porte me restât fermée : il commença par faire desservir, puis je fus introduit ; il me fit l'accueil le plus aimable et se mit à causer avec moi, mais je compris qu'il était tout confus parce qu'il voyait que j'avais deviné quelque chose. Désireux de dissiper sa gêne, je lui citai ces vers d'un certain poète :

[T'awîl] Passe-le à la ronde, car s'il est prohibé il ne l'est pas en soi, mais pour des raisons parmi lesquelles figure l'ivresse qu'il produit. Pourvu de n'en pas venir à l'ivresse qui fait tituber le jeune homme, qu'importe que le flacon renferme de l'eau ou du vin !

Alors son visage s'éclaircit et sa bonne humeur lui revint. Après un moment de silence, il demanda son écritoire et rédigea cet impromptu sur un sujet analogue à celui de ma citation :

[Basit'] Le vin n'est pas nuisible, et, sans la défense de la Loi, il serait la boisson de gens dont la conversation consiste à marmotter des prières. Mais ne tremblent-ils pas, eux aussi, quand ils passent la nuit en exercices religieux, n'oscillent-ils pas comme des chameaux à la démarche incertaine ? Ma demeure est comme une cellule de religieux : mais c'est une belle aux yeux de gazelle qui lui sert de gardien, et c'est le choc des coupes pleines qui y allume les lampes.

Puis il me cita un fragment en *sin* qu'il avait autrefois composé et dont la beauté dépasse celle de tout ce que j'ai entendu. Je ne m'en rappelle que le dernier vers, que voici :

[T'awîl] Pour eux la nuit n'est qu'un mot, car quand le soleil se couche à l'horizon, ils le remplacent par le soleil (de leurs coupes).

Il fit en Égypte un voyage où il vit Ibn Senâ 'l-Moulk (1), de qui il apprit [P. 219] des poésies; il fut le premier que j'entendis chez nous parler de ce poète et citer ses vers. Ibn 'Abd Rabbihi est l'auteur de très nombreuses poésies; mais il en donna beaucoup au noble seigneur Aboû 'r-Rebî' Soleymân b. 'Abd Allâh b. 'Abd el-Mou'min pendant qu'il le servait en qualité de kâteb, et plus tard il ne revendiqua aucune de ces poésies non plus qu'il ne s'en déclara l'auteur. Or la plupart furent débitées par Aboû 'r-Rebî', à qui les narrateurs (*rawât*) les attribuent. Je me suis aperçu de ce fait après leur séparation : en recherchant les poésies du Seyyid Aboû 'r-Rebî', j'eus des doutes sur leur véritable auteur; or je vis écrits de sa main des vers qui n'avaient de poétique que la forme, et je reconnus ainsi que ce n'était pas lui qui avait composé les autres. « J'entrai un jour, m'a raconté Ibn 'Abd Rabbihi, chez Aboû 'r-Rebî', sur qui, par des lucarnes placées à la partie supérieure du pavillon où il se trouvait, tombaient des rayons solaires. Le spectacle me plut et m'inspira cet impromptu :

[Kâmil] Le soleil l'ayant vu en train de faire ce qui constitue sa propre besogne, c'est-à-dire partager et distribuer aux humains, a craint qu'une générosité ininterrompue ne ruine ce noble seigneur, et il a semé sur lui et dinars et dirhems.

Le *yá* du mot *denânîr* n'est pas écrit dans ce dernier vers, ce qui constitue une licence permise et justifiée par (le mot *el-'açâfîr* de) ce vers ancien :

[T'awîl] Elle s'égare en toute sécurité dans cet endroit que fréquentent les passereaux.

Parmi les anecdotes relatives à l'émîr Aboû Yoûsof, en

---

(1) Ibn Khallikan (III, p. 589) a consacré une notice à Hibet Allâh b. Dja' far b. Senâ' l-Moulk, † 608 hég.

— 261 —

voici une que me raconta mon cheykh et maître feu Aboû Dja'far Ah'med b. Moh'ammed b. Yah'ya H'imyari pendant que j'étudiais sous sa direction à Cordoue en 606. Nous en étions arrivés dans la *H'amâsa,* qu'il nous expliquait, au fragment d'Ibn Zeyyâbâ Teymi commençant par :

[Redjez] Combien Zeyyâba regrette H'ârith, qui vient au matin se livrer à la rapine, puis qui se retire !

[P. 220] Quand nous lûmes le vers :

J'en atteste le ciel, si je le rencontrais sa besogne faite, celui de nous deux qui resterait vainqueur emporterait les deux glaives. »

« Voici, nous dit-il, ce qui m'est arrivé de très curieux à propos de ce vers. Un jour ou deux après que le Prince des croyants Aboû Yoùsof eut quitté Cordoue pour marcher contre Alphonse, mon fils 'Içâm me dit : « Mon père, j'ai hier vu le Prince des croyants rentrant à Cordoue de retour de son expédition et ceint de deux épées. — « Mon fils, » lui dis-je, « si ton songe dit vrai, c'est l'annonce de la défaite d'Alphonse. » Et ce vers me revint à la mémoire : *J'en atteste le ciel*, etc. Le songe disait vrai et l'interprétation était exacte. »

Aboû Dja'far [H'imyari] fut le dernier de ceux qui, en Espagne, connurent les belles-lettres. Je l'ai fréquenté pendant près de deux ans, et je n'ai vu personne sachant mieux que lui la poésie ancienne, ou les traditions, ou plus au courant des anecdotes se rapportant à quelque branche de la littérature, à des proverbes courants, à des vers rares ou à de beaux morceaux de prose rimée, Dieu soit satisfait de lui et le récompense ! Il avait fréquenté les cours de nombreux maîtres en Espagne et y avait appris les Traditions, le Koran et les belles-lettres, ce qui lui avait été facilité par la longueur de sa vie, par son sincère et excessif amour de la science. Je vis un jour dans les mains de son fils 'Içâm un exemplaire des œuvres poétiques d'Aboû' t-T'ayyib [Motenebbi], dont j'avais entendu, au moins pour la plus grande partie, l'interprétation, et dont la correction était remarquable. « Tu l'as, dis-je à 'Içâm, transcrit avec soin d'après un exemplaire correct. — Il ne peut y avoir au monde, dit-il, d'exemplaire plus correct que celui d'après lequel j'ai transcrit le mien. — Et où l'as-tu trouvé ? — Il est en ce moment sous nos yeux et proche de nous. » Comme à ce moment nous étions dans un coin de la mosquée, je répondis : « Et où donc ? — [P. 221] A ta droite, » me dit-il, ce qui me fit comprendre qu'il voulait parler du cheykh. « Il n'y a à ma droite que le Maître, » repris-je. — « C'est bien d'après lui et sous la dictée qu'il me faisait de mémoire que j'ai fait ma transcription. » Je restai tout surpris, mais le Maître, qui nous avait entendus causer et qui avait demandé à son fils le sujet de notre conversation, dit alors : « Pourquoi donc s'étonner qu'on sache par cœur le dîwân de Motenebbi ? J'ai vu des gens qui ne comptaient pas comme h'âfiz' ceux qui savaient Sîbawayhi par cœur et qui ne regardaient pas cela comme un grand effort. »

Aboû Dja'far mourut en çafar 610, à l'âge de 96 ans accomplis, ne laissant personne en Espagne qui lui fût supérieur dans les connaissances qu'on peut acquérir par voie d'enseignement. Ni avant, ni après lui, je n'ai vu personne qui eût comme lui, malgré sa vaste science, sa force de critique, la pureté de son goût, sa connaissance des règles de cette science, davantage le sentiment de la justice et qui fût plus empressé à reconnaître la vérité. Je lui récitais parfois des vers auxquels je n'attachais moi-même aucune importance, et si je le faisais, bien qu'ils fussent sans valeur, trop travaillés et loin d'être bons, c'était pour répondre à ses instances, car il les réclamait avec ardeur, ne leur ménageait pas son approbation et alla maintes fois jusqu'à les apprendre par cœur. Un jour entre autres, je me rendis à ses instances habituelles et je lui récitai deux vers que j'avais improvisés sur un de nos condisciples du nom de Fath', mort depuis, et qui, malgré sa beauté remarquable et son irréprochable élégance, menait la vie la plus chaste :

[Monsarih'] O toi qui as pour refuge ceux dont le cœur est subjugué, tu ne ressembles pas à ton nom de Fath' (victoire), car tu n'es pas autre chose que ce nom retourné (c'est-à-dire h'atf, mort).

Il tressaillit d'aise et s'adressant à son fils : « Voilà, s'écria-t-il, ce qui s'appelle de la poésie ; ce n'est pas comme ce dont tu me romps la tête toute la journée ! Écris de la sorte, ou bien tiens-toi tranquille. » Puis, le lendemain, il me dit : « Sais-tu ce qu'Içâm a fait hier ? — Non, répondis-je. — Eh bien ! il s'est, comme dit le proverbe, tu mille fois (pour mal parler ensuite) (1); hier il n'a fait autre chose que réfléchir, et à force d'y penser il a fini par saisir le sens de tes deux vers ; il en a alors enlevé tout le sel, [P. 222] fait disparaître toute l'élégance et les a transformés en la masse informe que voici :

[Monsarib'] Un mot a enchaîné mon cœur, et ma force n'est aujourd'hui que faiblesse. C'est par métaphore qu'on l'a appelé Victoire (fath'); son nom réel est Mort (h'atf).

« Il n'y a vu que le sens métaphorique et le sens propre. — Par Dieu ! dis-je, ces vers valent mieux que les miens. — Mon enfant, reprit-il d'un air mécontent, débarrasse-toi de cette habitude ; le pire défaut que puisse acquérir l'homme est de se livrer à la flatterie et de couvrir de fleurs ce qui n'existe pas, quand surtout il ajoute à cela un faux serment. Je prends Dieu à témoin que tu sais que ces vers ne valent rien, car autrement, et je sais que cela n'est pas, tu aurais perdu tout discernement et tu aurais bien mauvais goût. »

Son esprit de justice était tel que je l'ai ouï approuver deux vers dans lesquels il était pris à partie par notre feu camarade 'Ali b. Kharroûf. Voici dans quelles circonstances. Ce savant, qui était surnommé Wazaghi, avait

---

(1) On trouve dans Meydâni (I, 603) ce proverbe sous sa forme complète سكت الفا ونطق خلفا

parmi ses disciples un jeune homme surnommé Ghornoûk', nom que l'on donne dans ce pays-là à la grue, au lieu de prononcer correctement *Gharnik'*. Or, quelques étudiants soupçonnaient le maître d'avoir un secret attachement pour ce jeune homme, ce qui était inexact, car la grâce de Dieu l'a toujours préservé de pareil vice. Ibn Kharroûf, veuille Dieu lui pardonner! dit à ce propos :

[Wâfir] Est-il vrai, ô gecko, que, comme on nous le dit, tu te sois amouraché d'un canard ? Comment cela est-il possible, puisque tu marches sur les murs et qu'il vole dans les airs ?

H'imyari lança contre lui ses malédictions et informa de cet incident le k'âd'i Aboû 'l-Welîd b. Rochd, qui infligea au coupable un châtiment corporel; en outre, le maître lui refusa ses leçons, si bien que, grâce à ce distique, Dieu lui enleva le bénéfice de la science de ce savant et le priva de la grasse moisson qu'il aurait faite auprès de lui. H'imyari, en effet, abandonna Ibn Kharroûf à son ignorance et lui jeta la bride sur le cou : aussi cet homme ne réussit-il pas et n'acquit-il aucune science, de sorte qu'au cours de sa carrière il n'a pu compter que sur son talent naturel. Mais voilà déjà longtemps que, [P. 223] pour égayer le lecteur et agrémenter notre récit, nous parlons de choses pour la plupart inutiles; reprenons ce que nous avons interrompu.

Vers la fin de son règne, Aboû Yoûsof ordonna aux juifs habitant le Maghreb de se différencier du reste de la population par une mise particulière, consistant en vêtements bleu foncé pourvus de manches si larges qu'elles tombaient jusqu'aux pieds, et, au lieu de turban, en une calotte de la plus vilaine forme qu'on aurait prise pour un bât et qui descendait jusqu'au-dessous des oreilles. Ce costume devint celui de tous les juifs du Maghreb, et le resta jusqu'à la fin du règne de ce prince et au commencement de celui de son fils Aboû 'Abd Allâh. Celui-ci le modifia à la suite des démarches de toute sorte faites par les juifs, qui recoururent à l'intercession de tous ceux qu'ils croyaient pouvoir leur être utiles. Aboû 'Abd Allâh leur fit porter des vêtements et des turbans jaunes, et tel est le costume qu'ils portent encore en la présente année 621.

Ce qui avait engagé Aboû Yoûsof à prendre cette mesure de leur imposer un vêtement particulier et distinctif, c'était son doute touchant la sincérité de leur islamisme : « Si, disait-il, j'étais sûr qu'ils fussent réellement musulmans, je les laisserais se confondre avec les musulmans par mariage et de toute autre manière; mais si j'étais sûr qu'ils fussent infidèles, je ferais tuer les hommes, je réduirais leurs enfants en esclavage et je confisquerais leurs biens au profit des fidèles. Mais je balance à leur égard. »

On n'accorde point chez nous de sauvegarde ni aux juifs, ni aux chrétiens depuis l'établissement du pouvoir Maçmoudite, et il n'existe ni synagogue, ni église dans tous les pays musulmans du Maghreb. Seulement les juifs, chez nous, professent extérieurement l'islamisme ; ils prient dans les mosquées et enseignent le Koran à leurs enfants, en se conformant à notre religion et à notre loi. Dieu seul connaît ce que cachent leurs cœurs et ce que renferment leurs maisons (1).

Sous ce règne également, Aboû'l-Welîd Moh'ammed b. Ah'med b. Moh'ammed b. Rochd, déjà cité, [P.224] fut soumis à une bien rude épreuve, résultat de deux causes l'une apparente, l'autre cachée. Cette dernière, qui est la plus sérieuse, consiste en ceci. Le savant Aboû'l-Welîd avait entrepris de commenter le livre des *Animaux* d'Aristote, l'auteur du traité de *Logique*; il l'avait critiqué, en avait développé les points de vue et y avait fait les additions qu'il jugea convenables. Or, au cours de ce travail, ayant à parler de la girafe, de son

---

(1) Ce passage concernant les juifs a été traduit et commenté par Munk, *Journal asiatique*, 1842, t. II, p. 40. Cf. Zerkechi, p. 11.

mode de reproduction et de son habitat, il avait dit :
« Je l'ai vue chez le roi des Berbères, etc., » en s'exprimant comme font les savants quand ils parlent des princes ou qu'ils citent des noms de pays, et sans s'inquiéter des formules de louange, de glorification et autres que cherchent les courtisans et les secrétaires adroits. Telle fut la raison qui lui attira de leur part une haine sourde, mais en somme il n'y avait là de la part d'Aboû 'l-Welîd qu'une simple négligence. Or, l'on a dit : « Heureux qui connaît son temps, car il s'en préoccupe ; heureux qui sait apprécier le lieu où il doit demeurer ! » Un poète ancien a dit excellemment :

[T'awîl] Un long voyage m'a amené dans un pays étranger où je rencontre à mon gré des gens à qui je ne ressemble pas : j'ai pu lutter de sottise avec eux au point de faire croire qu'elle m'est naturelle, mais, s'ils étaient intelligents, je lutterais avec eux sur le même terrain (1).

Cet état de choses dura assez longtemps pour se fixer dans les esprits, puis quelques-uns des Cordouans qui lui en voulaient, et qui prétendaient être d'une maison égale à la sienne et avoir des ancêtres aussi nobles, le dénoncèrent à Aboû Yoûsof. Ils se servirent pour cela d'une de ces analyses qu'il écrivait et où ils trouvèrent écrit de sa main un endroit où, parlant d'un philosophe ancien, il finissait par dire : « Or il est clair que Vénus est une divinité. » Ce passage ayant été signalé à Aboû Yoûsof fut cause que ce prince, après avoir réuni autour de lui, à Cordoue, des chefs et des notables de toute catégorie, fit appeler Aboû 'l-Welîd, [P. 225] et lui présentant les feuillets incriminés : « Est-ce là ton écriture ? lui dit-il. — Non, répondit le savant. — Puisse Dieu, reprit le Prince des croyants, maudire celui qui a tracé ces lignes ! » et, par son ordre, les assistants répétèrent la même malédiction. Il le chassa ensuite ignominieuse-

(1) Une pensée analogue se retrouve dans un vers cité par Beyd'awi dans son commentaire du Koran, t. I, p. 29.

ment et l'exila, lui et tous ceux qui discouraient de quelqu'une de ces sciences ; des ordres furent expédiés dans les provinces pour enjoindre aux habitants de ne plus étudier du tout ces matières et pour faire brûler tous les livres de philosophie, à l'exception de ceux traitant de médecine, d'arithmétique et de la partie de l'astronomie nécessaire pour calculer les moments diurnes et nocturnes et la direction de la Mekke *(k'ibla)* (1). Ces instructions furent expédiées partout et mises à exécution. Mais, après son retour à Merrâkech, ce prince revint sur les ordres donnés, et, désireux d'étudier lui-même la philosophie, il appela Aboû 'l-Welîd de l'Espagne à Merrâkech à l'effet de lui pardonner et de lui faire du bien. Le savant obéit à cet appel et se rendit dans cette ville, où il contracta la maladie qui l'emporta vers la fin de 594, à tout près de 80 ans. Aboû Yoûsof le suivit bientôt dans la tombe ; ce fut, comme nous l'avons dit, à la nouvelle lune de çafar 595.

Règne d'Aboû 'Abd Allâh Moh'ammed b. Aboû Yoûsof

Aboû 'Abd Allâh [en-Nâçir li-dîn Allâh] Moh'ammed b. Ya'k'oûb b. Yoûsof b. 'Abd el-Mou'min b. 'Ali avait pour mère une esclave chrétienne du nom de Zahar. Conformément aux volontés de son père il fut, après la mort de celui-ci, reconnu comme souverain en 595 ; dès 586, alors qu'il avait dix ans moins quelques mois, puisqu'il naquit vers la fin de 576, il avait été déclaré héritier présomptif. A partir de là son éducation avait été dirigée dans ce sens, et nul n'ignorait qu'il était appelé à régner ; mais ce ne fut qu'à la mort [P. 226] de son père qu'il exerça le pouvoir et qu'il fut définitivement reconnu, à l'âge de dix-sept ans et quelques mois. Comme il mourut le 10 cha'bân 610, son règne dura seize ans moins

---

(1) En d'autres termes, les connaissances indispensables pour établir la validité des actes religieux.

quelques mois. Il avait le teint clair, la barbe rousse, les yeux bleu foncé, les joues pleines, une belle stature; il tenait souvent les yeux baissés et était très silencieux, ce qui était dû surtout à un vice de prononciation dont il était atteint; il était impénétrable, mais avec cela doux, brave, peu enclin à verser le sang et médiocrement porté à réaliser autre chose que ce qu'il avait bien étudié; mais on l'accusait d'avarice.

Ses enfants furent très peu nombreux; je ne lui connais d'autres fils que Yoûsof, son héritier présomptif, Yah'ya et Ish'âk'. Je tiens de plusieurs personnes de son entourage qu'il destinait à lui succéder Yah'ya, mort à Séville en 608, du vivant de son père. Il eut également des filles.

Il prit d'abord comme vizir Aboû Zeyd 'Abd er-Rah'mân b. Moûsà b. Youwouddjân, qui avait servi son père en cette qualité. Mais il le remplaça (1) au bout de peu de temps par son propre frère Ibrâhîm, fils du Prince des croyants Aboû Yoûsof, lequel était le plus distingué des enfants de ce prince et celui qui aurait eu le plus de droit à commander, si tout se passait conformément aux exigences de la justice et aux vœux inspirés par l'amour; je ne sache pas, en effet, qu'aucun d'entre eux lui soit comparable au point de vue de la noblesse des sentiments. Il me témoignait de l'amitié et de la bienveillance (Dieu veuille avoir pitié de lui!); maintes fois, j'ai été l'objet de ses générosités et j'ai reçu de lui des robes d'honneur. Ce n'est pas pendant son vizirat que je l'ai connu, car j'étais alors trop jeune et ne faisais que d'approcher de la puberté; je fis sa connaissance pendant qu'il était gouverneur de Séville en 605 par l'intermédiaire d'un secrétaire de nos camarades, Moh'ammed b. Fad'l (puisse Dieu le récompenser!). Le jour même où je lui fus présenté, je lui récitai une *k'açîda* que j'avais composée à sa louange et qui débute ainsi :

[Kâmil] A vous de commander à ce peuple, à lui de se confier

---

(1) Comparez *Berbères*, II, 217; *Kartâs*, texte, p. 153, l. 4.

et de se livrer. Dieu vous a exalté, et, par vous, son autorité même ; aussi le nez des envieux en témoigne-t-il. [P. 227] Vous avez fait revivre (le règne d') El-Mançoûr, et il semble que collèges, sciences, écoles, chaires, autels, territoire bien protégé, veuves et orphelins n'ont pas à le regretter.

Parlant de son administration à Séville, j'y disais :

Émesse (1) ressemble pour la beauté à Sara, et Ibrâhîm en est l'Abraham ; dans Tolède je vois l'éclat d'Agar, mais c'est ce méprisable Alphonse qui l'accueille comme son épousée!

Ailleurs, je m'exprimais ainsi :

Il n'y laisse de croix, grandes ou petites, qu'à l'état de fragments, d'infidèles que la poitrine contre terre ; l'incendie attisé par l'ennemi lui sert à les brûler, le feu de la guerre qu'il leur fait est un feu d'enfer.

Le temps écoulé depuis lors et le peu de soin que j'ai eu de cette pièce ne me permettent pas de me rappeler autre chose. Ce prince l'approuva fort et ne lui ménagea pas les éloges, malgré sa médiocrité, son manque d'inspiration et sa pénible venue : c'était de sa part pure bienveillance, manière princière et conforme à la tradition des gens généreux. A partir de là, je jouis auprès de lui d'une haute considération, si bien qu'il me disait très souvent : « A peine es-tu absent que j'ai, je te l'assure, le plus vif et le plus sincère désir de te revoir. » Je restai dans les mêmes termes avec lui jusqu'au jour où je le quittai, pendant qu'il était pour la seconde fois gouverneur de Séville : je lui fis mes adieux le dernier jour de dhoû' l-h'iddja 613, et la nouvelle de sa mort me parvint en 617, alors que je me trouvais dans le Ça'îd en Égypte. Parmi les savants qui s'adonnent exclusivement à l'étude des traditions, je n'en ai rencontré aucun qui en connût plus que lui ; il avait les mêmes opinions que son père au sujet du Z'âhirisme.

Le Prince des croyants lui retira ensuite ses fonc-

---

(1) Émesse est le nom qu'on donnait aussi à Séville (cf. p. 317).

tions (de vizir) pour en charger Aboû 'Abd Allâh Moh'ammed b. 'Ali b. Aboû 'Amrân ed-D'erîr, ce dernier grand-père maternel de Yoûsof b. 'Abd el-Mou'min. Cet **Aboû 'Abd Allâh**, qui reçut du prince le surnom d'Aboû Yah'ya, compte parmi les vizirs les plus sages [P. 228] et les plus consciencieux : il poussait de tous ses efforts son maître à pratiquer le bien, à faire, autant qu'il le pouvait, régner la justice et à répandre des bienfaits sur les civils et les militaires. Tant qu'il fut vizir, le peuple vit, autant ou presque autant que sous le règne d'Aboû Ya'k'oûb Yoûsof b. 'Abd el-Mou'min, régner l'abondance, la profusion des vivres, la fréquence des distributions.

Il fut destitué et remplacé par Aboû Sa'îd 'Othmân b. 'Abd Allâh b. Ibrâhîm b. Djâmi'. Ibrâhîm b. Djâmi' avait été de ceux qui accompagnèrent Ibn Toûmert à son départ de Merrâkech; il était d'origine espagnole, car ses parents habitaient Tolède et lui-même fut élevé sur le littoral de Xérès, sur l'Océan Atlantique, dans le village de Roût'a (1), où se trouve une mosquée célèbre par ses mérites particuliers et où chaque année tous les habitants de l'Espagne vont en pèlerinage. Ibrâhîm passa ensuite sur le littoral du Maroc, où il exerçait la profession d'ouvrier en cuivre. Il fit la connaissance d'Ibn Toûmert, dont il devint un compagnon important, et ses fils eurent dans le gouvernement une influence et un rang considérable : l'un d'eux, Aboû 'l-'Alâ Idrîs, fut vizir d'Aboû Ya'k'oûb Yoûsof b. 'Abd el-Mou'min, et nous avons parlé de lui. 'Abd Allâh, père du vizir dont nous nous occupons ici, avait, sous Aboû Ya'k'oûb, été gouverneur de Ceuta et de ses dépendances, et de plus commandant général de la flotte Almohade; il exerçait encore ces deux fonctions quand il mourut. Il fut, à ce que je crois, mis à mort par ordre de l'émir Aboû Ya'k'oûb. Il laissa entre autres enfants Yoûsof, H'oseyn,

---

(1) Cet endroit figure sous le nom de Râbita Rota dans Édrisi, p. 214 de la trad., 177 du texte.

'Othmân, le vizir dont nous parlons, Yah'ya, et plusieurs filles. 'Othmân resta en place jusqu'à la mort de l'émir Aboû 'Abd Allâh, et continua d'y rester sous le règne du fils de celui-ci, Aboû Ya'k'oûb, jusqu'à mon départ de ce pays en 614. J'appris, au cours de l'année 617, qu'Aboû Ya'k'oûb l'avait révoqué et remplacé par celui dont je dirai le nom plus loin.

Rîh'ân l'eunuque, qui était appelé Rîh'ân Bianka, occupa jusqu'à sa mort le poste de chambellan [P. 229] auprès de ce prince; l'eunuque Mobachchir, connu sous le nom de Mobachchir Waladi, lui succéda dans ses fonctions et les remplit jusqu'à la mort de l'émir Aboû 'Abd Allâh.

Les secrétaires d'état furent Aboû 'Abd Allâh Moh'ammed b. 'Abd er-Rah'mân b. 'Ayyâch, déjà cité parmi les secrétaires du père de ce prince, — Aboû 'l-H'asan 'Ali b. 'Ayyâch b. 'Abd el-Melik b. 'Ayyâch, dont le père a été cité parmi les secrétaires d''Abd el-Mou'min et d'Aboû Ya'k'oûb, — Aboû 'Abd Allâh Moh'ammed b. Yakhlaften b. Ah'med Fâzâzi; puisse Dieu le faire figurer parmi les siens, me faciliter la connaissance (des œuvres) de ce fortuné météore, l'audition de ses douces paroles, me procurer le plaisir de profiter de ses nobles qualités! Quel vif désir j'éprouve de lui baiser les mains!

A côté de ces secrétaires de chancellerie, il y eut comme secrétaires militaires Aboû 'l-H'addjâdj Yoûsof Mourâni, originaire de la ville espagnole de Xérès; et, après lui, Aboû Dja'far Ah'med b. Menî', qui est encore titulaire de cette charge en la présente année 621.

Comme k'âd'i, il y eut d'abord Aboû 'l-K'âsim Ah'med b. Bak'i, déjà en place sous le règne précédent. Il fut destitué et remplacé par Aboû 'Abd Allâh Moh'ammed b. Merwân, qui avait lui-même été destitué par le père du prince régnant, mais qui mourut étant encore en charge. Le prince lui donna pour sucesseur un homme de Fez, Moh'ammed b. 'Abd Allâh b. T'âhir, qui disait descendre de H'oseyn b. 'Ali b. Aboû T'âleb; avant son adhésion aux Almohades, il s'adonnait à la parénèse et au çoûfisme, connaissances que, de notoriété publique, il ne cessa de cultiver; indépendamment de cela, il était versé dans la science des principes du droit et de la religion et n'était pas étranger à celle de la controverse. En 587, il fit acte d'adhésion à l'émir Aboû Yoûsof, auprès de qui il jouit bientôt d'estime et de considération. Cet Aboû *(sic)* 'Abd Allâh el-H'oseyni me dit un jour que j'étais chez lui qu'il avait reçu d'Aboû Yoûsof, entre le jour où il avait fait sa connaissance et la mort de ce prince, dix-neuf mille dînars en numéraire, non compris [P. 230] les robes d'honneur, les montures et les fiefs. Il garda ses fonctions de k'âd'i depuis 601 jusqu'à sa mort, survenue en Espagne en 608.

Il fut remplacé par Aboû 'Amrân Moûsa b. 'Isa b. 'Amrân, dont le père avait été k'âdi sous Aboû Ya' k'oûb, et qui est encore en place en la présente année 621, car je n'ai appris ni sa destitution ni sa mort. Il est mon ami et le seul dont la haute situation n'ait pas changé le caractère; après comme avant, il a toujours eu avec moi les mêmes cordiales relations, et jamais je ne l'ai rencontré sur sa monture sans qu'il me saluât le premier et me renouvelât ses témoignages d'affection; veuille Dieu lui accorder ses plus hautes récompenses et donner le (même caractère) à tous mes amis!

L'intronisation définitive (1) d'Aboû 'Abd Allâh eut lieu sous la direction d'un de ses proches, Aboû Zeyd 'Abd er-Rah'mân b. 'Omar b. 'Abd el-Mou'min, qui avait rempli le même office lors de l'intronisation du père du nouveau prince, et de deux Almohades, Aboû Zeyd 'Abd er-Rah'mân b. Moûsa, vizir du prince défunt, et Aboû Moh'ammed 'Abd el-Wâh'id, fils du cheykh Aboû H'afç.

---

(1) Sous certaines dynasties, notamment chez les Almohades et les Hafçides, il est procédé à deux intronisations ou prestations de serment, la privée الْبَيْعَة الْخَاصَّة et la publique الْبَيْعَة الْكُبْرَى ou الْبَيْعَة الْعَامَّة, la première précédant la seconde d'une période de temps plus ou moins longue.

Ce fut ce dernier qui fut plus tard nommé gouverneur de l'Ifrîk'iyya. En effet, le premier soin d'Aboû 'Abd Allâh Moh'ammed fut d'équiper des troupes à destination de cette province, dont la plus grande partie était tombée entre les mains de Yah'ya b. Ish'âk' b. Ghâniya, dont il a déjà été question, pendant que l'attention des Almohades était toute à combattre les chrétiens. La première armée Almohade qui fut envoyée contre lui était commandée par Aboû' l-H'asan 'Ali b. 'Omar b. 'Abd el-Mou'min, et était, à ma connaissance, la plus nombreuse et la mieux armée et équipée que ces princes eussent réunie; on y comptait beaucoup de notables et de cheykhs Almohades. Aboû' l-H'asan se heurta aux troupes des Mayorcains entre Bougie et Constantine (1), non loin de cette dernière ville ; il fut complètement battu et regagna Bougie dans un piteux état. [P. 231] Il équipa de nouvelles troupes dans les mêmes conditions que les premières et en confia le commandement à l'Almohade Aboû Zeyd 'Abd er-Rah'mân b. Moûsa le vizir, qui poussa jusqu'à Constantine.

Mais alors l'émir Aboû 'Abd Allâh nomma comme gouverneur de l'Ifrîk'iyya et dépendances, Aboû Zeyd 'Abd er-Rah'mân b. 'Abd el-Mou'min. Lui-même se rendit en 597 à Tînmelel pour visiter le tombeau de son père ainsi que ceux de ses ancêtres et d'Ibn Toûmert, puis il rentra à Merrâkech, où il séjourna jusqu'au commencement de 60¢ (2). Il se rendit alors, avec une armée considérable, dans la ville de Fez; après qu'il y eut séjourné trois mois et quelques jours, la nouvelle que le

---

(1) Cf. *Hist. des Berbères,* II, 217 et 286.

(2) Cette date des deux éditions du texte arabe imprimé ne peut être qu'une faute typographique, et il faut lire 601 : 1° l'éditeur a, comme partout, donné cette date en *chiffres,* alors que le ms doit, selon l'usage constant, l'avoir exprimée en toutes lettres ; 2° la date de 601 est donnée par Ibn Khaldoûn *(Berbères,* II, 99, 221, 286), par Zerkechi (p. 12), etc., et la suite du récit de Merrâkechi ne comporte que celle-là, qu'on retrouve plus loin (p. 277).

Mayorcain s'était rendu maître de Tunis et en avait fait prisonnier le gouverneur 'Abd er-Rah'mân, lui fit annoncer qu'il allait marcher sur l'Ifrîk'iyya.

[Antérieurement] il avait cru devoir envoyer une armée dans l'île de Mayorque à l'effet de radicalement anéantir les Benoû Ghâniya : il fit donc équiper une flotte et des bâtiments légers destinés à recevoir des cavaliers et des fantassins. Comme commandant de la flotte il désigna son oncle Aboù'l-'Alâ Idrîs b. Yoûsof b. 'Abd el-Mou'min, et comme commandant de l'armée, Aboù Sa'îd 'Othmân b. Aboù H'afç, l'un des cheykhs Almohades. Grâce à l'action combinée de ces deux chefs, l'île fut conquise de vive force, et le prince qui y commandait, 'Abd Allâh b. Ish'âk' b. Ghâniya, fut tué d'un coup de sabre que lui porta un Kurde nommé 'Omar el-Mok'addem au moment de l'attaque, alors que, sortant ivre par l'une des portes de la ville, son cheval s'était abattu; on dit même que ce Kurde se servit du propre sabre de sa victime. Cet événement ainsi que l'entrée des deux généraux à Mayorque eurent lieu en dhoû 'l-h'iddja 599 (1). Les vainqueurs confisquèrent les biens du vaincu, et sa famille réduite en captivité fut emmenée par eux à Merrâkech, montée sur des chameaux, ainsi qu'on fait pour les prisonniers; les femmes pourtant ne furent introduites que de nuit, et on les installa dans une hôtellerie (*khân*) jusqu'au moment où furent prises à leur égard des mesures de clémence : on donna l'ordre de les rendre à la liberté et de marier en les dotant celles qui le voudraient. [P. 232] Les hommes restèrent prisonniers jusqu'au jour où l'émîr étendit sa grâce sur eux, car les principaux d'entre les (Almohades) se portèrent caution en leur faveur; ils furent alors organisés en corps de troupes, comme ils le sont encore maintenant. Quant à ceux à qui avait incombé la charge de soumettre

---

(1) Le *Kartâs* (p. 153) place cette conquête en rebi'I 600; Ibn Khaldoûn (trad. II, 217) n'en fixe pas la date.

l'île, j'ai ouï dire que le pillage mit entre leurs mains de grandes richesses et des trésors précieux. Ce fut à Merrâkech, où il était rentré en dhoû 'l-k'a'da de cette même année, que l'émîr Aboû 'Abd Allâh fut informé de l'heureux résultat de cette expédition.

Antérieurement, en 597, s'était révolté à Soûs un homme des Djozoûla nommé 'Abd er-Rah'mân et connu sous un nom qui, dans la langue de ces peuples, signifie « fils de la bouchère » (ibn el-djezzâra); de nombreux partisans s'étaient groupés autour de ce prétendant. Les Almohades, à qui il inspira de vives craintes, avaient expédié contre lui des corps de troupes à la suite les uns des autres et qui avaient successivement été battus ; ils envoyèrent enfin une armée composée d'Almohades, de Ghozz et d'hommes des diverses catégories du *djond,* après avoir fait représenter aux Maçmoûda et aux habitants des régions voisines de Soûs que l'usurpateur ne tirait de force que de leur laisser-aller et de la condescendance qu'ils lui témoignaient; qu'il leur suffirait de vouloir pour ne pas le laisser un jour de plus. Ces paroles soulevèrent ceux à qui elles étaient adressées, qui, pleins d'ardeur, se jetèrent sur les partisans d''Abd er-Rah'mân aussi appelé Aboû K'açba (1); ce prétendant fut livré par les siens, et sa tête coupée fut envoyée à Merrâkech.

Un de mes bons amis, alors tout jeune garçon, se trouvait à cette époque à Soûs avec son père, percepteur dans la province de Valence en Espagne. Avant même que cette nouvelle me parvînt par le canal des secrétaires Almohades à qui il était confié, je reçus de lui une lettre annonçant cette victoire et débutant comme suit : « Ceci est écrit de Soûs, après l'apparition et le plein éclat de l'aurore de la victoire, après que l'armée

---

(1) L'insurrection d'Aboû K'afça, comme l'appelle Ibn Khaldoûn, fut réprimée en 598, d'après l'*Hist. des Berbères*, II, 217 ; cf. aussi p. 226.

de l'erreur s'est affaiblie, qu'elle s'est dispersée et mise en lieux sûrs, alors que l'aide divine s'est fixée, que Dieu a fortifié et secouru son armée et ses auxiliaires. Disons les choses de la façon la plus concise, à cause de notre empressement et de notre hâte à faire savoir ces heureuses nouvelles. Les rebelles qui avaient rejeté « l'anse solide » (1) [P. 233] pour se saisir d'une corde réprouvée, les Almohades (daigne Dieu les secourir !) les ont serrés de la façon la plus vigoureuse, leur ont coupé les vivres, ont empêché l'arrivée de leurs auxiliaires. Soir et matin la voix de la faveur divine nous redit : « Qu'attendent-ils donc ? est-ce un seul cri qui partira du ciel et qui les saisira sans leur donner de répit ? » (Koran, XXXVIII, 14). Quand les Almohades (daigne Dieu les secourir !) songèrent à extirper ce grave ulcère et que contre leurs ennemis ils manifestèrent leurs justes desseins plus acérés que des pointes d'acier, ces rebelles percés tombèrent sur le sol et couvrirent de leurs cadavres la vaste plaine ; Dieu déçut leurs imaginations mensongères et leurs espoirs, et les confia à de plus tendres soins, à ceux de leur mère [la terre] à qui manquaient ses enfants, « c'est pour prix de ce qu'ils ont suivi ce qui indigne Dieu et dédaigné ce qui lui plaît au point qu'il a anéanti le fruit de leurs œuvres » (Koran, XLVII, 30). Dieu nous a rendus maîtres de celui qui dirigeait cet égarement, le nommé Aboû K'açba, l'armée victorieuse et fidèle l'a dompté et vaincu, et du haut jusqu'en bas le glaive lui a fendu la tête. » Le seul motif qui m'a fait rapporter ici cette lettre est le fait remarquable que celui de qui je la reçus n'avait pas encore, lorsqu'il l'écrivit, atteint l'âge de puberté.

En même temps que la nouvelle de cette victoire arriva celle de la soumisssion de l'île de Minorque, où Zobeyr b. Nedjâh', partisan d'Ibn Ghâniya, avait été attaqué et

---

(1) Expression tirée du Koran, II, 257 ; XXXI, 21.

tué et dont la tète, envoyée à Merrâkech, fut exposée à côté de celle d'Aboû K'açba.

[P. 234] La province d'Ifrîk'iyya, moins Constantine et Bougie, avait été conquise par le Mayorcain Yah'ya b. Ghâniya, qu'avaient favorisé dans ses projets la négligence des Almohades à son égard et l'attention apportée par l'émîr Aboû Yoûsof à la guerre contre les chrétiens en Espagne, ainsi que nous l'avons dit. En 601, l'émîr Aboû 'Abd Allâh leva et équipa des troupes nombreuses à la tête desquelles il marcha contre cette province, dont aucune ville ne lui fit d'opposition, sauf Mehdiyya des Benoû 'Obeyd, qui, grâce à sa forte position dont nous avons parlé déjà, le retint quatre mois. Le gouverneur de cette ville, cousin germain de Yah'ya b. Ghâniya et nommé par lui, Aboû 'l-H'asan 'Ali b. 'Abd Allâh b. Moh'ammed b. Ghâniya (1), fatigué de ce long siège, finit par livrer la ville et chercha d'abord à rejoindre son cousin; mais ensuite il crut préférable de députer aux Almohades pour faire sa soumission; il reçut le meilleur accueil et fut gratifié de cadeaux précieux et d'une valeur inestimable, tels que seuls les khalifes en reçoivent.

Ce fut ensuite Sîr b. Ish'âk b. Moh'ammed, le frère de Yah'ya b. Ghâniya, qui fit sa soumission; on lui fit un accueil honorable, et, après l'avoir comblé de richesses, on lui assigna de vastes fiefs. L'émîr Aboû 'Abd Allâh ne quitta l'Ifrîk'iyya qu'après y avoir rétabli, au gré de ses désirs, l'ordre qu'avait troublé Ibn Ghâniya; j'ai ouï dire qu'au cours de cette expédition il dépensa cent vingt charges d'or. Il regagna sa capitale Merrâkech, après avoir laissé dans cette province des Almohades et des troupes diverses du *djond* en nombre suffisant pour la protéger et repousser ceux qui voudraient tenter quel-

(1) Ibn Khaldoun nomme ce personnage 'Ali Kâfi b. Ghâzi b. 'Abd Allâh b. Moh'ammed b. 'Ali (*Berbères*, II, 98, 100, 221); Zerkechi (p. 12) le nomme aussi 'Ali b. Ghâzi ; cf. *Kartâs*, p. 153 et 154.

que coup de main, et y avoir nommé gouverneur un cheykh almohade, Aboû Moh'ammed 'Abd el-Wâh'id, fils du cheykh Aboû H'afç 'Omar Inti.

Son séjour à Merrâkech, où il était rentré en 604, se prolongea jusqu'en 607, où, par suite de la rupture de la trêve conclue avec Alphonse, il crut devoir attaquer le pays chrétien. Il traversa la mer avec ses troupes [P. 235] en dhoû' l-k'a'da de la dite année et s'avança jusqu'à Séville, où, à l'exemple de ses prédécesseurs, il s'installa. Après y avoir séjourné jusqu'à la fin de l'année, il pénétra, au commencement de 608, sur le territoire chrétien et mit le siège devant une forteresse importante et presque inexpugnable nommée Chalba Tirra (1), ce qui veut dire en arabe « terre nue, » mais avec interversion des deux mots, selon l'usage de la langue de ces étrangers. Il s'en rendit maître après un siège où il la réduisit à la dernière extrémité, alors que son père, qui en avait autrefois commencé le siège, s'était retiré au bout de peu de jours, par commisération pour les siens et par crainte de ce qui pouvait leur arriver. La prise de cette place terrifia et déconcerta les chrétiens, de sorte qu'Alphonse se mit à convoquer, jusqu'aux régions les plus éloignées de la chrétienté, tous les chefs, chevaliers et braves qui voudraient bien répondre à son appel. Aussi de nombreuses troupes vinrent-elles le joindre tant de la Péninsule et de l'Allemagne que de Constantinople même, jusqu'où sa voix se fit entendre. Le prince d'Aragon, nommé Barchnoûni (le Barcelonnais), en fit autant. En effet, les quatre parties de l'Espagne chrétienne obéissent à autant de princes : l'Aragon, que nous venons de nommer, est au Nord-Est (2); la Castille

---

(1) C'est-à-dire Salva Tierra; le texte du *Kartâs* (p. 156) lit سربطو corrigé en شربطرة, p. 207 de la trad. latine; cf. *Berbères*, II, 224. On trouve dans le *Kartâs* des renseignements détaillés sur toute cette expédition.

(2) Le texte porte جنوب (ci-dessus, note 2, p. 64).

(K'achtâl), qui est le royaume le plus important, obéit à Alphonse et s'étend du Nord au Sud, mais un peu plus vers le Sud; le royaume de Léon (Loyoùn), qui forme la limite Nord-Ouest [de la Péninsule], a pour chef el-Baboûdj, ce qui veut dire en arabe baveux (1); le quatrième royaume est au Nord, là où la Grande-Mer (2) touche à la mer d'Ok'nâbos (Océan), et obéit à Ibn er-Rîk', personnage que nous avons cité plusieurs fois dans le présent ouvrage. Quant à la Péninsule hispanique dans son ensemble, les chrétiens l'appellent, depuis des temps reculés, presqu'île d'Echbâniya.

Après la conquête de Salva Tierra [P. 236], l'émîr Aboû 'Abd Allâh regagna Séville, d'où il lança dans les provinces les plus reculées des appels à la guerre auxquels répondirent une foule de combattants. Au commencement de 609, il passa de Séville à Jaën, où il resta dans l'expectative, occupé à organiser ses troupes. De son côté, Alphonse quitta Tolède à la tête d'une armée nombreuse et mit le siège devant Calatrava (K'al'at Rebâh'), qui était devenue musulmane depuis la conquête qu'en avait faite Aboû Yoûsof Mançoûr, lors de la grande bataille [d'Alarcos]; les défenseurs de cette place, moyennant la promesse d'avoir la vie sauve, la livrèrent à l'assiégeant. Mais cela fut cause qu'Alphonse se vit abandonné par beaucoup des siens, parce qu'il ne voulut pas permettre de massacrer ceux qui se trouvaient dans cette ville: « Tu ne nous as, lui dirent-ils, amenés que pour t'aider à faire des conquêtes, et tu nous empêches de razzier et de massacrer les musulmans! A quoi bon, s'il en est ainsi, rester plus longtemps avec toi ? ». Une rencontre eut lieu entre Alphonse et le Prince des croyants qui était sorti de Jaën, au lieu dit el-Ik'âb (3),

(1) Ibn Khaldoùn connait aussi ce sobriquet (*Berbères*, II, 213).

(2) La *Grande-Mer*, qui désigne ordinairement l'Atlantique (par exemple, p. 247, 248 et 265 du texte), ne peut ici s'appliquer qu'à la Méditerranée.

(3) On dit ordinairement H'içn el-'Ok'âb. Les chrétiens donnent à

proche de la forteresse dite H'içn Sâlim. Alphonse, qui avait bien discipliné et organisé ses troupes, tomba à l'improviste sur les musulmans mal armés, qui furent mis en fuite et chez qui beaucoup d'Almohades furent tués. La principale cause de cette défaite fut la désaffection des Almohades, qui du temps d'Aboû Yoûsof Ya'k'oûb touchaient régulièrement leur solde tous les quatre mois, tandis que sous Aboû 'Abd Allâh elle était [souvent] en retard, notamment au cours de cette expédition, et comme ils en rendaient les vizirs responsables, ils ne marchèrent qu'à contre-cœur. J'ai ouï dire par plusieurs d'entre eux qu'ils ne tirèrent pas leurs sabres, ni ne frappèrent de leurs lances, ni ne firent aucun acte quelconque d'hostilité, et que, par ce motif, ils s'enfuirent dès la première charge que firent les Francs. Ce jour-là, lundi 15 çafar 609, Aboû 'Abd Allâh montra une fermeté plus grande que jamais prince avant lui, et sans laquelle son armée tout entière aurait été ou tuée [P. 237] ou réduite en captivité. Il regagna ensuite Séville, où il séjourna jusqu'en ramad'ân de cette année, puis il franchit la mer pour retourner à Merrâkech. Quant à Alphonse, il s'éloigna les mains pleines des richesses et des biens des musulmans, ainsi d'ailleurs que tous les siens, et se dirigea vers les deux villes de Baëza et d'Ubeda (1). De la première, qui était vide au moins pour la plus grande partie, il brûla les habitations et ruina la grande mosquée ; il alla ensuite assiéger la seconde, où se trouvaient réunis de nombreux fuyards, les habitants de Baëza et ceux de la ville même, et l'emporta de vive force au bout de treize jours ; la ville fut livrée au

---

cette rencontre le nom de bataille de las Navas de Tolosa, actuellement Puerto Real. Les divers récits musulmans relatifs à cette bataille, qui eut lieu le 16 ou le 17 juillet 1212, sont résumés par M. de Slane (*Berbères*, II, 225).

(1) Notre texte écrit ابذة et Édrisi, ابدة ; il ne peut être ici question d'Évora ابرة selon la leçon fautive du *Kartás*, p. 159, l. 17 et 22 du texte.

meurtre et au pillage, et l'on y fit prisonniers assez de femmes et d'enfants pour en inonder le pays chrétien. La déroute même avait moins éprouvé les musulmans.

L'émîr Aboù 'Abd Allâh continua de séjourner à Merrâkech pendant le reste de l'année 609 et jusqu'en cha'bân 610, où il mourut. On n'est pas d'accord sur la cause de sa mort (1); la version la plus exacte que j'ai entendue est qu'il fut, le vendredi 5 cha'bân, frappé d'une attaque d'apoplexie produite par une tumeur au cerveau; il resta privé de l'usage de la parole le samedi, le dimanche, le lundi et le mardi sans vouloir consentir à la saignée que les médecins lui conseillaient; il expira le mercredi 10 de ce mois et fut enterré le jeudi, après que les plus intimes de son entourage eurent dit sur son corps les dernières prières.

Règne d'Aboû Ya'k'oûb Yoûsof b. Moh'ammed

Ce prince, qui s'appelle Yoùsof b. Moh'ammed b. Ya'k'oùb b. Yoùsof b. 'Abd el-Mou'min b. 'Ali (2) et qui eut pour mère une esclave chrétienne nommée K'amar et surnommée H'okeyma, [P. 238] naquit au commencement de chawwal 594, quatre mois avant la mort de son grand-père, Aboù Yoùsof, et fut proclamé roi alors qu'il avait seize ans. Je ne sache pas qu'il ait eu d'enfants : en effet, il mourut jeune, puisque dans le cours de l'année 621 j'ai appris qu'il était mort ou en chawwal ou en dhoù'l-k'a'da 620; son règne, commencé le 11 cha'-

---

(1) Le *Kartás* (texte, p. 160) donne une version reproduite dans une note de l'*Hist. des Berb.* (II, 226); Zerkechi (p. 13) fait mourir ce prince des suites d'une morsure au pied qui lui fit un chien; Ibn Khallikan (IV, 346) dit qu'il fut tué la nuit par suite d'une méprise.

(2) Il porte le surnom d'El-Montaçir d'après le *Kartás* (p. 160), Kayrawâni, (texte, p. 119) et Zerkechi (p. 14), ou d'El-Mostançir d'après Ibn Khaldoùn (*Berbères*, II, 227) et Ibn Khallikan (IV, 346). Le *Kartás* (*ibid.*) lui donne pour mère une femme issue de la race d''Abd el-Mou'min.

bân 610, fut donc de dix ans et deux mois. Il avait le teint brun-clair, le visage arrondi, les paupières très brunes; on le comparaît volontiers à son aïeul Aboû Yoùsof, tant pour sa conformation extérieure que pour son caractère.

Comme vizirs, il eut d'abord, jusqu'à la fin de 615, Aboû Sa'îd prénommé, qui avait servi son père en la même qualité. Il le remplaça ensuite par Zakariyyâ b. Yah'ya b. Aboû Ibrâhim Ismâ'îl Hazradji; Ismâ'îl était l'un des compagnons d'Ibn Toûmert, nous l'avons dit déjà, et fut tué du temps d' 'Abd el-Mou'min. La mère de ce vizir, qui garda sa place jusqu'à la mort de son maître, était fille d' 'Aboû Yoùsof Mançoûr.

Ses chambellans furent d'abord celui de son père, Mobachchir l'eunuque, puis Aboû s-Soroûr Fârih' l'eunuque, qui conserva ce poste jusqu'à la fin du règne.

Jusqu'à la fin du règne aussi, la charge de k'âd'i continua de rester entre les mains d'Aboû 'Amrân Moùsa b. 'Isa b. 'Amrân, comme sous le prince précédent.

Ses secrétaires furent d'abord celui de son père et de son aïeul, Aboû 'Abd Allâh b. 'Ayyâch et Aboû l-H'asan b. 'Ayyâch. Mais, en 619 étant en Égypte, j'ai appris que tous deux étaient morts, et qu'il avait rappelé Aboû 'Abd Allâh Moh'ammed b. Yakhlaften Fâzâzi, ancien secrétaire de l'émîr Aboû 'Abd Allâh, lequel, quand je le quittai, était k'âd'i à Murcie dans l'est de l'Espagne. On le réintégra dans son ancien poste de secrétaire en lui adjoignant Aboû Dja'far Ah'med b. Moh'ammed [P. 239] b. 'Abd er-Rah'mân b. 'Ayyâch, dont le père, bien connu dans la même carrière, a été cité par nous comme ayant été secrétaire sous trois des princes de cette dynastie. Ah'med b. Menî' était secrétaire militaire et ne fut pas changé.

Aboû Ya'k'oûb fut intronisé le jour de l'enterrement de son père, mais j'ignore s'il avait été désigné par celui-ci, qui, je le sais, éprouvait pour lui, vers la fin de ses jours, une vive répulsion provoquée par ce qu'il avait appris de la mauvaise conduite de son fils. Ceux d'entre ses proches qui organisèrent la cérémonie étaient son grand-oncle paternel, le dernier des enfants mêmes d''Abd el-Mou'min, qui était à Bougie lors de la prise de cette ville par les Mayorcains, et dont je n'ai pas jusqu'à ce jour appris la mort, à savoir Aboû Moûsa 'Isa b. 'Abd el-Mou'min, — et Aboû Zakariyyâ Yah'ya b. Aboû H'afç 'Omar b. 'Abd el-Mou'min, qui, debout auprès du prince, introduisaient ceux qui se présentaient. Des Almohades, il y avait Aboû Moh'ammed 'Abd el-'Azîz b. 'Omar b. Aboû Zeyd Hintâti, dont nous avons dit que le père avait été le premier vizir d'Aboû Yoûsof ; Aboû 'Ali 'Omar b. Moûsa b. 'Abd el-Wâh'id Chark'i (l'oriental) et Aboû Merwân 'Abd el-Melik b. Yoûsof b. Soleymân, de Tînmelel. Le jeudi eut lieu l'inauguration privée; le vendredi fut consacré à la prestation du serment des cheykhs almohades et des proches, et l'inauguration publique se fit le samedi. J'y assistai et j'entendis le secrétaire Aboû 'Abd Allâh b. 'Ayyâch, qui, debout, énonçait cette formule : « Vous jurez au Prince des croyants, fils de Princes des croyants, de la même manière que ses Compagnons l'ont fait au Prophète de Dieu, de lui obéir en tout état de cause, dans le bonheur comme dans le malheur, et d'agir loyalement envers lui, envers ses gouverneurs et envers tous les musulmans. Telles sont vos obligations envers lui; de son côté, il s'engage envers vous à ne pas retenir vos contingents en territoire ennemi trop longtemps, à ne garder pour lui rien de ce qui vous appartient en commun, à ne pas retarder le paiement de votre solde, à ne pas se dérober à votre vue. Daigne Dieu vous aider à tenir vos promesses et l'aider dans sa charge de vous gouverner! » A chaque groupe successivement la même formule fut répétée; puis arrivèrent les députations des principaux [P. 240] et des chefs des diverses villes, ainsi que les chefs des tribus, et tous vinrent successivement prêter serment.

Quatre mois après son avènement, le nouveau prince fit saisir un révolté du nom d''Abd er-Rah'mân, qui prétendait être des Benoû 'Obeyd (Fatimides) et se disait le propre fils d'El-'Ad'id (1). Cet homme était arrivé dans le pays du vivant d'Aboû Yoûsof, alors que ce prince était à Séville ; mais comme il n'avait pas reçu l'autorisation qu'il désirait d'aller le trouver, il avait continué de vagabonder dans cette région jusqu'en 596, où l'émîr Aboû 'Abd Allâh le fit mettre en prison. Il y resta jusqu'en 601, où l'émîr, partant pour l'Ifrîk'iyya, consentit à le mettre en liberté sur la demande que lui en fit Aboû Zakariyyâ Yah'ya b. Aboû Ibrâhîm Hazradji, qui se portait fort que son protégé s'abstiendrait de toute opposition à la dynastie régnante. Peu de jours après le départ d'Aboû 'Abd Allâh, l'Obeydite quitta Merrâkech et gagna le pays des Çanhâdja, où des partisans se groupèrent autour de lui et où il acquit une grande considération, grâce à son bel extérieur et à ce que, les yeux baissés, il gardait presque toujours le silence. Deux fois je l'ai rencontré : or, chez presque aucun de ceux qui veulent se faire passer pour des gens de bien, je n'ai vu autant que chez lui de dons apparents de placidité, d'immobilité des membres, de mesure dans la parole, de recherche dans l'arrangement des mots, de soin à tout mettre à sa place, le tout joint à une dévotion exagérée. Du vivant même d'Aboû 'Abd Allâh, il marcha sur Sidjilmâsa avec une armée considérable. Aboû' r-Rebî' Soleymân b. Aboû H'afç 'Omar b. 'Abd el-Mou'min, gouverneur de cette ville, marcha contre lui, mais fut battu et refoulé, après avoir subi de grandes pertes, vers Sidjilmâsa. Le vainqueur néanmoins se transportait d'une tribu berbère chez l'autre sans pouvoir s'installer, ni avoir de troupe sur laquelle il pût compter, car il était, par sa langue et ses origines, étranger au pays et n'y avait ni tribu, ni parenté à laquelle il pût se rattacher. Cela dura jusqu'à ce qu'il fut pris, dans des circonstances dont j'ignore le

---

(1) Ibn Khaldoûn (*Berbères*, II, 228) mentionne aussi cette révolte, dont le *Kartás* ne dit rien.

détail, dans la banlieue de Fez. L'émîr, informé par le gouverneur de cette ville, Aboû Ibrâhîm Ish'âk', fils [P. 241] de l'émîr Aboû Ya'k'oûb Yoûsof b. 'Abd el-Mou'min, de l'emprisonnement du rebelle, envoya l'ordre de le tuer et de le crucifier. On lui coupa donc la tête et on crucifia son cadavre; sa tête fut envoyée à Merrâkech, où elle fut exposée avec nombre d'autres provenant de rebelles vaincus.

Aboû Ya'k'oûb ne changea à l'égard de ses sujets rien de ce qu'avaient établi ses aïeux et n'introduisit aucune nouveauté qui le distinguât de ses prédécesseurs; mais j'ai vu que tous ceux des courtisans qui le connaissaient bien le craignaient fort à cause de son énergie et de sa vivacité. Au commencement de 611, je fus reçu par lui en tête-à-tête, et je fus saisi d'étonnement de voir sa violence, sa mobilité, ses nombreuses questions portant sur des sujets peu importants et qui sont étrangers non seulement aux princes, mais à la plupart des gens du commun. Mais jusqu'à présent on n'a vu de lui rien de ce à quoi l'on pouvait s'attendre.

Sous ce prince et postérieurement à la mort de l'Obeydite, il y eut deux autres soulèvements: le premier, qui eut lieu chez les Djozoûla de Soûs, était le fait d'un individu nommé le Fâtimide, qui fut mis à mort et dont la tête fut envoyée à Merrâkech en 612. Comme j'étais alors en Espagne, mon éloignement de la capitale ne m'a pas permis de recueillir des détails à ce propos; j'ai seulement vu la grande joie qu'on manifesta à la suite de la prise et de la mort du rebelle. Un autre individu se révolta chez les Çanhâdja et fut mis à mort en 618, après avoir, à ce que j'appris à cette date alors que j'étais en Égypte, remporté plusieurs sanglantes batailles, avoir mis en fuite des troupes nombreuses et séduit beaucoup d'hommes. Celui qui vainquit définitivement ce rebelle et rétablit l'ordre et la paix troublés fut le glorieux seyyid Aboû Moh'ammed 'Abd el-'Azîz, fils de l'émîr Aboû Ya'k'oûb b. 'Abd el-Mou'min b. 'Ali, qui était alors gouverneur de Sidjilmâsa et de son territoire.

J'ai appris en la présente année 621 la mort de l'émîr Aboû Ya'k'oûb, arrivée en chawwâl ou dhoû 'l-k'a'da 620, mais j'ignore dans quelles circonstances (1). Alors des troubles éclatèrent et les méchants relevèrent la tête, mais ensuite, d'après ce qu'on m'a raconté, la masse du peuple et les principaux [P. 242] tombèrent d'accord pour reconnaître l'autorité du glorieux Seyyid Aboû Moh'ammed 'Abd el-'Azîz, fils de l'émîr Aboû Ya'k'oûb Yoûsof, fils de l'émîr Aboû Moh'ammed 'Abd el-Mou'min b. 'Ali (Dieu ait pitié de ces deux princes, illumine leurs faces, récompense leurs bonnes œuvres et le bien qu'ils ont fait!). 'Abd el-'Azîz est un des fils cadets d'Aboû Ya'k'oûb et a pour mère Meryem, femme libre, Çanhâdjienne originaire de la K'al'at Beni H'ammâd, avec qui Aboû Ya'k'oûb, du vivant de son père, s'était marié. Cette femme et sa mère Malka, réduites en captivité lors de la prise de cette ville, furent mises en liberté par Aboû Moh'ammed 'Abd el-Mou'min, qui fit épouser Meryem à son fils Aboû Ya'k'oûb. Huit enfants, quatre garçons et quatre filles, naquirent de cette union ; les garçons sont Ibrâhîm, Moûsa, Idrîs et 'Abd el-'Azîz, qui est le plus jeune. Moûsa fut tué dans la banlieue de Tâhert, en 605, par les Arabes partisans du Mayorcain (Ibn Ghâniya). Ibrâhîm mourut à Séville, en 612, alors que je me trouvais dans cette ville ; Aboû 'l-'Alâ Idrîs mourut en Ifrîk'iyya, comme nous le dirons plus loin. Les filles portent les noms de Zeyneb, Rok'ayya, 'A'icha et 'Olayya. Du vivant de son père et de son frère Aboû Yoûsof, 'Abd el-'Azîz n'occupa aucune fonction publique. Après l'avènement d'Aboû 'Abd Allâh, il fut mis, en 598, à la tête de la ville de Malaga et de son territoire.

---

(1) Le *Kartás* nous apprend qu'il fut tué le 12 dhoû 'l-h'iddja 620, d'un coup de corne qu'il reçut d'une vache (cf. *Berbères*, II, 229). Une autre version le fait mourir empoisonné (Zerkechi, p. 14).

De là il fut déplacé en 603 et chargé de l'important gouvernement de la tribu de Haskoûra, où il resta jusqu'à sa nomination à Sidjilmâsa. Il y conserva sa situation le reste du règne et sous le règne suivant, celui d'Aboû Ya'k'oûb (b. Aboû 'Abd Allâh). Après qu'il eut défait et tué le rebelle dont il a été parlé, il fut envoyé par Aboû Ya'k'oûb [P. 243] de Sidjilmâsa à Séville, pour remplacer dans cette dernière ville son frère Aboû 'l-'Alâ Idrîs, nommé au gouvernement de l'Ifrîk'iyyâ. Ce dernier mourut dans la même situation en ramad'ân 620, à ce que j'ai appris. Tel est le résumé de ce qu'on raconte de la carrière administrative d'Abd el-'Azîz ; mais si l'on veut dire toute la vérité, on n'y trouvera de place que pour ses bonnes actions et sa justice, la terre florissante épandra ses bénédictions et le ciel versera d'abondantes pluies, grâce à sa fine intelligence, à sa belle conduite, à ses intimes pensées si dignes d'éloges ; car le sort l'a favorisé et Dieu lui a donné pour auxiliaires des gens de bien. Il était, autant que je sache, fidèle observateur du jeûne et de la prière, zélé dans sa foi ; il avait la perception correcte des choses, le caractère décidé, la main ferme ; nul ne pouvait trouver à le reprendre dans l'accomplissement de ses devoirs, nul n'avait la voix plus mouillée que la sienne en prononçant le nom de Dieu, ni ne pouvait mieux lire le Koran. Je l'ai vu alors que, plongé dans les soucis du gouvernement, le soin des affaires de ses administrés absorbait tous ses moments, et néanmoins il ne négligeait aucune de ses oraisons, ne manquait à aucune des tâches qu'il s'était assignées soit pour apprendre la science et les leçons du Koran, soit pour réciter des litanies à certains moments du jour et de la nuit. Tout cela je l'ai vu de mes yeux et je ne rapporte ou ne transcris les rapports de personne. Ajoutez à cela sa douceur de caractère, son amabilité, sa facilité d'abord pour les siens et pour tout musulman qu'il savait ou croyait homme de bien, sans parler ni de sa générosité ni de son affabilité. Son visage, très beau, était d'un blanc très pâle ; il était de taille moyenne et avait les membres bien proportionnés. Ses enfants sont, à ma connaissance, Moh'ammed, qui est l'aîné, 'Abd er-Rah'mân et Ah'med, en outre de plusieurs filles.

[P. 244] Tel est le résumé, sommaire et sans détails, de l'histoire de la dynastie des Maçmoùda, depuis son origine en 515 jusqu'à la présente année 621, soit pendant une période de 106 ans. Nous n'avons rapporté que ce qu'il faut et ce que doit savoir celui qui s'occupe d'histoire, sans nous lancer dans des digressions inutiles concernant les enfants, petits-enfants et arrière-petits-enfants d''Abd el-Mou'min, ni dans des détails relatifs aux fonctions qu'ils ont exercées et qu'ils ont ensuite dû quitter, à leurs mères, à leurs secrétaires, à leurs chambellans, à leurs vizirs ; car alors notre livre, perdant son caractère de résumé, serait devenu un traité développé. Si pourtant nous eussions été libre des soucis de l'existence et qu'il n'eût pas fallu compter avec le temps, nous aurions raconté tout ce que nous savions, ce que nous a apporté la renommée et ce que nous avons vu nous-même. Dans ces pages consacrées entre autres à la dynastie maçmoûdienne, nous n'avons fait entrer que ce que nous connaissions de source sûre par les livres ou par des personnes dignes de foi ou pour l'avoir vu de nos yeux, et toujours après en avoir contrôlé la vérité et recherché l'exactitude ; je me suis efforcé de ne donner à qui que ce soit la moindre chose qui ne lui appartienne pas, de ne lui rien enlever de ce qui lui est dû. C'est l'aide de Dieu que je demande, lui que j'appelle, lui devant qui je m'humilie pour qu'il fasse descendre sur moi la justesse et la rectitude de paroles et d'actes ; c'est lui qui me suffit, car il est le meilleur gérant !

Renseignements sur les Maçmoûda et leurs diverses tribus, leurs migrations et leurs établissements

Comme nous l'avons dit, le Mahdi Moh'ammed b. Toùmert réunit d'abord autour de lui dix compagnons que l'on connaît sous le nom d'*assemblée* (djemâ'a). Le premier d'entre eux est véritablement 'Abd el-Wâh'id Chark'i ; vient ensuite 'Abd el-Mou'min b. 'Ali, devenu Prince des croyants ; puis 'Omar b. 'Abd Allâh Çanhâdji, connu sous le nom d' 'Omar Aznâdj ; vient ensuite Fâçka b. Oumazal [P. 245], à qui Ibn Toùmert donna les surnom et nom d'Aboù H'afç 'Omar, et qui eut une nombreuse lignée et plusieurs enfants, entre autres Ibrâhîm, Ismâ'il, Moh'ammed (lequel avait pour mère la fille d' 'Abd el-Mou'min), Yah'ya, 'Isa, Moùsa, Yoûnos, 'Abd el-H'ak'k', 'Othmân, Ah'med, 'Abd el-Wâh'id. Ce dernier, nommé gouverneur d'Ifrîk'iyya en 603 par l'émîr Aboù 'Abd Allâh, mourut dans ce poste le jeudi 1er moh'arrem 618. Ibn Toùmert appelait Fâçka « le Béni » (mobârek) et disait : « Tout marchera bien tant que les miens auront avec eux ou cet homme ou quelqu'un de ses enfants. » De fait ses paroles se réalisèrent, et le concours de Fâçka, de ses fils et de ses petits-fils fut très utile. Cet homme est devenu célèbre sous le nom d' 'Omar Inti, et nous l'avons cité plusieurs fois déjà. Le seul de ses enfants proprement dits, encore vivant actuellement, est 'Othmân, que j'ai quitté à Murcie, où je lui fis mes adieux lors de mon départ pour venir dans ce pays-ci ; il était alors gouverneur de Jaën et de son territoire, et ce fut la dernière fois que je le vis. Plus tard, étant en Égypte, j'appris qu'il avait été nommé gouverneur de Valence, puis déplacé ; mais j'ignore s'il est maintenant en Espagne ou à Merrâkech. Je le regardais comme un de mes bons amis (daigne Dieu être satisfait de lui, de nous et de tous les fidèles !)

Dans la *djemâ'a* figuraient ensuite Yoùsof b. Soleymân et son frère 'Abd Allâh b. Soleymûn, tous deux de Tînmelel et de la tribu nommée Mesekkâla, comme il a été dit plus haut; Aboû 'Amrân Moùsa b. 'Ali l'aveugle (*d'erir*), beau-père d''Abd el-Mou'min, et que ce prince, lors de ses absences, laissait comme lieutenant à Merrâkech; Aboû Ibrâhîm Ismâ'îl Hazradji, qui, nous l'avons dit, se laissa tuer pour sauver la vie à 'Abd el-Mou'min; un homme de Tînmelel, où il était appelé Ibn Bîdgît, mais du nom de qui je ne suis pas sûr; enfin, Ayyoùb Djedmîwi, qui était, [P. 246] dans les premiers temps, chargé de la répartition des fiefs entre les Almohades (1).

A ces dix hommes qui formaient la *djemâ'a*, certains ajoutent Aboû Moh'ammed Wâsnâr, qui était un noir, tanneur de son métier et habitant d'Aghmât. Il avait suivi Aboû 'Abd Allâh b. Toùmert lors de son passage par cette ville, et ce personnage l'avait attaché à son service privé, à cause de son zèle religieux et de son absolue discrétion relativement à tout ce qu'il pouvait voir ou entendre. Wâsnâr veillait à ce qui concernait ses ablutions et ses curedents, lui servait d'introducteur et de chambellan, le précédait dans ses sorties. Il remplit le même service jusqu'à la mort d'Ibn Toùmert, puis devint gardien de son tombeau, et plus tard, aussi de celui d''Abd el-Mou'min; il mourut à un âge avancé, au commencement du règne d'Aboû Ya'k'oûb. Dévot des plus zélés et ascète émérite, il n'acquit quoi que ce soit et mourut sans laisser la moindre pièce d'or ou d'argent, alors que, s'il l'avait voulu, il serait devenu aussi riche que personne, à cause de son influence auprès d''Abd el-Mou'min *(sic)* et des Maçmoùda, car on n'ignorait pas ses fréquentes relations avec le chef et comment il pouvait presque à tout moment lui ressasser les mêmes choses.

---

(1) Les chroniqueurs ne sont pas d'accord sur les noms des membres de la *djemâ'a*; voir par exemple Zerkechi, p. 4; cf. *Berbères*, II, p. 170, note 2.

A ceux qui formaient la *djemâ'a* proprement dite se joignaient des gens de tribus qui étaient comme faisant partie de ce corps et se rattachant à ses membres. Lors des revues générales ceux qui figuraient au premier rang étaient les fils d''Omar b. 'Abd Allâh Çanhâdji; puis la famille d''Abd el-Mou'min ou ceux de ses enfants qui exerçaient un commandement; ensuite ceux de la *djemâ'a* d'après leurs droits respectifs de préséance; enfin, les gens des Cinquante, ce qui constituait un nombreux personnel.

Tribus Almohades

Il y en a sept auxquelles s'applique ce nom et qui forment le corps d'armée *(djond)*, les auxiliaires et les aides, tandis que les autres Berbères et Maçmoûda leur sont soumis et obéissent à leurs ordres. La première est celle d'Ibn Toûmert, appelée tribu [P. 247] de Hergha, peu nombreuse relativement aux six autres. La seconde, celle d' 'Abd el-Mou'min, s'app elle Koùmiya ; elle compte de nombreux membres et plusieurs rameaux. Ni anciennement, ni récemment, elle n'avait joué de rôle prépondérant ni acquis de célébrité : vouée à l'agriculture, à l'élève des moutons et au commerce des marchés, elle écoulait ainsi son lait, son bois et autres menues productions ; puis, devenue l'objet de la bénédiction de Celui qui élève et qui abaisse, qui donne et qui enlève, elle se trouva un matin ne plus avoir ni supérieure, ni rivale dans tout le Maghreb, grâce à ce qu''Abd el-Mou'min sortit de son sein, encore que, nous l'avons dit, il ne lui appartienne pas par le sang. En troisième lieu, les gens de Tìnmelel, provenant de plusieurs tribus confondues sous ce nom de lieu. Ensuite viennent les Hintâta, tribu très considérable dont une partie a autrefois joué un rôle prépondérant et acquis de la noblesse. Puis les Djenfîsa, forte et indomptable tribu qui parle le meilleur et le plus élégant dialecte [berbère]. En sixième lieu, les Djedmîwa, dont une partie seulement est soumise; puis ensuite celles des tribus de Çanhâdja qui avaient répondu à l'appel des Almohades, et enfin une partie des tribus de Haskoûra. Telles sont les tribus auxquelles on donne le nom d'Almohades, qui touchent une solde, qui sont enrégimentées et prennent part aux expéditions militaires, tandis que les autres tribus des Maçmoûda sont proprement des sujets.

Puisque je viens de citer ce dernier nom, je vais énumérer les tribus qu'il sert à désigner et les limites de leur territoire, de façon à permettre de ne pas les confondre avec les autres Berbères. La région qu'ils occupent est, dans le sens de la largeur, bornée par la grande rivière nommée Oumm-Rebî' (1), qui descend des montagnes de Çanhâdja pour se jeter dans la Grande-Mer ou Océan, et sur laquelle habitent les deux tribus maçmoûdiennes de Haskoûra et de Çanhâdja; l'autre limite est constituée par le Sahara, où habitent les tribus de Lemtoûna, de Mesoûfa et de Sart'a, [P. 248] qui ne sont pas maçmoûdiennes et entre les mains de qui, nous l'avons dit, s'était trouvée l'autorité du temps des Almoravides. En longueur, ce territoire s'étend depuis la montagne de Deren (Atlas) jusqu'à la Grande-Mer ou Océan. Les diverses tribus de Maçmoûda sont celles de Haskoûra, de Dokkâla, de H'âh'a, de Redjrâdja, de Djozoûla, de Lamt'a, de Djenfîsa, de Hintâta, de Hergha et celles des habitants de Tinmelel; en outre, certaines habitent autour de Merrâkech, savoir, celles de Hezmîr, de Heylâna et de Hazradj, que les Almohades appellent les tribus (*K'abâ'il* ou Kabyles). Tels sont donc ceux à qui s'applique le nom de Maçmoûda; la race berbère comprend tout ce qui va de Tarâbolous du Maghreb (Tripoli) au fond du Soûs et tout ce qui est au delà en fait de Lemtoûna, de Mesoûfa et de Sart'a, dont le territoire

---

(1) On trouve quelques détails sur le bourg et la rivière de ce nom dans Edrisi (trad., p. 81); cf. *Berbères*, table géogr., p. XCVIII.

s'étend jusque là où commence le Soudan. Les Maç-moûda ont, en outre, une milice (djond) composée de soldats de races diverses, Arabes, Ghozz, Espagnols, Roûm, tribus almoravides, etc. Les Almohades, tels que nous les avons énumérés, sont divisés en deux catégories : la première est appelée *Djomoû'* et est formée par des soldats payés et résidant à Merrâkech, d'où ils ne sortent pas ; la seconde, dite *'Omoûm,* réside dans les lieux d'où elle est originaire, et ne se rend à Merrâkech qu'en cas de levée en masse. Le nombre tant des Almohades soldés et habitant Merrâkech que des autres corps énumérés est de dix mille, autant du moins que j'en ai pu avoir le compte exact ; cela s'entend de ceux seulement qui sont à Merrâkech et sans y comprendre les Almohades et les autres catégories de troupes du djond.

Lors des revues générales, ceux qui étaient d'abord passés en revue étaient les descendants d'Aboû H'afç 'Omar Çanhâdji, rangés en catégories par rang d'âge ; puis la famille khalifale, formée par les enfants d''Abd el-Mou'min ; puis la *djemâ'a* rangée par ordre de prééminence ; ensuite les *Cinquante*, que suivaient les tribus dont la première était celle d'Ibn Toûmert, c'est-à-dire les Hergha ; les gens de Tînmelel venaient ensuite ; puis les Koûmiya, et enfin les Almohades par catégories et selon leur ancienneté de service.

[P. 249] C'est chez eux une coutume ancienne d'écrire dans les diverses provinces pour faire envoyer dans la capitale les savants de tous les genres, notamment ceux qui s'occupent de sciences spéculatives ; on les appelle « T'olba de la capitale, » et ils sont tantôt plus, tantôt moins nombreux ; les « T'olba des Almohades » sont une autre catégorie formée par ceux des Maçmoûda qui s'occupent de la science théologique. Nul khalife (*sic*) de cette dynastie ne tient d'audience publique ou privée sans que les principaux de ces T'olba y assistent : le khalife ouvre l'audience par une question de science (théologique) qu'il pose lui-même ou qu'il fait poser ; 'Abd el-Mou'min, Yoûsof et Ya'koûb la posaient eux-mêmes. De même, chaque audience se clôturait par une prière prononcée par le khalife, à laquelle le vizir répondait *amen* à haute voix et qui s'entendait au loin. Quand le prince était en voyage, on lisait le Koran devant lui le matin et le soir, alors qu'il était sur sa monture ; quand on était arrivé à une station, la première chose qu'il faisait faire dès le matin, sitôt après la prière de l'aurore, était la proclamation d'une formule où était réclamée l'aide de Dieu et affirmant la confiance qu'il inspire. C'était pour la masse le signal de se mettre en selle ; puis le khalife à cheval sortait de sa tente, précédé de ses principaux parents et des cheykhs almohades marchant à grands pas et à qui il donnait alors l'ordre de monter à cheval. Cela fait, il s'arrêtait, étendait les mains et prononçait une prière à la suite de laquelle les T'olba des Almohades, placés derrière lui et marchant lentement, psalmodiaient soigneusement une portion *(h'izb)* du Koran, puis lisaient des Traditions, et enfin, tant en berbère qu'en arabe, (quelque chose) des œuvres d'Ibn Toûmert, relatives aux articles de foi. Cela terminé, le khalife s'arrêtait de nouveau, étendait les mains et prononçait une prière. Enfin, quand on arrivait au lieu du campement, les (T'olba?) précédaient à pied le khalife jusqu'à sa tente, et quand lui-même y arrivait, il étendait les mains et recommençait une prière. On ne manque jamais quand on est en route de suivre le même cérémonial.

Quant au vendredi, voici quelles en sont les cérémonies et comment se dit le prône. [P. 250] Quand le soleil commence à décliner, le khalife, accompagné de son entourage intime, sort par un couloir du côté de la *k'ibla* et fait une prière de deux *rek'a ;* puis il s'accroupit, et un lecteur habile et doué d'une belle voix lit une dizaine de versets ; ensuite le principal mou'eddhin tenant le bâton sur lequel s'appuie le *khat'ib* (prédicateur) se lève pour dire : « Midi est revenu, ô Seigneur Prince des croyants ! louange à Dieu maître des mondes! » C'est une manière de demander la permission pour le *khat'ib* de monter dans la chaire; alors ce dernier se lève, monte en chaire, et le mou'eddhin lui tend le bâton. Quand le *khat'ib* est accroupi, l'appel à la prière est crié par trois mou'eddhin doués de très belles voix de timbres différents, et choisis après de longues recherches. Alors le *khat'ib* se lève et commence ainsi son prône : « Gloire à Dieu que nous louons et à qui nous demandons secours! Nous recourons à Dieu pour nous garder de nos vices et de nos mauvaises œuvres! Celui que Dieu dirige, nul ne peut l'induire en erreur; celui qui s'est trompé est sans guide. Nous témoignons qu'il n'y a de Dieu qu'Allâh seul; il n'a pas d'associé! Nous témoignons que Moh'ammed est son serviteur et son député, qu'il l'a envoyé comme porteur de la vérité et comme moniteur avant l'heure suprême. Celui qui obéit à Dieu et à son Envoyé est dans le droit chemin; celui qui se révolte contre Dieu et son Envoyé ne fait tort qu'à soi-même, et nullement à Dieu. Je prie notre Seigneur Dieu de nous mettre parmi ceux qui lui obéissent, à lui et à son Envoyé, qui cherchent à lui plaire et à éviter son courroux. Nous ne sommes que par lui et à lui! » Puis il dit la formule : « Nous nous réfugions en Dieu, » lit la sourate *k'âf* (sour. L) tout entière et se raccroupit de nouveau. Quant il se relève pour prononcer la seconde partie du prône (1), il s'exprime ainsi : « Gloire à Dieu, que nous louons, à qui nous demandons secours et à qui nous nous fions. Quand nous sommes auprès de lui, la force et la puissance ne peuvent rien contre nous. Nous témoignons qu'il n'y a de Dieu qu'Allâh seul; il n'a pas d'associé; nous témoignons que Moh'ammed est son serviteur et son Envoyé; veuille Dieu lui accorder ses

---

(1) La *khot'ba* ou prône se divise, en effet, en deux parties (voir par exemple le *Mokhtaçer* de Sidi Khalîl, p. 33, l. 7, et les commentaires *ad h. l.*; trad. Perron, I, p. 543).

grâces, à lui, à sa famille, à ses compagnons qui l'ont suivi, qui ont devancé tous les hommes en zèle et en décision, qui ont employé toutes leurs forces à l'aider et à le soutenir de leur confiance en lui, de leur sincérité et de leur fermeté de résolution ! Puisse Dieu en faire autant pour l'imâm impeccable, le guide bien connu Aboû 'Abd Allâh Moh'ammed b. 'Abd Allâh l'Arabe, K'oreychi, Hâchemi, H'asani, Fât'imi, Moh'ammedi, qui, [P. 251] fort de son infaillibilité, a donné des ordres qui sont des arrêts irrévocables, lui qu'enveloppe une lumière éclatante et une justice manifeste grâce auxquelles rien sur la terre ne reste livré à l'obscurité ni à l'injustice ! Puisse Dieu aussi soutenir le légitime héritier de sa noblesse, son copartageant dans une illustre descendance, choisi pour devenir héritier de sa haute situation, le khalife, l'imâm Aboû Moh'ammed 'Abd el-Mou'min b. 'Ali, et aussi Aboû Ya'k'oûb, qui revendique les mêmes titres et a des droits forcés à l'honneur d'être choisi et investi ! Daigne aussi, grand Dieu ! agréer celui qui combat dans ta voie et fait revivre la tradition de ton Envoyé, le khalife et imâm Aboû Yoûsof, Prince des croyants, fils et petit-fils de Princes des croyants ; soutiens le khalife et imâm Aboû 'Abd Allâh, fils des khalifes légitimes. Daigne, ô grand Dieu ! secourir leur héritier présomptif, qui s'élève à leur horizon fortuné, qui doit gouverner après eux, le khalife, imâm et Prince des croyants Aboû Ya'k'oûb, descendant à la quatrième génération de Princes des croyants. O grand Dieu ! de même que par lui tu as fixé l'autorité de l'Islam, que tu as réuni dans l'obéissance qui lui est due les cœurs des hommes, que tu as par lui porté aide à la religion de ton Prophète Moh'ammed, daigne ainsi décréter pour lui, complètement et sans restriction, ton aide victorieuse. O grand Dieu ! de même que tu l'as choisi d'entre les khalifes légitimes et les imâms dirigés, ainsi mets-le du nombre de ceux dont on suit les traces, de ceux dont le phare directeur émet une lumière fécondante. O grand Dieu ! fortifie le groupe victorieux et la *Djemâ'a,* frères de ton Prophète, troupe de ton Mahdi, au sujet desquels tu as clairement révélé que, sans discontinuité et jusqu'à l'heure suprême, ils s'occuperont de ton service ; affermis-les, eux aussi bien que tous les défenseurs de la religion qui suivent leur voie, et que les Almohades, en leur fournissant les moyens d'atteindre à la victoire, à la puissance, à une suprématie manifeste ! Que ton bras et ton aide leur soient le plus puissant et le plus noble secours ! » Alors il fait son invocation, descend de la chaire et prononce la prière ; après quoi, le khalife lui-même prononce une invocation à laquelle, nous l'avons dit, le vizir répond *amen.*

Telle est, exposée sommairement et par à peu près (1), la manière de faire de ces princes ; [P. 252] mais il y a encore bien d'autres détails trop longs à exposer et peu nécessaires au lecteur de ce livre, car il en a été dit assez pour qu'on puisse conclure de ce qui est écrit dans ces pages à ce qui ne l'est pas.

Me voici arrivé (puisse Dieu mener mon lecteur à la vertu !) à la fin de l'exposé de ce que je sais relativement au Maghreb et à la vie de ses princes qui y ont régné, de leurs vizirs et de leurs secrétaires ; j'ai fait comme j'ai pu, et déjà je me suis excusé de mon incapacité et de ce qui me manque, d'autant que le plus humble des serviteurs de notre Maître n'a pas l'habitude de la composition et ne s'est jamais flatté de l'avoir ; il n'a fait qu'obéir au désir de Fakhr (que Dieu l'élève en dignités !) si bienfaisant, aux hautes intentions de qui il se rapporte et où il trouve sa source (de vie), qui autrement ne serait rien, car c'est leur bienveillance qui le

---

(1) Je conserve au mot تقريب sa valeur habituelle, qui me paraît être appelée par le contexte ; voir d'ailleurs p. 252 du texte, l. dern. Le *Supplément* de Dozy, *S. V.,* cite ce passage avec le sens « exposer en détail. »

cache, c'est leur indulgence qui le couvre. Nous avons dit que notre Maître (que Dieu protège sa gloire !) avait prescrit d'ajouter à cet ouvrage la description des pays du Maghreb, d'en indiquer les villes avec mention du nombre des étapes qui les séparent depuis Bark'a jusqu'à Soûs el-Ak'ça, de décrire l'Espagne et la partie qui est aux mains des musulmans. Son serviteur n'a, comme toujours, pu faire autre chose qu'obéir promptement et remplir le service auquel l'obligent la loi et la coutume, bien que ces questions, étrangères au but poursuivi dans ce livre, soient du ressort de la géographie et aient été traitées dans de nombreux ouvrages, par exemple celui d'Aboû 'Obeyd Bekri Andalosi (1), celui d'Ibn Feyyâd' Andalosi (2), celui d'Ibn Khordâdbeh Fârisi (3), celui de Ferghâni (4) et autres traités spéciaux et approfondis. Conformément à l'intention de notre très haut Maître, nous allons rapporter de quoi lui faire connaître les limites de ces pays et lui en décrire la forme, de façon approximative et sans longueur, fidèle en cela au plan que nous avons suivi dans le reste de ce livre.

[P. 253] Il est bien établi et connu que la frontière extrême de l'Égypte, du côté de la Syrie, est El-'Arîch et, du côté du Maghreb, la ville d'Ant'âbolos connue sous le nom de Bark'a. En outre de ces limites en largeur, celles en longueur vont de la ville frontière d'Oswân (Syène) jusqu'à la ville de Rechîd (Rosette) sur le littoral de la mer Méditerranée. Voilà ce que disent les géographes et les gens versés dans ce genre de connaissances. La limite de l'Ifrîkiyya et du Maghreb est la dite ville d'Ant'âbolos ou Bark'a, qui, fondée par les Roûm, devint

---

(1) Voir p. 166.

(2) Cet auteur a composé un traité géographique et des chroniques (*Bayân el-Moghrib*, t. I, introd., p. 75-76).

(3) Le traité de ce géographe a été dernièrement republié et retraduit par de Goeje, Leyde 1889 (t. VI de la *Geogr. arab. bibliotheca*).

(4) Voir p. 40.

ensuite la capitale de cette région et le centre de réunion des habitants. Les musulmans s'en rendirent maîtres sous le Prince des croyants 'Omar b. Khat't'âb et commencèrent par là la conquête du Maghreb. De cette ville d'Ant'âbolos à Tripoli du Maghreb, il y a près de vingt étapes, et de cette dernière à Alexandrie quarante-cinq. D'Alexandrie à K'ayrawân le pays autrefois ne présentait pas de discontinuité de culture et était jour et nuit sillonné par les caravanes. D'Alexandrie à Tripoli, il y avait des forts nombreux et très rapprochés : sitôt qu'un ennemi se montrait en mer, le fort qui l'avait aperçu allumait pour le signaler au voisin, et la lumière se transmettant de proche en proche formait une ligne continue, de sorte que la nuit trois ou quatre heures suffisaient pour que, le fait étant connu soit de Tripoli à Alexandrie, soit inversement, l'on pût s'équiper et recevoir l'ennemi. On ne cessa de pratiquer cet usage jusqu'au moment où les Arabes détruisirent ces forts et en chassèrent les habitants, lorsque, vers 440, les 'Obeydites leur laissèrent libre la route du Maghreb, alors que changèrent les rapports qu'ils entretenaient avec Mo'izz b. Bâdîs Çanhâdji et que ce prince, cessant de les faire proclamer dans les chaires, fit dire le prône au nom des Abbassides. Depuis leur destruction et jusqu'à l'époque actuelle, ces forts n'ont pas été relevés; (ce qui en reste) est habité par les Arabes descendants de Soleym b. Mançoûr b. 'Ikrima [P. 254] b. Khaçafa b. K'ays 'Aylân b. Mod'âr b. Nezâr b. Ma'add b. 'Adnân, et par d'autres, qui y sont encore aujourd'hui; les ruines des forts et des cités sont encore visibles.

Ant'âbolos est en ruines et l'on n'en voit plus que des restes. Entre Bark'a et Tripoli se trouve le fort de T'olmeytha (1), dans le voisinage duquel il y a une mine de soufre. C'est à Tripoli, encore florissant de nos jours,

---

(1) Il est parlé de Ptolémaïs, qui faisait partie de la Pentapole par Édrisi (trad., p. 163) et Aboulféda (trad., II, 1ʳᵉ p., p. 204).

que commence le royaume maçmoûdite : pendant le règne d''Aboù Ya'k'oûb, prince de cette dynastie, elle tomba entre les mains du Mamloûk K'arâk'ouch, dont il a été question dans l'article consacré à Aboù Yoûsof; ensuite les Maçmoûda l'en expulsèrent; Yah'ya b. Ghâniya se rendit aussi maître de cette ville et d'une grande partie de l'Ifrîk'iyya, ainsi qu'il a été sommairement raconté; mais lui aussi en fut chassé par les Almohades, à qui elle appartient encore en la présente année 621.

L'Ifrîk'iyya a pour limite orientale Ant'âbolos, pour limite occidentale Constantine l'aérienne, ainsi nommée tant elle est haute et située dans une forte position; de l'une à l'autre de ces deux villes, il y a près de cinquante-cinq étapes. Quant aux limites en largeur, elles varient d'après les empiètements plus ou moins prononcés du Sahara sur la région cultivée. Le nom de ce pays dérive de celui d'Ifrîk'och, l'un des enfants de Cham, fils de Noé, qui s'y installa et qui est le père des Berbères. Ces derniers descendent tous de lui, sauf les Çanhâdja qui descendent de H'imyar. Les renseignements que nous venons de donner, à partir de ce qui concerne Ifrîk'och, sont tirés de la chronique d'Aboù Dja'far Moh'ammed b. Djerîr T'abari.

Tripoli est la première ville de la partie cultivée de l'Ifrîk'iyya. Il y a dix étapes de là à K'âbis (Gabès), située sur la Méditerranée, [P. 255] ainsi d'ailleurs que Tripoli. Des ruisseaux provenant d'une des montagnes voisines viennent se réunir dans cette ville et en font la ville d'Ifrîk'iyya la plus riche en pâturages et la plus fertile en fruits et en raisin (1). De Gabès à la petite ville de Sfak's, aussi située sur la mer, il y a quatre étapes; il y en a trois de là à Mehdiyya des Benoû 'Obeyd, déjà décrite à propos du règne d''Abd el-Mou'min. En dehors et très près de Mehdiyya se trouve la ville de Zawîla, cons-

---

(1) Édrisi (p. 124 de la trad.) vante aussi beaucoup la fertilité et les cultures de Gabès, et Bekri (trad., p. 44) fait de même.

truite par les 'Obeydites (Fatimides) en même temps que la précédente : ils se réservèrent Mehdiyya pour eux-mêmes, leur suite, les notables de leur armée et les principaux officiers, et installèrent à Zawîla tout le reste du peuple, les Nègres, les Ketâmiens des basses classes, etc. Quand Mo'izz se rendit à Miçr, après la conquête de cette ville par son serviteur Djawher, il fut accompagné par une troupe considérable d'habitants de Zawîla, lesquels donnèrent leur nom à la porte et au quartier, ainsi nommés actuellement au Kaire (1).

De Mehdiyya à Soûsa (Sousse), qui donne son nom aux vêtements dits *soûsi*, il y a deux étapes, et de Sousse à Tunis, il y en a trois. Tunis, qui n'existait pas comme ville autrefois, du temps des [anciens] Francs, fut construite au début de l'Islâm par 'Ok'ba b. Nâfi' Fihri pour quelque raison qu'il jugea bonne; car la grande ville [ancienne] était sur le littoral du même côté, à environ quatre parasanges de là. Elle s'appelait Carthage (K'art'adjenna) et était capitale de l'Ifrîk'iyya du temps des Romains (Roûm); dans cette ville immense, la puissance des maîtres, le degré d'obéissance auquel ils avaient réduit leurs sujets, leur absolu pouvoir se manifestent de façon à exciter l'admiration de quiconque y réfléchit, l'estime de quiconque en a connaissance. En effet, ils y ont amené les eaux de fort loin à l'aide des procédés les plus ingénieux et les plus remarquables, dont le moindre est au-dessus du talent de tous nos contemporains; elle rivalisait sous ce rapport [P. 256] avec Constantinople, qui tire son nom de celui de (l'ancien) roi Franc Constantin fils d'Hélène. Quand, sous le règne d''Othmàn b. 'Affân, les musulmans se rendirent maîtres de l'Ifrîk'iyya, ils détruisirent Carthage, firent de K'ayrawân leur capitale, siège des gouverneurs et quartier général des forces militaires, et bâtirent sur le

---

(1) On sait que Djawher conquit l'Égypte au profit des Fatimides en 358 et fonda le Kaire.

littoral la ville de Tunis. L'emplacement choisi était occupé par un couvent très vénéré chez les Roûm, qui s'y rendaient en pèlerinage des pays les plus éloignés ; ce couvent fut démoli et remplacé par une mosquée ; le nom qu'on donna à la ville est celui du moine qui habitait le couvent. Tunis est encore florissante de nos jours. Après la ruine de K'ayrawân, dont nous dirons un mot, Tunis devint la capitale de l'Ifrîk'iyya ; c'est la résidence des gouverneurs et là que doivent se rendre les chefs qui ont affaire avec eux. Toutes les plus belles pierres et les marbres les plus fins qu'on trouve dans cette ville proviennent de Carthage.

Six étapes séparent Tunis de Bône, petite ville du littoral dont le nom signifie en langue franque « excellente. » Entre les deux, c'est-à-dire à un jour plein d'une navigation bien suivie en partant de Tunis, on trouve la petite ville de Beni Zert (Bizerte), remarquable par le fait suivant : dans la partie de mer qui la baigne, on voit à chaque nouvelle lune apparaître une espèce de poisson qui n'y existait pas le mois précédent. Sur ce point les habitants sont unanimes et nul n'y contredit. Les pêcheurs attentifs peuvent, même sans voir le croissant, reconnaître le mois par l'espèce de poissons qu'ils pêchent. Ce fait est attribué à des influences talismaniques ; que ceux-là en tiennent compte, qui s'occupent de l'influence de la lune ! (1). Il y a cinq étapes à franchir de Bône à Constantine, qui est une des limites de l'Ifrîk'iyya, et, de cette dernière ville à la mer, il y a deux étapes ou un peu plus. [P. 257] Telles sont les villes maritimes ou peu éloignées de la mer que l'on trouve en Ifrîk'iyya ; mais il y a, en outre, d'autres villes situées du côté du Sahara, et dont je parlerai après avoir terminé ce qui a trait au littoral du Maghreb.

Cinq étapes peu lourdes séparent Constantine de Bougie, capitale des Benoû H'ammâd les Çanhâdjiens ;

---

(1) Édrisi (trad., p. 133) rapporte le même fait.

c'est de ceux-ci que K'al'a des Benoû H'ammâd tire son nom ; leurs possessions s'étendaient de Constantine au lieu déjà cité de Sìwisîrât, qui est à près de neuf étapes de Bougie. Ils régnèrent à Bougie et dans cette région jusqu'à l'expulsion de Yah'ya, prince de cette dynastie, par 'Abd el-Moumin b. Ali, ce que nous avons raconté.

De Bougie à une petite ville du nom d'El-Djezà'ir (Alger), qui appartient à la tribu des Benoû Mezghanna, il y a près de quatre étapes ; ces deux villes sont sur le littoral de la mer Méditerranée. D'Alger à la petite ville de Ténès, il y a quatre étapes, et de Ténès à Oran, sept; d'Oran à Ceuta, environ dix-huit. C'est vis-à-vis Ceuta que viennent se joindre les deux mers de Mânitas ou mer de Roûm et celle d'Oknabos (1) ou Grande-Mer, à l'entrée du détroit dit ez-Zok'âk' (Gibraltar). Dix-huit milles séparent Ceuta de l'Espagne ; mais ensuite le détroit se resserre progressivement sur la côte des Berbères jusqu'au lieu dit K'açr Maçmoûda, qui est à une demi-journée de Ceuta, et sur la côte d'Espagne jusqu'à l'endroit dit Tarîfa (Djezîra T'arîf) vis-à-vis K'açr Maçmoûda : en cet endroit, qui est le plus resserré, le bras de mer qui sépare les deux localités n'a que douze milles de large. Tout le jour, on peut d'une rive découvrir les plages sablonneuses de l'autre. [P. 258] D'après les chroniqueurs, les Roûm avaient autrefois construit un pont par-dessus ce détroit, mais il fut recouvert par les eaux en fureur. Des habitants de Tarîfa disent qu'ils le voient encore quand la mer est calme et l'eau claire.

De Ceuta à Tanger (T'andja), point extrême du détroit où les deux mers se réunissent, il y a par terre une pleine journée de marche. Cette dernière ville est sur le littoral de la Grande-Mer, connue chez nous sous le nom de Mer environnante, par delà laquelle il n'y a plus de terre habitée, et qui rejoint la mer des Indes et l'Abys-

---

(1) Sur ces deux noms de Mântas ou Mânitas et d'Ok'nabos, voir ci-dessus les notes 2 et 3 de la p. 4.

sinie (1). C'est là la dernière ville du Maghreb proprement dit, car celles qu'on trouve ensuite sont situées vers le Sud, Selâ (Salé) et Merrâkech par exemple. Le pays tourne vers le Sud pour arriver à l'Abyssinie et à l'Inde. On voit donc que la première ville du Maghreb sur le littoral méditerranéen est Ant'âbolos ou Bark'a, et la dernière Tanger sur l'Océan, séparées par une distance approximative de quatre-vingt-seize étapes.

Après cette énumération des villes maritimes du Maghreb, nous en venons à celles de l'intérieur, tant d'Ifrîk'iyya que du Maghreb. De Gabès à K'afça (Gafça), il y a trois étapes, et de celle-ci à Tawzer (Tozeur), il y en a quatre. Tawzer est la capitale et la principale ville du Djerîd, pays qui se divise en deux parties : l'une, formée par Tawzer et les cantons qui y sont rattachés, porte le nom de K'ast'iliya ; l'autre s'appelle le Zâb et comprend la ville de Beskara (Biskra) et ses dépendances. Quatre étapes séparent Tawzer de Biskra, non loin de laquelle, à deux étapes, se trouve la petite ville de Nek'âous (Ngaous). Telles sont les villes d'Ifrîk'iyya qui avoisinent le Sahara et qui sont reliées entre elles par un grand nombre de bourgades [P. 259] trop petites pour que nous les énumérions.

Entre Tunis et Tawzer, à trois étapes de la côte, se trouve la célèbre ville de K'ayrawân, capitale de l'Ifrîk'iyya depuis la conquête musulmane. Il y eut toujours des officiers nommés pour la gouverner sous les dynasties Omeyyade et Abbaside ; mais quand celle-ci commença à chanceler et que quelque indépendance fut acquise par les Aghlabides, c'est-à-dire les Temimiens descendants d'Aghlab b. Moh'ammed b. Ibrâhîm b. Aghlab, K'ayrawân devint la capitale de ces princes et le resta jusqu'à leur expulsion opérée par les 'Obeydites pendant leur séjour en Ifrîk'iyya. Quand ils se rendirent

---

(1) On trouve dans l'*Introduction* de la traduction de la géographie d'Aboulféda, par Reinaud, l'exposé des doctrines géographiques des Arabes.

de là en Égypte, ils nommèrent gouverneur de cette région Zîri b. Menâd Çanhâdij, dont la descendance continua d'y régner jusqu'à l'expulsion par les Arabes du dernier de ces princes, Temîm b. Mo'izz b. Bâdîs b. Mançoûr b. Boloddjîn b. Zîri b. Menâd. Livrée alors au pillage et à la dévastation, K'ayrawân ne s'est plus relevée de ses ruines; il y subsiste encore quelques habitations où s'abritent les cultivateurs et les paysans. Autrefois, depuis la conquête jusqu'à la mise à sac qu'en firent les Arabes, cette ville était la capitale scientifique du Maghreb; les savants les plus distingués du pays en provenaient et c'était là que les indigènes de la région allaient puiser la science. Sur cette ville, son panégyrique, ses savants, ses hommes pieux et distingués, ses ascètes, il existe plusieurs ouvrages bien connus, entre autres ceux d'Aboû Moh'ammed b. 'Afîf et d'Ibn Ziyâdat Allâh T'obni. Lors de la ruine qui la frappa, les habitants se dispersèrent de tous côtés, les uns en Égypte, d'autres en Sicile et en Espagne; un groupe important gagna l'extrême Maghreb et s'installa à Fez, où leurs descendants se trouvent encore.

Voilà un aperçu de ce qui concerne l'Ifrik'iyya, où se trouvent encore beaucoup d'autres villes ruinées dont j'ignore les noms : je suis, en effet, peu au courant des détails de son histoire, car Tunis est la seule ville de ce pays [P. 260] que j'aie vue d'une manière spéciale, lorsque, venant d'Espagne, je m'y rendis par mer en 614. Les informations transcrites ci-dessus proviennent des renseignements oraux que j'ai recueillis.

Voici, au sujet de la ruine de K'ayrawân, les vers qu'a faits Aboû 'Abd Allâh Moh'ammed b. Aboû Sa'îd b. Cheref Djodhâmi :

[T'awîl] A tes yeux les fautes de K'ayrawân sont si grandes qu'elles ont lassé jusqu'à l'extrême indulgence de Dieu; tu crois qu'elle n'a été punie que pour ses crimes! Mais autrefois nulle ville n'en a-t-elle commis?

Au delà de Constantine, dernière ville de l'Ifrik'iyya et

qui n'est proche ni de la mer, ni du Sahara, commence le Maghreb proprement dit par la petite ville de Mîla, qui est au sud de Bougie, à trois étapes vers l'intérieur. K'al'a des Benoû H'ammâd est également au sud de Bougie, dont elle est éloignée de quatre étapes. Voici la route que suivent les voyageurs pour se rendre de Bougie à Merrâkech : d'abord de Bougie à Tlemcen, il y a vingt étapes, en passant par de petites villes, telles que Milyâna, Mâzoûna, Oran, cette dernière sur le littoral. Tlemcen est à quarante milles de la mer, trajet qu'on peut faire en une forte journée de marche. De Tlemcen à Fez, il y a dix étapes, dont sept jusqu'à la ville de Ribât' Tâzâ, et trois de Tâzâ à Fez. A dix étapes au sud de Tlemcen se trouve dans le Sahara la ville de Sidjilmâsa (Sedjelmesse), qui est à égale distance, c'est-à-dire à dix étapes de chacune des villes de Tlemcen, Fez et Merrâkech. Fez est la capitale actuelle et le centre intellectuel du Maghreb, l'endroit où se sont concentrées la science de K'ayrawân et celle de Cordoue, ville qui était le centre de l'Espagne comme K'ayrawân l'était du Maghreb. Après la ruine de cette dernière ville par les Arabes et la déchéance [P. 261] que subit Cordoue par suite de la dispersion des Omeyyades après la mort d'Aboû 'Amir Moh'ammed b. Aboû 'Amir et celle de son fils, les savants et les hommes distingués de toute catégorie de l'une et de l'autre de ces villes s'enfuirent loin des lieux où le trouble régnait, et la plupart s'installèrent à Fez. Aujourd'hui cette ville est dans l'état le plus prospère; les habitants sont des plus habiles et des plus fins, leur dialecte est le plus élégant qu'on parle dans cette partie du monde, et j'ai toujours entendu les vieillards la traiter de « Baghdâd du Maghreb. » Mais cette qualification n'est pas juste, car il n'y a dans cette région ni finesse, ni élégance de quelque genre que ce soit qui ne proviennent de Baghdâd et ne soient copiées sur ce qu'on y trouve; mon allégation ne sera réfutée par nul Maghrebin.

Si les Lemtoûna et les Maçmoûda se sont fixés à

Merrâkech et en ont fait leur capitale, ce n'est pas qu'elle l'emporte en quoi que ce soit sur Fez, c'est parce qu'elle est plus proche des montagnes des Maçmoûda et des plaines des Lemtoûna. Sans ce motif, Merrâkech ne serait pas devenue capitale, car Fez y a plus de titres. Je ne crois pas qu'il y ait au monde une ville offrant plus d'avantages, mieux pourvue de vivres et aux environs plus fertiles; elle est, en effet, entourée d'une ceinture ininterrompue d'eau et d'arbres, tandis qu'au-dedans des portes et renfermées dans les murailles plus d'une quarantaine de sources forment des ruisseaux qui serpentent autour de la plupart des habitations. Dans la ville même et sous les murs, il existe environ trois cents moulins hydrauliques. C'est, à ma connaissance, la seule ville du Maghreb qui n'ait pas besoin de recourir à l'importation, sauf pour les épices; non seulement elle se suffit à elle-même pour les choses indispensables, mais elle écoule ses produits au dehors et y sème l'abondance.

De Fez à Miknâsat ez-Zeytoûn (Mequinez), il y a une pleine et forte journée de marche; il y a quatre étapes de Miknâsat à Salé, qui est située sur la Grande-Mer [P. 262] ou Océan, vers le Sud, comme nous l'avons dit, et à l'embouchure du Wàdi er-Rommàn, qui s'y jette dans l'Océan.

Les Maçmoûda avaient fondé sur le littoral de cette mer et du côté de Merrâkech une grande ville à laquelle ils donnèrent le nom de Ribât' el-Fath'; commencée par Aboû Ya'k'oùb Yoùsof b. 'Abd el-Mou'min, elle fut achevée par son fils Ya'k'oùb, qui y édifia une grande mosquée déjà citée. On raconte qu'ils la bâtirent d'après l'ordre d'Ibn Toùmert, qui leur avait dit : « Vous bâtirez une grande ville sur le littoral de cette mer (c'est-à-dire l'Océan); ensuite vos affaires marcheront mal, et à la suite de divers soulèvements vous serez réduits à la possession de cette seule ville; puis Dieu vous donnera la victoire, vos affaires se rétabliront et vous recouvrerez votre situation antérieure. » C'est pourquoi ils la dénommèrent Ribât' el-Fath'. Entre cette ville et l'ancienne Salé se trouve la rivière dont il a été question, sur laquelle on bâtit un pont de bois et de pierre qu'on employait lors des basses eaux, tandis que, quand elles étaient hautes, on passait la rivière en barque (1).

Il y a neuf étapes de Salé à la capitale Merrâkech, qui est la dernière ville du Maghreb. Les fondements de cette ville furent jetés par le prince almoravide Tâchefîn b. Ali, et elle reçut ensuite des accroissements successifs des mains de son fils Yoùsof b. Tâchefîn et de son petit-fils 'Ali b. Yoùsof b. Tâchefîn. Les Maçmoûda, qui en devinrent ensuite maîtres, y firent des additions qui l'agrandirent énormément, si bien qu'aujourd'hui elle forme un carré

---

(1) L'Esmir ou Wâdi Boû-redjrâdj, qui sépare les deux villes de Salé et de Rabat, est aussi nommé Wâdi er-Rommân, à en juger par ce que dit notre auteur quelques lignes plus haut, mais nous n'avons pas retrouvé ce nom ailleurs. Salé est au bord de la mer, à deux milles de l'emplacement d'une ancienne Châla ou Chella, laquelle est seule mentionnée par Bekri (trad. fr., p. 202; cf. Édrisi, trad., p. 83; Ibn Haukal, p. 57). Salé, dont le nom revient souvent dans l'histoire des Almohades, doit être assez ancienne, car en outre de ce qu'en dit Ibn Haukal, on sait qu' 'Abd el-Mou'min fit la conquête de cette ville en 541 (Ibn el-Athîr, X, 411; Zerkechi, p. 5; Ibn Khallikan, II, 183) ou en 528 (Kartás, p. 172). Ibn el-Athîr ne parle pas de Rabat ni de sa fondation, dont il a été question *suprà*, p. 230. Reinaud (trad. d'Aboulféda, II, 174 et 183) affirme, sans en donner aucune preuve, que l'existence de Rabat est antérieure de plus de deux siècles à 'Abd el-Mou'min, et confond, à la suite du géographe qu'il traduit, Rabat et Mehddiyya (de même que l'*Afrique* de Marmol, Paris, 1667, II, 141; cf. Léon l'Africain, Lyon, 1556, t. I, p. 116, 119 et 232, et Ramusio, p. 61 a). Ibn el-Athîr (XII, 95) paraît également avoir confondu ces deux villes et attribue à Ya'k'oùb la fondation de la seconde. C'est Mehdiyya (la Mamora de certaines de nos cartes, Hœst, *Nachrichten*, p. 87), qui, située sur la mer et au *nord* de Salé, doit son origine à 'Abd el-Mou'min, ainsi que l'indique son nom et conformément au témoignage du *Mochtarik* (p. 410) et du *Meráçid* (III, 178; cf. Dozy, *Recherches*, 3ᵉ éd., t. II, p. 452 et 453). Il est bien question de Rabat à l'époque d''Abd el-Mou'min dans un passage du *Kartás* (p. 125, l. 10; cf. trad. Tornberg, p. 405), mais il doit s'y agir de l'emplacement qu'occupa plus tard cette ville.

de quatre parasanges de côté si l'on y comprend les palais des enfants d''Abd el-Mou'min. Les Maçmoûdites y amenèrent des eaux abondantes, qui y manquaient auparavant et y élevèrent des châteaux tels que n'en avait eu aucun de leurs prédécesseurs, si bien qu'elle devint parfaitement belle. Comme l'a dit un ancien :

[Ramal] Si on la dit parfaite, ce n'est pas à cause de la perfection d'une de ses parties, mais de toutes.

[P. 263] Cette ville est le lieu où, sortant du sein de ma mère, j'entrai en contact avec la terre, le 7 rebî' II 581, au commencement du règne d'Aboû Yoûsof Ya'k'oûb b. Yoûsof b. 'Abd el-Mou'min b. 'Ali. A l'âge de neuf ans j'en sortis pour aller à Fez, que je ne quittai pas avant d'avoir soigneusement appris le Koran et ses diverses leçons auprès de plusieurs maîtres éminents dans cette science et celle de la grammaire. Je retournai ensuite à Merrâkech, et je ne cessai d'aller et venir de l'une à l'autre de ces deux villes jusqu'au commencement de 603, où je me rendis en Espagne. Dans ce pays, je rencontrai maintes et maintes personnes distinguées de toute sorte, mais je n'en retirai rien autre chose que d'apprendre leurs noms, leurs dates de naissance et de décès et [les noms de] leurs sciences, tandis qu'ils gardaient pour eux-mêmes toute leur supériorité. Nul ne peut empêcher les dons de Dieu, ni donner ce qu'il refuse ; « il couvre de sa miséricorde qui il veut, il est maître de faveurs immenses » (Korân, III, 67).

Après Merrâkech, qui est la dernière des villes grandes et connues du Maghreb, il n'y en a plus qui aient de la réputation et de la prospérité, sauf quelques petites villes du Soûs el-Ak'ça, entre autres Târoûdânt, capitale et centre de réunion du Soûs, et Zodjondar, qui est habitée par les mineurs occupés à extraire l'argent d'une mine voisine. Dans le pays des Djozoûla, il y a la capitale nommée El-Kosta ; dans le pays des Lamt'a, il y a également la capitale nommée Noûl des Lamt'a. Telles sont les villes situées par delà Merrâkech et dont je connais, pour y être allé, Târoùdânt et Zodjondar; je sais que ces deux dernières, et notamment Zodjondar à cause de ses mines, sont fréquentées par des marchands et d'autres personnes; mais la ville des Djozoùla et celle des Lamt'a ne reçoivent d'autres visiteurs que leurs propres habitants.

[P. 264] **Noms et emplacements des mines d'argent, de fer, de soufre, de plomb et de mercure existant au Maghreb.**

La mine de soufre entre Bark'a et Tripoli, proche du château de T'olmeytha, a été précédemment citée. Entre Ceuta et Oran, près du littoral, on trouve à Timsâmân une mine de fer. Entre Salé et Merrâkech, à environ une journée ou un peu plus du littoral, on trouve encore à Isantûr une mine de fer; ce lieu n'est pas situé sur la route que suivent les voyageurs, et l'on n'y va que pour en emporter du fer. Il existe une mine d'argent non loin de Miknâsa, à la distance de trois étapes, au fort de Warkennâs. Dans le Soùs, nous avons cité la mine de Zodjondar, mais ce n'est pas dans cette localité même qu'on extrait l'argent; il y a encore dans la même contrée deux mines de cuivre et une mine de tutie, minéral dont on se sert pour étamer le cuivre rouge et le rendre jaune.

En outre de ces mines, les seules qu'on trouve dans le littoral marocain (*'adwa*), il s'en rencontre en Espagne. En pays chrétien, il y a à l'Ouest une mine d'argent dans le lieu dit Chantara; à quatre étapes de Cordoue, à Chelwen [ou Cheloùn], existe une mine de mercure dont les produits s'exportent dans tout le Maghreb; à une journée et demie d'Almeria, et faisant partie de cette province, se trouve la mine de plomb de Delâya (Dalias) et une autre de fer à Bekkârich, à la même distance d'Almeria et dans la même province; entre Xativa et Denia, à une demi-journée de celle-ci, il y a une mine de fer à Awrîba. Telles sont toutes les mines de l'Espagne. Quant à l'or, on le fait venir du Soudan.

[P. 265] Grands fleuves du Maghreb

On trouve d'abord en Ifrîk'iyya, à une demi-étape de Tunis, le fleuve nommé Badjarda [Bagrada ou Medjerda], qui prend sa source dans une montagne de la région et se jette dans la Méditerranée. Il y a ensuite le fleuve de Bougie ou le Wâdi Kebîr, qui fait l'agrément de cette ville et le long duquel sont situés les jardins et les châteaux. Entre Tlemcen et Ribât' Tâzâ, on trouve la Molwiya (Molouya), qui se jette aussi dans la Méditerranée. Le Seboû contourne Fez à l'Est et à l'Ouest et est peu éloigné d'une autre grande rivière, la Wargha; tous deux ont leur embouchure dans la Grande-Mer ou Océan, après que leurs eaux se sont mêlées à l'endroit dit Ma'moûra. Entre Salé et Miknâsa, on rencontre le Yaht (1), qui se jette aussi dans l'Océan; ensuite la rivière de Salé déjà citée. Entre Salé et Merrâkech, à trois étapes de celle-ci, coule l'Oumm Rebî', qui prend sa source à Wânsifan, dans les montagnes des Çanhâdja, et se jette aussi dans l'Océan. A quatre milles de Merrâkech, on trouve le Tânesift, que l'on franchit sur un très grand pont. Viennent ensuite la rivière de Soûs el-Ak'ça et celle de Chefchâwa, dans le pays des H'âh'a. Elles se jettent toutes dans l'Océan. Telles sont dans le Maghreb les rivières qui roulent un volume d'eau assez considérable et qui ne tarissent ni en été, ni en hiver; nous passons sous silence les petits *oued* et les rivières qui restent à sec pendant l'été.

---

(1) Il s'agit probablement de l'oued Beht de nos cartes, qui se perd dans le marais de Ma'moûra, entre Salé et Mehdiyya (voir *Berbères*, table géographique; Bekri, p. 305).

L'Espagne, ses villes et ses fleuves

Connue dès longtemps chez les Roûm sous le nom d'Echbâniya, cette péninsule a des limites que nous avons données au commencement de ce livre, ce qui nous dispense de les redire ici. Autrefois les habitants en étaient [P. 266] Çabéens, c'est-à-dire qu'ils adoraient les astres dont ils s'efforçaient de se concilier l'influence et qu'ils tâchaient de se rendre favorables par des sacrifices de divers genres : c'est ce qu'attestent des talismans qu'on y trouve et qui proviennent des anciens. Ils se convertirent ensuite au christianisme, lors de la prédication de cette religion par les adeptes du Messie. Devenue partie de l'empire romain, cette contrée recevait comme gouverneurs ceux que lui envoyait l'empereur et qui avaient pour capitale T'âlik'a, grande ville située à deux parasanges de Séville et dont les traces sont encore visibles de nos jours. Les Goths, qui étaient une tribu franque, en firent ensuite la conquête et en expulsèrent les anciens maîtres, qu'ils refoulèrent dans Rome, leur ville principale; eux-mêmes firent de cette contrée un très grand royaume, qui dura près de trois cents ans et qui avait pour capitale Tolède, situèe presqu'au centre de la Péninsule. Leur autorité s'y maintint jusqu'à la conquête musulmane, qui eut lieu en ramad'ân 92, comme nous l'avons dit au début de cet ouvrage. Les nouveaux maîtres choisirent Cordoue comme capitale et centre de l'administration de toutes les affaires gouvernementales. Cette ville conserva le même caractère jusqu'aux troubles amenés par la chute des Omeyyades d'Espagne, à la mort de H'akem Mostançer, lorsque le pouvoir tomba entre les mains d'Aboû 'Amir Moh'ammed b. Aboû 'Amir et de son fils au détriment de Hichâm Mo'ayyed b. H'akem Mostancer, faits narrés plus haut.

Après cet exposé sommaire des vicissitudes historiques de la Péninsule, j'en viens à ce qui frappe au premier abord les regards de quiconque porte son attention sur les limites et les villes de ce pays. Les deux mers Méditerranée et Océane, cela a été dit, se réunissent vis-à-vis Ceuta ; le détroit se resserre progressivement jusqu'au point où les deux côtes sont le plus rapprochées, entre K'açr Maçmoûda en Afrique et Tarifa en Espagne, pour ensuite s'élargir ; [P. 267] il commence du côté de Tanger à la montagne dite T'araf Echbertâl (cap Spartel) en saillie sur l'Océan, et finit à la montagne qui est à l'est de Ceuta. En faisant la traversée de Ceuta en Espagne, on aborde à la ville d'Algéziras, et à Tarifa si l'on part de K'açr Maçmoûda. A proprement parler, Algéziras est sur le littoral de la Méditerranée et Tarifa sur le littoral de l'Océan ; une distance de dix-huit milles sépare ces deux endroits. A l'est d'Algéziras se trouve la montagne nommée Djebel el-Fath' ou Djebel T'ârîk', qui a une pointe, le T'araf el-Fath', en saillie sur la mer ; c'est là que se trouve, pour l'Espagne, le confluent des deux mers.

Après avoir parlé du détroit, venons-en aux villes, qui sont en grand nombre, mais dont la plupart sont aux mains des chrétiens. Je vais énumérer celles qu'ils possèdent actuellement tant à l'Est qu'à l'Ouest, mais sans m'arrêter aux distances qui les séparent entre elles, la présence des chrétiens ne permettant pas de les savoir. La première à la frontière nord-est sur la Méditerranée est Barcelone, ensuite Tarragone, puis Tortose ; ces trois villes sont situées sur la Méditerranée (Dieu les veuille rendre aux musulmans !). Dans cette même direction, mais dans l'intérieur des terres, on trouve Saragosse, Lérida, Fraga et K'al'at Ayyoûb (Calatayud) : toutes appartiennent au prince qui règne à Barcelone et forment le pays appelé Aragon. Dans la région nord-ouest on trouve Tolède, Cuenca, Ouk'lîdj (Ucles اقليش d'Édrisi), T'alabeyra (Talavera), Makkâda (Moqueda?), Machrît' (Madrid), Wabdh (Huete وبذة d'Édrisi), Avila et Chok'oûbiya (Ségovie), [P. 268] qui toutes appartiennent à

Alphonse et forment le pays de Castille. Le royaume voisin de ce dernier, un peu vers le Nord, est celui de Loyoûn (Léon), où règne El-Baboûdj et où il y a aussi beaucoup de villes : Zamora, Salamanque, Es-Sibt'ât (Ciudad Rodrigo), Coïmbre. Le royaume de l'Ouest, situé sur l'Océan et gouverné par Ibn er-Rîk', renferme les villes de Lisbonne, de Santarem, de Béja, de Cintra, de Saint-Jacques, d'Évora et beaucoup d'autres dont je ne me rappelle pas les noms. Telles sont les villes appartenant aux chrétiens et voisines des possessions musulmanes; mais par delà, du côté du pays des Roûm, il y a beaucoup d'autres villes peu connues chez nous à cause de leur éloignement et de leur situation en plein pays chrétien : jamais les musulmans n'en ont été maîtres, car lors de la conquête ils ne soumirent que la plus grande partie, mais non la totalité de la Péninsule.

Je vais énumérer maintenant les villes appartenant encore aux musulmans, en disant clairement le nombre d'étapes qui les séparent les unes des autres et leur plus ou moins de proximité de la mer. De nos jours, la première possession musulmane en Espagne est le petit fort de Peniscola sur le bord de la Méditerranée, à trois étapes de Valence; voisin du territoire chrétien, il est à deux étapes ou un peu plus de Tortose. Vient ensuite Valence, qui jouit d'une grande fertilité et d'un climat très tempéré, et que les Espagnols appelaient autrefois *Mot'ayyeb el-Andalos* (bouquet de l'Espagne); Mot'ayyeb veut dire chez eux un bouquet formé de fleurs odorantes où figurent le narcisse, le myrthe, etc., et Valence fut ainsi appelée à cause de ses nombreux arbres et du parfum qu'ils exhalent. De Valence à la Méditerranée, il y a près [P. 269] de quarante milles. On trouve ensuite, à deux étapes de là, la ville de Chât'iba (Xativa) et, entre les deux, la petite ville de Djezîrat ech-Chok'r (Alcocer?) appelée île (djezîra) parce qu'elle est au milieu d'une grande rivière qui l'entoure de tous côtés et qu'on n'y a accès que par le pont. De Xativa à Dénia, qui est sur la Méditerranée, il y a une pleine journée de marche, et de Xativa à Murcie, qui est à dix parasanges de la Méditerranée, il y a trois jours. De Murcie à Grenade, on compte sept étapes. La même région renferme, en outre, d'autres petites villes intermédiaires : près de Murcie le fort de Lorca, celui de Bellis (Velez?), celui de K'olya (?), puis la petite ville de Bast'a (Baza) et celle, à un jour de Grenade, de Wâdi-âch ou aussi Wâdi' l-achi (Guadix), comme j'ai entendu les poètes le prononcer dans leurs vers. Tous ces lieux se trouvent entre Grenade et Murcie. Vis-à-vis Wâdi-âch, et à deux fortes étapes, se trouve la ville bien connue d'Alméria, qui est sur la Méditerranée et dont les remparts sont battus par les vagues. Après Alméria, et toujours sur la Méditerranée, qui baigne aussi les remparts de cette petite ville, on trouve le fort d'Almunecar, séparé par quatre étapes d'Alméria et par trois de Malaga. De cette dernière à Algéziras, il y a trois fortes étapes. C'est à Algéziras ou à Djebel el-Fath', nous l'avons dit, que se trouve le confluent des deux mers. Les villes musulmanes de l'Espagne sur le littoral méditerranéen sont donc Algéziras, Malaga, Almunecar, Alméria et Dénia, ces deux dernières étant à environ huit étapes l'une de l'autre ; au delà de Dénia, on trouve le fort déjà cité de Peniscola. Toutes ces villes sont en contact immédiat avec la mer, [P. 270] tandis que, comme nous l'avons dit, Valence en est à près de quatre milles.

Parlons maintenant de celles de l'intérieur. Grenade est à quarante milles de la mer, soit à une forte journée ou à deux petites. Deux étapes séparent Grenade de Jaën, qui est à trois étapes de la Méditerranée et à deux de Cordoue. Il a été dit que celle-ci resta la capitale et le centre gouvernemental de l'Espagne musulmane jusqu'à la chute des Omeyyades ; elle arriva à un degré de force et à un nombre d'habitations et d'habitants tels que nulle ville n'y arriva jamais. D'après Ibn Feyyâd' dans sa chronique de Cordoue, il y avait, rien que dans le faubourg oriental de cette ville, cent soixante-dix femmes occupées à transcrire le Koran en caractères koûfiques. Par ce qui se faisait dans un seul quartier, qu'on juge de l'ensemble de la ville ! Elle renfermait trois mille porteurs du bonnet dit k'alansowa, que pouvaient alors porter ceux-là seuls qui étaient capables de donner des consultations juridiques. J'ai ouï dire en Espagne par plus d'un cheykh du pays qu'à trois parasanges de Cordoue les piétons étaient encore éclairés par les lumières de la ville. C'est là que se trouve la grande mosquée cathédrale bâtie par Aboû'l-Mot'arref 'Abd er-Rah'mân b. Moh'ammed surnommé En-Nâçir li-Dîn Allâh, et à laquelle son fils H'akam Mostançir fit des additions encore reconnaissables aujourd'hui. D'après Aboû Merwân b. H'ayyân dans sa chronique de Cordoue, le peuple, après les additions faites à la mosquée par H'akam, s'abstint pendant plusieurs jours d'y aller prier. Le prince, qui l'apprit, en demanda le motif, et il lui fut répondu qu'on disait dans le peuple ne pas savoir quelle était la provenance des sommes dépensées dans ces constructions. Alors il fit venir le k'âd'i Aboû 'l-H'akam Mondh'ir b. Sa'îd Balloût'i, [P. 271] assisté de ses témoins instrumentaires (1), et se tournant dans la direction de la Mekke, il jura dans les formes légales habituelles qu'il n'y avait pas dépensé un dirhem qui ne provînt du quint du butin. Quand le serment prêté par le prince fut connu, on retourna prier dans la mosquée. C'était aussi avec le produit du quint que son père en avait payé la construction, et ce fut de l'argent de même provenance qui solda les agrandissements qu'y fit postérieurement Aboû 'Amir Moh'ammed b. Aboû 'Amir. Cette mosquée tout entière bâtie avec le produit du quint, est très véné-

---

(1) D'après Ibn el-Faradhi (éd. Codera, II, p. 17), qui fait un grand éloge de ce juge et savant, Balloût'i, qui était d'origine berbère, mourut en 355. — On sait que la présence de deux témoins hommes de bien (vulgairement *adel*) est indispensable pour certifier l'authenticité des actes ou des jugements du k'âd'i.

rée en Espagne et regardée comme sainte ; nulle invocation relative à cette vie ou à l'autre ne s'y fait qui ne soit exaucée, c'est un fait bien connu partout. Maintes personnes racontent que quand Alphonse entra en 503 dans la ville, les Chrétiens pénétrèrent dans le temple avec leurs chevaux et y passèrent deux jours, mais que ces animaux attendirent, pour satisfaire leurs besoins naturels, d'en être sortis. Cette anecdote repose sur une suite de témoignages sérieux et a cours à Cordoue. Il existe plusieurs ouvrages composés par des Espagnols et traitant des mérites de cette ville, de son histoire, de ceux des gens de bien, des hommes distingués et des savants qui y sont nés ou qui s'y sont établis.

Trois étapes séparent Cordoue de Séville, capitale actuelle de l'Espagne musulmane, autrefois appelée H'imç (Emesse) parce que, lors de la conquête, les corps de troupes *(djond)* d'Emesse de Syrie s'y fixèrent. Cette ville dépasse toute description et est au-dessus de tout qualificatif. Elle est située au bord d'un grand fleuve qui prend sa source dans la montagne de Segura et qui, grossi par de nombreux affluents, n'y arrive que sous la forme d'une véritable mer ; les vaisseaux venant de l'Océan le remontent et viennent jeter l'ancre à la porte même de la ville, qui est distante de l'Océan de soixante-dix milles ou deux étapes. Autrefois capitale des Benoû 'Abbâd, elle devint le séjour des Maçmoûda lorsque ceux-ci passaient en Espagne ; c'était de là que partaient leurs ordres, là que résidait le pouvoir. Ils y élevèrent de grands palais, y amenèrent de l'eau, [P. 272] y firent des plantations, et la ville n'en devint que plus belle.

Il y a cinq étapes de Séville à Silves, sur le littoral de l'Océan, et dans l'intervalle, dans l'ouest de l'Espagne, se trouvent plusieurs petites villes, Niebla, le fort de Mertola, Tavira, El-'Olyâ (Loulé ?), Chantamariya (Sainte-Marie d'Algarve).

De Cordoue à la Méditerranée il y a cinq étapes. Cette ville est arrosée par le même cours d'eau que Séville, mais celle-ci est plus bas, et le développement considérable qu'a pris le fleuve permet aux navires d'y arriver ; on peut, comme sur le Nil, se rendre en barque de l'une à l'autre de ces villes. Deux étapes séparent Séville de Xérès, qui est à trois étapes de la mer. — Voilà tout ce qui concerne les villes du Maghreb et de l'Espagne et les distances approximatives qui les séparent ; je connais les unes pour en avoir fait le voyage par moi-même, j'ai recueilli les autres d'après des renseignements provenant de voyageurs.

Je crois qu'il est bon d'énumérer ici les grands fleuves dont il est le plus parlé en Espagne. Le premier, vers l'Est, est le fleuve de Tortose, gros cours d'eau qui prend sa source dans des montagnes de cette région, arrose Tortose et se jette dans la Méditerranée, à douze milles de là. Le fleuve de Murcie, aussi tributaire de la Méditerranée, a également sa source dans la montagne de Segura, comme le fleuve de Séville ; mais les deux rivières se séparent bientôt, l'une coulant vers Murcie et l'autre vers Séville. Le grand fleuve de Séville, après avoir pris sa source au lieu indiqué, reçoit de nombreux cours d'eau, de sorte qu'à son arrivée à Séville, il a l'aspect d'une mer ; il se jette dans l'Océan. [P. 273] Le Tage est un cours d'eau considérable dans la région chrétienne ; il arrose Tolède et Santarem, qui sont à près de dix étapes l'une de l'autre ; Lisbonne, à trois étapes de Santarem, est sur le même fleuve, qui se jette dans l'Océan. Tels sont les fleuves bien connus de l'Espagne.

Ici finit, gloire à Dieu ! l'ouvrage que j'ai écrit sur la demande de notre Maître ; partout j'y suis resté fidèle à mon habitude de résumer, et j'ai omis les noms des bourgades, hameaux, petites rivières, etc., quand ils n'étaient pas nécessaires et que leur omission ne troublait pas l'exposé des faits. Si mon travail répond à ce que voulait notre Maître, qu'il lui convienne et satisfasse à ce qu'il demandait, ce sera pour moi la plus extrême satisfaction, le suprême désir à la réalisation duquel j'ai toujours consacré mes efforts et mes soins, le but auquel j'ai tâché d'atteindre. Si j'ai échoué, je ne suis pas le premier de qui le résultat aura trahi les efforts, le premier qui n'aura pu réaliser ses intentions et accomplir ce qu'il s'était promis. C'est auprès de Dieu que je cherche la protection, à lui que je demande de me diriger, sur lui que je m'appuie.

Achevé d'écrire le samedi 23 djomâda II 621.

ERRATA

Page 144, l. 10, au lieu de « Habib (3).... Chebîb », lisez « Habîb, ... Chebîb (3) ».

Page 178, l. 2, lisez, Yah'ya b. el-'Azîz.

Page 222, sur l'expédition contre Santarem, voir la 3ᵉ éd. des *Recherches* de Dozy, t. II, p. 443.

INDEX ALPHABÉTIQUE

'Abbâd (Ma'moùn)............ 110,119
— b. Moh'ammed (Mo'tad'id) 60,80
Ibn 'Abbâd (Mo'tamid)......... 60,62
'Abbâs b. el-Ah'naf............. 38
'Abbâs b. Motewakkil b. Aft'as.. 64
Abbassides.................. 232,235
'Abd Allâh b. 'Abd el-Mou'min 172,178, 195.
'Abd Allâh b. 'Abd er-Rah'mân Mâlak'i............. 175
— b. 'Ali Hawzeni...... 80
— — b. Idrîs........ 54
— b. 'Amr b. el-'Aci.... 12
— b. Djebel............ 175
— b. Ibrâhim b. Djâmi' 270
— b. Ish'âk' b. Ghâniya 237, 238,274.
'Abd Allâh b. Moh'ammed b. Ghâniya............... 232
— b. Moh'ammed b. H'abboùs.............. 184
— b. Moùsa b. Noçayr... 9
— b.'Omar b. el-Khat't'âb 12
— b. Soleymân Mesekkâli 169, 290.
'Abd Allâh b. Ya'k'oùb, Almohade 226
— b. Yoùsof b. 'Abd el-Mou'min........... 211
— b. Zobeyr............ 69
Aboù 'Abd Allâh b. Meymoùn.... 181
— — b. Yoùsof, Almohade 204
'Abd el-'Azîz b. 'Isa............ 126
— b. Moùsa........... 9
— b. 'Omar b. Aboù Zeyd Hintâti..... 283
— b. Ya'k'oûb, Almohade............. 226
— b. Yoûsof b. 'Abd el-Mou'min 212,285,286

Benoù 'Abd el-'Azîz...... 104,107,112
Ibn Abd el-Ghâfir Fârisi......... 12
'Abd el-H'ak'k' b. 'Abd er-Rah'mân Azdi Ichbîli.... 235
— b. 'Omar Fâçka... 289
— b. Yoùsof b. 'Abd el-Mou'min....... 212
'Abd el-Melik b. 'Abd el-Azîz.... 62
— Chidhoùni......... 205
— b. Idrîs Djeziri.... 23
— b. K'at'an Fihri.... 11
— b. Mançoùr b. Aboù 'Amir............ 26
— b. Merwân...... 70,133
— b. Yoùsof b. Soleymân............ 283
'Abd el-Mou'min b. 'Ali 156,166,168 et s. 204,286,289,290,294,303.
'Abd el-Moun'im b. 'Achir........ 158
'Abd er-Rah'mân l'Obeydite...... 283
— b. 'Abd Allâh 'Akki......... 11
— b. 'Abd Allâh Ghâfik'i...... 12
— b. 'Abd el-'Azîz b. Yoùsof.... 288
— b. 'Abd el-Mou'min 172, 273, 274
— b. Ah'med b. Bichr................. 41
'Abd er-Rah'mân b. Aboù 'Amir (Nâçir)................. 33
'Abd er-Rah'mân b. 'At't'âf Ifreni 45
— b. 'Awf........ 247
— Djozoùli (Aboù K'açba)...... 275
— b. Hichâm b. 'Abd el-Djebbâr 39, 46
— b. 'Iyâd'....... 180

'Abd er-Rah'mân b. Mo'âwiya b. Hichâm.......... 13
— b. Moh'ammed b. 'Abd el-Melik 46
— — Nâçir li-dîn Allâh 316
— b. Mohammed b. 'At'iyya fak'îh 175
— b. Moh'ammed b. Selîm......... 48
— b. Moldjem..... 68
— b. Moùsa b. Youwouddjân 227,268, 272,273.
'Abd er-Rah'mân Nâçir........ 33,48
— b. 'Omar, Almohade..... 229,272
— b. Yoùsof, Almohade.. 212,245
Aboù 'Abd er-Rah'mân T'oùsi.... 211
'Abd es-Selâm b. Moh'ammed Koùmi....................... 173
'Abd el-Wâh'id Chark'i....... 157,194
— b. Omar Fâçka 272, 278,289.
'Abd el-Wâh'id b. Yoùsof, Almohade...................... 212
Ibn Abdoùn............ 64,74,139,149
Benoù Abed.................... 171
'Abîd......................... 144
Açbagh b. el-Faradj........... 148
Ach'ari (Aboù'l-H'asan)......... 163
Achhab b. 'Abd el-Azîz......... 147
'Açimi Nah'wi.................. 28
'Adi b. Zeyd................... 67
Ibn 'Afîf (Aboù Moh'ammed)..... 305
Ibn el-Aft'as................... 63
Aghlab b. Moh'ammed b. Ibrâhîm 304
Aghlabites..................... 304
Aghmât........................ 124
Ah'dab (Ibn el-Djadd............ 149
Ah'med b. 'Abd el-'Azîz b. Yoùsof 288
— b. 'Abd el-Melik b. Chobeyd 47
— b. 'Atiyya............ 173,175
— b. Bak'i............... 271
— H'âdjib Irbili............ 251
— b. Ibrâhîm b. Mot'arref... 253
— b. K'asi................. 182
— b. Khâlid............... 48
— b. Menî'............ 271,282
— b. Mad'â, k'âd'i...... 214,228
— b. Moh'ammed (Aboù' l-K'âsim) k'âd'i..... 228,248
— b. Moh'ammed b. 'Abd er-Rah'mân b. 'Ayyâch... 282

Ah'med b. Moh'ammed H'imyari Wazaghi............. 261
— Nâçir (Aboù' l-'Abbâs)... 235
— b. 'Omar Fâçka........ 289
— b. Sa'id b. ed-Doubb.... 38
— b. Yoùsof b. 'Abd el-Mou'min.................. 211
'A'icha bent Yoùsof l'Almohade.. 286
Aït Wamaghar................. 200
'Ak'abat el-Bak'ar.............. 35
Aboù' l-'Alâ Tenoùkhi........... 145
Alarcos....................... 245
Alcocer (?).................... 314
Aledo........................ 112
Alexandre.................... 166
Alexandrie................ 17,299
Alger...................... 164,303
Algéziras 5.6,7,8,35,36,44,45,55,59,60, 63,112,182,313,315.
'Ali b. 'Abd Allâh b.'Abd er-Rah- mân Mâlak'i............. 223
— b. 'Abd Allâh b. Moh'ammed b. Ghâniya............. 277
— b. 'Abd el-Mou'min......... 172
— b. Ah'med fak'îh........... 22
— b. 'Ayyâch b. 'Abd el-Melik 271, 282.
'Ali b. H'ammoùd l'Alide.... 36,42,79
— b. H'azmoùn............. 254
— b. Idrîs b. 'Ali............. 54
— b. 'Isa b. 'Amrân......... 213
— b. el-'Izz [b. el-Mo'izz] (Nâçir li-dîn en-Nebi) dit Ibn er-Rend................... 218
— b. Ish'âk' b. Ghâniya 233,235,236
— b. Kharroùf.............. 263
— b. Modjâhid.............. 63
— b. Moùsa D'erîr........... 204
— b. 'Omar b. 'Abd el-Mou'min 273
— b. Aboù T'âleb......... 12,68
— b. Yoùsof Almoravide 139,146,160, 167,172,173,176,179,231,232,308
El-'Aliya..................... 70
Almanzor (voir Moh'ammed b. Aboù Amir).. 39,48,185,306,312,316
Alméria...... 6,63,112,115,181,315
Almohades 175; tribus Almohades 291
Almoravides.... 64,86,114,153,231,232
Almunecar................ 60,315
Alphonse........... 216,217,278,317
Alphonse VI.......... 62,101,113
Alphonse IX................. 245
Alphonse le Batailleur d'Aragon.. 153
Alpuente..................... 49

	Pages.
'Amir b. Fotoûh' Fâ'ik'i	37
'Ammâr b. Yâsir	68
Ibn 'Ammâr (Aboû Bekr Moh'ammed)	94
'Amr b. el-Ahtam	94
— b. Sa'd	69
— b. Sa'îd Achdak'	70
'Anbasa b. Soh'aym Kelbi	11
'Anber, ennuque et chambellan	227
Andalous ou Espagne	4
Ansâ	204
Ant'âbolos	298,299
Aragon	61,180,278,313
El-'Ardji	19
El-'Arîch	298
Ibn el-'Arîf (Moh'ammed b. Yah'ya)	25
Aristote	210,265
Ark'am b. Ibn Merdenîch	216
'Asker b. Ibn Merdenîch	216
Aboû l-'Atâhiya	144
'Atib	50
Avempace	207
Avenzoar	75,77,131
Averroès	209,264,265
Avila	313
Awriba	311
Ayros	57,58
'Ayyâch b. 'Abd el-Melik	175,211
Ayyoûb Djedmiwi	290
Ayyoûb b. H'abîb Lakhmi	10
'Azîz b. Mançoûr	192
'Azîz b. Ibn Merdenîch	216
Bâb Tât'ount	197
Bâb el-Faradj à Séville	120
El-Baboûdj	279,314
Badajoz	63
Ibn Bâddja	207
Ibn Badroûn	65
Baëza	280
Baghdâd du Magbreb	306
Ibn Bak'anna	53,54,55
Bak'i b. Makhled	228
Bâk'il	65
Baldj b. Bichr	11
Barcelone	313
Barchnoûni	278
Bark'a	298
Ibn Bart'al	32
Bat'h'â	198
Bâwerdi Mot'arriz	27
Baza	315
Bedr	67
Bedr b. Ibn Merdenîch	216

	Pages.
Benoû Behloûl	236
Béja	314
Bekkârich	310
Aboû Bekr b. 'Abd Allâh b. Aboû H'afç 'Omar Inti 227 (ou Aboû Yah'ya)	246
— b. 'Abd el-'Azîz	112
— b. el-Djadd	242
— b. Hâni	253
— b. Ish'âk' b. Ghâniya	233,237
— b. Yoûsof b. 'Abd el-Mou'min	211 244
— b Aboû Yoûsof Ya'k'oûb	227
Bekri (Aboû 'Obeyd)	165,298
Berbères... 33,34,35,37,43,56,60,79,80, 83,84,98,112,117,300.	
Benoû Berzâl	63,83
Beyhak'i	242
El-Bezzâr	242
Berâdha'i	241
Ibn Bessâm	150
Ibn Bîdjît	290
Ihn el-Binni	147
Bint eç-Çah'râwiyya	174
Biskra	304
Bizerte	302
Bobastro	54
Bodjeyr b. H'ârith	69
Boh'eyra	166
Bohtori	144
Bokhâri	205,242
Bologguin	119
Bondoûd b. Yah'ya K'ort'obi	209
Bône	178,302
Borcyba	32
Bougie... 156,158,178,192,195,197,213, 230,233,273,302,306.	
Bouredjrâdj	308
Çâ'id d'Egypte	269
Çâ'id b. H'asan Loghawi	23
Calatayud	61,313
Calatrava	246,279
Çâlih b. Aboû Yoûsof Ya'k'oûb	227
Çanhâdja 53,57,63,80,83,284,285,292,300	
Carmona	46,49,53,60,83
Carthage	301
Castille	278,314
Ceuta 36,44,53,58,185,215,221,270,303, 310,312.	
Cha'bân, chef Ghozz	250
Châchi (Aboû Bekr Moh'ammed)	155
Châla	308

	Pages.
Chamir b. Dhoû' l-Djoùchen	68
Chantara	310
Chebib	144
Chefchâwa	311
Chellabera	60
Cheloùn	310
Chemmâkh b. D'irâr	29
Chennaboùs	97
Ibn Aboù Cheyba	242
Cheybâni (Aboù 'Abd Allâh Moh'ammed b. Aboù' l-Fad'l)	12
Choumount	48
Çiffîn	68
Cintra	314
Ciudad Rodrigo	314
Cobh'	21,23
Coïmbre	314
Comarès	55
Constantine	178,273,300,302, 305
Constantinople	301
Cordoue 6,9,14,33,35,39,46,48,50,62,79, 81,91,97,105,110,130,153,182,183, 193,231,306,312,315.	
Crète	17
Cuenca	313
Dalias	310
Damas	233
Dâr el-Bak'ar	35
Dârak'ot'ni	242
Dâwoùd b. Aboù Hind b. Aboù 'Othmân Nahdi	13
Dâwoùd Z'âhiri	39
Aboù Dâwoùd	242
Denia	6,63,126,231,239,314
Deren	166,217,292
Ed-D'erîr (Aboù 'Amrân)	270
Dhobyân et 'Abs	67
Dinar 'Amiri	31
Dinars en cuivre doré	234
Dirhem mou'mini	196
Djadhîma	133
Dja'far Barmeki	71,101
Dja'far b. Aboù T'âleb	68
Djahwar b. Moh'ammed	49,51,62
Benoù Djahwar	91
Djarwal b. Aws H'otaya	256
Djawher	301
El-Djawwâs	25
Djebel el-Fath'	183,313
Djebel T'arik'	183,313
Djedmiwa	291
El-Djellâb	215
Djemâ'a	163,169,289

	Pages.
Djenfisa	291,292
Djerîd	197,235,236
Djerîr, poète	133
Djerîr b. 'At'iyya	65
Djochem b. Bekr	193
Djomoù'	293
Djozoùla	285,292,309,310
Dokkâla	292
Dok'yoùs	236
Ibn Doreyd (Aboù Bekr)	27
Echbâniya	279,312
Echiquier	101
Ecija	53
Egypte	246,298,305
Emesse	269,317
Emîn, khalife Abbasside	71,72
Emîra bent H'asan 'Alide	45
Esmîr	188,193,308
Evora	314
Fâçka b. Oumezâl	169,289
Fad'l b. Motawakkil b. Aft'as	64
Fah'ç el-Djedîd	245
Fâ'ik'	37
Fakhkh	71
Fakhr ed-Dawla, 'Abbâdide	135
Fakhr [ed-Dîn ?]	297
Fârih' (Aboù's-Soroùr)	282
Fath'	262
Fath' b. Mo'tamid	119
Fât'ima bent Kâsim	55
— — Yah'ya b. Ismâ'îl	201
Fenzâra	157
Aboù Ferâs Hamdâni	111
Ferghâni ('Abd Allâh b. Moh'ammed)	40,298
Ibn Feyyâd' Andalosi	298,315
Fez	160,213,244,273,305,306,309,311
Fod'âla b. 'Obeyd	12
Fort des Confins	254
Fraga	50,61,180,313
Gabès	197,300
Gafça	197,218,237,304
Garcia Fernandez, de Castille	30
Ghamr b. 'Abd er-Rah'mân b. 'Abd Allâh	11
Ghânem b. Ibn Merdenich	216
Benoù Ghâniya	230
Ghâya	46
Ghazzâli (Aboù H'âmid)	149,155
Ghomâra	59,217,221
Ghornoùk'	264

	Pages.
Ghozz	221,250,252,293
Gibraltar	193
Goths	5,312
Grande-Mer	279,303
Grande-Terre	5
Grenade	6,43,60,63,112,181-183,215,315
Guadalquivir	254
Guadiaro	21,35
Guerour	122
Guillaume II de Sicile	218

H'abâba	70
H'abîb (Aboù Temmâm)	144
H'abîb b. Aboù 'Obeyda Fihri	9,10
Ibn H'abîb ('Abd el-Melik)	241
H'addjâdj b. Yoùsof	69
H'addjâdj b. Ibrâhîm Todjîbi	213
Aboù'l-H'addjâdj Maghrebi	54
Ibn H'addjâdj Baghdâdi	256
Hadjadjaf	25
Aboù H'afç b. 'Abd el-Mou'min	173
Ibn H'afçoùn	54
H'âh'a	292,311
H'akam Mostançir, Omeyyade	20,21,205,316
H'akam b. Hichâm Rabad'i, Omeyyade	15
H'akam b. Soleymân b. Nâçir	37
Aboù H'amâma	120
H'amd Dhehebi	160
H'âmma	197
H'âmma de Dok'yoùs	236
— des Benoù Behloùl	236
Benoù H'ammâd	178
Ibn Hamouchk (ou Homochk)	181
H'amza b. 'Abd el-Mot't'aleb	68
H'anach b. 'Abd Allâh Çan'âni	12
H'anfà	111
Ibn Hâni (Moh'ammed)	94,183
Aboù H'anîfa	18
Hâroùn er-Rachîd	38,71,101
H'asan b. 'Abd el-Mou'min (Aboù 'Ali)	172,234
H'asan b. 'Ali b. Aboù T'âlib	68,69
H'asan b. H'asan b. 'Ali b. Aboù T'âlib	155
H'asan b. Idris b. 'Ali (Sâmi)	54,57
H'asan b. K'annoùn, 'Alide	45
— b. K'âsim, 'Alide	44,54,55,79
— b. Rechîk' Kayrawâni	61
— b. Yah'ya, 'Alide	46,53,55
— b. Ya'koùb, Almohade	227
Aboù'l-H'asan b. Moghni	228
Haskoùra	287,292

	Pages.
H'assân b. Mâlek b. Aboù 'Obda	28
— b. Thâbit	144
H'awrâ	15,48
Hawzeni Ichbîli	211
Ibn H'ayyân (Aboù Merwân)	16,17,31,316
Ibn H'azm ('Ali b. Ah'med)	22,27,28,29,37,39,47.
Hazradj	292
Hergha	201,291,292
Heylâna	292
Hezmîr	292
Hichâm b. 'Abd el-Melik	19
— b. 'Abd er-Rah'mân, Omeyyade	15
— Hichâm b. H'akam (el-Mo'ayyed)	21,23,33,37,48,78,81
— b. Moh'ammed b. 'Abd el-Melik	49
— b. Soleymân b. 'Abd er-Rah'mân	34
H'içn el-'Ok'âb	279
— Sâlim	280
Benoù Hilâl	192,193
Hilâl b. Ibn Merdenich	216
Hilâl b. Moh'ammed b. Sa'd (Aboù l-K'amar)	249
Hintâta	291,292
H'oçri ('Ali b. Ghâni)	122
H'odayr b. Wâsnoù	120
H'odhayfa	111
H'omaydi (Moh'ammed b. Aboù Naçr)	21,22,28,29,37,60
Ibn Homochk [Hamouchk]	181
Aboù Horeyra	12
H'osâm b. D'irâr Kelbi (Aboù l-Khat't'âr)	11
H'oseyn b. 'Abd Allâh b. Djâmi'	270
— b. 'Abd el-Mou'min	172
— b. 'Ali	68
— b. Ya'k'oùb, Almohade	227
Ibn Hoùd	50
Benoù Hoùd	61,104
Huete	216,313
Ibrâhîm b. 'Abd el-Melik, philologue	204
— b. Abd el-Mou'min	172
— b. Djâmi'	270
— b. Homochk	181
— b. Ish'âk' b. Ghâniya	233
— b. Moùsa D'erîr	204
— b. 'Omar Fâçka	289
— b. Sofyân (Aboù Ish'âk')	13
— b. Ya'k'oùb Almohade	268

— 326 —

Ibrâhim b. Yoûsof b. 'Abd el-Mou'-
 min............... 212,286
— Zoweyli (Aboù Ish'âk') le
 kâteb............... 237
'Içâm b. Ahmed H'imyari.... 261,263
'Icâm b. Chahber............... 94
Idjili en-Wârghan............... 155
Idris b. 'Ali b. H'ammoùd 43,44,53,80
— b. Ibrâhîm b. Djâmi'... 211,270
— b. Yah'ya b. 'Ali', 'Alide 46,56, 57,59.
Idris b. Ya'k'oùb, Almohade..... 227
— b. Yoûsof, Almohade 212,274, 286.
Ifrènites 57,60
Ifrîk'iyya.. 13,177,178,195,234,273,277, 300,304.
Ifrîk'och................... 300
'Imâd ed-Dîn, k'âd'i............ 250
Imro'l-K'ays................ 28,67,90
'Isa b. 'Abd el-Mou'min (Aboù Moù-
 sa)............... 172,234,283
— b. 'Amrân Tâzi........... 212
— b. H'addjâdj H'ad'remi...... 80
— b. Maryam.............. 163
— b. Moùsà............... 18,19
— b. 'Omar Fâçka........... 289
— b. Ya'k'oùb, Almohade...... 227
Isantâr..................... 310
Isarghinen.................. 155
Ish'âk' b. Moh'ammed, Almohade. 268
— b. Moh'ammed b. Ghâniya
 (Aboù Ibrâhîm)......... 232
— b. Yoûsof b. 'Abd el-Mou'-
 min............ 204,212,285
Ismâ'îl b. 'Abd el-Mou'min....... 172
— b. Dhoù'n-Noùn.......... 62
— b. Idris, 'Alide........... 53
— b. Ish'âk'............... 37
— b. Moh'ammed b. 'Abbâd 54,80
— b. Mo'tad'id l'Abbadide.. 82,85
— b. 'Omar Fâçka.......... 289
— b. Yah'ya Hazradji 200,201,282, 290.
Ismâ'îl b. Yoûsof b. 'Abd el-Mou'min 212
Iviça..................... 232

Jaën............... 6,181,279,289,315
Jésus..................... 71
Juifs..................... 264

Ka'ba..................... 69
Ibn el-K'abt'ourna............. 149
K'açîr..................... 133

Ibn el-K'açîra (Moh'ammed)...... 138
K'açr Maçmoùda............... 303,313
K'açr Mobârek................. 107,109
K'âd'i el-djemâ'a et k'âd'i el-k'od'â 41
Kâfoùr (Aboù 'l-Misk Ghorra) 211,225
— Ikhchîdi................ 93
K'al'a des Benoù H'ammâd 158,178,235, 286,303,306.
K'âlem................... 175
K'âlemi (Aboù 'l-K'âsim) 173,174,211
K'âli (Aboù 'Ali Ismâ'îl)....... 20,25
K'amar H'okeyma.............. 281
K'ant'ich................... 35
Benoù Kâra................. 144
K'arak'ouch................ 250,300
K'âsim b. H'ammoùd l'Alide 36.43,62,79
— b. Moh'ammed Merwâni.. 38
— b. Moh'ammed b. K'âsim.. 59
Ibn el-K'âsim ('Abd er-Rah'mân) 147
K'ast'alli (Ah'med b. Moh'ammed) 32
Kast'iliya.................. 236,304
K'ayrawân.......... 7,9,192,299,301,304
K'ayrawâni ('Abd Allâh, dit Ibn
 Aboù Zeyd)................ 241
K'ays 'Aylân................ 164,171
Kerbelâ................... 68,71
Kesra Parwiz............... 67
Khabab (mètre)............. 254
Khâlid................... 144
Khâridja.................. 68
Khâzer................... 69
Khazradji (Sahl b. Aboù Ghâlib).. 25
Khenfes (datte) 237
Kherzâd (?)................ 67
Kheyrân l'Amirite............ 63
Ibn Aboù' l-Khiçâl (Aboù Merwân) 149, 153.
Ibn Aboù' l-Khiçâl (Moh'ammed) 143, 149,152.
Khinnawt................. 25
Khobeyb b. 'Adi.............. 68
Ibn Khorâsân (Ah'med ou 'Abd
 Allâh).................. 195
Ibn Khordâdbeh............. 298
El-Kobachi................. 228
Koleyb Wâ'il............... 66
K'olya................... 315
Koran d''Othmân............. 218
El-Kosta.................. 309
K'oteyba ben Moslim........... 248
Ibn K'oteyba................ 64
Kotheyyir.................. 90
Koùfa.................... 69
Koùmiya................. 171,291

Ibn el-Labbâna...... 124,125,132,135	Merrâkech 4,85,110,116,131,153,160,166,
El-Laçç (Ibn Seyyid)............. 186	167,173,176,179,191,194,200,204,
Aboù Lahab 237	214,217,218,219,221,229,240,244,
Lamt'a.................. 292,309,310	246,249,254,267,274,277,278,280,
Lebid........................ 144	293,306,307,308.
Lemtoùna........... 85,154,292,306	Mertola................. 121,182,317
Léon (royaume de).......... 279,314	Merwân II.................... 70
Lérida.................... 50,61,313	Merwân b. Moùsa b. Noçayr...... 7
Lisbonne 35,63,314,318	Meryem, Çanhâdjite........... 286
Lobboùna bent Moh'ammed, 'Alide 45	*Mesdjid* d'Ibn Aboù 'Othmân..... 44
Lorca....................... 112,315	Mesekkâla 169
Loudd....................... 165	Messoùfa................. 85,154,292
Loule (?)..................... 317	Mettîdja 157
	Meydamân b. Yezîd............. 27
	Benoù Mezghanna............. 303
Maçmoùda 86,162,165,166,292	Miknâsat ez-Zeytoùn 124,221,240,307,
Madrid...................... 313	310.
Maghreb 12,14,42,138,155,156,197,221	Mîla........................ 306
— propre................. 306	Ibn el-Milh'.................. 184
Ibn Mah'chouwwa (Aboù'l-Fad'l	Milyâna...................... 306
Dja'far).................. 211,227	Mîna........................ 96
Mahdi....................... 163,253	Minorque.................... 232
Malaga 6,22,37,43,45,53,54,55,56,57,59,	Mo'âwya b. Câlih H'ad'rami...... 14
60,63,80,183,286,315.	— b. Hind............... 68
Mâlak'i (Aboù Moh'ammed)...... 212	Mo'ayyed b. 'Abd Allâh Toùsi.... 12
Mâlek b. Anas................. 17	— b. Naçr Allâh 'Abbadide. 135
— b. Woheyb.............. 160	— Khalife Abbaside....... 71
Malka, Çanhâdjite 286	Mobachchir 'Amiri............ 126,129
Mamora..................... 308,311	— Waladi............ 271,282
Ma'moùn l'Abbaside.......... 71,72	Mobârek b. 'Abd el-Djebbâr...... 155
— b. Dhoù'n-Noùn...... 52	Ibn Mobârek.................. 104
Mançoùr (princes de ce nom)..... 72	Moç'ab....................... 69
— l'Abbaside........... 14, 82	Moçh'afi (Aboù 'l-H'asan Dja'far
— b. Ish'âk' b. Ghâniya ... 233	b. 'Othmân)................ 20,23
— b. Montaçir [Nâçir]..... 192	Modjâhid l'Amirite........... 63,126
Masken...................... 69	Benoù Modjber................ 171
Maslama b. Soleymân b. H'akem.. 37	Moghawfel.................... 199
Mas'oùd b. Soleymân b. Moflit... 29	Mogheyra..................... 19
Mayorque........ 126,231,232,238,274	Mohalhil................... 66,69
Mâzoùna..................... 306	Moh'ammed b 'Abbâd 44,52,53,79,85,86
Medinaceli................... 32.48	— b. 'Abd Allâh........ 162
Medjerda.................... 311	— — Berzâli...... 53
Mehdiyya........ 192,196,277,300,308	— — b. K'âsim.... 49
Melik 'Adel................... 233	— — b. T'âhir..... 271
Melik 'Azîz b. Mançoùr.......... 158	— b. 'Abd el-'Azîz b.
Mellâla....................... 156	Yoùsof........... 288
Mequinez (Cf. Miknâsat)..... 307,310	— b. 'Abd el-Mou'min 172,202
Mer de Mant'às ou Roùmi........ 4	— b. 'Abd Rabbihi (Aboù
Merazdagh................... 217	'Abd Allâh)..... 257
Ibn Merdenich....... 180,202,214,216	— 'Abd er-Rah'mân
Merdj el-H'adîd............... 245	l'Omeyyade..... 46,228
Merdj Râh'it.................. 69	— b. 'Abd er-Rah'mân
Ibn Merdjâna................. 69	b. 'Ayyâch........ 228,271,282,283

— 328 —

	Pages.
Moh'ammed b. 'Abd er-Rah'mân b. 'Obeyd Allâh...	46.48
— b. Ah'med b. Çâ'id K'arâwi............	12
— b. Ah'med b. Rochd 209, 264,265.	
Moh'ammed b. 'Ali b. ed-D'erîr..	270
— b. 'Ali (Ibn Ghâniya)	231
— b. Aboù 'Amir..	20,21,23
— b. 'Aws b. Thâbet Ançâri............	12
— b. Bechir..........	22
— b. Aboù Bekr b. Aboù H'afç (Aboù Abd Allâh)............	227
— b. Djahwar........	52
— b. Fad'l............	268
— b. H'abboûs.........	183
— b. H'amdin........	148
— b. el-H'anifiyya......	69
— b. H'asan Zobeydi	44,80
— b. Hichâm b. 'Abd el-Djebbâr, Omeyyade	33,34
— b. Idris b. 'Ali.	54,55.57
— b. 'Isa..............	256
— b. 'Amroweyhi Djaloùdi	13
— b. Ish'âk' b. Ghâniya (Aboù 'Abd Allâh)	233,238
— b. Temîmi..........	22
— b. K'âsim l''Alide 44,54, 56,59,79.	
Moh'ammed b. Ma'n b. Çomâdih'	63,115
— b. Merwân Wahrâni (Aboù 'Abd Allâh)	228,271
— b. Moùsa D'erîr....	204
— b. 'Omar Fâçka.....	289
— b. Sa'îd b. Aboù Djemara (Aboù 'Abd Allâh)............	240
— b. Aboù Sa'îd Djinfîsi	235
— b. Cheref Djodhâmi............	305
— b. Selim..........	22
— b. Soleymân b. H'akam	37
— b. T'âhir...........	103
— b. Wâsi'..........	248
— b. Yakhlaftan Fâzâzi	271, 282.
Moh'ammed b. Ya'k'oùb, Almohade, 77,201,226, 227,228,229,264,267	
Moh'ammed b. Yerîm Elbâni...	44,80
— b. Yoùsof b. 'Abd el-Mou'min.........	212
Moïse et Aron..................	105

	Pages.
Mo'izz b. Bâdîs............,	192,299
Mo'izz, khalife fatimide..........	301
Mokhârik..................	144
Mok'tadir (princes de ce nom)....	72
Ibn Molkoùn..................	204
Moloùk el-t'awâif..............	78
Molouya	311
Monakkeb	60
Mondhir b. Sa'îd Balloût'i........	316
Monnaies..................	179
Montaçir (princes de ce nom).....	72
Montaçir, khalife Abbaside......	71
Motawakkel b. Aftas...........	118
Motawakkel, khalife Abbaside....	71
Mot'ayyeb el-Andalos...........	314
Mo'tazz, khalife Abbaside........	71
Motenebbi......	32,93,95,111,252,261
Moukhtâr....................	69
Mourra......................	164
Moùsa b. 'Abd el-Mou'min.......	172
— b. 'Affân Sebti...........	57
— D'erîr.................	204
— b. 'Ali D'erîr............	290
— b. 'Isa b. 'Amrân.....	272,282
— — (Aboù 'Amrân)	212,213
— b. Noçayr...........	7,8,12
— b. 'Omar Fâçka..........	289
— b. Rizk'.............	189,190
— b. Ya'k'oùb, Almohade....	227
— b. Yoùsof b. 'Abd el-Mou'min..............	199,212,296
Moqueda (?)..................	313
Mortad'a...	50
Mosâ'id b. Ya'k'oùb, Almohade...	227
Moslim	205,242
Moslim b. H'addjâdj K'ochayri (Aboù l-H'oseyn)............	13
Mosquée des Drapeaux..........	8
— de Cordoue............	316
Mosta'in, Khalife Abbaside......	71
Mo'taçim b. Çomâdih'...........	112
Mo'tadd billâh Abbadide........	121
Mo'tadid, Abbadide.............	80
Mo'tamid (princes de ce nom).....	71
Mouzna	34
Mozdera'...................	217
Mowaffek, khalife Abbaside.......	71
Moz'affer, fils d'Almanzor....	26,34,39
Murcie. 6,103,110,180,214,215,239,244, 315,317.	
Nâbigha Dhobyâni..............	99
Nadjâ.............	53,55,56
Las Navas de Tolosa............	280

	Pages.
Nedjâh'	238
Nefta	197
Negaous	304
Niébla	39,317
Nisâ'i	242
Noçayr b. Ibn Merdenîch	216
No'mân V	67
Noúl des Lamt'a	309
El-'Obbâd	156
'Obeyd Allâh b. Moh'ammed b. Hichâm	34,36
Obeydites	178,192,299,304
Océan	4,5,303
Ibn 'Okâcha	52,110
'Ok'ba b. H'addjâdj	11
— b. Nâfi'	301
'Olayya bint Yoûsof l'Almohade	286
'Omar b. 'Abd Allâh Aznâdj	169,172, 289,291
'Omar b. 'Abd el-Mou'min	172,173,203, 204,211
'Omar b. Ibn el-Aft'as	63,64
— Inti	169,173,182,191,289
— b. Khat't'âb	68,299
— el-Mok'addem	274
— b. Moûsa b. 'Abd el-Wâh'id	283
— b. Oumezâl Fâçka	169,289
— (Tak'ied-Dîn Melik Moz'affer)	250
— b. Yoûsof b. 'Abd el-Mou'min	211,239
— b. Aboû Zeyd Hintâti (Aboû H'afç)	227
Omeyyades	306
'Omoûm	293
Oran	175,176,303,306,310
Ossuna	53,60
'Othmân b. 'Abd Allâh b. Ibrâhim b. Djâmi'	270,282
— b. 'Abd el-Mou'min	172,191,215
'Othmân b. Aboû H'afç	274
— b. 'Affân	68,301
— b. 'Omar Fâçka	289
— b. Aboû Yoûsof Ya'k'oûb	227
— b. Yoûsof b. 'Abd el-Mou'min	212
Oumm el-H'akam	47
— Rebi'	292,311
Peniscola	314,315
Petro b. er-Rîk'	243
Port-Vendres	5
Prince des Croyants et Prince des Musulmans	231

	Pages.
Ptolémée	161
Purchena	228
Rabat (Ribât' el-Fath')	230,307,308
Râd'i billâh b. Mo'tamid, Abbadide	109,121
Râh'	14
Râma	127
Ramâdi (Yoûsof b. Hâroûn)	18
Ibn Rechîk', de Murcie	104,112
Redjrâdja	292
Ibn er-Remîmi	181
Ibn er-Rend	218
Ibn Rezin	62
Ribât' Tâzâ	221,306,311
Rîh'ân, eunuque et chambellan	227
Rîh'ân Bianka	271
Ibn er-Rîk'	222,224,279,314
Riyâh'	193
Rizk' Allâh Baraghwâti	58
Roçâfi	186
Ibn Rodmir	153
Rodrigue, roi d'Espagne	8,9
Roger, roi de Sicile	195
Rok'ayya bint Yoûsof l'Almohade	286
Ronda	121,182,183
Rosette	298
Rota	270
Er-Roûh'i ('Ali b. Mohammed)	63
Roustem	67
Rubis dit « sabot de cheval »	218
Sacralias	115
Sa'd b. Aboû Wak'k'âç	13,67
Sa'd b. Aboû Yoûsof Ya'k'oûb	227
Es-Saffâh	70,71
Sâh'ir, mère d'Aboû Yoûsof Ya'k'oûb	226
Sah'noûn	241
Sa'îd b. Mondhir	48
Saint-Jacques	314
Sainte-Marie d'Algarve	317
Sakât Baraghwâti	58
Es-Salaf	13,148
Salamanque	314
Salé	193,202,221,229,240,244,307,308
Salva Tierra	278
Santarem	63,139,222,314,318
Saragosse	50,61,95,104,180,313
Sart'a	292
Sebou' b. H'ayyân	217
Seboû	311
Sedjelmesse	284,287,306
Ségovie	313
Segura	104,181,317,618

Ibn Senâ'l-Moulk 260	Tanger.. 7,36,44,53,58,122,124,303,313
Es-Setîfî 55	T'araf el-Fath' 313
Séville 6,43,46,60,62,78,79,91,112,181,183, 189,191,193,215,217,222,225,229,245, 246,254,268,269,278,280,287,317,318.	Tarifa 119,303,313
	T'ârik' b. Ziyâd [b. 'Amr] 7
	Târoùdânt 309,310
Seyf 89	Tarragone 313
Sfaks 300	T'asm et Djâdis 66
Sîbawayhi 262	Tawzer 197,304
Sicile 17,31,305	Tâzâ 221,306,311
Silves..... 6,97,99,101,184,221,243,317	Temîm Dâri 12
Sîr b. Aboù Bekr b. Tâchefîn. 120,139	Temîm b. Mo'izz 192,305
Sîr b. Ish'âk' b. Ghâniya 233,237	Ténès 303
— — b. Moh'ammed 277	Termîdhi 242
Siwisîrât 177,303	Tesoûl 212
Slaves 34,35,37,46,56	Tha'âlebi (Aboù Mançoùr) 32
Soleym b. Mançoùr b. 'Ikrima.... 299	Thabir 132
Soleymân b. 'Abd Allâh b. 'Abd el-Mou'min .. 234,257,260	Tibériade 10
	Timsâmân 310
— b. 'Abd el-Melik 10	Tinmelel. 162,164,166,202,204,225,246, 252,273,290,291,292.
— b. 'Abd el-Mou'min. 172,239	
— b. H'akam b. Soleymân 33, 35,36,46.	Tlemcen ... 159,175,176,213,306,311
	T'obni (Ibn Ziyâdat Allâh) 305
Soleymân b. 'Omar b. 'Abd el-Mou'min 284	Todmîr 103,110
	Ibn T'ofayl 207,209
Soudan 293,311	T'olba de la capitale, t'olba des Almohades 293
Soùs 154,162,166,217,275,310	
Soùsi (vêtement) 301	Tolède. 5,35,62,83,113,246,269,312,313, 318.
Sousse 301	
Spartel (cap) 313	T'olmeytha 299,310
Syène 298	Torrox 21,244
	Tortose 35,50,61,313,314,318
T'abari (Moh'ammed b. Djerîr) 40,300	T'ort'oûchi (Aboù Bekr Moh'ammed) 155
Tábi'oûn 12	
Table de Salomon 10	Ibn Toùmert.. 79,154,167,169,175,179, 194,197,200,201,219,242,253,270,289, 294,307.
Tâchefîn b. 'Ali b. Yoûsof, Almoravide 173,176,308	
— b. Ish'âk' b. Ghâniya... 233	
— b. Yoûsof 86	Tripoli 197,292,299,300
Tâdela 239	Tunis 195,196,235,274,301,305
Tâdjerâ 171,199	
T'aff 71	Ubeda 280
Tage 222,318	Ucles 313
Tagrart 171	
Tâhert 240,286	Valence 6,62,104,112,180,231,289,314,315
Tâkoroûna 60	Velez (?) 315
Talavera 313	
T'alh'a b. 'Isa b. Amrân 213	Wâdi-âch 315
— b. Moh'ammed b. Ghâniya 232	Wâdi Kebir 311
— b. 'Obeyd Allâh 68	— er-Rommân 307,308
— b. Yoûsof, Almohade..... 212	Wâd'ih' le Slave 35
T'alik' en-Na'âma Merwâni 185	Ibn Wabboùn (Aboù Moh'ammed 'Abd el-Djelîl) 87
T'âlik'a 312	
T'aloût 17	Wallâda, fille de Mehdi 91,93
Tânesîft 311	Wânsifan 311
	Wâsnâr (Aboù Moh'ammed)..... 299

	Pages.
Wargha	311
Warkennâs	310
Wata 'omrohou	235
Wâthek' l'Abbasside	86
Welîd b. 'Abd el-Melik b. Merwân.	9
— b. Moh'ammed	38
— b. Soleymân b. H'akam	37
— II b. Yezîd b. 'Abd el-Melik	13,70

| Xativa (Châtiba) | 314 |
| Xérès | 193,318 |

Yah'ya b. 'Abd Allâh b. Djâmi'	271
— b. 'Abd el-Mou'min	172
— b. 'Ali b. H'ammmoûd .. 43,44, 45,48,53,54,79.	
Yah'ya b. 'Azîz b. Mançoûr de Bougie 177,178,192,198,303	
— b. eç-Çah'râwiyya	174
— b. 'Ali (Ibn Ghâniya)	231
— b. H'asan b. Temîm Ziri ..	196
— b. Idrîs b. 'Ali	54
— b. Ish'âk' b. Ghâniya.. 233,237, 238,273.	
Yah'ya b. Ghâniya	277
— b. Ismâ'îl b. Dhoû'n-Noûn.	62
— b. Ismâ'îl b. Yah'ya	201
— b. Moh'ammed Almohade.	268
— b. Bâddja	208
— b. 'Omar Fâçka	289
— b. 'Abd el-Mou'min	283
— b. Yah'ya b. Hichâm Wâsit'i	13
— b. Yoûsof b. 'Abd el-Mou'min (Aboû Zakariyya).. 194,204,211, 212,226,238.	
Aboû Yah'ya b. Yoûsof, Almohade	244
— vizir d'Aboû Yoûsof Ya'k'oûb	247
Ya'k'oûb b. 'Abd el-Mou'min 172,211, 214,216.253.	
Ya'k'oûb b. 'Omar b. 'Abd el-Mou'min	235
— b. Yoûsof b. 'Abd el-Mou'min (Aboû Yoûsof) 193,226,272, 284,307,279,294.	
Ya'la b. Aboû Zeyd	47
Yeht	311
Yezdedjird b. Chebryâr	67
Yezîd b. 'Abd el-Melik	70
— b. K'âcit' [K'oçeyt']	12
Yoûnos b. 'Omar Fâçka	289
— b. Ya'k'oûb, Almohade	227

	Pages.
Ibn Yoûnos (Moh'ammed b. 'Abd Allâh)	241,242
Yoûsof b. 'Abd Allâh b. Djâmi'	270
— b. 'Abd el-Mou'min.. 164,172, 175,191,193,201,203 et s., 216,229,234, 270,286,294,300,307.	
Yoûsof b. 'Abd er-Rah'mân Fihri,13,14	
— b. 'Isa el-A'lem	97
— b. 'Isa b. 'Amrân	213
— b. Moh'ammed, Almohade 228, 268,271,281.	
Yoûsof Mourâni	206,271
— b. Sa'd (er-Râ'is)	216
— b. Soleymân	168,290
— b. Tâchefin 4,63,78,97,110,112 et s., 137,146,308.	
Zâb	304
Z'abia	37
Zâdaweyh	68
Zahar, mère de Moh'ammed b. Ya'k'oûb	267
Zah'h'âk' b. K'ays Fihri	69
Z'âhirites	39,42,269
Zakariyyâ [ou Aboû Z. ?] b. Yah'ya Hazradji	282,284
Zakariyyâ b. Ya'k'oûb, Almohade.	
Zamora	314
Zawila	300
Zellâk'a	115,246
Zark'â el-Yemâma	145
Zeyd b. 'Ali b. H'oseyn	70
Ibn Zeydoûn	90
Zeyneb bent Moûsa D'erîr	204
Zeyneb bent Yoûsof l'Almohade..	286
Ibn Zeyyâba Teymi	261
Zighba	193
Ziri b. Menâd Çanhâdji	305
Ibn Ziri	218
Zîrides	192
Ziyâd	99
— b. Nâbigha Fihri	10
Zobeydi (Moh'ammed b. H'asan)..	23
Zobeyr b. 'Ali b. Yoûsof b. Tâchefin	166
— b. Ibn Merdenîch	216
— [Aboû'z-Zobeyr] b. Moh'ammed b. Ghâniya	232
— b. Nedjâh'	276
Zodjondar.	309,310
Zofar b. H'ârith	69
Zoheyr l'Amirite	63
— b. Aboû Solma	90
Zohr b. 'Abd el-Melik b. Zohr	131,205
Ez-Zok'âk'	4,7,303
Zokhroûf	15

ALGER. — TYPOGRAPHIE ADOLPHE JOURDAN.

EN VENTE A LA MÊME LIBRAIRIE

ESSAI
DE
DICTIONNAIRE FRANÇAIS-HAOUSSA et HAOUSSA-FRANÇAIS
PRÉCÉDÉ D'UN
ESSAI DE GRAMMAIRE DE LANGUE HAOUSSA
ACCOMPAGNÉ D'UNE CARTE DE L'AFRIQUE SEPTENTRIONALE
PAR
Le Capitaine LE ROUX
ANCIEN CHEF DU BUREAU ARABE DE BOU-SAADA
1 volume in-4°, cartonné percaline .... **15 fr.**

MARABOUTS & KHOUAN
Étude sur l'islam en Algérie
PAR
Louis RINN
ANCIEN CHEF DU SERVICE CENTRAL DES AFFAIRES INDIGÈNES
CONSEILLER DE GOUVERNEMENT
1 fort volume in-8°, avec une carte de l'Algérie .... **15 fr.**

HISTOIRE
DE
L'INSURRECTION DE 1871 EN ALGÉRIE
PAR LE MÊME
1 fort volume in-8°, avec deux cartes .... **15 fr.**

MŒURS, COUTUMES
ET INSTITUTIONS
DES
INDIGÈNES DE L'ALGÉRIE
PAR
Le Lieutenant-Colonel VILLOT
1 beau volume grand in-18 .... **3 fr. 50**

LETTRES FAMILIÈRES SUR L'ALGÉRIE
PAR
Le Colonel PEIN
avec un portrait et une biographie de l'auteur
par le Commandant H. BISSUEL
DEUXIÈME ÉDITION
1 volume in-18 .... **3 fr. 50**

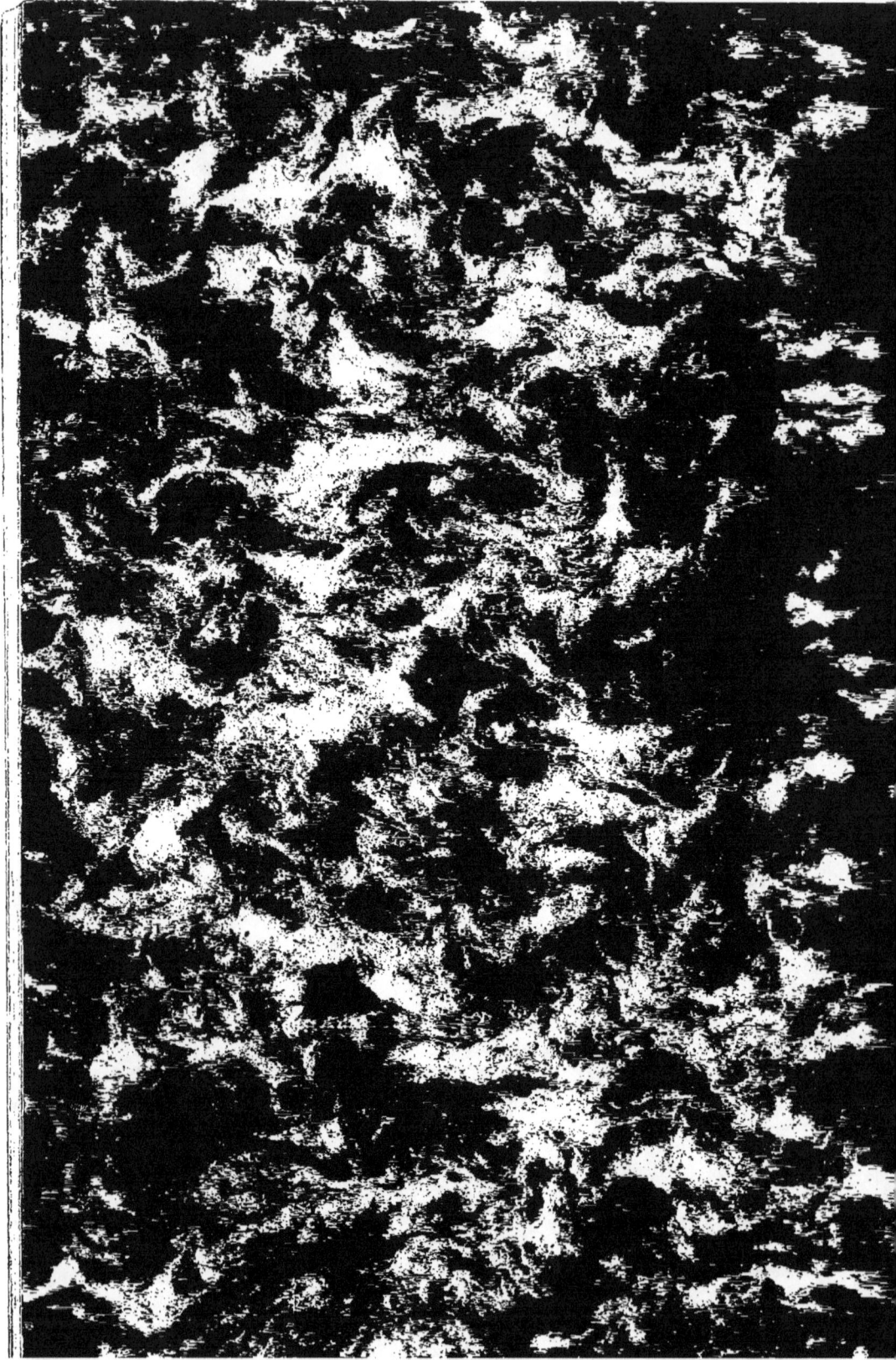

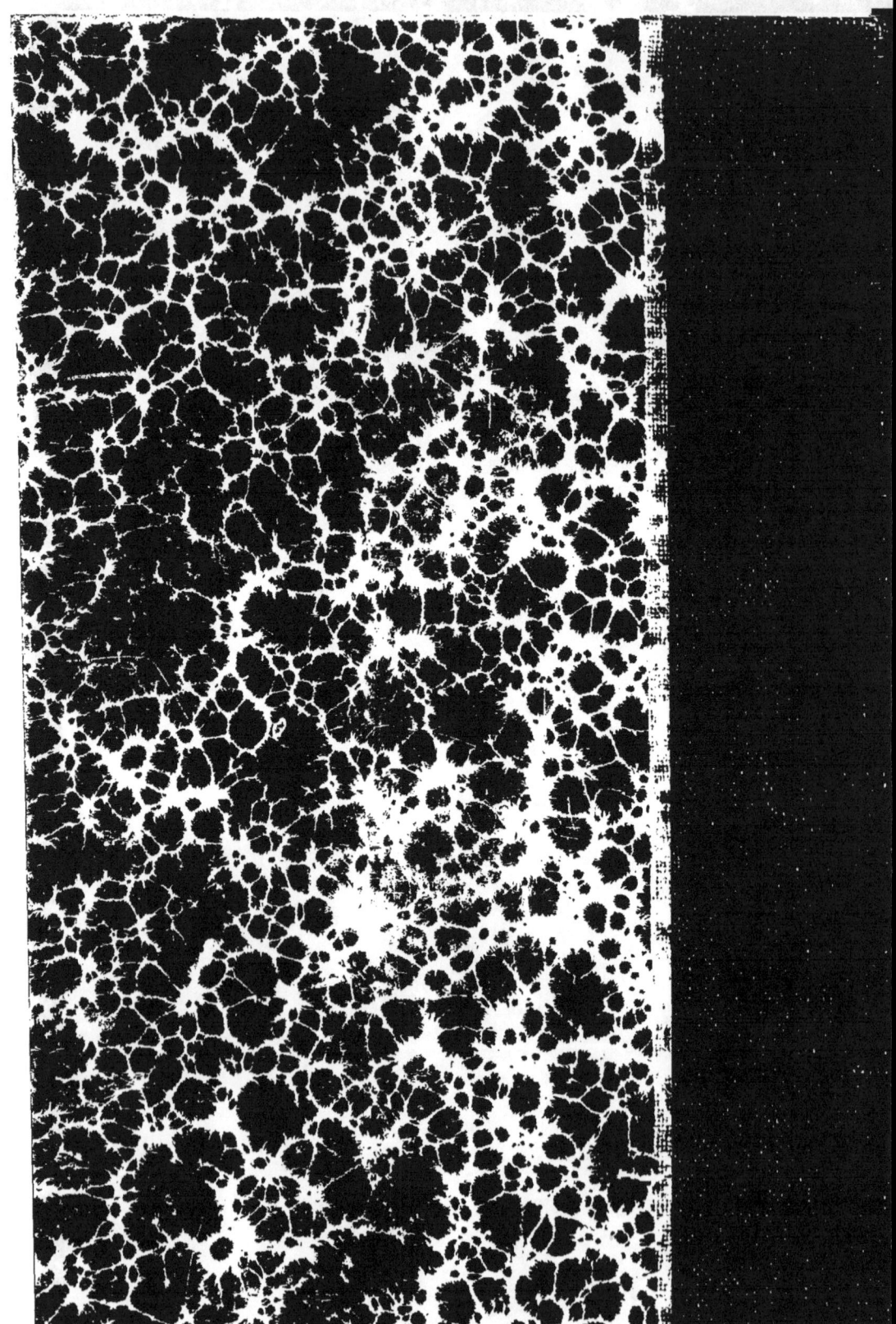

www.ingramcontent.com/pod-product-compliance
Lightning Source LLC
Chambersburg PA
CBHW070907170426
43202CB00012B/2228